《行政诉讼法司法解释》
重点内容案例解析

谭 红 ◎ 著

人民法院出版社

图书在版编目（CIP）数据

《行政诉讼法司法解释》重点内容案例解析 / 谭红著. -- 北京：人民法院出版社，2023.9
ISBN 978-7-5109-3842-9

Ⅰ. ①行… Ⅱ. ①谭… Ⅲ. ①行政诉讼法－案例－中国 Ⅳ. ①D925.305

中国国家版本馆CIP数据核字(2023)第134063号

《行政诉讼法司法解释》重点内容案例解析

谭　红　著

责任编辑	张　艺
出版发行	人民法院出版社
地　　址	北京市东城区东交民巷27号（100745）
电　　话	（010）67550667（责任编辑）　67550558（发行部查询）
	65223677（读者服务部）
客　服QQ	2092078039
网　　址	http://www.courtbook.com.cn
E－mail	courtpress@sohu.com
印　　刷	保定市中画美凯印刷有限公司
经　　销	新华书店
开　　本	787毫米×1092毫米　1/16
字　　数	306千字
印　　张	18.75
版　　次	2023年9月第1版　2023年9月第1次印刷
书　　号	ISBN 978-7-5109-3842-9
定　　价	68.00元

版权所有　侵权必究

目 录

第一章 关于受案范围 ··· 1
 一、概论 ··· 1
 二、五种典型的不可诉行为 ··· 2
  （一）不产生外部法律效力的行为不可诉 ························ 2
  （二）过程性行为不可诉 ·· 6
  （三）协助执行行为不可诉 ··· 6
  （四）内部层级监督行为不可诉 ··································· 8
  （五）信访办理行为不可诉 ··· 14

第二章 关于管辖 ·· 23
 一、关于级别管辖问题 ··· 23
 二、关于移送管辖与管辖恒定问题 ···································· 25
 三、关于不动产专属管辖及衍生问题 ································· 29
 四、关于管辖错误问题 ··· 31

第三章 关于诉讼参加人 ··· 36
 一、利害关系概论 ··· 36
 二、关于原告问题 ··· 52
  （一）原告资格的认定 ·· 52

— 1 —

（二）原告资格的转移 …………………………………………… 62
　三、关于被告问题 …………………………………………………… 78
　四、关于第三人问题 ………………………………………………… 82

第四章　关于行政诉讼证据 …………………………………………… 93
　一、关于行政诉讼证明标准 ………………………………………… 93
　二、关于新证据 ……………………………………………………… 94
　三、关于鉴定与酌情确定 …………………………………………… 98
　四、关于勘验笔录与现场笔录 ……………………………………… 110
　　　（一）被告提供勘验笔录、现场笔录的一般要求 ……………… 111
　　　（二）被告提供勘验笔录、现场笔录的特殊要求 ……………… 116
　　　（三）勘验的启动及鉴定人参与勘验问题 ……………………… 118
　　　（四）勘验笔录的内容、制作程序及救济途径 ………………… 122

第五章　关于起诉与受理 ……………………………………………… 125
　一、关于复议前置问题 ……………………………………………… 125
　二、关于复议机关作共同被告问题 ………………………………… 131
　三、关于诉讼请求问题 ……………………………………………… 132
　四、关于重复起诉问题 ……………………………………………… 145
　五、关于撤诉问题 …………………………………………………… 151
　六、关于起诉期限问题 ……………………………………………… 163

第六章　关于审理与判决 ……………………………………………… 173
　一、工伤保险案件 …………………………………………………… 177
　二、国有土地上房屋征收与补偿案件 ……………………………… 183
　　　（一）国有土地上房屋征收补偿案件审理中的若干常见问题 …183

目 录

　　（二）房屋征收补偿决定遗漏补偿项目时的审查 …………193
　三、集体土地征收案件 ……………………………………204
　　（一）土地补偿款和地上附着物补偿款的归属 ……………204
　　（二）集体土地征收中大学生的村民资格认定问题 ………211
　　（三）集体土地征收中外嫁女（出嫁女）的村民资格认定问题 …215
　四、涉行政协议纠纷 ………………………………………220
　　（一）国有土地使用权出让合同纠纷 ………………………220
　　（二）行政协议纠纷案件的范围 ……………………………235
　　（三）撤销行政协议纠纷 ……………………………………243
　　（四）行政允诺案件的审理 …………………………………251
　　（五）关于行政协议约定的仲裁条款的效力问题 …………265
　　（六）关于行政协议案件的诉讼收费问题 …………………281

第七章　关于确认行政行为无效的适用 …………………283
　一、《行政诉讼法司法解释》第162条的基本要义 …………283
　二、个案分析 ………………………………………………284
　　（一）原告可否对涉案《征收土地协议书》提起确认无效之诉 …287
　　（二）提起确认无效之诉是否受起诉期限的限制 …………288
　　（三）被诉《征收土地协议书》是否属于无效的情形 ………292

第一章　关于受案范围

一、概论

《最高人民法院关于适用〈中华人民共和国行政诉讼法〉的解释》(以下简称《行政诉讼法司法解释》)[①]有关受案范围的规定只有两个条文。虽然条文比较少，但涉及的内容非常多，难点问题、争议问题等亦不少。《行政诉讼法司法解释》第1条规定："公民、法人或者其他组织对行政机关及其工作人员的行政行为不服，依法提起诉讼的，属于人民法院行政诉讼的受案范围。下列行为不属于人民法院行政诉讼的受案范围：（一）公安、国家安全等机关依照刑事诉讼法的明确授权实施的行为；（二）调解行为以及法律规定的仲裁行为；（三）行政指导行为；（四）驳回当事人对行政行为提起申诉的重复处理行为；（五）行政机关作出的不产生外部法律效力的行为；（六）行政机关为作出行政行为而实施的准备、论证、研究、层报、咨询等过程性行为；（七）行政机关根据人民法院的生效裁判、协助执行通知书作出的执行行为，但行政机关扩大执行范围或者采取违法方式实施的除外；（八）上级行政机关基于内部层级监督关系对下级行政机关作出的听取报告、执法检查、督促履责等行为；（九）行政机关针对信

[①]　本解释施行后，《最高人民法院关于执行〈中华人民共和国行政诉讼法〉若干问题的解释》《最高人民法院关于适用〈中华人民共和国行政诉讼法〉若干问题的解释》同时废止，但本书所引案件适用上述两部司法解释相关规定的，在审理时均有效，下文不再作特殊说明。

访事项作出的登记、受理、交办、转送、复查、复核意见等行为；（十）对公民、法人或者其他组织权利义务不产生实际影响的行为。"

该条第 1 款是从总的方面概括性地、肯定性地规定了行政诉讼的受案范围，第 2 款则是具体地从否定方面不完全列举了不属于行政诉讼受案范围的 10 种情形。

二、五种典型的不可诉行为

"不产生外部法律效力的行为""过程性行为""协助执行行为""内部层级监督行为""信访办理行为"通常不具有可诉性，但不是绝对的。在一定情况下，这些行为又具有可诉性。在理论层面上，对例外情况进行深入的研究往往更有价值；而在实务中，准确把握案件的例外情况或特殊情形，是防止错案发生、提升办案质效的关键一环。

（一）不产生外部法律效力的行为不可诉

不产生外部法律效力的行为是指不对当事人的权利义务产生影响，行政机关在行政程序中所作的内部行为，包括行政机关内部的沟通、会签意见、内部报批等行为。例如，在 W 县万胜煤业有限公司（以下简称万胜煤业公司）诉 S 省 W 县人民政府（以下简称 W 县政府）地质矿产行政管理其他行政行为一案[①]中，W 县政府作出了一个决定，即《关于关闭 W 县新立煤业有限责任公司等 8 处矿井的决定》（以下简称《关闭决定》）。这个《关闭决定》从公文格式上来看，其左上角写的是本县各职能部门局，就是说，这个《关闭决定》是 W 县政府针对其职能工作部门作出并传达的，并不是直接针对煤矿企业作出，也没有向其送达。所以当其中一家煤矿企业，即万圣煤业公司向法院起诉的时候，W 县政府在法庭上辩解说，这个行为是内部行为，不对外发生法律效力，所以不可诉。但实际上该理由是有问题的，虽然《关闭决定》是向政府的职能部门发送的，但其在本案中已经外化了，即县国土资源局在执法过程中，向万圣煤业

[①] 参见（2019）最高法行再 108 号行政裁定书。

公司等 8 家煤矿企业出示《关闭决定》，然后就把煤矿关闭了。在这个执法过程中，W 县政府的《关闭决定》已经外化了，并对煤矿企业的权利义务产生了实际影响，因此万圣煤业公司对这个《关闭决定》有权向法院起诉。

会议纪要一般属于内部行为，通常不具有可诉性。但是，如果会议纪要包含的内容对当事人的权利义务产生了实际影响，则其是可诉的。在万某斌、谭某清、欧阳某星诉 H 省 Z 市人民政府（以下简称 Z 市政府）、H 省 Z 市交通运输管理局（以下简称 Z 市交管局）确认会议纪要违法及行政赔偿一案[①]中，万某斌、谭某清、欧阳某星诉称，其是金帆小区拆迁安置户，也是金帆小区物管用房 624.16 平方米共有人之一，在办理好房屋所有权和国有土地使用证后，要求 Z 市交管局返还多年非法占有的物管用房。2015 年 9 月 24 日，其收到 Z 市交管局作出的《关于金帆小区部分安置户反映物管门面用房问题的复函》，该复函认为，"2011 年 12 月 28 日，市人民政府召开了企业改制会议并下发了会议纪要，要求在确保配套的物管面积用房的前提下，将多余的面积变更为商业用房，并按评估价由湘江公司予以收购，待条件成熟后进行处置"，所以，金帆小区 624.16 平方米物管用房不能交给全体业主共有，显然是非法行政行为。万某斌、谭某清、欧阳某星认为，《关于当前企业改革有关问题会议纪要》第 6 条第 2 款第 10 项"金帆小区部分物管用房变更为商业用途处置的问题"的具体行政行为违法。一是根据最高人民法院《行政审判办案指南（一）》第 1 条第 1 款"行政机关的内部会议纪要不可诉。但其直接对公民、法人或者其他组织的权利义务产生实际影响，且通过送达等途径外化的，属于可诉的具体行政行为"的规定，Z 市政府作出上述会议纪要是可诉的具体行政行为。二是侵犯了金帆小区全体业主的共有权。根据物权法规定，金帆小区内的国有土地使用权归全体业主共同享有，金帆小区 624.16 平方米物管用房依据建筑物区分所有权属全体业主共有，任何组织或者个人不得非法侵占或者非法剥夺，Z 市政府与 Z 市交管局的行为显然违法。请求法院判决：（1）依法确认 Z 市政府 2011 年 12 月 28 日作出的《关于当前企业改革有关问题会议纪要》第 6 条第 2 款第 10 项"金帆小区部分物管用房变更为商业用途处置的问题"的行政行为违法并予以撤销；

[①] 参见（2017）最高法行申 335 号行政裁定书。

（2）责令Z市交管局将金帆小区物管用房的所有权返还给全体业主并赔偿非法占有损失324 000元。

H省Z市中级人民法院一审认为，《最高人民法院关于人民法院登记立案若干问题的规定》第10条规定："人民法院对下列起诉、自诉不予登记立案：（一）违法起诉或者不符合法律规定的；（二）涉及危害国家主权和领土完整的；（三）危害国家安全的；（四）破坏国家统一和民族团结的；（五）破坏国家宗教政策的；（六）所诉事项不属于人民法院主管的。"万某斌、谭某清、欧阳某星所诉事项属于Z市轮船运输总公司破产清算未终结前的破产财产处置问题，属企业改制遗留问题，依照《最高人民法院关于人民法院登记立案若干问题的规定》第10条第6项之规定，本案不属人民法院主管范围。据此，裁定驳回万某斌、谭某清、欧阳某星的起诉。万某斌、谭某清、欧阳某星不服，提起上诉。

H省高级人民法院二审查明，Z市轮船运输总公司于2005年12月30日宣告破产，2012年12月破产清算终结，企业职工破产安置等事项所需资金由Z市政府兜底负责。万某斌、谭某清、欧阳某星所居住的金帆小区由Z市轮船运输总公司破产清算组于2008年12月建成，主要用于解决Z市轮船运输总公司破产职工住房问题，小区建成4栋7层房屋及1栋2层物管用房，建设资金由Z市政府专项兜底资金垫付。2011年12月28日，Z市政府作出的《关于当前企业改革有关问题会议纪要》中明确同意在确保金帆小区配套的物管用房面积的前提下，将多余部分物管用房变更为商业性质门面进行处置，以弥补破产改革资金缺口。

二审法院认为，本案中，万某斌、谭某清、欧阳某星所在的金帆小区属于Z市政府为落实Z市轮船运输总公司破产改革的相关政策问题，安置破产企业职工，使用政府专项兜底资金所建。2011年12月28日，Z市政府在《关于当前企业改革有关问题会议纪要》中对金帆小区物管用房所作出的决议，属于为落实企业破产政策的处理决定。依照《最高人民法院关于房地产案件受理问题的通知》第3条、《最高人民法院关于适用〈中华人民共和国行政诉讼法〉若干问题的解释》第3条第1款第1项之规定，本案不属于人民法院行政诉讼受案范围，已经立案的，应当裁定驳回起诉。原审裁定驳回起诉的处理，并无不当。万某斌、谭某清、欧阳某星的上诉理由不能成立，遂裁定驳回上诉，维持原裁定。

万某斌、谭某清、欧阳某星不服上述裁定，向最高人民法院申请再审称：（1）驳回起诉确有错误。再审被申请人Z市政府颁发的国有土地使用证明确记载金帆小区内所有国有土地使用权归包含三个再审申请人等在内的所有金帆小区全体业主享有，Z市政府没有理由收回金帆小区部分国有土地使用权并变性为国有商业用地。（2）适用法律、法规确有错误。房屋的国有土地使用权等证件均登记争议房屋为物管用房，2012年破产清算结案到2015年颁发房屋国有土地使用权证和房屋所有权证，说明不存在破产遗留问题。金帆小区所有业主均是拆迁安置后按房改房政策购买金帆小区的房屋，与Z市轮船运输总公司破产没有任何关联，两再审被申请人完全是指鹿为马。政府只对破产费用和破产企业所欠职工工资和劳动保险费用进行兜底，对破产企业职工住房情况等不兜底，这是法律及相关文件规定的，二审法院查明金帆小区建成4栋7层房屋及1栋2层物管用房，建设资金由Z市政府专项兜底资金垫付，显然与事实不符，不符合相关法律和政策的规定。据此请求撤销二审裁定，决定再审；将两再审被申请人非法侵占的金帆小区物管用房返还给全体业主，并赔偿非法占有损失324 000元。

最高人民法院认为，本案的焦点问题是万某斌、谭某清、欧阳某星的起诉是否属于人民法院行政诉讼的受案范围。本案中，Z市政府作出的《关于当前企业改革有关问题会议纪要》虽是内部行政行为，但该会议纪要将金帆小区多余部分的物管用房变更为商业性质门面，因此该行为涉及金帆小区全体业主的共有权益，是可诉行政行为。一审法院认定万某斌、谭某清、欧阳某星的起诉不属于人民法院主管范围，二审法院认定其起诉不属于人民法院行政诉讼受案范围，适用法律错误。但是，经最高人民法院调查核实，2005年Z市轮船运输总公司宣告破产，2012年破产清算终结，企业职工破产安置等事项所需资金由Z市政府兜底负责。为了解决Z市轮船运输总公司破产职工的住房问题，Z市轮船运输总公司破产清算组于2008年12月建成金帆小区，小区包括4栋7层房屋及1栋2层物管用房，建设资金由Z市政府专项兜底资金垫付。且在2007年的建设工程规划许可证申请表、建设工程规划审批单及建设工程规划许可证（副本）上对此记载的是"门面"642平方米或者备注"商业"字样。因此，Z

市政府将金帆小区642平方米中多余部分物管用房变更为商业性质门面进行处置，具有事实基础。至于再审申请人提出，政府只对破产费用和破产企业所欠职工工资和劳动保险费用进行兜底，对破产企业职工住房情况等不兜底，该主张因没有法律依据，不能成立。故万某斌、谭某清、欧阳某星的诉请不能成立，本案不具有启动再审程序的必要性。

（二）过程性行为不可诉

过程性行为又可称为阶段性行为，或者是程序性行为。像我们讲的征地公告，一般认为其不可诉；对于征收补偿方案[①]，一般认为其属于征收决定的一部分，当事人单独就征收补偿方案起诉，不属于行政诉讼受案范围。

但过程性行为也有例外，特定情况下其又是可诉的。最高人民法院发布的第69号指导性案例——王某德申请工伤认定案即为典例。如果过程性行为影响到相对人的权利义务，那么它是可诉的。王某德申请工伤认定案中，王某德在发生交通事故后向人社部门申请工伤认定。人社部门要求其必须提交交管部门出具的《交通事故责任认定书》，因为根据《工伤保险条例》的规定，只有本人承担非主要责任的才符合认定为工伤的条件。随后人社部门就作出了中止工伤认定程序的通知。王某德去找交管部门，交管部门因交通事故发生的时间较久，且因客观原因导致证据无法找到，无法查清谁在本次交通事故中承担主要责任，因此只能出具一个交通事故发生的证明，但不能出具《交通事故责任认定书》。王某德又告知人社部门其已经找过交管部门了，他们无法出具《交通事故责任认定书》。而人社部门坚持要求王某德提供《交通事故责任认定书》，否则，工伤认定程序无法进行。在这种情况下，人社部门作出的中止通知，就对王某德的权利义务产生了实际影响，王某德可以就此向法院提起行政诉讼。

（三）协助执行行为不可诉

《民事诉讼法》第258条规定："在执行中，需要办理有关财产权证照转移

[①] 征收补偿方案是否具有可诉性，各地法院做法不一，理论上也存在不同意见。最高人民法院行政审判庭将出台相关司法解释，对此问题予以明确。

手续的，人民法院可以向有关单位发出协助执行通知书，有关单位必须办理。"通常来讲，协助执行行为是行政机关根据法院、检察院等的生效裁判、协助执行通知书等办理有关事项，如办理房产过户、办理证照转移等，这些行为表面上看是行政行为，但一般认为本质上是司法行为的延伸，所以不可诉。例如，在杨某萍与A省B县人民政府、第三人杨某东房屋行政登记一案[①]中，房管部门根据法院的生效判决，把其房屋过户到权利人名下。杨某萍不服，向法院起诉，一、二审法院均判其败诉。后杨某萍向最高人民法院申请再审。最高人民法院经审查认为，本案中，房管部门根据法院的生效判决和协助执行通知去办理房产过户，既没有扩大或缩小执行范围，也没有采取违法方式，所以该协助执行行为不属于行政诉讼的受案范围。但是如果协助执行行为扩大了执行范围，或者是缩小了执行范围，或者是采取违法手段等，这种情况下是可诉的。例如，根据《行政强制法》第43条的规定，除非紧急情况，行政机关不得在夜间或者法定节假日实施行政强制执行，否则就是违法。又如，某房管部门在办理房产过户中，根据法院的协助执行通知，应把甲的一套房子过户到乙的名下，但它把甲的两套房子都过户到乙的名下，该协助执行行为显然扩大了执行范围，甲对此可以提起诉讼。

对于协助执行行为的可诉性问题，最高人民法院针对不同的情况作出了相应的答复、批复，举例如下。

1.《最高人民法院办公厅关于房地产管理部门协助人民法院执行造成转移登记错误，人民法院对当事人提起的行政诉讼的受理及赔偿责任问题的复函》（法办〔2006〕610号）

……

一、根据最高人民法院《关于行政机关根据法院的协助执行通知书实施的行政行为是否属于人民法院行政诉讼受案范围的批复》（法释〔2004〕6号）的规定，行政机关根据人民法院的协助执行通知书实施的行为，是行政机关必须履行的法定协助义务，不属于人民法院行政诉讼受案范围。但如果当事人认为行政机关在协助时缩小或扩大了范围或违法采取措施造成其损害，提起行政诉

[①] 参见（2017）最高法行申511号行政裁定书。

讼的，人民法院应当受理。

……

2.《最高人民法院关于行政机关不履行人民法院协助执行义务行为是否属于行政诉讼受案范围的答复》（2013年7月29日，〔2012〕行他字第17号）
辽宁省高级人民法院：

你院《关于宫起斌诉大连市道路客运管理处、大连市金州区交通局、大连市金州区公路运输管理所不履行法定职责及行政赔偿一案的请示报告》收悉，经研究，答复如下：

行政机关根据人民法院的协助执行通知书实施的行为，是行政机关必须履行的法定协助义务，公民、法人或者其他组织对该行为不服提起诉讼的，不属于人民法院行政诉讼受案范围。

行政机关拒不履行协助义务的，人民法院应当依法采取执行措施督促其履行；当事人请求人民法院判决行政机关限期履行协助执行义务的，人民法院不予受理。但当事人认为行政机关不履行协助执行义务造成其损害，请求确认不履行协助执行义务行为违法并予以行政赔偿的，人民法院应当受理。

3.《最高人民法院行政审判庭关于行政机关撤销或者变更已经作出的协助执行行为是否属于行政诉讼受案范围请示问题的答复》（2014年10月31日，〔2014〕行他字第6号）
辽宁省高级人民法院：

你院（2013）辽行终字第41号请示收悉，经研究答复如下：

行政机关认为根据人民法院生效裁判或者协助执行通知书作出相应行政行为可能损害国家利益、公共利益或他人合法权益，可以向相关人民法院提出建议；行政机关擅自撤销已经作出的行政行为，相对人不服提起行政诉讼的，人民法院应当依法受理。

（四）内部层级监督行为不可诉

内部层级监督行为是指行政机关上下级之间对相关事务的管理与被管理、监督与被监督等行为。像很多征收拆迁类的案件，当事人向法院起诉，就是要求省国土资源部门纠正其认为下级政府所实施的一些错误的、违法的行为，包括拆迁、征收等。周某珍案①即是如此。周某珍有一套房子，当时 D 省 A 市城建局作出了一个裁决，认定其房屋面积是 47 平方米，但周某珍不认同。她到国土资源部门档案室查询后得知其房屋面积是一百多平方米，故要求 A 市城建局纠正其作出的错误裁决。但 A 市城建局没有予以纠正，她就要求 A 市人民政府予以纠正，理由是 A 市城建局是 A 市人民政府的工作部门，A 市人民政府对 A 市城建局有领导的职责。但是 A 市人民政府也没有支持她的请求，于是她对 A 市人民政府不履行职责的行为，向 D 省人民政府申请复议。她声称，根据《地方各级人民代表大会和地方各级人民政府组织法》的规定，D 省人民政府有责任、有权力纠正其认为 A 市人民政府的不履行法律职责的错误的、违法的行为。但 D 省人民政府按照《行政复议法》的规定，认为这属于内部层级监督关系，不属于行政复议的受理范围，所以作出了不予受理复议决定。周某珍不服，向法院起诉。法院认为，周某珍的申请不属于行政复议的受理范围，当然也不属于行政诉讼的受案范围。需要注意的是，《行政诉讼法》第 12 条第 1 款第 11 项已经把行政协议纠纷纳入行政诉讼的受案范围，但按照现行有效的《行政复议法》的规定，行政协议纠纷不属于行政复议的受理范围。

实践中，要正确把握投诉举报与行政机关内部层级监督的关系。当事人投诉举报，可能是对行政相对人违法行为的举报，也可能是对下级行政机关违法行政行为的举报。通常情况下，只有对下级行政机关违法行政行为的举报，才能启动上级行政机关对下级行政机关的内部层级监督程序。但是，当事人举报行政相对人的违法行为，有管辖权的下级行政机关作出处理或逾期不处理，当事人不服继续向上级行政机关投诉举报，上级行政机关作出未改变下级行政机关处理决定内容、未对利害关系人创设新的权利义务的处理；或者当事人越级向有管辖权的行政机关的上级行政机关投诉举报，上级行政机关将举报事项转交下级行政机关处理或逾期不处理，实质上是要求有管辖权的下级行政机关对举报事项予以查处或未履行对下监督职责。上述情形下，上级行政机关的行为亦属于内部层级监督行为。对当事人的权利义务不产生实际影响的内部层级监督行为，不属于行政诉讼的受案范围。

---

① 参见（2017）最高法行申 390 号行政裁定书。

《行政诉讼法司法解释》重点内容案例解析

朱某智诉国家市场监督管理总局（以下简称市场监管总局）不履行对下监督管理法定职责一案[①]就涉及上述问题。2020年2月28日，F省特种设备检验研究院（以下简称F特检院）对清源山风景名胜区管理委员会作出《特种设备检验意见通知书更改单》（以下简称更改单），将F特检院分院于2013年1月16日作出的《特种设备检验意见通知书》中问题和意见栏的内容修改为："该观光车经定期检验合格，但观光车的实际行驶路线超出了清源山风景名胜区管理委员会提供的'电瓶车行驶路线及区域示意图'中的行驶路线范围，超出的行驶路段（从游客中心至老君岩检票口）未实行全封闭管理且未采取有效措施。以上问题符合原F省技术监督局《关于进一步加强旅游景区及公园场（厂）内专用机动车辆安全监察和检验工作的通知》第一条第一项第1点'场（厂）内专用机动车辆应在特定区域、特定行驶路线行驶'和第3点'未实行全封闭管理应采取有效措施'的要求，应落实整改。"朱某智系更改单所涉观光车的实际经营人，2020年4月3日向市场监管总局邮寄《处理申请书》，请求市场监管总局撤销更改单。2020年4月29日，市场监管总局作出《关于处理申请书有关问题的答复》（以下简称答复），告知朱某智对其申请不予处理。朱某智不服，提起行政诉讼，请求撤销更改单或确认无效，判令市场监管总局履行法定职责。

A市第一中级人民法院一审认为，朱某智要求市场监管总局对更改单予以查处，但是明显不属于市场监管总局直接履行查处职责的范围。依照《行政诉讼法司法解释》第69条第1款第1项之规定，裁定驳回朱某智的起诉。朱某智不服，提起上诉。A市高级人民法院二审认为，根据《特种设备安全法》第5条之规定，国务院负责特种设备安全监督管理的部门对全国特种设备安全实施监督管理。县级以上地方各级人民政府负责特种设备安全监督管理的部门对本行政区域内特种设备安全实施监督管理。朱某智要求市场监管总局对F特检院出具的涉案更改单予以查处，市场监管总局明显不具有直接查处的职责。依照《行政诉讼法》第89条第1款第1项的规定，裁定驳回上诉，维持一审裁定。

[①] 参见（2021）最高法行申7100号行政裁定书；郭修江、谭红：《正确把握当事人投诉举报与请求内部层级监督的区别》，载最高人民法院行政审判庭、国家市场监督管理总局法规司编：《行政执法标准与行政审判观点·市场监督管理卷》（第一辑），人民法院出版社2023年版，第413~418页。

朱某智申请再审称：F特检院出具的更改单违法，市场监管总局具有处理的法定监督管理职责。请求撤销一、二审裁定，判令市场监管总局履行法定职责。最高人民法院经审查认为，朱某智起诉市场监管总局不履行法定职责，而本案中市场监管总局的法定监督职责是行政机关的内部层级监督职责。不履行内部层级监督职责，实质是不履行信访答复义务，不属于行政诉讼的受案范围。故朱某智的再审申请不符合《行政诉讼法》第91条第4项规定的情形。依照《行政诉讼法司法解释》第116条第2款的规定，裁定驳回朱某智的再审申请。

内部层级监督行为通常不可诉，其法理在于，"层级监督是依据行政系统内的隶属关系、层级关系而生成的一种监督途径和方式，它是以上级行政机关对下级行政机关、各级政府对其工作部门之间存在的领导和指导关系为基础的，既是行政系统内固有的、原始的监督形式，也是行政机关内部监督中最基本、最经常的监督形式"[1]。行政机关内部层级监督，包括本级政府对其所属职能部门的一般监督，以及上级行政机关对下级行政机关的一般监督。层级监督的职权依据在于《宪法》和《地方各级人民代表大会和地方各级人民政府组织法》关于上级行政机关有权撤销或者变更下级行政机关作出的决定、命令的法律授权。《宪法》第89条第13项、第14项规定，国务院具有改变或者撤销各部、各委员会发布的不适当的命令、指示和规章的法定职权，具有改变或者撤销地方各级国家行政机关的不适当的决定和命令的法定职权。《地方各级人民代表大会和地方各级人民政府组织法》第73条第3项规定，县级以上的地方各级人民政府具有改变或者撤销所属各工作部门的不适当的命令、指示和下级人民政府的不适当的决定、命令的法定职权。相应地，上级人民政府职能部门也具有改变或者撤销其下属工作部门不适当决定、命令、指示的职权。层级监督的启动，主体和形式比较广泛。可以是公民、法人或者其他组织控告检举，也可以是其他国家机关移送、建议，还可以是同级政府、上级行政机关通过执法监督检查等程序发现问题。其中，公民、法人或者其他组织控告检举，当事人为了自身利益对下级行政机关的违法行政行为向同级政府或上级行政机关进行检举控告，

---

[1] 杨伟东：《关于创新行政层级监督新机制的思考》，载《昆明理工大学学报（社会科学版）》2008年第1期。

实质是申诉上访。同级政府或上级行政机关对当事人申诉上访作出的驳回申诉的答复、复查、复核意见或者逾期未作处理行为，对当事人权利义务未产生实际影响，不属于行政诉讼的受案范围。因此，《行政诉讼法司法解释》第1条第2款第4项规定，驳回当事人对行政行为提起申诉的重复处理行为不属于行政诉讼的受案范围。在崔某超诉S省J市人民政府不履行法定职责一案[①]中，最高人民法院认为，《国有土地上房屋征收与补偿条例》第6条第1款和第30条虽然规定了上级人民政府应当加强对下级人民政府房屋征收与补偿工作的监督，也有权对下级人民政府及房屋征收部门在房屋征收与补偿工作中的违法行为责令改正，但此种职权系基于上下级行政机关之间的层级监督关系而形成。上级人民政府基于层级监督的行政行为未改变所属工作部门或下级政府的决定、命令，没有对当事人设定新的权利义务的，该行政行为不可诉。当事人可以通过直接起诉所属工作部门或者下级人民政府作出的行政行为来维护合法权益。在存在更为有效便捷的救济方式的情况下，当事人坚持起诉人民政府不履行层级监督职责，不具有权利保护的必要性和实效性，也不利于纠纷的及时解决，且易形成诉累。因此，J市政府是否受理当事人的反映、是否启动层级监督程序、是否改变或者撤销所属各工作部门及下级人民政府的决定和命令等，不属于司法监督范畴。[②]

而投诉举报具有多重含义。广义的投诉举报是指公民、法人或者其他组织行使《宪法》赋予的控告检举权利，对侵害国家利益、公共利益或者他人合法权益的违法行为，向有关国家机关请求予以查处的行为。广义的投诉举报，当事人检举的内容包括对社会成员的违法侵权行为和国家机关及其工作人员履行职务过程中的违法侵权行为。狭义的投诉举报仅仅是指公民、法人或者其他组织对社会成员违法行为的检举。例如，《最高人民法院关于举报人对行政机关就举报事项作出的处理或者不作为行为不服是否具有行政复议申请人资格问题的

---

① 参见（2016）最高法行申1394号行政裁定书。

② 对此，有学者认为，行政内部行为已不宜也不能成为层级监督行为（不作为）不可诉的责任避风港，因此，在具备一定条件下将层级监督行为纳入行政诉讼可诉范围，在我国或许是必要且可行的。参见章剑生：《行政机关上下级之间层级监督行为的可诉性》，载《政治与法律》2017年第12期。

答复》规定:"根据《中华人民共和国行政复议法》第九条第一款[①]、《行政复议法实施条例》第二十八条第二项规定,举报人为维护自身合法权益而举报相关违法行为人,要求行政机关查处,对行政机关就举报事项作出的处理或者不作为行为不服申请行政复议的,具有行政复议申请人资格。"这里的"举报人"仅仅是指当事人对公民、法人或者其他组织违法行为的投诉举报,并不包括对行政机关行使职权的行政违法行为的投诉举报。笔者认为,只有广义的投诉举报中当事人对下级行政机关行使行政职权的行政违法行为的投诉举报,才有可能引发层级监督;当事人对公民、法人或者其他组织违法行为的投诉举报,是行政机关发现行政相对人的违法行为、进行立案调查的渠道之一,通常并非上级行政机关开展层级监督的发现路径。

通常,当事人对行政相对人违法行为的投诉举报与层级监督无关。但是,具有以下两种情形,当事人对行政相对人违法行为的投诉举报,可以引发层级监督:一是当事人发现行政相对人的行政违法行为,向有管辖权的行政机关投诉举报,有管辖权的行政机关逾期不作处理或者投诉举报人对处理结果不满意,继续向上级行政机关投诉举报。此时,当事人向上级行政机关的投诉举报,实质上是对有管辖权的下级行政机关不履行法定职责或未依法履行法定职责行为的申诉上访,可以启动上级行政机关的层级监督程序,上级行政机关依照层级监督职权作出的对当事人权利义务不产生实际影响的重复处理行为以及逾期不予处理行为,都不属于行政诉讼的受案范围。二是当事人对有管辖权的行政机关不信任,直接向上级行政机关投诉举报。此时,当事人的投诉举报既是对行政相对人违法行为的举报,同时也是对有管辖权的下级行政机关不依法处理违法行为的举报。若上级行政机关认为举报事项属于重大疑难案件,决定提级管辖,直接受理当事人的投诉举报事项,予以立案调查处理,当事人的投诉举报构成上级行政机关发现行政相对人违法行为进行查处的有效途径;若上级行政机关将当事人的投诉举报事项移送有管辖权的下级行政机关处理,或者当事人

[①] 现为《行政复议法》第20条第1款,内容已修改为:"公民、法人或者其他组织认为行政行为侵犯其合法权益的,可以自知道或者应当知道该行政行为之日起六十日内提出行政复议申请;但是法律规定的申请期限超过六十日的除外。"

的投诉举报事项明显不属于应当由上级行政机关管辖的重大疑难事项，上级行政机关逾期不予答复的，当事人的投诉举报实质是越级申诉上访行为，上级行政机关的移送下级行政机关处理行为或者逾期不予答复行为，对当事人的权利义务不产生实际影响，不属于行政诉讼的受案范围。

在朱某智诉市场监管总局不履行对下监督管理法定职责一案中，朱某智认为F特检院出具的更改单违法，应当向有管辖权的F省市场监管局投诉举报。朱某智向市场监管总局请求层级监督，实质是申诉上访行为。市场监管总局对朱某智的申诉上访作出不予查处答复，对朱某智的权利义务不产生实际影响，不属于行政诉讼的受案范围。同样，朱某智起诉市场监管总局不履行法定职责，市场监管总局的法定监督职责仍然是行政机关的内部层级监督职责。不履行内部层级监督职责，实质是不履行信访答复义务，亦不属于行政诉讼的受案范围。因此，一、二审裁定驳回朱某智的起诉、上诉，结果并无不当。

（五）信访办理行为不可诉

信访复核机关作出的信访复核意见既不属于行政复议范围，也不属于行政诉讼的受案范围。根据《最高人民法院关于不服信访工作机构依据〈信访条例〉作出的处理信访事项的行为提起行政诉讼人民法院是否受理的复函》的规定，信访机构依据《信访条例》①作出的登记、受理、交办、转送、承办、协调处理、督促检查、指导信访事项等行为，对信访人不具有强制力，对信访人的实体权利义务不产生实质影响。对信访事项有权处理的行政机关依据《信访条例》作出的处理意见、复查意见、复核意见和不再受理决定，信访人不服提起诉讼的，人民法院不予受理。

在徐某凤诉A省人民政府作出的《不予受理行政复议申请决定书》（以下简称不予受理复议决定）一案②中，A省H市中级人民法院一审查明：2015年1月，徐某凤因房屋被强拆等问题，向A省X市B区某街道办事处（以下简称街道办事处）提起信访。2015年3月2日，街道办事处作出《关于徐某凤信访

---

① 根据《国务院关于修改和废止部分行政法规的决定》，《信访条例》已于2022年5月1日起废止，相关规定可参见《信访工作条例》。

② 参见（2016）最高法行申3696号行政裁定书。

事项的答复意见书》。2015年9月22日，徐某凤向A省X市B区人民政府申请复查。2015年9月29日，A省X市B区人民政府作出《信访事项转送告知书》。2015年10月7日，徐某凤向A省X市人民政府申请复核。2015年11月7日，A省X市人民政府作出《不予受理复核告知书》。徐某凤不服，于2015年11月19日向A省人民政府以邮寄方式提交了行政复议申请书。2015年11月26日，A省人民政府作出不予受理复议决定。徐某凤不服该不予受理复议决定，向人民法院提起行政诉讼。

一审法院认为，根据《信访条例》第34条、第35条①的规定，徐某凤的信访事项经过了处理、复查、复核三级程序，信访程序已依法履行完毕，其对信访机关的信访行为申请行政复议，不属于行政复议受案范围。A省人民政府依据《行政复议法》第17条②的规定对收到的行政复议申请进行审查后决定不予受理并无不当。徐某凤的诉讼请求无事实和法律依据。遂判决驳回徐某凤的诉讼请求。徐某凤不服，提起上诉。

---

① 现分别对应《信访工作条例》第35条、第36条，内容已修改为："信访人对信访处理意见不服的，可以自收到书面答复之日起30日内请求原办理机关、单位的上一级机关、单位复查。收到复查请求的机关、单位应当自收到复查请求之日起30日内提出复查意见，并予以书面答复。""信访人对复查意见不服的，可以自收到书面答复之日起30日内向复查机关、单位的上一级机关、单位请求复核。收到复核请求的机关、单位应当自收到复核请求之日起30日内提出复核意见。复核机关、单位可以按照本条例第三十一条第六项的规定举行听证，经过听证的复核意见可以依法向社会公示。听证所需时间不计算在前款规定的期限内。信访人对复核意见不服，仍然以同一事实和理由提出投诉请求的，各级党委和政府信访部门和其他机关、单位不再受理。"

② 现为《行政复议法》第30条，内容已修改为："行政复议机关收到行政复议申请后，应当在五日内进行审查。对符合下列规定的，行政复议机关应当予以受理：（一）有明确的申请人和符合本法规定的被申请人；（二）申请人与被申请行政复议的行政行为有利害关系；（三）有具体的行政复议请求和理由；（四）在法定申请期限内提出；（五）属于本法规定的行政复议范围；（六）属于本机关的管辖范围；（七）行政复议机关未受理过该申请人就同一行政行为提出的行政复议申请，并且人民法院未受理过该申请人就同一行政行为提起的行政诉讼。对不符合前款规定的行政复议申请，行政复议机关应当在审查期限内决定不予受理并说明理由；不属于本机关管辖的，还应当在不予受理决定中告知申请人有管辖权的行政复议机关。行政复议申请的审查期限届满，行政复议机关未作出不予受理决定的，审查期限届满之日起视为受理。"

A省高级人民法院二审认为，根据《行政复议法》第2条①和《行政复议法实施条例》第28条规定，对公民、法人或者其他组织权利义务产生实际影响的行政行为，才属于行政复议的受案范围。本案中，A省X市人民政府信访事项复查复核办公室根据《信访条例》的规定对徐某凤作出的《不予受理复核告知书》，对其权利义务并不产生实际影响，徐某凤对该告知书不服申请行政复议，A省人民政府不予受理，并无不当。且根据《信访条例》第35条第3款规定，信访复核机关根据《信访条例》作出的信访复核意见为最终处理意见，对同一信访请求事项，其他行政机关不具有再行处理职责。徐某凤的信访事项经过了答复、复查、复核程序，其对信访机构作出的复核意见不服，申请行政复议亦缺乏法律依据。综上，一审判决认定事实清楚，适用法律正确，审判程序合法，徐某凤的上诉理由不能成立。遂判决驳回上诉，维持原判。

徐某凤仍不服，向最高人民法院提出再审申请，请求：（1）撤销原一、二审判决。（2）撤销A省人民政府作出的不予受理复议决定的具体行政行为；判决A省人民政府受理再审申请人的复议申请并作出公正的复议决定。其申请再审的主要事实与理由为：（1）原审认定事实不清。再审申请人的合法房屋被违法强拆，再审申请人依照《信访条例》的规定，逐级进行了复查、复核申请，A省X市人民政府没有按照《信访条例》第31条②的规定，给信访人举行信访听证等，使信访人失去了法律救济途径，对信访人的权利（财产权）产生了实

---

① 内容已修改为："公民、法人或者其他组织认为行政机关的行政行为侵犯其合法权益，向行政复议机关提出行政复议申请，行政复议机关办理行政复议案件，适用本法。前款所称行政行为，包括法律、法规、规章授权的组织的行政行为。"

② 现为《信访工作条例》第31条，内容已修改为："对信访人提出的申诉求决类事项，有权处理的机关、单位应当区分情况，分别按照下列方式办理：（一）应当通过审判机关诉讼程序或者复议程序、检察机关刑事立案程序或者法律监督程序、公安机关法律程序处理的，涉法涉诉信访事项未依法终结的，按照法律法规规定的程序处理。（二）应当通过仲裁解决的，导入相应程序处理。（三）可以通过党员申诉、申请复审等解决的，导入相应程序处理。（四）可以通过行政复议、行政裁决、行政确认、行政许可、行政处罚等行政程序解决的，导入相应程序处理。（五）属于申请查处违法行为、履行保护人身或者财产权等合法权益职责的，依法履行或者答复。（六）不属于以上情形的，应当听取信访人陈述事实和理由，并调查核实，出具信访处理意见书。对重大、复杂、疑难的信访事项，可以举行听证。"

际影响。因此，再审申请人与 A 省 X 市人民政府作出《不予受理复核告知书》的具体行政行为有利害关系。（2）适用法律错误。一、二审法院确认复议机关就"《信访条例》规定的职责行为不属于《行政复议法》第 6 条[①]规定的行政复议受案范围"的认定是错误的。一审法院错误地适用了《信访条例》第 34 条、第 35 条第 1 款和第 3 款的规定。

最高人民法院认为，《行政复议法实施条例》第 28 条规定，行政复议的申请人应当与具体行政行为有利害关系。因此，对公民、法人或者其他组织权利义务产生实际影响的行政行为，才属于行政复议的受理范围。本案中，A 省 X 市人民政府信访事项复查复核办公室根据《信访条例》的规定对徐某凤作出的《不予受理复核告知书》，对其权利义务并不产生实际影响。徐某凤对该告知书不服申请行政复议，A 省人民政府不予受理，并无不当。且根据《信访条例》第 35 条第 3 款的规定，信访复核机关根据《信访条例》作出的信访复核意见为最终处理意见，对同一信访请求事项，其他行政机关不具有再行处理职责。徐某凤的信访事项经过了答复、复查、复核程序，信访程序已经履行完毕，其对信访机构作出的复核意见不服，申请行政复议缺乏法律依据。

信访复核机关作出的信访复核意见既不属于行政复议范围，也不属于行政诉讼的受案范围。根据《最高人民法院关于不服信访工作机构依据〈信访条例〉

[①] 现为《行政复议法》第 11 条，内容已修改为："有下列情形之一的，公民、法人或者其他组织可以依照本法申请行政复议：（一）对行政机关作出的行政处罚决定不服；（二）对行政机关作出的行政强制措施、行政强制执行决定不服；（三）申请行政许可，行政机关拒绝或者在法定期限内不予答复，或者对行政机关作出的有关行政许可的其他决定不服；（四）对行政机关作出的确认自然资源的所有权或者使用权的决定不服；（五）对行政机关作出的征收征用决定及其补偿决定不服；（六）对行政机关作出的赔偿决定或者不予赔偿决定不服；（七）对行政机关作出的不予受理工伤认定申请的决定或者工伤认定结论不服；（八）认为行政机关侵犯其经营自主权或者农村土地承包经营权、农村土地经营权；（九）认为行政机关滥用行政权力排除或者限制竞争；（十）认为行政机关违法集资、摊派费用或者违法要求履行其他义务；（十一）申请行政机关履行保护人身权利、财产权利、受教育权利等合法权益的法定职责，行政机关拒绝履行、未依法履行或者不予答复；（十二）申请行政机关依法给付抚恤金、社会保险待遇或者最低生活保障等社会保障，行政机关没有依法给付；（十三）认为行政机关不依法订立、不依法履行、未按照约定履行或者违法变更、解除政府特许经营协议、土地房屋征收补偿协议等行政协议；（十四）认为行政机关在政府信息公开工作中侵犯其合法权益；（十五）认为行政机关的其他行政行为侵犯其合法权益。"

作出的处理信访事项的行为提起行政诉讼人民法院是否受理的复函》的规定，信访机构依据《信访条例》作出的登记、受理、交办、转送、承办、协调处理、督促检查、指导信访事项等行为，对信访人不具有强制力，对信访人的权利义务不产生影响。对信访事项有权处理的行政机关依据《信访条例》作出的处理意见、复查意见、复核意见和不再受理决定，信访人不服提起诉讼的，人民法院不予受理。本案中，虽然徐某凤并非直接针对信访复核机关即A省X市人民政府信访事项复查复核办公室作出的信访复核意见提起行政诉讼，而是针对复议机关即A省人民政府作出的不予受理复议决定提起行政诉讼，但由于复核机关作出的信访复核意见对徐某凤的权利义务不产生实际影响，复议机关遂作出不予受理复议决定。因此，该不予受理复议决定对徐某凤的权利义务亦不产生实际影响。根据《最高人民法院关于适用〈中华人民共和国行政诉讼法〉若干问题的解释》第3条第1款第8项的规定，人民法院裁定驳回徐某凤的起诉并无不当。综上，徐某凤的再审申请不符合《行政诉讼法》第91条规定的情形。遂裁定驳回徐某凤的再审申请。

但是，如果信访处理、复查、复核行为改变了当事人原来的权利义务，那应该是可诉的。按照《土地管理法》《森林法》《草原法》的规定，乡政府、县政府对个人与单位之间发生的土地争议、林权争议、草原争议有处理的职责。如果是单位之间发生的争议，县政府有处理的职责。例如，甲、乙系邻居，双方因土地使用权发生争议，甲请求乡政府解决，后来又请求县政府处理。但县政府按照《信访条例》的规定，作出相应处理决定。甲不服，向法院起诉，一、二审都判县政府败诉。县政府辩解说，这是信访处理行为，不可诉。后来县政府不服，向最高人民法院申请再审。这种情况下，县政府对本案的理解是错误的，因为甲是根据《土地管理法》的明确规定，要求县政府解决其与邻居之间的土地使用权争议，显然，县政府有此职责，但县政府按照《信访条例》的规定对甲作出处理决定，无疑是错误的。对此，甲可以向法院起诉，法院也应当受理此案。

马某本诉H省N县人民政府（以下简称N县政府）不履行发放安置补偿

款法定职责一案①亦是一宗值得分析的案件。该案的基本情况如下：马某本系 N 县 L 乡 T 村移民。因修建水利工程的需要，马某本与接收地政府签订了《安置协议书》，协议约定按照当时国家批准的 3.36 倍土地补偿标准，将安置补偿费汇至接收地政府，该款已支付到位。后国家发改委作出批复，将移民的安置补偿费标准由 3.36 倍调整至 10 倍。N 县移民办将调整增加的 6.64 倍安置补偿费全额兑现，拨付给了 T 村。马某本认为，增加的安置补偿费应拨付给移民接收地，而不是 T 村。为此，马某本多次去 N 县移民办及 N 县政府讨要，但是始终未予拨付。马某本向 L 乡政府投诉，L 乡政府作出信访处理意见，称没有剩余的钱可以支付给马某本所在接收地。马某本申请复查，N 县政府维持了 L 乡政府作出的信访处理意见。马某本又申请复核，H 市政府作出的信访复核意见的主要内容为：撤销 N 县政府作出的信访复查决定，由 N 县政府负责协调，将调整后的安置补偿款交给移民接收地。收到 H 市政府的复核意见书后，马某本多次去 N 县政府提出拨款申请，但 N 县政府未履行相关拨付义务。马某本遂向法院起诉。一、二审法院认为这是因信访发生的纠纷，不属于行政诉讼受案范围。马某本申请再审，最高人民法院第二巡回法庭认为，H 市政府的复核决定撤销了 N 县政府的复查结果，并要求 N 县政府负责协调，将调整后的安置补偿款交给移民接收地。H 市政府的信访复核意见，是对马某本申诉事项作出的新的处理，对马某本的权利义务作出了新的安排，已经对其权利义务产生了新的实际影响，应当属于行政诉讼的受案范围。所以信访办理行为不是绝对不可诉。

　　对于不可诉行为和行政诉讼受案范围的理解，还需要注意以下几种特殊情况。一是要把握修订前的《行政复议法》第 30 条第 2 款②的准确内涵。按照该款的规定，对省级政府的征地决定可以申请复议，但不可诉讼。复议决定是最终决定，亦不可诉。有的法院认为省级政府的征地决定是终局的，所以不能诉，也不能申请复议，这个观点显然不能成立。终局的意思是指不能向法院起诉，但可以申请复议。对复议决定不服，不能再向法院起诉。而且复议决定必须是复议机关对实体问题进行审查后作出的，如驳回复议申请、驳回复议请求的决

---

① 参见（2015）最高法行提字第 33 号行政裁定书。
② 新修订的《行政复议法》已将该内容废止。

定。如果因申请人的复议申请不符合受理条件而作出不予受理复议决定,当事人可以就此向法院起诉,法院也应当受理。理由在于,法院应当对复议机关就申请人的复议申请不符合受理条件的认定是否正确进行审查。换言之,复议机关作出的最终裁决必须是对实体问题作出的处理。

二是在行政协议纠纷是否属于受理范围上要注意《行政诉讼法》与修订前的《行政复议法》的区别。根据《行政诉讼法》第12条第1款第11项的规定,行政协议纠纷属于行政诉讼的受案范围。而根据修订前的《行政复议法》的规定,行政协议纠纷不属于行政复议的受理范围。[①]这样可能就会出现这样的问题,本来行政协议纠纷属于行政诉讼的受案范围,但因当事人先就行政协议纠纷申请了行政复议,复议机关作出了不予受理复议决定,而后当事人对复议决定不服,又向法院提起了行政诉讼。此时,法院如何审理、如何裁判,值得研究。马某诉T市W区人民政府(以下简称W区政府)行政复议申请不予受理决定一案[②]即涉及这个问题。该案的基本案情如下:2017年10月21日,马某与W区政府Y村街道办事处签订《棚户区改造居民搬迁协议书》,约定W区政府Y村街道办事处自2017年11月1日至2018年4月30日向马某支付临时安置的过渡费,标准为每月1200元,双方已按上述约定实际履行。2018年5月24日,马某向W区政府申请行政复议,认为W区政府Y村街道办事处不具有签订协议的主体资格,其未作出征收决定即与被征收人签订搬迁协议,违反法律强制规定,请求确认W区政府Y村街道办事处与马某签订的《棚户区改造居民搬迁协议书》无效。W区政府于2018年5月25日收到马某的行政复议申请,于2018年5月30日作出《不予受理决定书》,认为马某于2017年10月21日与W区政府Y村街道办事处签订的《棚户区改造居民搬迁协议书》,至2018年5月24日向W区政府提出行政复议申请时,已超过《行政复议法》第9条第

[①] 新修订的《行政复议法》第11条第13项明确规定了公民、法人或者其他组织"认为行政机关不依法订立、不依法履行、未按照约定履行或者违法变更、解除政府特许经营协议、土地房屋征收补偿协议等行政协议"可以依照本法申请行政复议。

[②] 参见(2019)最高法行申13485号行政裁定书。

1款^①规定的法定申请期限,且马某也未提供耽误法定期限的正当理由,马某提出的该行政复议申请不符合《行政复议法》第17条第1款之规定,决定不予受理马某的行政复议申请。马某不服,遂诉至法院。

T市第一中级人民法院一审认为,依据《行政复议法》第3条^②的规定,W区政府具有受理行政复议申请、作出行政复议决定的主体资格和法定职权。根据《行政复议法》第9条第1款的规定,申请行政复议的期限为自行政相对人知道行政行为之日起60日内。本案中,马某于2017年10月21日与W区政府Y村街道办事处签订《棚户区改造居民搬迁协议书》,至2018年5月24日向W区政府提出行政复议申请时,已超过《行政复议法》第9条第1款规定的法定申请期限,且马某未能提供证据证明其超过法定期限申请行政复议有正当理由。据此,W区政府作出被诉不予受理决定,证据确凿,适用法律正确,符合法定程序。马某的诉讼请求理据不足,不予支持。遂判决驳回马某的诉讼请求。马某不服,遂提起上诉。

T市高级人民法院二审认为,《行政复议法》第9条第1款规定:"公民、法人或者其他组织认为具体行政行为侵犯其合法权益的,可以自知道该具体行政行为之日起六十日内提出行政复议申请;但是法律规定的申请期限超过六十日的除外。"《行政复议法实施条例》第17条规定:"行政机关作出的具体行政行为对公民、法人或者其他组织的权利、义务可能产生不利影响的,应当告知其申请行政复议的权利、行政复议机关和行政复议申请期限。"参照《行政诉讼法司法解释》第64条第1款"行政机关作出行政行为时,未告知公民、法人或者其他组织起诉期限的,起诉期限从公民、法人或者其他组织知道或者应当知

---

① 现为《行政复议法》第20条第1款,内容已修改为:"公民、法人或者其他组织认为行政行为侵犯其合法权益的,可以自知道或者应当知道该行政行为之日起六十日内提出行政复议申请;但是法律规定的申请期限超过六十日的除外。"

② 现为《行政复议法》第4条,内容已修改为:"县级以上各级人民政府以及其他依照本法履行行政复议职责的行政机关是行政复议机关。行政复议机关办理行政复议事项的机构是行政复议机构。行政复议机构同时组织办理行政复议机关的行政应诉事项。行政复议机关应当加强行政复议工作,支持和保障行政复议机构依法履行职责。上级行政复议机构对下级行政复议机构的行政复议工作进行指导、监督。国务院行政复议机构可以发布行政复议指导性案例。"

道起诉期限之日起计算,但从知道或者应当知道行政行为内容之日起最长不得超过一年"的规定,在行政机关未告知申请行政复议的权利和申请期限的情形下,当事人申请行政复议的有效期限应当从其知道或者应当知道行政行为内容之日起最长不得超过1年。马某于2017年10月21日与W区政府Y村街道办事处签订《棚户区改造居民搬迁协议书》,至2018年5月24日向W区政府提出行政复议申请时,因行政机关并未告知其申请行政复议的权利和申请期限,故马某并未超过1年的行政复议申请期限。W区政府作出的行政复议申请不予受理决定和原审判决认定的上诉人超过行政复议期限,适用法律错误,应予纠正。关于行政协议争议是否属于行政复议范围的问题。1990年《行政诉讼法》和2009年修正的《行政复议法》关于行政诉讼受案范围与行政复议范围的规定均不含行政协议争议,2014年修正后的《行政诉讼法》虽然将行政协议争议纳入行政诉讼受案范围,但2017年修正的《行政复议法》对行政复议范围的规定也未作调整,因此行政协议争议不属于行政复议的范围。故W区政府作出的行政复议不予受理决定结论正确,但理由错误。但鉴于撤销原审判决,W区政府改变理由以马某的申请不属于行政复议受理范围重新作出行政复议不予受理决定,并无实际意义,程序空转,因被诉行政复议不予受理决定和原审判决结论没有侵犯马某的合法权益,对于原审判决结果,本案二审予以维持。依照《行政诉讼法》第89条第1款第1项之规定,判决驳回上诉,维持原判。马某仍不服,向最高人民法院申请再审。

最高人民法院经审查认为,本案的焦点问题是涉案行政协议争议是否属于行政复议的受理范围。从2017年修正的《行政复议法》有关受案范围的相关规定看,并未将行政协议纳入行政复议的受理范围。本案中,针对再审申请人马某提出的请求确认W区政府Y村街道办事处与其签订的《棚户区改造居民搬迁协议书》无效的复议申请,W区政府以其超过行政复议期限为由作出被诉不予受理其复议申请的决定,虽然上述理由欠缺妥当性与全面性,但结论正确。原审法院的处理亦无明显不妥。遂裁定驳回马某的再审申请。

第二章 关于管辖

一、关于级别管辖问题

级别管辖是指上下级人民法院受理第一审行政案件的分工和权限。对于中级人民法院受理第一审行政案件的范围，《行政诉讼法》第 15 条予以了列举。该条规定："中级人民法院管辖下列第一审行政案件：（一）对国务院部门或者县级以上地方人民政府所作的行政行为提起诉讼的案件；（二）海关处理的案件；（三）本辖区内重大、复杂的案件；（四）其他法律规定由中级人民法院管辖的案件。"

实践中，对于中级人民法院管辖的"本辖区内重大、复杂的案件"的理解尚存在不同看法。为解决这个问题，《行政诉讼法司法解释》第 5 条予以了明确，该条规定："有下列情形之一的，属于行政诉讼法第十五条第三项规定的'本辖区内重大、复杂的案件'：（一）社会影响重大的共同诉讼案件；（二）涉外或者涉及香港特别行政区、澳门特别行政区、台湾地区的案件；（三）其他重大、复杂案件。"该条对"本辖区内重大、复杂的案件"作了肯定和概括性的列举，有利于增强司法实务中的可操作性。

需要指出的是，对"县级以上地方人民政府"应当予以准确理解。如果被告是省属职能机构，如省教育厅、省财政厅、省物价局等，虽然其级别高于县级人民政府，但一审管辖法院仍是基层人民法院，而不是中级人民法院。例如，在单某君诉 A 省物价局行政复议一案[①]中，单某君向 A 省 H 市中级人民法院起诉称，其于 2016 年 10 月 31 日向 A 省物价局邮寄了行政复议申请材料。经查

---

① 参见（2018）最高法行申 2031 号行政裁定书。

询，A省物价局于2016年11月3日签收，但A省物价局并未在法定的复议期限60日内作出复议决定。故单某君请求人民法院依法确认A省物价局未在法定期限内作出行政复议决定的行为违法，并责令限期作出行政复议决定。

A省H市中级人民法院一审认为，根据单某君的诉请，单某君本次起诉的被告是A省物价局，依法不属于该院管辖一审行政诉讼的范围。对此该院已进行了释明和告知，但单某君坚持起诉。依照《行政诉讼法》第49条第4项、第51条第2款的规定，裁定对单某君的起诉不予立案。单某君不服，提起上诉。

A省高级人民法院二审认为，根据《行政诉讼法》第15条第1项的规定，中级人民法院管辖对国务院部门或者县级以上人民政府所作的行政行为提起诉讼的一审行政案件。单某君起诉所列被告为A省物价局，该行政机关属于省级人民政府的职能部门，以其为被告的一审行政案件原则上属于基层人民法院管辖。对此，一审法院已向单某君释明，但其仍坚持向中级人民法院提起诉讼，不符合《行政诉讼法》关于级别管辖的规定。原审裁定不予立案并无不当。单某君的上诉理由不能成立，不予支持。二审据此裁定驳回上诉，维持原裁定。

单某君仍不服，向最高人民法院申请再审称，本案被告A省物价局为省级行政机关，相当于市级人民政府的级别，行政级别较高。基层法院审理涉省级行政机关的案件存在着诸多障碍，难以实现案件的公平公正。本案应当属于《行政诉讼法》第15条第3项规定的重大、复杂，应当由中级人民法院管辖的案件。据此，一审和二审裁定不符合法律规定，请求撤销一审和二审行政裁定，指令A省H市中级人民法院对再审申请人的起诉予以立案。

最高人民法院认为，本案的争议主要集中在级别管辖的确定。按照《行政诉讼法》第14条的规定，第一审行政案件一般由基层人民法院管辖。确立这一原则，主要是为了便于当事人就近诉讼、便于人民法院审判执行，并且平衡上下级法院之间的工作负担。除此之外，级别管辖还具有保障人民法院公正行使审判权的实体价值。正因如此，《行政诉讼法》在修改时适度扩大了中级人民法院管辖的第一审行政案件的范围，将被告级别由"省、自治区、直辖市人民政府"扩大到"县级以上地方人民政府"。但这里所说的"地方人民政府"，不包括地方人民政府的工作部门，按照《行政诉讼法》第15条第1项的规定，只有对"国务院部门"所作的行政行为提起诉讼的案件，才由中级人民法院管辖。

本案中，再审申请人以 A 省物价局为被告，直接向中级人民法院提起诉讼，不符合级别管辖的规定。再审申请人主张，其直接向中级人民法院提起诉讼，是因为本案应当属于重大、复杂，应当由中级人民法院管辖的案件，基层法院审理涉省级行政机关的案件存在着诸多障碍。固然，《行政诉讼法》第 15 条第 3 项规定，中级人民法院管辖"本辖区内重大、复杂的案件"，《行政诉讼法司法解释》第 6 条也规定，当事人以案件重大、复杂为由，认为有管辖权的基层人民法院不宜行使管辖权的，可以直接向中级人民法院起诉，但这并不意味着中级人民法院必须受理，根据不同情况，中级人民法院可以决定自行审理，或者指定本辖区其他基层人民法院管辖。经审查不存在"案件重大复杂，有管辖权的基层人民法院不宜行使管辖权"情形的，可以书面告知当事人向有管辖权的基层人民法院起诉。本案中，显然不存在《行政诉讼法司法解释》第 5 条所规定的属于"本辖区内重大、复杂的案件"的各种情形，一审法院经释明和告知之后裁定不予立案，符合法律规定。二审法院裁定驳回上诉，维持原裁定，亦无不妥。再审申请人的再审申请理由不成立。

二、关于移送管辖与管辖恒定问题

若共同诉讼数个被告中既包括县级以上地方人民政府，又包括低于县级以上地方人民政府的其他行政机关，则采取"就高不就低"原则，由中级人民法院管辖。例如，以县政府、县公安局、县城管局为共同被告向某中级人民法院提起诉讼，该院予以立案，符合前述"就高不就低"原则。

在杨某奎诉 T 市 J 区人民政府（以下简称 J 区政府）、T 市 J 区 X 镇人民政府（以下简称 X 镇政府）房屋行政强制一案[①]中，法院驳回对作为被告之一的 J 区政府的起诉后，被告只剩下 X 镇政府，共同诉讼既不成立，X 镇政府又非"县级以上地方人民政府"，T 市第二中级人民法院也就不再具有管辖权。那么需要思考的问题是，本案既已被人民法院立案受理，全案裁定驳回起诉是否与管辖恒定原则相悖。

---

① 参见（2016）最高法行申 2301 号行政裁定书。

《行政诉讼法司法解释》重点内容案例解析

该案的基本案情如下：杨某奎向 T 市第二中级人民法院起诉称，其系 T 市 J 区 X 镇 L 村一房屋的产权人和使用人。2013 年 6 月至 7 月间的一天，J 区政府、X 镇政府及第三人 T 市 J 区康健房屋拆迁中心组织多人对原告的房屋实施了强制拆除，致使其房屋内财产被损毁、灭失。故请求：（1）确认共同被告对其房屋实施强制拆除的行政行为违法；（2）判令共同被告采取将其房屋原址恢复原状的补救措施。

T 市第二中级人民法院一审认为，杨某奎要求确认 J 区政府、X 镇政府强制拆除其房屋行为违法并恢复原状，但其提交的证据不能证明 J 区政府实施了强制拆除其房屋的行为。杨某奎对 J 区政府的起诉没有事实根据，不符合《行政诉讼法》第 49 条第 3 项规定的起诉条件。依据《最高人民法院关于行政案件管辖若干问题的规定》[①]第 1 条"有下列情形之一的，属于行政诉讼法第十四条第三项规定的应当由中级人民法院管辖的第一审行政案件：（一）被告为县级以上人民政府的案件……"的规定，X 镇政府并非县级以上人民政府，杨某奎对其提起行政诉讼，不属于中级人民法院管辖的第一审行政案件，不应由该院管辖。杨某奎对 X 镇政府的起诉亦不符合《行政诉讼法》第 49 条第 4 项规定的起诉条件，杨某奎可以向有管辖权的法院另行起诉。据此，依照《行政诉讼法》第 49 条第 3 项、第 4 项，《最高人民法院关于适用〈中华人民共和国行政诉讼法〉若干问题的解释》第 3 条第 1 款第 1 项、第 2 款之规定，裁定驳回杨某奎的起诉。杨某奎不服，提起上诉。

T 市高级人民法院二审认为，依照《行政诉讼法》第 26 条第 4 款"两个以上行政机关作出同一行政行为的，共同作出行政行为的行政机关是共同被告"的规定，杨某奎以 J 区政府、X 镇政府为共同被告，请求确认 J 区政府、X 镇政府强制拆除其房屋的行为违法并恢复原状。杨某奎向两审法院提供的证据不能证实 J 区政府实施了强制拆除其房屋的行为。杨某奎的起诉不符合《行政诉讼法》第 49 条第 3 项规定的起诉条件。一审法院裁定驳回上诉人的起诉，并无不当。二审据此裁定驳回上诉，维持一审裁定。杨某奎仍不服，向最高人民法

[①] 该规定于 2019 年 7 月 20 日《最高人民法院关于废止部分司法解释（第十三批）的决定》施行时起不再适用。

院申请再审。

最高人民法院认为，本案的核心问题是，杨某奎认为J区政府、X镇政府对其房屋实施强制拆除，向T市第二中级人民法院提起诉讼，是否符合法定起诉条件。

根据《行政诉讼法》第49条的规定，提起行政诉讼应当有"具体的诉讼请求和事实根据"。通常认为，所谓"事实根据"，是指一种"原因事实"，也就是能使诉讼标的特定化或者能被识别所需的最低限度的事实。通俗地说，该事实至少能够证明所争议的行政法上的权利义务关系客观存在。例如，如果请求撤销一个行政决定，就要附具该行政决定；如果起诉一个事实行为，则要初步证明是被告实施了所指控的事实行为。再审申请人提起本案诉讼，系指控再审被申请人J区政府、X镇政府对其房屋共同实施了强制拆除的行政行为，故本案的被诉行政行为是实施强制拆除房屋的事实行为。再审申请人在再审申请理由中以X镇政府出具的《答复意见书》和T市J区集体土地房屋拆迁管理办公室对其作出的促拆告知书佐证J区政府对其房屋实施了强制拆除，并称上述证据已向一、二审法院提交。经审查，X镇政府出具的《答复意见书》是该政府于2015年1月29日对王某娟作出的信访答复。该意见书载明，"依据《X镇示范镇建设整合拆迁方案》，X镇政府向区集拆办报请促拆手续，批准向你户下发促拆告知书，并贴公告，最后由区政府下发促拆执行公告。因你户诉求过高，镇党委书记、镇长与您做思想工作，主管副镇长吕某华、韩某正及负责拆迁的机关干部10余人找本人协商，最终没有达成一致。2013年7月5日对其房屋进行了促拆，整个拆迁过程有全程录像"。可见，即使该意见书所载报请批准过程属实，也不能证明J区政府对涉案房屋具体实施了强制拆除。T市J区集体土地房屋拆迁管理办公室所作促拆告知书则是该办公室就L村委会与再审申请人之间的拆迁争议调解无果后，于2013年6月14日对再审申请人所作关于双方权利义务的告知。关于L村委会的权利，该告知书载明，"L村委会如认为被告知人杨某奎拒不搬迁的滞留行为已经严重侵犯了本村绝大多数村民的利益，即可以依照《村民委员会组织法》的有关规定议决后申请有关部门予以拆除，也可以通过司法途径予以拆除"。可见，再审申请人认为该告知书的内容可以证明该办公室明确指示X镇政府可以拆除再审申请人房屋与事实并不相符。同时，该告知书亦不能证明T市J区集体土地房屋拆迁管理办公室或者J区政府对涉案房屋具体实施了强制拆除。因此，再审申请人对J区政府提起本案行政诉讼不具有事实根据，不符合《行政诉讼法》第49条第3项规定的起诉条件。

关于杨某奎对X镇政府的起诉。一审法院对再审申请人针对另一被告X镇政府的起诉亦一并驳回，但驳回起诉的理由并不是没有事实根据，而是违反了级别管辖的规定。《行政诉讼法》第15条第1项规定，对县级以上地方人民政府所作的行政行为提起诉讼的案件，由中级人民法院管辖。如果案件属于共同诉讼，数个被告中既包括县级以上地方人民政府，又包括低于县级以上地方人民政府的其他行政机关，则采取"就高不就低"原则，由中级人民法院管辖。因为按照《行政诉讼法》第24条第1款的规定，上级人民法院有权审理下级人民法院管辖的第一审行政案件，法律并没有规定下级人民法院可以审理上级人民法院管辖的第一审行政案件。因此，T市第二中级人民法院对本案予以受理符合前述规定。但是，共同诉讼之管辖的要件之一是须有被告数人。在驳回对作为被告之一的J区政府的起诉后，被告只剩下X镇政府，共同诉讼既不成立，X镇政府又非"县级以上地方人民政府"，T市第二中级人民法院也就不再具有管辖权。不过值得斟酌的是一审法院的处理方式，即在这种情况下，究竟应当裁定驳回起诉，还是应当将针对X镇政府的起诉移送有管辖权的人民法院。《行政诉讼法》第22条对移送管辖作出规定："人民法院发现受理的案件不属于本院管辖的，应当移送有管辖权的人民法院……"本案中，一审法院已经受理，受理后发现不属于该院管辖，且案件尚未作出实体判决，应当符合移送管辖的要件。尽管有观点主张，移送管辖主要发生在同级法院之间，对于上下级法院之间主要适用管辖权转移，但是最高人民法院认为，管辖权转移是人民法院将本由自己管辖的案件移交给原本没有管辖权的人民法院，移送管辖则是人民法院将不属于自己管辖的案件移送到有管辖权的人民法院。本案应当更符合移送管辖的情形，并且，采取移送管辖而不是裁定驳回起诉，更有利于对当事人诉权的保护。

管辖恒定原则一般是指确定管辖权以起诉时为标准，起诉时对案件享有管辖权的人民法院，不因确定管辖的事实在诉讼过程中发生变化而影响其管辖权。《最高人民法院关于适用〈中华人民共和国民事诉讼法〉的解释》（以下简称《民事诉讼法司法解释》）第37条、第38条、第39条等条款对民事诉讼管辖恒定原则的具体适用情形作了规定。适用管辖恒定原则的前提条件是受诉人民法院具有管辖权。若在起诉时受诉人民法院根本就没有管辖权，则不产生管辖恒定的效力。由于一审法院就再审申请人对再审被申请人的起诉没有管辖权，故管辖恒定原则不能适用。

三、关于不动产专属管辖及衍生问题

《行政诉讼法司法解释》第9条第1款规定了因不动产提起的行政诉讼，是指因行政行为导致不动产物权变动而提起的诉讼。因不动产提起的行政诉讼，属于专属管辖，即应该由不动产所在地法院审理。实际上，该条文的意义不仅仅在于解释"因不动产提起的行政诉讼"，进而确定专属管辖的法院，而且在其他方面特别是起诉期限的计算方面也有很大的价值。

例如，谢某咏诉B市D区人民政府（以下简称D区政府）撤销行政行为一案[①]即是例证。该案不是按"因不动产提起的行政诉讼"确定专属管辖法院，而是把D区政府变更公房承租人的行为视为一种导致准不动产物权变动的行为，并按最长起诉期限来计算谢某咏的起诉期限。该案的基本案情如下：谢某咏之父谢某恩承租位于B市D区的×××号房屋，该房为北房二间20.3平方米，为被告管理的国家财产。谢某恩于1967年10月死亡。2000年6月29日，D区政府擅自将涉案房屋的承租人变更为谢某咏的弟弟谢某亮。因谢某亮一直未在涉案房屋居住，且在被变更为承租人时在B市有两处住房。谢某咏故请求法院撤销D区政府与谢某亮签订的公有住宅租赁合同。

B市第四中级人民法院一审查明，2000年4月，D区政府下属的B市D区房屋土地管理局S管理所与谢某亮签订了《公有住宅租赁合同》，将B市D区×××号房的公有住房承租权更名至谢某亮名下。一审法院认为，根据《行政诉讼法》第46条第2款的规定，因不动产提起诉讼的案件自行政行为作出之日起超过20年，其他案件自行政行为作出之日起超过5年提起诉讼的，人民法院

[①] 参见（2017）最高法行申2970号行政裁定书。

不予受理。本案中，谢某咏于2016年提起诉讼，要求撤销D区政府与谢某亮签订的《公有住宅租赁合同》，已经超过5年的起诉期限，且无正当理由。故对其起诉，依法应予驳回。遂裁定驳回谢某咏的起诉。谢某咏不服，提起上诉。

B市高级人民法院二审认为，公民、法人或者其他组织向人民法院提起行政诉讼，应当符合法定起诉条件。起诉不符合法定条件，已经立案的，应当裁定驳回起诉。根据《行政诉讼法》第46条第2款的规定，因不动产提起诉讼的案件自行政行为作出之日起超过20年，其他案件自行政行为作出之日起超过5年提起诉讼的，人民法院不予受理。本案中，D区政府与谢某亮于2000年4月签订《公有住宅租赁合同》。谢某咏迟于2016年提起诉讼，要求撤销该《公有住宅租赁合同》，已经超过5年的起诉期限。故谢某咏提起的本案之诉，不符合法定起诉条件，依法应予驳回。综上，一审法院裁定驳回谢某咏的起诉正确，应予维持。谢某咏的上诉请求和理由缺乏事实和法律依据，不予支持。遂裁定驳回上诉，维持一审裁定。

谢某咏不服上述裁定，向最高人民法院申请再审称：（1）原裁定驳回起诉没有法律依据，原裁定适用法律、法规错误。再审申请人没有超过起诉期限，且再审申请人认为此案应当属于不动产纠纷。（2）原审违反法律规定的诉讼程序，遗漏诉讼请求。本案不应适用简易程序。（3）二审裁定认定的基本事实不清，证据不足。据此请求：（1）依法再审或改判本案；（2）责令D区政府补作具体行政行为，补签第三人、申请更名人谢某亮与其他家庭成员谢某咏更名协议书，或者撤销D区政府与第三人谢某亮签订的《公有住宅租赁合同》。

最高人民法院认为，本案主要涉及以下两个问题：一是本案是否为因不动产提起的行政诉讼；二是再审申请人提起行政诉讼是否超过起诉期限。

根据《行政诉讼法司法解释》第9条第1款的规定，《行政诉讼法》第20条规定的"因不动产提起的行政诉讼"是指因行政行为导致不动产物权变动而提起的诉讼。本案中，谢某咏诉请撤销D区政府的行政行为，即D区政府与谢某亮签订的《公有住宅租赁合同》，案涉公有房屋位于B市D区×××号，总使用面积23平方米。谢某亮于2000年6月29日提出承租人更名申请，B市D区房屋土地经营管理一中心下属单位S分中心（原S房管所）依据当时死亡更名的要求予以办理了更名手续，认为符合办理规定。由此，D区政府同意更名登记并与谢某亮签订租赁合同的行为导致了不动产物权的变动。本案被诉行政行为发生于 2000 年，谢某咏于 2016 年提起本案诉讼，并未超过法定的最长起诉期限。故再审申请人主张其没有超过起诉期限的再审事由成立。

考虑到公房的承租人在某种意义上类似于房屋的所有权人，有的地方甚至规定，如果承租的公房被拆迁、征收，公房的承租人可以获得的补偿达到房屋价值的 80% 多，甚至 90%。也就是说，公房的承租人在一定意义上，其地位相当于房屋的所有权人。因此，在对因不动产提起的诉讼中，不能片面地、机械地理解不动产就是房屋、土地、树木、树林等。像公房承租人的变更，相当于准不动产物权人的变更。就本案而言，虽然所涉房屋只有 23 平方米，如果要征收拆迁，需要五六百万元，而五六百万元的征收拆迁利益如果全部归谢某亮，对哥哥谢某咏非常不公平。故本案虽然不是正式的不动产物权变动纠纷，但是准不动产物权变动纠纷，公房的承租人实际上是准不动产物权的所有人，那么，起诉期限就应该适用最长的起诉期限 20 年，而不是 5 年。如果本案适用 20 年起诉期限，谢某亮 2000 年申请变更承租人，谢某咏 2015 年知道，然后于 2016 年向法院起诉，没有超过起诉期限。最高人民法院后来指定 B 市高级人民法院再审。

四、关于管辖错误问题

对于本应由中级人民法院管辖的案件，但事实上对此无管辖权的基层法院作出了相应的裁判，其法律效力如何？《民事诉讼法》第 130 条第 2 款规定："当事人未提出管辖异议，并应诉答辩的，视为受诉人民法院有管辖权，但违反级别管辖和专属管辖规定的除外。""如果在尚未受理时发现自己不具有管辖权，不存在移送管辖的问题，应告知当事人向有管辖权的人民法院起诉。如果案件已经作出了判决，也不发生移送管辖，而应通过上诉或申诉等程序予以纠正。"[1] 也有的认为，"如果案件已经作出了判决，也不发生移送管辖一事，而通

---

[1] 李广宇：《新行政诉讼法逐条注释》，法律出版社 2015 年版，第 189 页。

过其他程序与方法予以纠正"。①存在的问题是，对管辖错误究竟如何通过上诉或申诉等程序解决？"其他程序与方法"又是什么？如何操作呢？

侯某方诉S省C县人民政府（以下简称C县政府）土地行政登记一案②即涉及管辖错误的问题。该案的基本案情如下：根据S省C县人民法院（以下简称C县法院）于2015年12月5日作出的一行政裁定所载内容，侯某方曾于2015年5月15日就与本案相同的事实、相同的诉讼请求向C县法院提起行政诉讼，C县法院于2015年6月1日开庭审理。后侯某方向C县法院提起撤诉申请，C县法院裁定准许。侯某方在庭审中称，其确曾就此案向C县法院提起行政诉讼，因当时审理期限即将届满，暂时无法补充相关证据，故递交撤诉申请书申请撤诉。现在其调取到了与本案相关的新证据，且C县法院对此案并无管辖权，故其有正当理由重新起诉。

一审法院认为，根据业已生效的行政裁定内容，侯某方曾就被诉行政行为向C县法院提起行政诉讼，后申请撤诉被C县法院准许。侯某方所主张的正当理由并不符合法律规定，对其主张不予采纳。侯某方无正当理由就同一事实、同一诉讼请求向法院提起行政诉讼，对其起诉依法应予驳回。根据《最高人民法院关于适用〈中华人民共和国行政诉讼法〉若干问题的解释》第3条第1款第7项之规定，裁定驳回侯某方的起诉。侯某方不服，提起上诉。

二审法院认为，依照《最高人民法院关于适用〈中华人民共和国行政诉讼法〉若干问题的解释》第3条第1款"有下列情形之一，已经立案的，应当裁定驳回起诉：……（七）撤回起诉后无正当理由再行起诉的"之规定，侯某方撤回起诉后，无正当理由就同一事实、同一诉讼请求再行起诉，其起诉依法应予驳回。一审法院裁定驳回侯某方的起诉并无不当。关于侯某方所提"由于C县法院无管辖权，所作裁定是违法无效的，原审法院认定上诉人撤回起诉的前提并不成立"及"其再行起诉有正当理由"的上诉理由，经查，侯某方曾于2015年5月15日就同一事实和理由向C县法院提起行政诉讼，C县法院予以立案受理，此时，侯某方已经就该案启动了行政诉讼程序，C县法院如发现对

---

① 江必新、梁凤云：《行政诉讼法理论与实务》，北京大学出版社2009年版，第314页。
② 参见（2016）最高法行申2747号行政裁定书。

本案无管辖权,应依照《行政诉讼法》第 22 条之规定,将本案向有管辖权的人民法院移送,在 C 县法院作出相关处理之前,侯某方申请撤诉,是在已经开始的诉讼进程中对其诉讼权利的放弃。此外,一审法院庭审笔录证实,侯某方在以审理期限即将届满需要补充证据为由撤回起诉后又以补充了新证据为由再行起诉,不能认定为侯某方撤回起诉后再行起诉有正当理由。因此,侯某方的该上诉理由不能成立。关于侯某方所提"原审法院没有在法定期限内将被告答辩状副本发送给原告,程序违法"的上诉理由,一审法院在收到 C 县政府答辩状后未在法定期限内将答辩状发送给侯某方,属程序瑕疵,但该程序瑕疵未对案件的处理结果造成影响。因此,该上诉理由不予采纳。综上,一审法院裁定认定事实清楚,适用法律正确,依法应予维持。遂裁定驳回上诉,维持原裁定。

关于对案件无管辖权的法院受理案件后如何处理的问题,修改后的《行政诉讼法》扩大了中级人民法院对一审行政案件的管辖范围,由"国务院各部门或者省、自治区、直辖市人民政府"的行政行为扩大到"国务院部门或者县级以上地方人民政府"的行政行为。《行政诉讼法》第 15 条第 1 项规定,对国务院部门或者县级以上地方人民政府所作的行政行为提起诉讼的第一审行政案件,由中级人民法院管辖。就本案而言,2015 年 5 月 15 日侯某方以 C 县政府为被告,向 C 县法院提起土地行政登记行政诉讼,C 县法院受理并审理本案显然与该条关于级别管辖的强制性规定不符。管辖权之有无是法院应依职权调查之事项。如法院对于诉讼之全部或一部认为无管辖权者,应依原告声请或依职权以裁定移送于有管辖权之法院。C 县法院应当根据《行政诉讼法》第 22 条的规定予以处理,即"人民法院发现受理的案件不属于本院管辖的,应当移送有管辖权的人民法院,受移送的人民法院应当受理"。把本案移送给有管辖权的法院,即移送给 L 市中级人民法院。移送管辖,是指人民法院对已受理的案件经审查发现不属于本法院管辖时,将案件移送给有管辖权的人民法院管辖的一种法律制度。这是无管辖权的人民法院在受理了不属于其管辖的案件情况下所采取的一种补救措施,实质上是案件的移送,而不是管辖权的转移。《行政诉讼法》第 22 条作此规定是为了避免影响行政相对人依法行使诉权和法院对行政案件的及时审理。① 因此,"管辖权之有无是法院应依职权调查之事项。如法院对于诉讼之全部或一部认为无管辖权者,应依原告声请或依职权以裁定移送于有管辖权之法院"。那么,当事人侯某方申请撤诉,C县法院也应告知侯某方在把该案移送到L市中级人民法院后由侯某方向L市中级人民法院申请撤诉。显然,本案中,C县法院对这一问题的处理是不妥当的。2007年修正的《民事诉讼法》第179条第1款第7项②规定:当事人申请再审的事由符合"违反法律规定,管辖错误的",人民法院应当再审,该条款明确了案件管辖错误是再审的法定事由之一。《最高人民法院关于适用〈中华人民共和国民事诉讼法〉审判监督程序若干问题的解释》第14条③对"违反法律规定,管辖错误的"作出了解释:"违反专属管辖、专门管辖规定以及其他严重违法行使管辖权的,人民法院应当认定为民事诉讼法第一百七十九条第一款第七项规定的'管辖错误'。"根据2012年修正的《民事诉讼法》第204条第1款④之规定,人民法院应当自收到再审申请书之日起3个月内审查,符合本法规定的,裁定再审。换言之,按照当时有效的法律和司法解释规定,人民法院对"管辖错误"的,应当裁定再审。

根据《行政诉讼法》第15条的规定,如果被告是县级以上人民政府,则中级人民法院是一审法院。在侯某方诉C县政府土地行政登记一案中,侯某方于2015年5月15日向C县法院起诉,要求撤销C县政府给其婶婶颁发的宅基地使用权证,认为该宅基地使用权证占用了其部分宅基地(C县政府颁发的该宅基地使用权证确实占用了侯某方的小部分宅基地)。本案中,被告是C县政府,受理法院是基层法院。在开庭审理过程中,侯某方申请撤诉,声称要补充新证据,C县法院遂作出准许撤诉的裁定。后侯某方找了两个证人出具两份证言,并向L市中级人民法院起诉,L市中级人民法院发现,侯某方之前向C县法院起诉过,就以重复起诉为由裁定驳回其起诉。

---

① 参见姜明安主编:《行政法与行政诉讼法》(第六版),北京大学出版社、高等教育出版社2015年版,第440页。
② 2021年修正的《民事诉讼法》第207条已无此规定。
③ 2020年修正的《最高人民法院关于适用〈中华人民共和国民事诉讼法〉审判监督程序若干问题的解释》已无此规定。
④ 现为《民事诉讼法》第211条第1款。

按照现在的有关规定，包括《行政诉讼法》《民事诉讼法》及有关司法解释的规定，对于管辖错误，包括级别管辖错误、地域管辖错误等，已经不再是启动再审的法定情形。换言之，即便法院对某案没有管辖权，尤其是级别管辖，那也是法院系统内部自主确定的事情，而且管辖问题主要涉及的是程序问题。如果仅因程序问题而没有实体保护的利益启动再审，除了浪费宝贵的司法资源之外，没有多大的必要性。本案经听证了解到，侯某方的实际权益已经得到了救济，其再向法院提起诉讼，既没有保护的利益，也违反了诚信原则。

特别是，作为基层法院的 C 县法院对侯某方的起诉已经立案受理且开庭了，在开庭审理过程中，侯某方申请撤诉，C 县法院作出了准许撤诉的裁定，该裁定已经生效。现侯某方又向 L 市中级人民法院起诉，但 C 县法院作出的准许侯某方撤诉的裁定具有法律效力，显然，无论是侯某方的起诉，还是法院的再次立案受理行为，均违反了生效裁判的既判力原则。而只有当侯某方通过审判监督程序把准许撤诉的裁定改变后，其才可以再向 L 市中级人民法院起诉。

第三章 关于诉讼参加人

一、利害关系概论

诉讼参加人适格是提起诉讼的重要条件，而提起诉讼的条件亦被称为诉讼要件。在《日本行政事件诉讼法》下，行政案件的审理一般分为两个阶段：要件审理阶段和本案审理阶段。前者审理的是"诉讼要件"是否充足，后者审理的是系争行政行为是否合法。换言之，要件审理的是启动"司法审查"的各种条件，本案审理是"司法审查"。"诉讼要件"从主观诉讼的角度来表述的话就称为"诉之利益"——诉讼制度的利用者是否具有获得本案判决的利益？如果没有诉之利益，诉将被驳回（驳回起诉是采用判决还是采用裁定或者决定的形式，主要是一个表述方法问题）。民事诉讼中，诉之利益问题包含着三个方面的问题：第一，请求的内容是否适合作为裁判的对象（诉的对象问题）？第二，对请求作出本案判决是否有现实的必要（具体利益或者必要性问题）？第三，应当由谁和谁来争议请求的内容即诉讼物（当事人适格问题）？[1]

《行政诉讼法》第25条第1款规定："行政行为的相对人以及其他与行政行为有利害关系的公民、法人或者其他组织，有权提起诉讼。"这一规定明确了原告不仅包括相对人，还包括利害关系人，所提之诉包括相对人诉讼与利害关系人诉讼，从而实质上扩展了原告的范围。就利害关系而言，很多人认为是否有"法律上"的前缀实际都是法律上的利害关系，故仅规定利害关系即可。[2] 同时，将"原告"的表述替换为"有权提起诉讼"，实质是在法律程序上将起诉资格与

---

[1] 参见王天华：《行政诉讼的构造：日本行政诉讼法研究》，法律出版社2010年版，第42页。
[2] 参见袁杰主编：《中华人民共和国行政诉讼法解读》，中国法制出版社2014年版，第135页。

原告身份进行了分离,将审查重心由身份审查发展为权利(起诉权)审查,避免法院以起诉人不具有原告资格为由拒绝受理。①行政诉讼的原告资格关系到什么样的人有权提起行政诉讼并启动对行政行为的司法审查。因而,原告资格问题实质上是诉权问题。通说认为,诉权概念的产生有其历史背景,当时是为了拒绝这样一种观点:行政诉讼是一种客观合法性审查。客观合法性审查事实上会导致个人可以主张他人的权利乃至民众的权利,会把行政诉讼变成一种民众诉讼。但行政诉讼制度之发端,终究是为了对每一个其自身权利受到侵害的个人提供法律保护。《行政诉讼法》第2条第1款规定:"公民、法人或者其他组织认为行政机关和行政机关工作人员的行政行为侵犯其合法权益,有权依照本法向人民法院提起诉讼。"这就体现了一种更加侧重权利救济的主观诉讼性质。

对于原告资格,《行政诉讼法》第25条第1款虽然看似将适格原告区分为两大类,但事实上适用了一个相同的标准,这就是"利害关系"。通常情况下,行政行为的相对人总是有诉权的,因为一个不利行政行为给他造成的权利侵害之可能显而易见。因而,有人把行政相对人称为"明显的当事人"。但是,可能受到行政行为侵害的绝不仅仅限于直接相对人。为了保证直接相对人以外的公民、法人或者其他组织的诉权,而又不使这种诉权的行使"失控",法律才限定了一个"利害关系"的标准。所谓"利害关系",是指"有法律上的权利义务关系",即公民、法人或者其他组织有可能受到行政行为的不利影响,包括具体行政行为使其获得某种权利、减少某种义务,或者使其丧失某种权利、增加某种义务。"有利害关系"一般指"有实际利害关系",即具体行政行为是其权利义务发生变化的实际原因。如果公民、法人或者其他组织权利义务变化的实际原因是其他事物,而其他事物曾受到过具体行政行为某种非常间接的影响或者与具体行政行为有某种非常间接的联系,这种关系即不足以使相应个人、组织具有行政诉讼第三人的资格。②"利害关系"具体要考虑以下三个要素:是否存在一项权利;该权利是否属于原告的主观权利;该权利是否可能受到了被诉行政

---

① 参见应松年主编:《〈中华人民共和国行政诉讼法〉修改条文释义与点评》,人民法院出版社2015年版,第60页。

② 参见姜明安:《行政诉讼法》,法律出版社2007年版,第126~127页。

行为的侵害。①

在我国台湾地区，只要属于"第三人效力处分"中行政处分相对人以外之涉及本身权益者，即属具有利害关系。这是因为，其于"第三人效力处分"程序中所处地位决定了其与行政行为直接针对的对象享有同等权利。不少行政决定是具有复效性的，亦即行政决定不仅影响其直接针对的对象，同时也对其他公民、法人或者其他组织产生影响。②

在 Y 县活水来农林科技发展有限公司（以下简称活水来农林公司）诉 A 省 Y 县林业局、A 省 Y 县人民政府、A 省林业局、A 省财政厅、A 省发展和改革委员会、A 省自然资源厅、A 省生态环境厅不履行林业行政补偿一案③中，活水来农林公司诉称，原告于 2009 年合法承包 Y 县 S 组林地，并依法办理林权登记。原告多年来投入大量财力、人力进行林场建设，林场资产价值已逾千万元。2018 年 A 省国家级自然保护区成立后，原告两块林地（722 亩、396 亩）被划入该自然保护区范围内，而自然保护区依法属禁止开发区域，禁止开展建设活动。原告林场因此被迫关闭，遭受了重大损失。原告认为其作为涉案林地的合法权利人就政府建设自然保护区而遭受的资产损失有权获得补偿。被告作为自然保护区责任单位，应当履行职责，补偿原告损失。故请求判令被告履行对原告林场资产损失进行补偿的法定职责，补偿原告各项损失暂计 1239.162 万元，并承担本案诉讼费用。该案就涉及活水来农林公司与其林地被划入自然保护区范围的行为之间有无利害关系的问题。

A 省 A 市中级人民法院一审认为，依据《自然保护区条例》的规定，在自然保护区核心区和缓冲区内，不得建设任何生产设施；在自然保护区的实验区内，不得建设污染环境、破坏资源或者景观的生产设施。活水来农林公司名下有 1118 亩集体林地，其中 722 亩位于保护区核心区，另 396 亩位于保护区实验区。依据上述规定，原告在自然保护区实验区内的 396 亩林地，可以进行合法生产经营活动，不受保护区设立或规划的影响。又因自然保护区生态补偿机制

---

① 参见（2016）最高法行申 2560 号行政裁定书。
② 参见李广宇：《新行政诉讼法逐条注释》，法律出版社 2015 年版，第 212 页。
③ 参见（2021）最高法行申 1363 号行政裁定书。

尚没有明确的法律依据和具体的补偿规定，根据行政法原理，法无授权不可为，在没有法律法规明确授权的情形下，原告活水来农林公司在本案中主张的补偿诉求缺乏明确的法律依据，因而一审法院不予支持。遂裁定驳回活水来农林公司的起诉。活水来农林公司不服，提起上诉。

A省高级人民法院二审另查明，活水来农林公司提出1239.162万元（以评估鉴定为准）补偿请求，主要有以下内容：（1）林地使用权及林木所有权共1118亩流转费用89.44万元；（2）人工林（封山育林）505.4万元；（3）林区道路175.4万元；（4）饮蓄水工程51.182万元；（5）电力工程26.32万元；（6）生产设备45.1万元，包括农药、化肥、发电机、菌种生产用锅炉、制菌冰柜、大棚等；（7）房屋建筑物70.1万元；（8）投资利息276.22万元等。

二审法院认为，活水来农林公司要求被上诉人履行补偿职责，并明确了补偿的项目及数额等，本案争议的焦点问题是上述补偿请求与其林地被划入自然保护区范围的行为之间有无利害关系。

其一，关于林权（财产权）损失，主要是林地使用权及林木所有权的流转费用及请求补偿人工林（封山育林）505.4万元。活水来农林公司的林权来源于2009年9月12日与Y县S组签订的《林场转让合同》，该公司以21万元的价格取得了涉案林场30年的林地使用权及林木所有权等并办理了林权证。涉案林场被划入国家级自然保护区范围内，其主要目的是保护该林区的自然环境和自然资源，并未变更林权权属，对活水来农林公司已经登记的林权不产生影响，对活水来农林公司自2009年起在涉案林地上种植经营的林木亦不发生权属变动的影响。因此，以上两项诉讼请求不符合起诉条件。

其二，关于经营权损失及进行经营必备的固定资产投入（主要是指林区道路、饮蓄水工程、电力工程、房屋建筑物）损失等。二审期间，二审法院询问活水来农林公司自2009年至2019年的经营收益额，该公司陈述林业生产属于长期投资产业，前期并无收益，主要是获取了国家的林业奖补资金。二审法院继续追问奖补资金的项目、数额，该公司陈述补贴项目有公益林补贴资金、项目实施森林抚育金、造林补贴资金。其中，公益林补贴资金按公益林的亩数已发放至2019年，项目实施森林抚育金及造林补贴资金在实施森林抚育和造林的情况下，由林业部门审核后才予以发放。根据以上事实，活水来农林公司的上述三种经营行为与自然保护区保护自然环境和自然资源的目的是一致的，在涉案林地被划入国家级自然保护区范围后，该公司仍然可以实施上述三种经营活动，相应的固定资产投入同样可以持续使用。因此，活水来农林公司要求对上述经营权损失及进行经营必备的固定资产投入的起诉亦不符合起诉条件。

其三，关于动产损失，主要是用于制菌生产的设备、大棚生产用锅炉、制菌冰柜、农药等。活水来农林公司陈述其于2013年至2014年开始制菌，2018年由于缺乏原料停止生产。Y县林业局辩称制菌属于高耗材产业，活水来农林公司缺少原料无法生产系其自身原因所致，与涉案林地被划为国家级自然保护区无关。二审法院认为，被上诉人未对该公司制菌经营作出书面的禁止决定或事实上的禁止行为，涉案林地被划为国家级自然保护区并不必然对该生产经营活动造成影响，故上述诉讼请求缺乏事实根据，不符合起诉条件。

其四，关于其他诉讼请求。活水来农林公司还主张其准备设立农家乐的经营权及林木的采伐权受到限制，由于上述经营权及采伐权即便不是在自然保护区范围内，该公司也应依法向相关职能部门申请，经审核批准后，才能进一步实施。因此，上述两项权利尚不属于涉案林地被划为国家级自然保护区直接的影响范围。至于活水来农林公司主张的利息损失，由于上述投资成本不符合起诉条件，相应的利息损失亦不符合起诉条件。

综上，一审法院裁定驳回起诉，并无不当。上诉人的上诉理由不能成立，依法不予支持。二审法院遂裁定驳回上诉，维持原裁定。

活水来农林公司仍不服，向最高人民法院申请再审称，A省该国家级自然保护区的设立限制了其林权，其合法权益受到了影响，已经实际遭受重大损失，故再审申请人与该保护区的设立具有法律上的利害关系。再审申请人的起诉符合法定条件，一、二审裁定驳回其起诉、上诉，认定事实的主要证据不足，适用法律、法规确有错误。请求撤销一、二审裁定，指令一审法院继续审理本案。

最高人民法院认为，本案的焦点问题是再审申请人活水来农林公司的林场被划入自然保护区对其权利义务是否产生了实际影响，其与林场被划入自然保护区的行为有无利害关系。《森林法实施条例》第15条规定："国家依法保护森林、林木和林地经营者的合法权益。任何单位和个人不得侵占经营者依法所有的林木和使用的林地。用材林、经济林和薪炭林的经营者，依法享有经营权、收益权和其他合法权益。防护林和特种用途林的经营者,有获得森林生态效益补偿的权利。"《国务院办公厅关于完善集体林权制度的意见》(国办发〔2016〕83号)"二、稳定集体林地承包关系"中明确:"确因国家公园、自然保护区等生态保护需要的,可探索采取市场化方式对林权权利人给予合理补偿,着力破解生态保护与林农利益间的矛盾。"《A省人民政府办公厅关于完善集体林权制度的实施意见》"二、稳定和完善集体林地承包关系"中亦明确:"确因国家公园、自然保护区等生态保护需要,对已承包的森林、林木实行限制经营、协议停伐的,可探索采取市场化方式对林权权利人给予合理补偿,破解生态保护与林农利益间的矛盾。"基于上述规定,林权权利人因国家公园、自然保护区的成立等生态保护需要而受到损失的,有权获得合理的补偿。本案中,活水来农林公司与A省Y县S组于2009年9月8日签订《林场承包合同》,合法承包了S组林地。该合同约定,在承包期内,活水来农林公司有权依法申办林权登记并取得林权证,享有林地的使用权、林木所有权和使用权。后活水来农林公司依法办理了林权登记。自然保护区成立后,活水来农林公司名下1118亩集体林地被划入自然保护区范围内,其中722亩位于核心区,396亩位于实验区。根据《自然保护区条例》第18条的规定,自然保护区可以分为核心区、缓冲区和实验区。核心区内禁止任何单位和个人进入;除依照该条例第27条的规定经批准外,也不允许进入从事科学研究活动。核心区外围可以划定一定面积的缓冲区,只准进入从事科学研究观测活动。缓冲区外围划为实验区,可以进入从事科学试验、教学实习、参观考察、旅游以及驯化、繁殖珍稀、濒危野生动植物等活动。本案活水来农林公司的1118亩林地分别被划入自然保护区核心区和实验区,基于《自然保护区条例》的上述规定,活水来农林公司的生产经营活动将受到一定的限制,对其相关权利义务也将产生实际影响。故活水来农林公司与其林场被划入自然保护区的行为具有利害关系,其要求有关行政机关履行补偿职责符合法律以及国家和地方的有关规定,其以此为由提起本案行政诉讼,符合法定的起诉条件。一、二审法院应当通过审理确认负有补偿职责的行政主体,并由其根据活水来农林公司的实际损失情况履行合理补偿的法定职责。一、二审法院分别以活水来农林公司的补偿诉求缺乏明确法律依据和不符合起诉条件为由,裁定驳回活水来农林公司的起诉和上诉,认定事实不清,适用法律、法规不当,应予纠正。综上,活水来农林公司的再审申请符合《行政诉讼法》第91条第3项、第4项规定的情形。遂裁定本案由A省高级人民法院再审;再审期间,中止原裁定的执行。

行政诉讼中,裁定驳回起诉的比例比较高,其中一个原因就是原告与被诉的行为没有法律上的利害关系。比如,原告要求法院判令撤销政府给第三人颁发的所有权证或使用权证,如果其不能提出一些初步证据,像集体土地被征收之后性质变为国有了,后来政府向第三人颁发国有土地使用权证,原集体土地的使用权人向法院起诉,要求撤销政府向第三人颁发的国有土地使用权证,一般来讲,我们认为其与颁证行为没有利害关系。在李某山诉A省H县人民政府(以下简称H县政府)土地登记及A省B市人民政府(以下简称B市政府)行政复议一案[①]中,李某山因与H县政府向第三人中财置业发展有限公司核发国有土地使用权证的行政行为之间不具有利害关系而被驳回诉请。该案的基本案情如下:A省B市中级人民法院一审查明,2010年8月12日,H县政府作出征地公告,李某山使用的土地在该征收范围内。土地被依法征收后经招标拍卖挂牌出让,第三人中财置业发展有限公司取得该地块国有土地使用权,H县政府于2011年7月2日向其核发了《国有土地使用权证》。李某山于2015年1月21日申请行政复议,B市政府于2015年3月18日作出了行政复议决定书,决定维持H县政府核发《国有土地使用权证》的行为。

一审法院认为,《行政诉讼法》第25条规定:"行政行为的相对人以及其他与行政行为有利害关系的公民、法人或者其他组织,有权提起诉讼。"据此,具有行政诉讼原告资格的主体是行政行为相对人或者与行政行为有利害关系的公民、法人或其他组织。本案中,李某山原使用的土地系集体土地,已被依法征收,故其合法权益可通过征收补偿的途径得以维护。现李某山所诉的土地登记行为系征收后的后续行为,其作为原集体土地的使用权人与本案土地登记行为之间无利害关系。综上,李某山不具有提起行政诉讼的原告主体资格。遂裁定驳回李某山的起诉。李某山不服,提起上诉。

A省高级人民法院二审查明:2009年10月,A省人民政府作出《关于H县

---

① 参见(2016)最高法行申3576号行政裁定书。

2008年第三批次建设用地置换的批复》，同意H县将其下属三地境内拟置换农民集体建设用地36.8957公顷与W区境内被置换农民集体农用地30.8718公顷（含耕地29.4716公顷）置换。同意征收被置换农民集体农用地30.8718公顷，另同意征收W区境内农民集体建设用地1.7845公顷。李某山的部分用地在征收范围内。接到该批复后，H县政府组织实施征地，多数被征收人已与征收实施部门达成补偿协议，李某山未签订补偿协议。李某山不服该征地批复，向A省人民政府申请复议。A省人民政府于2014年5月5日作出复议决定，维持该批复。

二审法院认为，根据《物权法》[①]第28条的规定，因人民法院、仲裁委员会的法律文书或者人民政府的征收决定等，导致物权设立、变更、转让或者消灭的，自法律文书或者人民政府的征收决定等生效时发生效力。本案中，2009年10月，A省人民政府已作出《关于H县2008年第三批次建设用地置换的批复》。根据该批复，征收范围内的土地性质已由集体所有转为国有，原集体土地所有权和使用权人涉及该土地的物权消灭，同时取得要求给予公平补偿的权利。故对原集体土地权利人合法权益产生直接影响的是批准征收土地及其相关的征地补偿行为。原集体土地权利人对土地征收及其补偿行为不服的，可通过行政复议、诉讼等法定途径维护自身合法权益。征地批复一经作出，在没有被依法撤销或者确认无效之前，行政机关针对已被征为国有的土地作出的出让、登记、发证等行为，与被征收之前的原集体土地权利人已无法律上的利害关系。李某山作为原集体土地使用权人，对H县政府作出的涉案国有土地使用权登记及发证行为提起诉讼，不具备原告主体资格。一审裁定驳回其起诉，并无不当。李某山的上诉理由不能成立，不予支持。遂裁定驳回上诉，维持原裁定。

李某山仍不服，向最高人民法院申请再审，请求撤销一、二审行政裁定。其申请再审的主要事实与理由为：（1）一、二审法院认定事实不清，法律适用错误。案涉《国有土地使用权证》所涉及的土地范围包括了再审申请人享有合法权利的集体土地，而该集体土地并未经合法征收，再审申请人在此享有合法的土地使用权，并持有土地承包经营权证书，该证书为有权机关颁发的，现仍

[①] 根据《民法典》第1260条的规定，自2021年1月1日《民法典》施行时起，《物权法》同时废止。

合法有效。在该证书未被注销之前，该地块的土地使用权仍然归再审申请人享有。再审被申请人在再审申请人仍对涉案土地享有合法使用权的前提下向第三人颁发《国有土地使用权证》的行为严重影响到再审申请人的合法权益，因此再审申请人与本案具有法律上的利害关系。一、二审法院据此认定再审申请人与涉诉行政行为不具有利害关系，缺乏事实和法律依据。（2）H县政府向第三人核发《国有土地使用权证》的行政行为违法、错误，应予撤销。再审申请人至今未得到合理补偿，H县政府作出该行政行为欠缺法定要件，不符合法律规定，严重侵害了再审申请人的合法权益。

最高人民法院认为，本案的核心问题是，再审申请人李某山与H县政府于2011年7月2日向第三人中财置业发展有限公司核发《国有土地使用权证》的行政行为是否具有利害关系。

《行政诉讼法》第25条第1款规定："行政行为的相对人以及其他与行政行为有利害关系的公民、法人或者其他组织，有权提起诉讼。"也就是说，提起行政诉讼的公民、法人或者其他组织必须与行政行为有利害关系。就土地征收补偿案件而言，一旦征收范围内的土地性质由集体所有转为国有，那么根据《物权法》第28条"因人民法院、仲裁委员会的法律文书或者人民政府的征收决定等，导致物权设立、变更、转让或者消灭的，自法律文书或者人民政府的征收决定等生效时发生效力"之规定，原集体土地所有权和使用权人涉及该土地的物权消灭，但享有向作出征收和补偿决定的主体要求给予公平补偿的权利。原集体土地所有权和使用权人对土地征收和补偿行为不服的，可通过行政复议、诉讼等法定途径维护自身合法权益。故对原集体土地所有权和使用权人合法权益产生直接影响的是作出征收土地及其相关的征地补偿行为。本案中，再审申请人李某山原使用的土地系集体土地，已被依法征收，现李某山对集体土地征收后的后续行为，即向第三人核发《国有土地使用权证》的行政行为起诉，并声称其持有土地承包经营权证书，且该证书为有权机关颁发的，现仍合法有效，在该证书未被注销之前，该地块的土地使用权仍然归再审申请人享有，因此其与本案具有法律上的利害关系。李某山的主张是不能成立的。《土地管理法》第2条第4款规定："国家为了公共利益的需要，可以依法对土地实行征收或者征用并给予补偿。"2009年10月，A省人民政府已作出《关于H县2008年第三批次建设用地置换的批复》，根据该批复，在征收范围内的原由李某山承包使用的集体土地已转为国有。又根据《农村土地承包经营权证管理办法》[①]第20条的规定："承包期内，发生下列情形之一的，应依法收回农村土地承包经营权证：……（三）承包土地被依法征用、占用，导致农村土地承包经营权全部丧失的。（四）其他收回土地承包经营权证的情形。"因此，李某山对涉案被征收土地的农村土地承包经营权已全部丧失，其所持有的原《农村土地承包经营权证》已经失去法律效力，该农村土地承包经营权证书应当被收回。至于该农村土地承包经营权证书没有被收回、被注销，或者李某山持有该已经失效的农村土地承包经营权证书，并不影响其对该农村土地承包经营权的丧失。由此，李某山作为原集体土地的使用权人与本案再审被申请人H县政府向第三人中财置业发展有限公司核发《国有土地使用权证》的行政行为之间不存在利害关系，故李某山不具有提起本案行政诉讼的原告主体资格。李某山的再审申请不符合《行政诉讼法》第91条规定的情形。遂裁定驳回其再审申请。

在聂某飞诉中国证券监督管理委员会（以下简称证监会）不予受理行政复议一案[②]中，其因与证监会的许可行为没有法律上的利害关系，不具有提起本案诉讼的原告主体资格。该案的基本案情如下：2013年10月8日，聂某飞向证监会邮寄提交了《行政复议申请书》，复议请求为请求证监会依法撤销被复议行为。同年10月12日，证监会负责法制工作的机构收到该邮件。同年10月16日，证监会作出《关于转办聂某飞、龙某兵信访投诉事项的函》，将聂某飞的复议申请转证监会办公厅信访办处理。同年10月13日，证监会信访部门作出信访回复。2014年8月1日，聂某飞认为证监会不履行行政复议的法定职责，向一审法院提起行政诉讼。2015年6月19日，一审法院判决证监会于该判决生效后30日内对聂某飞的行政复议申请作出行政复议决定。聂某飞及证监会均未针对该判决提起上诉。证监会于2015年6月24日收到上述行政判决书后，针对聂某飞所提行政复议申请于同年8月5日作出行政复议决定书（以下简称被

[①] 该办法现已失效。
[②] 参见（2016）最高法行申4727号行政裁定书；王振宇、谭红：《股东对证监会批准公司吸收合并的行为可否提起行政诉讼》，载《法律适用》2017年第20期。

诉决定），以聂某飞与证监会作出的《关于核准浙江浙能电力股份有限公司发行股份吸收合并浙江东南发电股份有限公司的批复》（证监许可［2013］1253号，以下简称被复议行为）之间不具有利害关系，聂某飞的申请不符合受理条件为由，驳回了聂某飞的行政复议申请，并通过邮寄的方式向聂某飞予以送达。聂某飞于同年8月8日收到被诉决定。聂某飞不服，向A市第一中级人民法院提起行政诉讼，请求撤销被诉决定。

A市第一中级人民法院一审认为，被复议行为是证监会就核准浙江浙能电力股份有限公司发行股份吸收合并浙江东南发电股份有限公司事项作出的批复。聂某飞并非该批复的相对人，与被复议行为之间没有法律上的利害关系。证监会作出被诉决定驳回聂某飞的行政复议申请正确，应予支持。聂某飞以其系投资人、购买了相关股票为由，主张其与被复议行为之间存在法律上的利害关系，缺乏法律依据，不予支持。聂某飞的其他诉讼主张缺乏事实和法律依据，对其诉讼请求不予支持。遂判决驳回聂某飞的诉讼请求。聂某飞不服，提起上诉。

A市高级人民法院二审认为，行政复议申请人应与行政行为有利害关系。行政复议申请人与行政行为不具有利害关系，已经受理的，行政机关应当决定驳回行政复议申请。本案中，聂某飞向证监会提出行政复议申请，请求证监会依法撤销被复议行为。但被复议行为是证监会针对浙江浙能电力股份有限公司发行股份吸收合并浙江东南发电股份有限公司事项作出的行政许可行为。企业间的吸收合并行为属于公司行为，聂某飞作为浙江东南发电股份有限公司的普通投资者，与证监会作出的行政许可决定不具有利害关系，不符合法定行政复议受理条件。证监会作出的被诉决定，驳回聂某飞的行政复议申请，认定事实清楚，适用法律正确，行政程序符合法律规定，故一审法院判决驳回聂某飞的诉讼请求并无不当。聂某飞的上诉理由和请求缺乏事实和法律依据，不予支持。据此判决驳回上诉，维持原判。

"行政诉讼法设定诉权的目的是在现实生活中使行政相对人能够真正行使诉权，因为诉权的行使重于诉权的设定，诉权的实现重于诉权的宣告。"[①] 诉权是

[①] 刘恒：《行政诉权面临的若干问题及对策》，载《学术研究》1997年第1期。

当事人通过提起诉讼，要求人民法院审判的权利，也称判决请求权。[1]可见，诉权与诉讼权利紧密相连——诉权是诉讼权利的前提或者根基，而诉讼权利是诉权的具体体现或者落实。[2]正如德国学者翁格所说："起诉的能力并不是和权利不相干的、从外部添附到权利身上的东西，而是权利固有的天然属性。权利按照它本来的概念来说就包含通过审判实现自己的可能性……诉权乃是与权利两位一体的东西。"[3]"诉权即是诉讼权利的总称。它是现代法治国家中的基本人权，是由宪法予以保障并由特定法律关系主体依据有关诉讼法律规范享有的基本权利，是其在诉讼过程中依法享有的全部程序性权利的总称。"[4]但是，任何权利都不是绝对的，诉权亦不例外。公民、法人或者其他组织行使诉权、提起行政诉讼必须具备诉讼要件。《行政诉讼法》第49条规定："提起诉讼应当符合下列条件：（一）原告是符合本法第二十五条规定的公民、法人或者其他组织；（二）有明确的被告；（三）有具体的诉讼请求和事实根据；（四）属于人民法院受案范围和受诉人民法院管辖。"其中，行政诉讼的原告资格是行政诉讼要件的重要内容，它关系到什么样的主体有权提起行政诉讼，以落实要求国家审判权运行的权利，对行政行为的合法性进行审查。因此，原告资格问题也是诉权内涵的关键问题。

根据《行政诉讼法》第25条第1款以及第49条第1项、第3项的规定，提起行政诉讼的当事人，应当是与行政行为有利害关系的公民、法人或者其他组织，有具体的诉讼请求并且能够提供相应的事实根据。通常，如果行政机关作出被诉行政行为时，所适用的行政实体法律规范要求考虑原告诉请保护的利益，或者要求行政机关在行政程序中依法征询或听取原告的意见，应当认为原告与被诉行政行为有利害关系，其也就具备了提起诉讼的原告资格。

本案中，焦点问题是，聂某飞作为股票持有者，对于证监会就其投资的公司与其他公司合并所作的批复行为，是否具备申请行政复议的资格。换言之，

---

[1] 参见柴发邦主编：《民事诉讼法学》（修订本），北京大学出版社1992年版，第599页。
[2] 参见范明辛：《诉与诉权刍议》，载《法学家》1998年第4期。对此，有学者则认为，诉权是诉讼权利的简称。该主张显然是不准确的。参见郭卫华：《滥用诉权之侵权责任》，载《法学研究》1998年第6期。
[3] 转引自［德］顾尔维奇：《诉权》，中国人民大学出版社1958年版，第152页。
[4] 赵正群：《行政之诉与诉权》，载《法学研究》1995年第6期。

聂某飞诉请保护的利益是否为证监会作出许可行为时必须考虑的利益,也即聂某飞与证监会作出的批复行为是否具有利害关系。

首先,在分析焦点问题之前,有必要先对行政复议申请资格的审查标准进行一番梳理。根据《行政复议法》第2条和第9条①的规定,行政复议的申请人是认为自己合法权益受到具体行政行为侵害的公民、法人或者其他组织。上述规定可为打算利用这一制度寻求救济的人们提供指引,但直接作为复议机关审查申请资格的标准失之过宽。因为按其字面意思,任何人只要声称其受到了具体行政行为的侵害(无论实际情况如何),就可以获得挑战的权利。如此,则意味着复议申请资格之有无,完全取决于申请人的主观判断。这固然有助于人们寻求行政救济,但也为干扰行政执法、滥用行政资源打开了一道方便之门,显然不符合立法本意。因此,上述规定只有对其文义合理限缩之后,才宜于作为复议机关审查申请资格的标准。根据《行政复议法实施条例》第28条第2项的规定,申请人应与具体行政行为有利害关系。该条规定为复议机关提供了审查申请资格的权威标准。通常来讲,利害关系具备与否,不仅要看当事人所主张的合法权益是否可能受到行政行为的不利影响,还要看此种合法权益是否受到特定行政领域的法律规则所保护。当然,一般来讲,出于立法技术上的考虑,法律规则往往不会直白地写出哪些利益应受保护,但是借助合理的解释方法,还是可以探寻其是否具有保护的意图。只有在能够找到这样的法律规则,即其要求行政机关采取某种措施或者不得采取干预措施,且结果是某种特定利益免遭损害或者得到促进、维护时,主张该种利益的主体才有可能获得申请复议的资格。

其次,具体到本案而言,浙江浙能电力股份有限公司发行股份吸收合并浙江东南发电股份有限公司,势必改变两家公司原有的股权关系,而这种改变对于股票价格的影响也是显而易见的。也就是说,事实上,证监会对于两家公司

---

① 现为《行政复议法》第20条,内容已修改为:"公民、法人或者其他组织认为行政行为侵犯其合法权益的,可以自知道或者应当知道该行政行为之日起六十日内提出行政复议申请;但是法律规定的申请期限超过六十日的除外。因不可抗力或者其他正当理由耽误法定申请期限的,申请期限自障碍消除之日起继续计算。行政机关作出行政行为时,未告知公民、法人或者其他组织申请行政复议的权利、行政复议机关和申请期限的,申请期限自公民、法人或者其他组织知道或者应当知道申请行政复议的权利、行政复议机关和申请期限之日起计算,但是自知道或者应当知道行政行为内容之日起最长不得超过一年。"

合并的批复行为必然会对股票持有者的利益产生影响，这种影响既有可能是有利的，也可能是不利的。因此，聂某飞作为被吸收合并的浙江东南发电股份有限公司的股票持有人，其受到批复行为不利影响的可能性不能排除。但是，公司是市场主体，公司之间的分立、吸收与合并是市场行为。根据《证券法》第10条第1款[①]的规定，公开发行证券，必须符合法律、行政法规规定的条件，并依法报经国务院证券监督管理机构或者国务院授权的部门核准；未经依法核准，任何单位和个人不得公开发行证券。因此，只要公司之间的分立、吸收与合并体现的是各自的公司意志且是双方意思自治的表现，符合法律设定的条件且不违反法律的禁止性规定，不损害国家利益和社会公共利益，证监会就会依法作出相应决定。至此，本案需要研究的问题只有一点，即股票持有人的利益是否受到公司合并批准规则的保护。

虽然概括地讲，股票持有人的利益或者股权应当受到《证券法》的保护，但股票持有人并不是可以在任何时候、启动任何法律机制、借助任何法律程序加以保护。从《证券法》的立法宗旨来看，证监会对上市公司合并的审批，其核心在于股票发行。根据《证券法》第10条[②]和第13条[③]等有关规定，审查的

---

① 现为《证券法》第9条第1款，内容已修改为："公开发行证券，必须符合法律、行政法规规定的条件，并依法报经国务院证券监督管理机构或者国务院授权的部门注册。未经依法注册，任何单位和个人不得公开发行证券。证券发行注册制的具体范围、实施步骤，由国务院规定。"

② 现为《证券法》第9条，内容已修改为："公开发行证券，必须符合法律、行政法规规定的条件，并依法报经国务院证券监督管理机构或者国务院授权的部门注册。未经依法注册，任何单位和个人不得公开发行证券。证券发行注册制的具体范围、实施步骤，由国务院规定。有下列情形之一的，为公开发行：（一）向不特定对象发行证券；（二）向特定对象发行证券累计超过二百人，但依法实施员工持股计划的员工人数不计算在内；（三）法律、行政法规规定的其他发行行为。非公开发行证券，不得采用广告、公开劝诱和变相公开方式。"

③ 现为《证券法》第12条，内容已修改为："公司首次公开发行新股，应当符合下列条件：（一）具备健全且运行良好的组织机构；（二）具有持续经营能力；（三）最近三年财务会计报告被出具无保留意见审计报告；（四）发行人及其控股股东、实际控制人最近三年不存在贪污、贿赂、侵占财产、挪用财产或者破坏社会主义市场经济秩序的刑事犯罪；（五）经国务院批准的国务院证券监督管理机构规定的其他条件。上市公司发行新股，应当符合经国务院批准的国务院证券监督管理机构规定的条件，具体管理办法由国务院证券监督管理机构规定。公开发行存托凭证的，应当符合首次公开发行新股的条件以及国务院证券监督管理机构规定的其他条件。"

《行政诉讼法司法解释》重点内容案例解析

内容主要是公司的组织机构、盈利能力、财务状况等公司整体状况，并不涉及股票持有人的情况。由此可见，证监会在批准公司合并时，法律规则的重点是审查公司公开发行股票的条件，而并不要求直接考虑股票持有人的利益。

再次，聂某飞作为浙江东南发电股份有限公司的普通投资者，其可以根据《公司法》的规定出席股东大会会议、查阅公司章程、股东名册、公司债券存根、股东大会会议记录、董事会会议记录、监事会会议决议、财务会计报告，对公司的经营提出建议或者质询等。这是聂某飞作为股份有限公司股东的权利，但这种权利的行使及其结果并不能必然地代表或者体现公司的意志。股份有限公司的股东只有根据《公司法》及公司章程的规定，经过一定的程序，才能把自己的主张和建议转化为公司的意志。对此，《公司法》第103条明确规定，股东出席股东大会会议，所持每一股份有一表决权。股东大会作出公司合并、分立、解散或者变更公司形式的决议，必须经出席会议的股东所持表决权的三分之二以上通过。因此，尽管聂某飞的股东权利保护具有法律依据，但其挑战证监会的行政许可决定必须依照《公司法》规定的途径，也必须遵循公司章程的规定。聂某飞作为浙江东南发电股份有限公司的普通投资者，其向证监会提出行政复议申请，请求证监会依法撤销其针对浙江浙能电力股份有限公司发行股份吸收合并浙江东南发电股份有限公司事项作出的行政许可行为，并主张其可以依据《公司法》第151条①的规定，作为股东，"可以自己的名义提起诉讼"，该主张明显不能成立。因为该条主要规定的是"董事、高级管理人员执行公司职务时违反法律、行政法规或者公司章程的规定，给公司造成损失"时，在公

---

① 《公司法》第151条规定："董事、高级管理人员有本法第一百四十九条规定的情形的，有限责任公司的股东、股份有限公司连续一百八十日以上单独或者合计持有公司百分之一以上股份的股东，可以书面请求监事会或者不设监事会的有限责任公司的监事向人民法院提起诉讼；监事有本法第一百四十九条规定的情形的，前述股东可以书面请求董事会或者不设董事会的有限责任公司的执行董事向人民法院提起诉讼。监事会、不设监事会的有限责任公司的监事，或者董事会、执行董事收到前款规定的股东书面请求后拒绝提起诉讼，或者自收到请求之日起三十日内未提起诉讼，或者情况紧急、不立即提起诉讼将会使公司利益受到难以弥补的损害的，前款规定的股东有权为了公司的利益以自己的名义直接向人民法院提起诉讼。他人侵犯公司合法权益，给公司造成损失的，本条第一款规定的股东可以依照前两款的规定向人民法院提起诉讼。"

第三章 关于诉讼参加人

司收到符合条件的股东的起诉请求之后怠于或者拒绝提起诉讼的情形下，符合条件的股东才有权为了公司的利益以自己的名义直接向人民法院提起诉讼。[①]

最后，根据《证券法》第214条[②]、《上市公司收购管理办法》第7条的规定，收购人或者收购人的控股股东，利用上市公司收购，损害被收购公司及其股东的合法权益的，国务院证券监督管理机构责令其改正，并作出相应行政处罚；对直接负责的主管人员和其他直接责任人员给予警告等行政处罚；给被收购公司及其股东造成损失的，依法承担赔偿责任。因此，就本案而言，聂某飞如果认为两家公司在合并的过程中违反了公司章程或者有关保护股东利益的法律规定，侵害了自己的合法权益，可以通过民事诉讼等渠道主张救济，而挑战证监会批准公司合并的行为并非正确的选择。

因此，聂某飞以其系投资人并购买了被吸收合并的公司股票为由，声称证监会的行政许可决定改变了其股权关系，使得其股权所对应于资产负债表中的每股净资产减少了40%，证监会的行政许可对其权利义务产生实际影响，因而认为其与证监会批准公司合并行为之间具有利害关系，该主张难以成立。故聂某飞与证监会作出的行政许可决定不具有利害关系，不符合法定行政复议受理条件。证监会作出被诉决定，驳回聂某飞的行政复议申请，符合法律规定。一审判决驳回聂某飞的诉讼请求，并无不当。聂某飞提出二审判决违反法律规定的诉讼程序，因没有证据证明，不能成立。故二审判决驳回上诉，维持原判，亦无不当。

---

① "股东权说"认为，股东基于出资所享有的股东权其实是一种介于收益权和所有权之间的权利形态。公司只是在所有权与经营权两权分离的情形下，股东欲承担有限责任、减少投资风险所选用的一种经营形态。公司虽具有独立的法人格地位，但出资设立该公司的股东才是享有剩余索取权的所有人。侵害公司利益的行为，同时也会对股东权造成侵害，股东基于股东权被侵害的事实而享有对加害者的损害赔偿请求权。这种损害赔偿请求权就是股东代表诉讼诉权的实体权源。参见胡宜奎：《股东代表诉讼诉权的权利基础辨析——兼论我国股东代表诉讼制度的完善》，载《政治与法律》2015年第9期。

② 现为《证券法》第196条，内容已修改为："收购人未按照本法规定履行上市公司收购的公告、发出收购要约义务的，责令改正，给予警告，并处以五十万元以上五百万元以下的罚款。对直接负责的主管人员和其他直接责任人员给予警告，并处以二十万元以上二百万元以下的罚款。收购人及其控股股东、实际控制人利用上市公司收购，给被收购公司及其股东造成损失的，应当依法承担赔偿责任。"

二、关于原告问题

（一）原告资格的认定

如前述，原告资格的认定问题实质上就是利害关系的认定问题，是行政诉讼的一个热点，也是一个非常复杂的问题。《行政诉讼法司法解释》第 12 条对利害关系的一些典型情况作了列举。

第一，被诉的行为涉及公民、法人或者其他组织的相邻权或者公平竞争权的，那么该相邻权人或者公平竞争权人与被诉行为具有利害关系，具有原告资格。例如，甲家住在某楼的最高层，其在本楼的顶层盖了一个玻璃房，楼下的住户发现后，认为该玻璃房影响整栋楼的安全，便向规划部门举报，规划部门去执法，要求甲拆除玻璃房，后因规划部门执法不力，玻璃房并未被拆除，楼下的住户便向法院起诉规划部门。笔者认为，本案中，楼下的住户具有原告资格，因为楼上住户盖的玻璃房对其权利义务产生影响，包括安全、美观、排水、采光等问题。而规划部门作为执法部门，没有依法履行其依法查处的法定职责，故楼下的住户基于相邻权而对规划部门的执法行为可以依法提起诉讼。还有涉及公平竞争权的，这类案件比较多，如多人申请采矿权、探矿权，李四的条件更优越，但政府把采矿权、探矿权许可给了条件一般的张三，没有给李四，李四认为政府的行为侵犯了其公平竞争权，那么其可以就此提起诉讼。

当然，这个问题不能泛化。楼上楼下、左邻右舍的邻居之间，肯定存在相邻关系，但存在相邻关系并不意味着双方就一定对涉及的行政行为有利害关系。臧某凤诉 A 省 D 县人民政府土地行政登记一案[①]即属于这种情况。臧某凤和臧某兰是邻居，她们都取得了宅基地使用权证，现臧某凤向法院起诉，认为政府给其邻居臧某兰颁发的宅基地使用权证侵占了其西边一平方米多的土地，要求法院撤销政府给臧某兰颁发的宅基地使用权证。本案的关键是，臧某凤如何证明其与县政府给其邻居臧某兰颁发宅基地使用权证的行为具有法律上的利害关系，除非其能证明臧某兰的宅基地使用权证占用了其宅基地，如臧某兰宅基地使用权证的四至跟其宅基地使用权证的四至存在交叉、重叠的情形。但这两个

---

① 参见（2016）最高法行申 2560 号行政裁定书。

证的四至非常清楚，不存在交叉、重叠的情形。因此，在这种情况下，臧某凤不能因为其跟臧某兰是邻居，存在相邻关系，就有原告资格，就有要求法院撤销政府给其邻居颁发的宅基地使用权证的权利。所以，对因相邻权可能产生的利害关系问题不能简单地理解。

第二，在行政复议等程序中被追加为第三人或者应当被追加为第三人的，该第三人具有原告资格。例如，张某诉 J 省 X 市人民政府房屋登记行政复议决定案[①]，就具有很典型的意义。该案的基本案情如下：曹某因房子问题与张某发生争议，遂向 X 市人民政府申请复议。X 市人民政府根据曹某提交的材料，作出复议决定，把原来房产证上的名字张某改成了曹某。张某不服，向法院起诉。张某系复议程序中的第三人，其对复议决定不服，有权向法院起诉。该案在 J 省高级人民法院二审开庭的时候，X 市人民政府辩称，按照《行政复议法》第 22 条[②]的规定，复议机关在复议的时候，享有自由裁量权，可以听取利害关系人、第三人的意见、陈述或者申辩。既然是自由裁量权，便意味着可以行使，也可以不行使，所以在复议过程中，X 市人民政府就没有听取张某的意见。后二审法院认为，X 市人民政府的复议违反了正当程序，遂判决撤销了复议决定。本案中，X 市人民政府对自由裁量权的理解存在偏颇，自由裁量权并不意味着权力行使者可以随心所欲，想怎么样就怎么样。的确，根据《行政复议法》第 22 条的规定，复议机关在进行书面复议审查时，可以听取利害关系人、第三人的意见。而自由裁量权，意味着根据个案进行具体情况具体分析，要进行实质考量，如果没有进行实质考量，实际上就是走过场，就是不正确地行使自由裁量权。复议机关工作人员不能因为今天心情不好，就不想听取利害关系人、第三人的意见，或者今天特别忙，就不听取利害关系人、第三人的任何陈述申辩，这显然是对自由裁量权的误解。案涉房产证上的名字写的是张某，那么张某作为复议程序中的第三人，复议机关没有听取其意见，并辩称其有权听取或者不听取张某的意见，无疑是滥用自由裁量权，也是违反正当程序的，因为行政机

---

① 参见《最高人民法院公报》2005 年第 3 期。
② 现为《行政复议法》第 49 条，内容已修改为："适用普通程序审理的行政复议案件，行政复议机构应当当面或者通过互联网、电话等方式听取当事人的意见，并将听取的意见记录在案。因当事人原因不能听取意见的，可以书面审理。"

关作出对相对人或者利害关系人不利的行为时，应当充分听取相对人或者利害关系人的陈述和申辩。

第三，要求行政机关依法追究加害人法律责任的公民、法人或者其他组织，具有原告资格。这里要注意，该项特指《治安管理处罚法》的规定，主要是针对侵犯人身权、财产权的情形，不是泛指。例如，王某在超市买了某食品，后来发现该食品有质量问题，遂向市场监管部门举报，但是市场监管部门没有立案处理，所以其要求市场监管部门依法追究侵权人的法律责任，这就不能适用该项解释。如果甲把王某打伤了，王某要求公安机关追究甲打人的法律责任，公安机关不履职，王某则有权向法院起诉。

第四，撤销或者变更行政行为涉及其合法权益的，该被涉及的公民、法人或者其他组织，具有原告资格，这也应该是最普遍的情形。行政机关撤销或者变更行政行为，如行政机关根据法院、检察院的协助执行通知作出了一个协助执行行为，后来又撤销了协助执行行为，该撤销行为是一个新行为，当事人对此可以提起诉讼。又如前述 W 县关闭煤矿的通知，相当于变更行为，该通知影响到所涉煤矿的权利义务，所涉煤矿有权获得司法救济。这里还涉及行政法的信赖利益保护原则，如政府以优惠的条件招商引资，引进来的企业在这里投入了很多资金，但后来政府出尔反尔，决定收回土地使用权，甚至关闭企业等，无疑，这些权利义务受到影响的投资者具有原告资格。

第五，关于投诉举报人的原告资格问题。一般认为，投诉人原则上与具有处理投诉职责的行政机关作出或者未作出处理的行为有利害关系，因此具有原告资格，而举报人原则上没有原告资格。在彭某案中，其妻子看见某电视台播放了一则减肥的广告，就购买了该减肥药并天天服用，服用了一个多月，不仅没有任何效果，而且身体受到了严重的损伤，后来到医院治病，住院治疗没多久就去世了。彭某后向广电部门举报，要求广电部门追究在电视台播放减肥广告的某公司的违法行为。广电部门作出了答复，但彭某对广电部门的处理答复行为不服，遂向法院起诉。笔者认为，本案中，彭某与广电部门作出的处理答复行为具有法律上的利害关系。对于职业打假人，只要其购买了产品，其就具有原告资格，尽管其主观目的主要是想获得多倍的赔偿。因为根据《行政诉讼法司法解释》第 12 条第 5 项的规定，只要投诉人是基于维护自己的权益向市场监管部门投诉,其对市场监管部门的处理决定不服,就有权向法院起诉。举报人因为通常是基于公益而进行举报的,所以一般来说其没有原告资格。

第六,关于债权人的原告资格问题。根据《行政诉讼法司法解释》第13条的规定,债权人原则上没有原告主体资格,就是说其与被诉行为没有法律上的利害关系,其以行政机关对债务人所作的行政行为损害了其债权实现为由提起行政诉讼,法院应当告知其提起民事诉讼。但是行政机关作出行政行为时依法应当保护或者考虑的除外。

在韩某生诉S省J市Z区人民政府(以下简称Z区政府)、S省J市Z区人民政府X街道办事处(以下简称X街道办)行政强制一案[①]中,韩某生起诉称,2000年L村村委办理了《综合批发市场集体土地建设使用证》,在村北动工建设综合批发市场,并以全部市场门面房和土地证上的集体建设用地为抵押,向其借款280万元。市场建成后,L村村委将该市场一门面房转让给韩某生,将其他门面房用于对外租赁。2007年,为保障韩某生合法权益,L村村委承诺,如遇征地拆迁事项,由征地单位负责归还其本金和利息,其可以向征地单位主张债权。2014年以来,Z区政府启动该片区拆迁项目,综合批发市场门面房处于拆迁范围内。按照L村村委会承诺及《担保法》[②]和《物权法》的规定,Z区政府在拆除市场门面房之前,应当先以拆迁补偿款偿还L村对其的债务,Z区政府对L村和其之间的借款关系也予以认可,但Z区政府一直没有履行还款义务,其也未与Z区政府达成拆迁补偿协议。2017年6月21日,Z区政府对其门面房和其他几户的门面房实施了强拆。其已对Z区政府拆除其门面房的行为单独提起复议和诉讼,现提起本次行政诉讼,目的是要确认Z区政府无视原告合法的债权和抵押权,未事先以征地补偿款清偿L村村委对原告的债务,即对整个综合批发市场进行拆迁的行为违法。

S省J市中级人民法院一审认为,《行政诉讼法》第49条第1项规定:"提起诉讼应当符合下列条件:(一)原告是符合本法第二十五条规定的公民、法人

---

① 参见(2019)最高法行申3798号行政裁定书。
② 根据《民法典》第1260条的规定,自2021年1月1日《民法典》施行时起,《担保法》同时废止。

或者其他组织……"第 25 条第 1 款规定:"行政行为的相对人以及其他与行政行为有利害关系的公民、法人或者其他组织,有权提起诉讼。"《最高人民法院关于行政诉讼证据若干问题的规定》第 4 条第 1 款规定:"公民、法人或者其他组织向人民法院起诉时,应当提供其符合起诉条件的相应的证据材料。"根据上述规定,公民、法人和其他组织提起行政诉讼,应当证明其与被诉行政行为有利害关系,存在受到被诉行政行为侵害的合法权益。具体到本案中,韩某生应当证明其主张的抵押权,即对 L 村综合批发市场建设用地使用权和市场门面房的抵押权已经依法设立。关于韩某生如何证明其主张的抵押权已经依法设立。一审法院认为,韩某生主张的抵押权,均属于对不动产的抵押权,属于不动产物权的范畴。根据《物权法》第 6 条关于"不动产物权的设立、变更、转让和消灭,应当依照法律规定登记"的规定,韩某生应当提供依照法律规定登记的证明材料,才能证明其主张的抵押权已经依法设立,韩某生未能提供上述证明材料,未尽到《最高人民法院关于行政诉讼证据若干问题的规定》第 4 条第 1 款规定的证明责任。综上,韩某生现有的证据,尚不能证明其主张的抵押权已经依法设立,不能证明存在受到被诉行政行为侵害的合法权益,不能证明其与被诉行政行为有利害关系。韩某生提起的本次起诉,不符合《行政诉讼法》第 49 条第 1 项的规定。遂裁定驳回韩某生的起诉。韩某生不服,提起上诉。

S 省高级人民法院二审认为,本案的审理重点是韩某生提起本案诉讼是否符合行政诉讼的受理条件。根据《行政诉讼法》第 49 条第 1 项及第 25 条第 1 款之规定,行政行为的相对人或其他与行政行为有利害关系的公民、法人或其他组织,有权作为原告提起行政诉讼。根据《最高人民法院关于行政诉讼证据若干问题的规定》第 4 条第 1 款的规定,公民、法人或其他组织提起行政诉讼,应当对其与被诉行政行为存在利害关系承担证明责任。韩某生提起本案诉讼请求判决 Z 区政府、X 街道办非法拆除 L 村村委会因借款抵押给韩某生的综合批发市场门面房违法,其据以主张与被诉房屋拆除行为具有利害关系的依据是对涉案房屋享有抵押权。尽管韩某生提供《农村集体土地、房产使用权证明书》等证据材料,证明村委承诺将村属土地及建设的门面房抵押给其,但是法律意义上的抵押权设立,应当依据《物权法》等相关法律规定登记,且并非所有的不动产均可设定抵押。本案韩某生不能提供证据证明其主张的抵押权已依法设立，不能认定其与被诉拆迁行为具有法律上的利害关系，一审法院据此驳回其起诉并无不当。需要指出的是，在韩某生主张享有抵押权的市场门面房中，一门面房由 L 村村委转让给韩某生，其主张已对 Z 区政府拆除该门面房的行为单独提起复议和诉讼，故上述门面房拆除行为不在本案审查范围内。综上，一审法院裁定认定事实清楚，适用法律正确，依法应予维持。韩某生的上诉理由不能成立，不予支持。遂裁定驳回上诉，维持原裁定。

韩某生仍不服，向最高人民法院申请再审称，其有新的证据足以推翻原裁定。原裁定认定事实错误，适用法律、法规错误，审判人员在审理该案时有徇私舞弊、枉法裁判行为。据此请求依法撤销一、二审行政裁定；判令再审被申请人依法执行国务院关于土地征收的补偿法规和政策，确认其非法拆除 L 村村委会因借款抵押给再审申请人的综合批发市场门面房违法并赔偿损失、赔礼道歉。

最高人民法院认为，本案的关键问题是，韩某生与被诉房屋拆除行为是否具有法律上的利害关系。《行政诉讼法》第 25 条第 1 款规定："行政行为的相对人以及其他与行政行为有利害关系的公民、法人或者其他组织，有权提起诉讼。"本案中，韩某生诉请确认 Z 区政府、X 街道办非法拆除综合批发市场门面房的行为违法，其据以主张与被诉房屋拆除行为具有利害关系的依据是，L 村村委会因借款向其抵押了涉案房屋，其对涉案房屋享有抵押权。但韩某生提供的《农村集体土地、房产使用权证明书》等证据材料，不能证明法律意义上的抵押权已经设立。法律意义上的抵押权应当严格依据《物权法》等相关法律规定予以设立。故本案不能认定韩某生与被诉房屋拆除行为具有法律上的利害关系。一审法院据此裁定驳回其起诉，二审法院裁定驳回其上诉，并无不当。当然，在韩某生主张享有抵押权的市场门面房中，一门面房由 L 村村委会转让给韩某生，其主张已对 Z 区政府拆除该门面房的行为单独提起复议和诉讼，故该门面房的拆除行为不属于本案审查范围。另，若韩某生与 L 村村委会因借款等发生争议，其可通过民事诉讼寻求救济。故韩某生的再审申请不符合《行政诉讼法》第 91 条规定的情形。遂裁定驳回其再审申请。

第七，关于承租人的原告资格问题。通常情况下，承租人对涉及出租人土地、房屋的征收补偿行为不具有提起行政诉讼的原告主体资格，但在其承租涉案土地、房屋从事经营时，则应当综合考虑是否赋予其提起诉讼的原告主体资格。其主要法律依据是《国有土地上房屋征收与补偿条例》第17条的规定。该条规定："作出房屋征收决定的市、县级人民政府对被征收人给予的补偿包括：（一）被征收房屋价值的补偿；（二）因征收房屋造成的搬迁、临时安置的补偿；（三）因征收房屋造成的停产停业损失的补偿。市、县级人民政府应当制定补助和奖励办法，对被征收人给予补助和奖励。"根据该条的规定，承租人若租赁房屋用于生产经营，在面临征收补偿时，可能就会产生停产停业损失。故承租人对有关征收补偿行为不服，其应享有提起行政诉讼的权利。

在冠泉商务宾馆（以下简称冠泉宾馆）诉S省J市Z区人民政府（以下简称Z区政府）确认征收补偿协议无效一案[①]中，最高人民法院即确认了特定情形下的承租人具有提起行政诉讼的原告主体资格。该案的基本案情如下：2009年10月31日，冠泉宾馆当时的经营者冯某道与Z区种业有限公司（以下简称种业公司）签订《房屋租赁合同》，约定租赁种业公司位于Z区一办公楼的西侧大部分房屋包括1楼4间、2~4楼各9间、5楼整层以及部分停车位从事酒店经营，租期为15年。该房产有合法产权证，所涉土地为国有性质。承租期间，冠泉宾馆为经营需要对承租房屋进行了装修、改造和提升，增设了部分家电及附属设施并一直正常经营。另查明，2015年9月30日，中共Z区委、Z区政府联合发文，成立Z区旧城（村）改造指挥部。因道路两侧整治提升项目和Z区城北综合体建设的推进需要，2016年12月7日，Z区旧城（村）改造指挥部与种业公司签订《征收补偿协议》，"就位于Z区道路北侧现属于商业、工业用途所使用的土地、房屋及其他建筑物、附属物补偿事项"达成协议，约定"2017年1月27日前，种业公司将征收范围内涉及的所有房屋全部腾空并全部拆除完毕……拆除后的土地由国土部门按相关程序收储"。协议约定了被征收单位补偿（含土地使用权、房屋及所有附属物）总额为人民币45 685 594.51元。涉案房屋于2017年3月被拆除，该协议现已履行完毕。又查明，2017年2月22日，冯某道出具《承诺书》，载明："Z区种业有限公司：今收到宾馆搬迁补助费（含装修补助费）叁拾万元整。现承诺收到补助费五日内即2017年2月26

---

① 参见（2019）最高法行申13115号行政裁定书。

日前搬迁完毕。若不按时搬迁，愿意赔偿因此给该公司带来的损失。"次日，冯某道与种业公司交接30万元收条一张，事由栏标注为"搬迁补偿费"。其后，冠泉宾馆对Z区旧城（村）改造指挥部与种业公司于2016年12月7日签订的《征收补偿协议书》不服，提出其在承租期间投入大量资金和精力进行了装修、改造和提升，增设大量空调等家电及附属设施，而Z区政府实施征收但未予告知，没有对其承租房屋内装饰装修及附属设施进行调查登记、依法评估，其没有得到相应的搬迁费、过渡费、停产停业损失等经济补偿款项，该《征收补偿协议书》程序违法，损害其经济利益，应确认无效等一系列主张，故诉请人民法院依法判决确认Z区旧城（村）改造指挥部与种业公司签订的《征收补偿协议书》无效。一审法院认为，根据《行政诉讼法》第49条第1项、第25条第1款的规定，提起行政诉讼的原告应当是行政行为的相对人以及其他与行政行为有利害关系的公民、法人或者其他组织。在征收过程中具有原告资格的应当是征收行为的相对人或者与征收行为具有利害关系的公民、法人或者其他组织。一般而言，承租人与房屋征收行为之间不具有利害关系，不能成为行政诉讼的原告。但是如果用于经营的房屋被征收，承租人在行政补偿中提出的室内装修价值、机器设备搬迁费用、停产停业等损失，与补偿决定之间具有利害关系，此时承租人可以作为原告提起诉讼。承租人完成的室内装饰装修和改扩建项目的价值、经营用设备等的搬迁费用、停产停业损失等，应当依法补偿给承租人。本案中，冠泉宾馆在承租种业公司的房屋后，为实现经营目的进行了装饰装修及改造，增设了必要的家电及附属设施等。涉案房屋被征收时，租赁期限尚未届满。2016年12月7日，Z区旧城（村）改造指挥部与种业公司签订《征收补偿协议书》时，就涉案房屋征收补偿的相关事项，没有将该房屋承租人即冠泉宾馆列为补偿协议相对人，未能顾及对涉案房屋已实际装修改造并经营的承租人之相关利益，属于遗漏征收补偿对象，程序不当。且该协议对相关项目补偿的价格证据不足，Z区政府亦未提供涉案房屋系依法征收的证据，故涉案《征收补偿协议书》应予以撤销。因涉案房屋在Z区政府行政区域内，为保障相关权利人的合法权利不受影响，应由Z区政府依法在合理的期限内对涉案房屋的征收补偿重新作出处理。据此，一审法院于2018年12月4日作出行政判决：撤销Z区旧城（村）改造指挥部与种业公司签订的《征收补偿协议》；由Z区政府于本判决生效后 3 个月内就涉案房屋的征收补偿事项重新作出行政行为。Z 区政府和种业公司不服，上诉于 S 省高级人民法院。

S 省高级人民法院二审另查明，冠泉宾馆当时的经营者冯某道与种业公司签订《房屋租赁合同》，第 10 条免责条件约定："1. 因不可抗力原因致使本合同不能继续履行或造成的损失，甲、乙双方互不承担责任。2. 因国家政策拆除或改造已租赁的房屋，合同自动终止，使甲、乙双方造成损失的，本着物权法规定，产权楼房补偿归甲方，装修补偿归乙方。3. 因上述原因而终止合同的，租金按照实际使用时间计算，不足整月的按天数计算，多退少补。"

二审法院认为，《国有土地上房屋征收与补偿条例》第 2 条规定："为了公共利益的需要，征收国有土地上单位、个人的房屋，应当对被征收房屋所有权人（以下称被征收人）给予公平补偿。"根据上述规定，征收国有土地上的房屋，补偿对象为房屋所有权人。本案中，政府征收对象系第三人种业公司房屋及其他建筑物、附属物，并收回土地使用权，第三人种业公司系补偿对象，而冠泉宾馆作为承租人并非法律规定的补偿对象。至于冠泉宾馆对房屋的改建、装修损失，属于民事法律关系调整的范畴。冠泉宾馆与种业公司已就房屋拆除后合同终止以及拆迁补偿问题作出过约定，后双方经协商，种业公司向冠泉宾馆支付 30 万元，冯某道亦出具《承诺书》载明："某区种业有限公司：今收到宾馆搬迁补助费（含装修补助费）叁拾万元整。现承诺收到补助费五日内即 2017 年 2 月 26 日前搬迁完毕。若不按时搬迁，愿意赔偿因此给该公司带来的损失。"因冠泉宾馆并非征收补偿对象，与案涉《征收补偿协议》不存在利害关系，其起诉依法应予驳回。综上，一审判决适用法律确有错误，依法予以纠正。某区政府、种业公司的部分上诉理由成立，予以支持。据此，二审法院于 2019 年 5 月 8 日作出行政裁定：撤销一审行政判决，驳回冠泉宾馆的起诉。

冠泉宾馆不服，向最高人民法院申请再审，请求依法撤销二审行政裁定，发回二审法院重新审理本案。其申请再审的主要事实和理由为：（1）再审申请人对涉案房屋享有装修、改造等添附性财产权益，同时还存在停产停业等经营性损失，故再审申请人明显与涉案征收补偿行为具有利害关系。（2）最高人民法院对类案的原告主体资格问题已经有明确裁判意见，且一审法院也认定再审申请人具有原告资格，二审裁定与最高人民法院的裁判精神明显相悖。（3）二审法院裁定驳回起诉,将在客观上造成再审申请人的重大财产性损失无法获得补偿及无法寻求救济的后果。(4)涉案《承诺书》只是再审申请人与种业公司之间就《房屋租赁合同》解除、由种业公司对再审申请人相关的合同损失给予补偿的约定,依法不能视为Z区政府对再审申请人支付的征收补偿。

最高人民法院认为,本案再审立案审查阶段的核心争议系再审申请人冠泉宾馆是否具有原审原告诉讼主体资格,主要涉及对该宾馆与涉案《征收补偿协议》之间有无法定"利害关系"问题的理解与认定。《行政诉讼法》第25条第1款规定,行政行为的相对人以及其他与行政行为有利害关系的公民、法人或者其他组织,有权提起诉讼。换言之,公民、法人或者其他组织只要与被诉行政行为有利害关系,其就具有原告主体资格。依据《国有土地上房屋征收与补偿条例》第17条第1款第2项、第3项之规定,作出房屋征收决定的市、县级人民政府对被征收人给予的补偿包括"因征收房屋造成的搬迁、临时安置的补偿""因征收房屋造成的停产停业损失的补偿"。在房屋征收补偿案件中,通常而言,补偿的对象是被征收人,即房屋的所有权人,承租人与征收补偿行为不具有利害关系,因而不能成为行政诉讼的适格原告。但如果承租人在租赁的房屋上有难以分割的添附,且以其所承租房屋依法进行经营活动,那么在该房屋被征收时,对于承租人提出的室内装修、机器设备搬迁、停产停业等损失,依法应予考虑,此时承租人与征收补偿行为之间应视为具有利害关系,可以作为原告提起诉讼。本案中,冠泉宾馆在承租种业公司的房屋后,为实现经营目的进行了装饰装修及改造,增设了必要的家电及附属设施等。涉案房屋被征收时,租赁期限尚未届满。因此,承租人虽然不是被征收人,但对于其完成的室内装饰装修和改扩建项目的价值、经营用设备等的搬迁费用、停产停业损失等,依法有权获得合理补偿。一审法院正是循此逻辑作出专门分析后认可了冠泉宾馆对于涉案《征收补偿协议》的诉权和原告主体资格,在这一点上于法有据,并无不当。二审法院在评析征收活动时未能考虑承租人的相关利益,有关冠泉宾馆与种业公司已就房屋拆除后合同终止以及拆迁补偿问题曾作出过约定、《承诺书》载明事项以及冠泉宾馆并非征收补偿对象之推定,缺乏充分的法律和事实依据,不足以完全否定行政机关在组织征收活动中对于作为实际经营者依法应获得的行政补偿权益,确有不当。且经一审法院核实,涉案《征收补偿协议书》

对相关项目补偿的价格证据不足，Z区政府亦未提供涉案房屋系依法征收的证据，故涉案《征收补偿协议书》在实体上亦存在争议。二审法院以冠泉宾馆与涉案《征收补偿协议》不存在利害关系、不具备原告资格为由，裁定撤销一审判决、驳回冠泉宾馆的起诉，存在适用法律不当情形，有必要予以纠正，对案件实体争议作出进一步审查。综上，冠泉宾馆的再审申请符合《行政诉讼法》第91条规定的情形。遂裁定本案指令S省高级人民法院再审。

（二）原告资格的转移

《行政诉讼法》第25条第2款、第3款规定："有权提起诉讼的公民死亡，其近亲属可以提起诉讼。有权提起诉讼的法人或者其他组织终止，承受其权利的法人或者其他组织可以提起诉讼。"以下以行政赔偿诉讼原告资格的转移问题为例进行分析。

在抚顺市凯祥汽车城联运车行诉抚顺市交通局行政赔偿一案[①]中，一审法院认为，根据《个人独资企业法》第26条的相关规定，个人独资企业的投资人死亡，无继承人或者继承人决定放弃继承的，个人独资企业应当解散。本案中，个人独资企业抚顺市凯祥汽车城联运车行投资人孙某凯死亡，其委托代理人王某兰未提供证据证明有继承人继承该车行，故该车行不具有本案原告资格。依照《行政诉讼法》第49条第1项的规定以及《行政诉讼法司法解释》第69条第1款第1项的规定，裁定驳回原告的起诉。二审法院经审理查明，抚顺市凯祥汽车城联运车行系个人独资企业，投资人是孙某凯，本案到一审法院起诉的时间是2017年10月31日，孙某凯死亡的时间是2017年11月10日。另查明，孙某凯有一儿子孙某超，已成年，系完全民事行为能力人；孙某凯的母亲即为本案的一审原告的委托代理人王某兰；孙某凯另有一亲弟弟孙某胜。二审法院认为，根据《行政诉讼法》第25条第2款的规定，有权提起诉讼的公民死亡，其近亲属可以提起诉讼。该条第3款规定，有权提起诉讼的法人或者其他组织终止，承受其权利的法人或者其他组织可以提起诉讼。《行政诉讼法司法解释》第14条第1款规定，《行政诉讼法》第25条第2款规定的"近亲属"，包括配

[①] 参见辽宁省抚顺市中级人民法院（2018）辽04行赔终2号行政裁定书。

偶、父母、子女、兄弟姐妹、祖父母、外祖父母、孙子女、外孙子女和其他具有抚养、赡养关系的亲属。该解释第87条第1款规定："在诉讼过程中，有下列情形之一的，中止诉讼：（一）原告死亡，须等待其近亲属表明是否参加诉讼的……（三）作为一方当事人的行政机关、法人或者其他组织终止，尚未确定权利义务承受人的……"《个人独资企业法》第26条第2项规定，个人独资企业的投资人死亡，无继承人或者继承人决定放弃继承的，个人独资企业应当解散。本案中，个人独资企业抚顺市凯祥汽车城联运车行投资人孙某凯死亡，原审以抚顺市凯祥汽车城联运车行委托代理人王某兰未提供证据证明有继承人继承该车行，该车行不具有本案原告资格为由，裁定驳回原告的起诉，确有错误。个人独资企业抚顺市凯祥汽车城联运车行投资人孙某凯有继承人，抚顺市凯祥汽车城联运车行的委托代理人王某兰本人即为继承人之一，一直坚持诉讼。另外，亦没有证据证明其他继承人放弃继承。综上，一审裁定认定事实和适用法律均有错误，且抚顺市凯祥汽车城联运车行在最初起诉时是符合起诉条件的。依照《行政诉讼法司法解释》第109条第1款之规定，裁定撤销一审裁定；指令一审法院依法继续审理。

《最高人民法院关于审理行政赔偿案件若干问题的规定》（以下简称《行政赔偿规定》）第7条规定："受害的公民死亡，其继承人和其他有扶养关系的人可以提起行政赔偿诉讼，并提供该公民死亡证明、赔偿请求人与死亡公民之间的关系证明。受害的公民死亡，支付受害公民医疗费、丧葬费等合理费用的人可以依法提起行政赔偿诉讼。有权提起行政赔偿诉讼的法人或者其他组织分立、合并、终止，承受其权利的法人或者其他组织可以依法提起行政赔偿诉讼的。"该条是关于行政赔偿诉讼原告资格转移的规定，是对1997年《最高人民法院关于审理行政赔偿案件若干问题的规定》（以下简称1997年《行政赔偿规定》）第14条、第15条、第16条的修改。1997年《行政赔偿规定》第14条规定："与行政赔偿案件处理结果有法律上的利害关系的其他公民、法人或者其他组织有权作为第三人参加行政赔偿诉讼。"第15条规定："受害的公民死亡，其继承人和其他有抚养关系的亲属以及死者生前抚养的无劳动能力的人有权提起行政赔偿诉讼。"第16条规定："企业法人或者其他组织被行政机关撤销、变更、兼并、注销，认为经营自主权受到侵害，依法提起行政赔偿诉讼，原企业法人或其他组织,或者对其享有权利的法人或其他组织均具有原告资格。"为了与《行政诉讼法》保持一致,征求意见稿第 7 条曾规定"受害的公民死亡,其近亲属及死者生前抚养的无劳动能力和支付受害公民医疗费、丧葬费等合理费用的人有权提起行政赔偿诉讼。有权提起行政赔偿诉讼的法人或者其他组织终止,承受其权利的法人或者其他组织可以提起诉讼"。全国人大常委会法工委提出,此规定与《国家赔偿法》第 6 条第 2 款有关"受害的公民死亡,其继承人和其他有扶养关系的亲属有权要求赔偿"的表述不一致。经研究,按照人大意见进行了相应修改。需要强调的是,全国人大版《国家赔偿法》的释义指出,在通常情况下,行政赔偿请求人仅限于受害的公民本人,但受害的公民死亡时,其应当享有的取得国家赔偿的权利并不丧失,受害人的继承人有继承权,请求人资格可发生转移,根据该条第 2 款的规定,其继承人有权取得国家赔偿。除继承人之外,与受害人有扶养关系的亲属也有权取得国家赔偿。这样规定的理由如下:一是根据原《继承法》的规定,"对继承人以外的依靠被继承人扶养的缺乏劳动能力又没有生活来源的人,或者继承人以外的对被继承人扶养较多的人,可以分给他们适当的遗产"(《民法典》的规定基本相同)。二是考虑到国家给予的赔偿主要是对受害人造成的经济损失的弥补,这种赔偿请求权与其他单纯的继承遗产不同,它不仅仅是财产上的权利,故应当由与受害人关系较密切的亲属行使。依据《国家赔偿法》上述规定和释义,所谓"人"和"亲属"几乎是同一含义,关键在于是否"有扶养关系"。因此,《行政赔偿规定》保留了 1997 年《行政赔偿规定》第 15 条关于"人"的表述。

"行政赔偿事件,亦相同于民法的损害赔偿事件,其请求权人乃受到侵权之被害人。"[①]《行政赔偿规定》第 7 条依据《民法典》第 1181 条规定,增加和修改了两项内容:一是受害公民死亡的,支付受害公民医疗费、丧葬费等合理费用的人有权提起行政赔偿诉讼,但是赔偿义务机关已经支付该费用的除外(全国人大在对《国家赔偿法》的释义中指出,请求人多被分为一般请求人和特殊请求人两类。一般请求人通常指直接受害人,极少有国家或地区对"国家赔偿请求人"这一概念本身作出界定,而多使用受害人一词,受害的公民、法人和

---

① 陈新民:《中国行政法学原理》,中国政法大学出版社 2002 年版,第 263 页。

其他组织都有权请求"国家赔偿"。一般情况下，受害人也就是赔偿请求人，如我国台湾地区的"赔偿法"规定，请求权人原则上为直接受害人，即权利或者利益直接受到影响的自然人和依法设立的法人。根据我国台湾地区"民法"的规定，请求权人死亡的，为受害人支出殡葬费之人以及受害人对之负有法定扶养义务之人，即扶养权利人亦有损害赔偿请求权。此外，受害人之父母、子女及配偶，虽非财产上之损害，亦得请求赔偿相当之金额。[1]而特殊请求人指直接受害人之外的其他人，因其特殊性所在，各国或地区对此作了较为详尽的规定，如日本、美国等对直接受害人死亡时的请求人都作了规定。德国把请求人分为直接受害人和间接受害人，对间接受害人可作为赔偿请求人的几种情况作了详细规定，如支付被害人丧葬费的人、受被害人扶养的第三人、被害人的法定继承人。[2]瑞士还规定了受害人的亲属在特定情况下不必因受害人死亡而直接成为请求人的情况）。二是有权提起行政赔偿诉讼的法人或者其他组织分立、合并，承受其权利的法人或者其他组织可以提起行政赔偿诉讼。关于增加的第一项内容，有人认为，此类诉讼是否属于行政赔偿诉讼值得研究，另有人则建议该内容另列一款。笔者经研究认为，行政赔偿诉讼与民事侵权诉讼具有同质性，为更好贯彻《民法典》第1181条规定，保留原规定并另列一款。

《行政赔偿规定》第7条第1款规定的"受害的公民死亡，其继承人和其他有扶养关系的人可以提起行政赔偿诉讼，并提供该公民死亡证明、赔偿请求人与死亡公民之间的关系证明"的含义有三：一是作为行政赔偿请求人的受害公民死亡，且有证据予以证明；二是行政赔偿请求资格发生转移；三是受害公民的继承人和其他有扶养关系的人获得了行政赔偿请求资格，在其提供了与死亡公民之间关系的初步证明时可以提起行政赔偿诉讼。

一般情况下，提起行政赔偿诉讼的原告即行政赔偿请求人[3]，是指受到违法

---

[1] 参见李震山：《行政法导论》，我国台湾地区三民书局2007年版，第615页。
[2] 参见马怀德：《国家赔偿法的理论与实务》，中国法制出版社1994年版，第115页。
[3] 行政赔偿请求人是指受违法行政行为侵害，依法有权请求行政赔偿的人。由于各国或地区对行政赔偿的范围规定得不同，因而行政赔偿请求人的内涵与外延也不相同。特别是许多国家和地区对行政赔偿请求人很少有特别具体的规定，多适用民法。参见姜明安主编：《行政法与行政诉讼法》（第六版），北京大学出版社、高等教育出版社2015年版，第576页。

《行政诉讼法司法解释》重点内容案例解析

行使行政职权行为侵害并造成实际损害后果的公民、法人或者其他组织。但在受害公民死亡的情况下，提起行政赔偿诉讼的人是受害公民的继承人和其他有扶养关系的人。

在英美法系国家，如美国，其大多数州对受害人死亡的损害赔偿请求权人的范围，通过两种法律作出规定：一是所谓的"幸存法"。该法规定受害人死亡后，因侵权行为所受损害，如身体和精神上的伤痛、经济上的损失等仍然可以得到赔偿，这些赔偿由受害人近亲属以其名义提起诉讼而获得。二是"非正常死亡法"。该法主要赋予死者近亲属因亲人死亡导致自己所受损害而提起诉讼的权利和索赔权利。死者近亲属一般包括死者的配偶、子女。如果没有配偶或子女，则为死者的父母。在有些州，法律不允许养子和私生子提起"非正常死亡"诉讼。死者近亲属要求赔偿的损失，除了自己的经济损失外，还包括失去伴侣、失去夫妻生活的快乐和精神痛苦等损失。[①] 大陆法系国家和我国台湾地区将被侵权人死亡情况下的请求权人分为两种：一是经济损失的请求权人。在被侵权人死亡的情况下，请求权人为死者近亲属、受扶养人和丧葬费支付人。但对被扶养人的范围规定不尽相同。如根据《德国民法典》第844条的规定，被扶养人包括受害人被侵害前负有法定扶养义务的人和在侵害时尚未出生的胎儿。俄罗斯对被扶养人的范围规定得比较广泛，包括法定被扶养人和实际被扶养人。而我国台湾地区对被扶养人的范围限定为被侵权人对其负有法定扶养义务的人。二是精神损害的请求权人。多数国家和地区规定，受害人死亡导致其近亲属精神损害的，其近亲属可以为请求权人。近亲属的范围一般包括父母、子女、配偶。[②]

《国家赔偿法》第6条第2款、第3款规定，受害的公民死亡，其继承人和其他有扶养关系的亲属有权要求赔偿。受害的法人或者其他组织终止的，其权利承受人有权要求赔偿。《民法典》第1181条第1款规定，被侵权人死亡的，其近亲属有权请求侵权人承担侵权责任。该规定完全沿用了原《侵权责任法》

---

① 参见王胜明主编：《中华人民共和国侵权责任法释义》，法律出版社2010年版，第95页。
② 参见最高人民法院民法典贯彻实施工作领导小组主编：《中华人民共和国民法典侵权责任编理解与适用》，人民法院出版社2020年版，第156~157页。

第 18 条的规定。根据《行政诉讼法》第 25 条第 2 款、第 3 款的规定，有权提起诉讼的公民死亡，其近亲属可以提起诉讼。有权提起诉讼的法人或者其他组织终止，承受其权利的法人或者其他组织可以提起诉讼。这就是行政诉讼原告资格的转移问题。① 其是指有权提起行政诉讼的公民、法人或者其他组织死亡或终止，这些主体的原告资格依法转移给有利害关系的公民、法人或者其他组织。而所谓利害关系，对于公民而言，是指近亲属关系或者扶养、赡养等关系。对于法人或者其他组织而言，是指权利义务承受关系等。② 行政赔偿诉讼原告资格的转移需要具备一定的条件：一是有原告资格的主体在法律上已不复存在，即公民死亡、法人或者其他组织终止（如被撤销、解散、宣告破产等）；二是原告资格转移发生于与原告有利害关系的主体之间，完全没有任何关系的主体之间是不会发生原告资格转移的。③ 对于行政诉讼原告资格转移的目的，理论上有不同看法。有人认为，行政诉讼原告资格转移的目的是保护承受行政诉讼原告资格一方的合法权益，即承受者要凭借诉讼手段来维护自己的合法权益。因为在大多数情况下，这类行政行为都或多或少地涉及死亡公民或终止组织的财产权，或者行政行为虽不涉及其财产内容，如仅涉及人身权，但诉讼引起的法律责任往往是要通过财产来实现或赔偿的。作为死亡公民的近亲属或终止组织的权利承受者，当然就是这些财产权的新的享有人，因而具有利害关系。④ 也有人认为，行政诉讼原告资格转移的目的是保护死亡公民或终止组织的合法权益。因为公民死亡或有关组织终止后，其诉讼权利能力即告终止，诉讼行为能力亦告终止，当然就谈不上自己提起行政诉讼或者聘请委托代理人代为诉讼的问题。

---

① 有人认为，行政赔偿请求人资格转移制度不同于行政诉讼原告资格转移制度。具有行政赔偿请求人资格的公民死亡的，请求人资格转移到受害人的继承人和其他有扶养关系的亲属；而具有行政诉讼原告资格的公民死亡的，其近亲属可以提起诉讼。对两者进行区别的原因是行政赔偿与行政诉讼的目的不同：前者主要是给受害人以补救，后者是为了纠正违法行为，监督行政机关依法行政。参见姜明安主编：《行政法与行政诉讼法》（第六版），北京大学出版社、高等教育出版社 2015 年版，第 577 页。

② 参见姜明安主编：《行政诉讼法教程》，中国法制出版社 2015 年版，第 156 页。

③ 有观点认为，原告资格转移的条件还包括"有原告资格的人死亡或终止时，未逾诉讼保护期限，即仍在法定起诉期限以内"。参见马怀德主编：《行政法与行政诉讼法》（第二版），中国政法大学出版社 2012 年版，第 42 页。

④ 参见杨小君：《行政诉讼法学》，中国政法大学出版社 1999 年版，第 121 页。

但是，公民生前或有关组织终止之前的合法权益已受到行政行为侵犯，那么如何保护其合法权益，如何追究有关行政主体的法律责任，这就需要转移行政诉讼原告资格。[①] 需要注意的是，行政诉讼原告资格的转移与诉讼法上的承受或继承既有联系又有区别。前者诉讼还未开始，后者则是在诉讼过程中出现了公民死亡或者法人、非法人组织终止等情形。即诉讼上的承受或继承是在诉讼系属后发生当事人死亡或者争议物转让于他人等实体法上继承的情形，继承人或争议物的受让人取代原来的当事人获得诉讼主体地位而成为该诉讼的正当当事人。具体来说，继承的原因包括当事人的死亡、法人因合并而消亡、受托人信托任务的终了、基于一定资格以自己名义成为他人诉讼当事人的资格之丧失、全体选定当事人资格的丧失等。如何从诉讼法层面来处理诉讼标的物向第三人让渡的问题，其学说随着时代的发展而发生巨大的变迁。罗马法贯彻"作为诉讼对象的权利关系因诉讼系属而得以固定"的原则，在诉讼系属后是不允许让渡诉讼标的物的。德国普通法时期虽然也追随这一原则，但到了德国普通法末期，随着实体法与诉讼法的逐渐分离，以及实体法领域逐渐开始强调契约自由原则，因而在实体法层面允许进行诉讼标的物的让渡。[②] 但二者的联系也很明显，除了出现"公民死亡或者法人、其他组织终止"等相同情形外，存在的理论基础也大体一致。

继承人是指在财产继承中，依照法律的规定享有继承权，可以接受遗产继承的人。继承人包括法定继承人和遗嘱继承人。法定继承是指依照法律直接规定的继承人的范围、顺序和遗产分配等原则进行财产继承的一种制度。其范围是由法律直接加以确定的，以血缘关系和婚姻关系为基础，抚养关系为补充。根据我国继承法的规定，法定继承人的范围如下：被继承人的配偶（与被继承人死亡时存在合法婚姻关系的人）、子女（包括非婚生子女、养子女和有抚养关系的继子女）、父母（包括养父母和有扶养关系的继父母）、兄弟姐妹（包括同父异母或同母异父的兄弟姐妹、养兄弟姐妹、有扶养关系的继兄弟姐妹）、祖父

---

① 参见张弘：《行政法与行政诉讼法》，辽宁大学出版社2004年版，第716页。
② 参见［日］中村英朗：《新民事诉讼法讲义》，陈刚等译，法律出版社2001年版，第90~93页。

母、外祖父母。应当说，继承人的子女的晚辈直系血亲也是法定继承人，适用代位继承。法定继承的顺序包括第一顺序和第二顺序。第一顺序是配偶、子女、父母；第二顺序是兄弟姐妹、祖父母、外祖父母。继承开始后，如果有第一顺序继承人则由其继承，第二顺序的继承人不能继承。只有没有第一顺序继承人的情况下，才由第二顺序继承人继承。同理，在行政赔偿诉讼中，如果有第一顺序继承人，则第二顺序继承人不能提起诉讼。遗嘱继承是指公民生前依照法律规定的方式，立下遗嘱处分自己的财产，待其死后遗嘱发生法律效力，其遗产由遗嘱指定的继承人继承的法律制度。遗嘱继承人的范围可以包括第一顺序继承人和第二顺序继承人，且不受顺序限制。[①]

关于近亲属的范围，我国现行法律、司法解释存在不同的规定。《民法典》第1045条第2款规定："配偶、父母、子女、兄弟姐妹、祖父母、外祖父母、孙子女、外孙子女为近亲属。"该规定继续沿用了原《最高人民法院关于贯彻执行〈中华人民共和国民法通则〉若干问题的意见（试行）》第12条的规定，即"民法通则中规定的近亲属，包括配偶、父母、子女、兄弟姐妹、祖父母、外祖父母、孙子女、外孙子女"。《民法典》该条款实际上通过列举的方式，对近亲属的含义进行了解释。《刑事诉讼法》第108条第6项规定："（六）'近亲属'是指夫、妻、父、母、子、女、同胞兄弟姊妹。"《民事诉讼法司法解释》第85条规定："根据民事诉讼法第五十八条第二款第二项规定，与当事人有夫妻、直系血亲、三代以内旁系血亲、近姻亲关系以及其他有抚养、赡养关系的亲属，可以当事人近亲属的名义作为诉讼代理人。"已废止的《最高人民法院关于执行〈中华人民共和国行政诉讼法〉若干问题的解释》第11条规定，近亲属的范围包括配偶、父母、子女、兄弟姐妹、祖父母、外祖父母、孙子女、外孙子女和其他具有扶养、赡养关系的亲属。《行政诉讼法司法解释》第14条第1款作了与前述司法解释相同的规定："行政诉讼法第二十五条第二款规定的'近亲属'，包括配偶、父母、子女、兄弟姐妹、祖父母、外祖父母、孙子女、外孙子女和其他具有扶养、赡养关系的亲属。"比较而言，《刑事诉讼法》规定的"近亲属"

[①] 参见蔡小雪主编：《行政审判与行政执法实务指引》，人民法院出版社2009年版，第707~708页。

的范围最窄,《民事诉讼法司法解释》规定得最宽,《民法典》《行政诉讼法司法解释》介于二者之间。当然,《行政诉讼法司法解释》将"其他具有扶养、赡养关系的亲属"纳入"近亲属"的范畴,有利于对其合法权益的保护。

受害公民死亡,其继承人和其他有扶养关系的人提起行政赔偿诉讼的,应当提供该公民死亡的证明及该赔偿请求人与死亡公民之间关系的证明。死亡的证明,顾名思义,是指证明公民死亡的相关文书或材料,通常以具有公文性质和特定形式的"死亡证明"为主。原国家卫计委、公安部、民政部在2013年联合发布的《关于进一步规范人口死亡医学证明和信息登记管理工作的通知》明确指出:"人口死亡医学证明和信息登记是研究人口死亡水平、死亡原因及变化规律和进行人口管理的一项基础性工作,也是制订社会经济发展规划、评价居民健康水平、优化卫生资源配置的重要依据。"死亡证明对于国家的人口管理和死因统计,相关国计民生政策的制定,刑事、民事、行政案件的审理等,均具有重要的证明作用。许多国家和地区规定了专门的死亡确认机构,用来规范官方所出具的具有公文性质的死亡证明文件。如美国、加拿大,配置了生死登记官负责签发官方的死亡证明。我国香港特别行政区也设置了生死登记官。在正常死亡情况下,临床执业医生可以确认并作出死亡诊断;在其他情况下,经殡房执业病理医生进行检验后,由死因裁判官组织调查或裁决后,可签发格式统一的官方死亡证明。[①] 我国台湾地区一般将死亡分为病死、非病死和可疑为非病死。死亡医学证明的开具内容包括是否病死和死亡地点。相关规定为临床医生提供了较为明确的参考依据,即在临床执业医师执业领域的范围内可据其专业判断出具死亡证明,其他的死亡情形则须通过检察官对死者进行检验后由其出具死亡证明。其中关于"死亡地点"的认定,严格将范围限定为医院和诊所,且其疾病必须在该医院或诊所的诊治范围之内,可以包括转诊途中发生的死亡,但不包括在公共场所和家中发生的死亡。[②] 我国原卫生部、公安部和民政部《关于使用〈出生医学证明书〉、〈死亡医学证明书〉和加强死因统计工作

[①] 参见章志远、潘建明、刘海燕:《医院出具死亡证明是否具有行政可诉性》,载《中国审判》2008年第2期。

[②] 参见雷金晶:《死亡医学证明行为的法律规制研究》,载《淮南师范学院学报》2016年第1期。

的通知》规定，出具死亡医学证明并不以医院和死者先前是否具有医患关系为前提。凡在各级各类医疗机构发生的死亡病例，包括在医院内诊疗过程中死亡、到达医院时已死亡、急救过程中死亡等，《死亡医学证明书》即可由就诊的医疗机构负责填写。根据《殡葬管理条例》第13条的规定，确认死亡的机构为公安机关和医疗机构。一般情况下，若公民死于医疗卫生机构，则由负责救治的医务人员填写和出具《居民死亡医学证明（推断）书》，对象包括正常死亡的中国公民、港澳台居民和外国人，以及未登记户籍的新生儿。对于死亡地点在送医途中、家中、养老服务机构以及其他场所的，医生可以根据情况填写相关"死后推断"性的死亡医学证明。对于医疗卫生机构不能确定是否属于正常死亡者，须经司法部门判定死亡性质。若司法部门判定为正常死亡者，可由负责救治或者调查的执业医师填写死亡证明。对于未经救治的非正常死亡，如因火灾、溺水等自然灾害致死，因工伤、交通事故、医疗事故、自杀、他杀等导致非正常死亡，应由公安部门按照案件或事件处理规定及程序，进行现场勘查、法医学尸体检验、案情调查等，明确死因和死亡性质后，由勘验人员开具死亡证明。具体实践中，对于一些死亡地点在家中、养老服务机构等服务场所的死者，也可由辖区内的居民委员会、村民委员会等，根据家属亲友提供的死亡申报材料及调查询问结果，填写或出具推断性死亡证明。[①]对于赔偿请求人与死亡公民之间关系的证明，通常包括赔偿请求人的身份证明、家庭户口簿等。

《行政赔偿规定》第7条第2款规定的"受害的公民死亡，支付受害公民医疗费、丧葬费等合理费用的人可以依法提起行政赔偿诉讼"的含义有三：一是作为赔偿请求人的受害公民死亡，且有证据证明；二是行政赔偿请求资格发生转移；三是支付受害公民医疗费、丧葬费等合理费用的人获得了行政赔偿请求资格，其可以提起行政赔偿诉讼。

《行政赔偿规定》第7条第2款借鉴了《民法典》的规定。《民法典》第1181条第2款规定："被侵权人死亡的，支付被侵权人医疗费、丧葬费等合理费用的人有权请求侵权人赔偿费用，但是侵权人已经支付该费用的除外。"也

---

① 李学博等：《国家统一医学死亡证明及法医学死因鉴定意见的探讨》，载《证据科学》2019年第6期。

即，在被侵权人死亡情形下，如果支付被侵权人医疗费、丧葬费等侵权费用的人不是侵权人，而是其他可能负有支付该笔费用义务的人，该其他人在支付上述费用后即与侵权人之间形成了债权债务关系，形成了对侵权人的债权，有权向侵权人主张偿还。医疗费，是指因侵权行为造成被侵权人人身损害，被侵权人就医诊疗而支出的费用。对于该费用，通常根据医疗机构出具的医药费、住院费等收款凭证，结合病历、诊断证明等相关证据确定。赔偿义务人对治疗的必要性和合理性有异议的，应当承担相应的举证责任。丧葬费，是指安葬死者而支出的费用，按照受诉法院所在地上一年度职工月平均工资标准，以6个月总额计算。上述费用，若支付者为被侵权人的近亲属，则其近亲属可依据该条规定请求侵权人偿付这些费用。若支付这些费用的是其他人，那么实际支付这些费用的人可以请求侵权人偿付。[①]丧葬费"应斟酌被害人之身份、地位、当地习俗及生前经济状况，以实际且属必要支出者为限"[②]。

《行政赔偿规定》第7条第3款规定的"有权提起行政赔偿诉讼的法人或者其他组织分立、合并、终止，承受其权利的法人或者其他组织可以依法提起行政赔偿诉讼"的含义有三：一是作为赔偿请求人的法人或者其他组织出现了分立、合并、终止的情形；二是行政赔偿请求资格发生转移；三是承受了原法人或者其他组织权利的法人或者其他组织获得了行政赔偿请求资格，其可以提起行政赔偿诉讼。

法人，是指具有民事权利能力和民事行为能力，依法独立享有民事权利和承担民事义务的组织，分为营利法人（包括有限责任公司、股份有限公司和其他企业法人）、非营利法人（包括事业单位、社会团体、基金会、社会服务机构等）、特别法人（包括机关法人、农村集体经济组织法人、城镇农村的合作经济组织法人、基层群众性自治组织法人）。法人的合法权益受国家保护，其若认为行政机关和行政机关工作人员的违法行为侵犯其合法权益时，可以请求行政赔偿。其他组织，是指不具有法人资格，但是能够依法以自己的名义从事民事活

---

① 参见最高人民法院民法典贯彻实施工作领导小组主编：《中华人民共和国民法典侵权责任编理解与适用》，人民法院出版社2020年版，第160页。

② 李震山：《行政法导论》，我国台湾地区三民书局2007年版，第619页。

动的组织，包括个人独资企业、合伙企业、不具有法人资格的专业服务机构等。同理，其他组织的合法权益受国家保护，当其认为其合法权益受到行政违法行为侵害时，可以独立请求行政赔偿。《行政诉讼法》第25条第3款规定："有权提起诉讼的法人或者其他组织终止，承受其权利的法人或者其他组织可以提起诉讼。"《民法典》第67条规定："法人合并的，其权利和义务由合并后的法人享有和承担。法人分立的，其权利和义务由分立后的法人享有连带债权，承担连带债务，但是债权人和债务人另有约定的除外。"第68条规定："有下列原因之一并依法完成清算、注销登记的，法人终止：（一）法人解散；（二）法人被宣告破产；（三）法律规定的其他原因。法人终止，法律、行政法规规定须经有关机关批准的，依照其规定。"《民法典》第1181条第1款规定："被侵权人为组织，该组织分立、合并的，承继权利的组织有权请求侵权人承担侵权责任。"《民法典》的该规定基本上沿用了原《侵权责任法》第18条的规定，即"被侵权人为单位，该单位分立、合并的，承继权利的单位有权请求侵权人承担侵权责任"，只不过把"单位"改成了"组织"，这样更准确，也与"自然人"相对应。需要注意的是，对《行政诉讼法》第25条第3款规定的"法人或者其他组织终止"的理解，应从广义上来把握，即包括法人或者其他组织的"分立""合并""终止"三种情形。

法人合并，是指两个以上的法人合并为一个新法人，是法人在组织上的一种变更。法人合并分为新设合并和吸收合并。新设合并是指原法人资格随即消灭，新法人资格随即确立。吸收合并是指一个或多个法人归并到一个现存的法人中去，被合并的法人资格消灭，存续法人的主体资格仍然存在。法人合并，其权利义务应当由合并后的法人享有和承担。法人合并，应经主管机关批准，依法向登记机关办理登记并进行公告。法人分立，是指一个法人分成两个或两个以上的法人，也是法人在组织上的一种变更。法人分立分为新设式分立和派生式分立，前者是指原法人分立为两个或者两个以上的法人，原法人不再存在。后者是指原法人仍然存在，但从原法人中分立出来一个或多个新的法人，原法人资格不变。法人发生分立，其权利和义务由分立后的法人享有连带债权，承担连带责任，但是债权人和债务人另有约定的除外。法人分立应经主管机关批准，依法向登记机关办理登记并进行公告。法人终止，是指法人权利能力的终止，包括法人解散[①]、法人被宣告破产、法律规定的其他原因等。在上述原因发生后，法人的主体资格并不立即消灭，只有经过清算，法人的主体资格才归于消灭。法人清算终结后，应由清算组织向登记机关办理注销登记并进行公告，完成注销登记和公告，法人即告消灭。如果法律、行政法规规定法人终止须经有关主管机关批准的，依照其规定。[②] 例如，《医疗机构管理条例》第20条第1款规定："医疗机构歇业，必须向原登记机关办理注销登记或者向原备案机关备案。经登记机关核准后，收缴《医疗机构执业许可证》。"注销是法人或者其他组织终止的结果或标志，通常是主管行政机关依申请作出的行政行为，发生在清算之后（特殊情况下不经清算也可注销），注销后法人或者其他组织的主体资格不复存在。而吊销与撤销是主管行政机关依职权作出的行政行为，在未经清算和注销登记前，法人或者其他组织的主体资格依然存在。在特定情况下，作出撤销（此处的"撤销"外延较宽泛，包括但不限于主管行政机关作出的"撤销"行为）决定的单位不一定是开办单位，有可能是主管部门、股东、投资人、出资人等。根据《公司法》等相关法律的规定，此时"以该企业法人的股东、发起人或者出资人为当事人"，而这里的"出资人"包括开办单位或者主管部门。[③] 法人或者其他组织终止后，如果有权利义务承受者，其可以提起行政赔偿诉讼。

另外一种特殊情况需要注意，根据《行政诉讼法司法解释》第16条第3款的规定，非国有企业被行政机关注销、撤销、合并、强令兼并、出售、分立或

[①] 《民法典》出台前，我国立法关于企业法人解散与企业法人终止的关系问题规定得比较混乱：一方面，有关法律将企业法人解散作为企业法人终止的一个原因，从而将二者区分开，如原《民法通则》第45条规定，企业法人因依法被撤销、解散、依法宣告破产或其他原因而终止。另一方面，有关法律又将二者混用，规定企业法人解散与企业法人终止的法律后果是一致的。如原《民法通则》第40条规定，法人终止，应当依法进行清算，停止清算范围外的活动；第47条规定，企业法人解散，应当成立清算组织，进行清算。参见最高人民法院修改后民事诉讼法贯彻实施工作领导小组编著：《最高人民法院民事诉讼法司法解释理解与适用》，人民法院出版社2015年版，第246页。

[②] 参见黄薇主编：《中华人民共和国民法典总则编释义》，法律出版社2020年版，第165~168页。

[③] 最高人民法院修改后民事诉讼法贯彻实施工作领导小组编著：《最高人民法院民事诉讼法司法解释理解与适用》，人民法院出版社2015年版，第247~248页。

者改变企业隶属关系的,该企业或者其法定代表人可以提起诉讼。该规定的意思是,即便作为法人或者其他组织的非国有企业因注销、撤销等原因终止,该非国有企业仍可作为赔偿请求人提起行政赔偿诉讼。一般情况下,被终止的企业在法律上应当视为无行为能力,不能对外实施某些具有法律意义的行为,如经营活动、提供担保等。但如果企业是被行政机关强制终止的,则应当赋予其诉讼权利,以寻求司法救济。因此,被终止的企业具有诉讼权利能力和诉讼行为能力。该企业的诉权内容应当与未终止时是一致的。[1]

实务中,应当注意以下几个问题:

第一,在立案阶段对承继人是否具有原告资格应当进行形式审查而非实质审查。根据《行政诉讼法》第2条第1款的规定,公民、法人或者其他组织认为行政机关和行政机关工作人员的行政行为侵犯其合法权益,有权依法向人民法院提起诉讼。从该条规定可以看出,法律准许公民、法人或者其他组织在"认为"行政行为侵犯其合法权益时,就有权向法院提起诉讼,至于行政行为是否在客观上实际侵害到起诉人的合法权益,需要在法院审理之后才能作出相应的判断。[2]因此,《行政诉讼法》第2条将"原告"的表述改为"有权提起诉讼",实质是将原告资格与起诉权资格在法律程序上进行分离,用词更准确。[3]同时,第2条第2款、第3款规定:"有权提起诉讼的公民死亡,其近亲属可以提起诉讼。有权提起诉讼的法人或者其他组织终止,承受其权利的法人或者其他组织可以提起诉讼。"可见,该三款均使用了"有权提起诉讼"的表述,意在强调原告和起诉人虽然都是程序性称谓,但二者有明显的区别,就像刑事诉讼中"犯罪嫌疑人"和"被告人"的表述一样。因此,在法院没有作出受理决定之前,向法院提起行政诉讼的公民、法人或者其他组织的法律地位只能是"起诉人",而不是"原告"。修正前的《行政诉讼法》第2条、第25条关于原告的规定,更类似于起诉人的条件,而不是原告资格的标准。针对起诉人的起诉,

---

[1] 参见甘文:《行政诉讼法司法解释之评论——理由、观点与问题》,中国法制出版社2000年版,第74页。

[2] 参见胡建淼:《行政诉讼法修改研究》,浙江大学出版社2007年版,第16页。

[3] 参见应松年主编:《〈中华人民共和国行政诉讼法〉修改条文释义与点评》,人民法院出版社2015年版,第64~65页。

《行政诉讼法司法解释》重点内容案例解析

法院首先要解决是否符合受理条件的问题,而受理条件的首要问题是合法原告的问题,即必须审查原告资格。但由于在受理阶段被告尚未进入答辩、调查等程序,因而不存在一个与起诉人相对立的当事人与之抗辩,法院对起诉人是否具有原告资格进行实质性审查就失去了基础。这就决定了受理阶段法院对原告的审查只能是形式审查,而不进行实质审查。这种情况下,起诉人对行政行为与其合法权益是否存在"利害关系"负有初步举证责任,即提供的起诉材料应当大体或基本能够证明行政行为对其合法权益可能造成了损害,法院审查的重点并非起诉人的合法权益确实受到了行政行为的侵犯,而是起诉人的合法权益可能受到行政行为的不利影响。起诉人在形式上符合原告的条件后,法院裁定受理,其就成为案件原告。①

当然,只有具有行政赔偿请求人资格的人,才有权作为原告提出行政赔偿诉讼,反之则不能作为原告提起行政赔偿诉讼。人民法院经审理发现原告不具有赔偿请求人资格的,应当裁定驳回其行政赔偿诉讼。对于具备资格的行政赔偿请求人提起的行政赔偿诉讼,人民法院立案受理后,应当审查其是否超过法定提起行政赔偿的期限,此乃消灭时效。请求国家赔偿之权,自请求权人知有损害时起,逾期不行使而消灭。根据《国家赔偿法》的规定,提起行政赔偿的期限为两种:一是向行政赔偿义务机关请求赔偿的期限,时效为2年,自行政机关及其工作人员行使职权时的行为被依法确认为违法之日起计算,但被羁押的期间不计算在内。赔偿请求人在赔偿请求期限的最后6个月内,因不可抗力或者其他障碍不能行使请求权的,期限中止,从中止期限的原因消除之日,赔偿请求期限继续计算。二是起诉期限。行政赔偿请求人向行政赔偿义务机关提出行政赔偿请求,被请求机关逾期不予以赔偿或者行政赔偿请求人对赔偿数额有异议的,行政赔偿请求人在期间届满后向人民法院提起行政赔偿诉讼的期限为3个月,自行政赔偿请求人向行政赔偿义务机关递交行政赔偿申请后2个月届满之日起计算。行政赔偿义务机关作出赔偿决定时,未告知赔偿请求人起诉期限,致使赔偿请求人逾期向人民法院起诉的,其起诉期限从赔偿请求人实际

---

① 参见最高人民法院行政审判庭编著:《中华人民共和国行政诉讼法及司法解释条文理解与适用》,人民法院出版社2015年版,第155~156页。

知道起诉期限时计算,但逾期的期间自赔偿请求人收到赔偿决定之日起不得超过1年。在提起行政诉讼的同时一并提起行政赔偿请求的,其起诉期限按照行政诉讼起诉的规定执行。行政案件的原告在提起行政诉讼到一审庭审结束前,都可以提出行政赔偿请求。人民法院在立案时如果发现原告明显超过法定赔偿期限且无正当理由提起行政赔偿诉讼的,应当裁定不予受理;如果在受理后发现超过法定赔偿期限的,应当裁定驳回行政赔偿诉讼。[①] 不过,正如前述,人民法院在立案阶段对承继人是否超过起诉期限应当进行形式审查而非实质审查。承继人是否确实超过起诉期限,以及耽误起诉期限是否有正当理由,应在审理阶段予以查清。

第二,在受害公民死亡但无继承人和其他有扶养关系的人(包括近亲属不明)的情形下,如何确定请求权的主体。对于这种情形,如有支付受害公民医疗费、丧葬费等合理费用的人,如前所述,该主体有权提起行政赔偿诉讼。但如果没有支付受害公民医疗费、丧葬费等合理费用的人,情况则比较复杂,实践中争议也比较大。一种观点认为,对于"无名死者",即无近亲属或者近亲属不明的被侵权人死亡的,为制裁侵权行为,维护社会关系稳定,保护潜在无名死者近亲属权益,可以由有关机关、法人或者其他组织,如检察机关、民政部门、村民委员会、居民委员会等,以原告身份提起诉讼,主张死亡赔偿金。另一种观点认为,在被侵权人死亡后,没有近亲属或者近亲属不明时,未经法律授权的机关或者组织无权向法院主张死亡赔偿金。笔者倾向于同意该主张。理由主要在于:有关机关或者组织提起诉讼并主张死亡赔偿金,缺乏法律依据。对此,《最高人民法院关于审理道路交通事故损害赔偿案件适用法律若干问题的解释》有类似规定,其第23条第1款明确规定:"被侵权人因道路交通事故死亡,无近亲属或者近亲属不明,未经法律授权的机关或有关组织向人民法院起诉主张死亡赔偿金的,人民法院不予受理。"在受害公民死亡而无继承人和其他有扶养关系的人时也不能提起公益诉讼。因为根据《民事诉讼法》第58条的规定,只有对污染环境、侵害众多消费者合法权益等损害社会公共利益的行为,

---

[①] 参见蔡小雪主编:《行政审判与行政执法实务指引》,人民法院出版社2009年版,第708~709页。

法律规定的机关和有关组织才可以向人民法院提起诉讼。显然，该条不适用于受害公民死亡而无继承人和其他有扶养关系的人的合法权益的保护问题。此外，死亡赔偿金的性质决定了行使请求权的主体范围。死亡赔偿金是以受害人死亡导致预期收入减少为依据的"继承丧失"，即侵权人向死者近亲属赔偿死者余命年限内将获得的除去生活费等正常开支的剩余收入。① 那么，有权提起赔偿诉讼的人乃其权益受到侵害的人，包括直接受害人和间接受害人。在直接受害人因侵权行为死亡的情况下，间接受害人就是损害赔偿的请求权人，包括死者的近亲属和被扶养人。该损害赔偿乃是对受害者近亲属或者被扶养人因其死亡导致的生活资源减少和丧失的赔偿。②

三、关于被告问题

对于被告问题，经历了一个从严把握到逐步从宽再到相对收紧的过程。在过去，法院对当事人起诉政府强拆其房子往往以没有事实根据裁定驳回，这也是过于严格适用《行政诉讼法》第 49 条第 3 项"有具体的诉讼请求和事实根据"的结果。除了原告起诉被告有没有事实根据之外，还存在被告能不能独立承担责任的问题。过去有很多这样的案件，原告起诉的被告是拆迁指挥部、临时办公室等，但这些主体到底有没有被告主体资格，各地法院的做法并不统一，有的法院认为上述主体可以作为适格被告，有的法院认为不能。

在范某某诉 A 市 X 区人民政府（以下简称 X 区政府）撤销房屋征收补偿协议一案③ 中，核心问题就涉及被告是否适格。范某某与 A 市 X 区房屋征收办公室、A 市 X 区房屋征收办公室指挥部签订了征收补偿安置协议，后范某某向法院起诉 X 区政府，要求确认征收补偿安置协议无效。本案中，范某某诉 X 区政府违反了合同的相对性原则。范某某跟谁签订的合同，其就应该诉谁。范某某

---

① 参见全国人大常委会法制工作委员会民法室编：《中华人民共和国侵权责任法条文说明、立法理由及相关规定》，北京大学出版社 2010 年版，第 62 页。

② 参见最高人民法院民法典贯彻实施工作领导小组主编：《中华人民共和国民法典侵权责任编理解与适用》，人民法院出版社 2020 年版，第 161~163 页。

③ 参见（2019）最高法行申 3918 号行政裁定书。

在案涉征收补偿安置协议中的对方有两个，一个是A市X区房屋征收办公室，其有被告主体资格，是本案的适格被告；另一个是临时机构，没有被告主体资格。根据《行政诉讼法司法解释》第25条的规定，市县级人民政府确定的房屋征收部门在组织实施房屋征收与补偿工作过程中作出行政行为，被征收人不服提起诉讼的，以房屋征收部门为被告。前述A市X区房屋征收办公室是X区政府确定的负责征收拆迁补偿工作的部门，那么其在征收过程中作出的行为，如签订协议、实施强拆等，被征收人不服提起诉讼的，应以其为被告。如果征收实施单位受房屋征收部门委托，如村委会，其经常受政府的委托实施强拆行为，此时仍以房屋征收部门为被告。当然，现在的问题是，因没有书面的委托书，对于一些强拆行为，个别地方政府不承认是其实施的，这种情况下我们根据职权法定原则，倾向于推定是政府实施的，即村委会、居委会的强制拆除行为是受政府的委托进行的。当然，这里面要有初步的证据，诸如在拆迁现场有政府工作人员，有警车，有视频，有照片，有政府发布的征收公告等。

在李某兴诉S省W县人民政府（以下简称W县政府）、S省W县X街道办事处（以下简称X街道办）强制拆除房屋一案[①]中，李某兴起诉称，其在S省W县拥有合法房屋一处。W县政府和X街道办为实施悦达广场二期工程建设项目需征收其房屋，因补偿问题未谈拢，未能签订补偿协议。2014年7月8日上午10时左右，W县政府和X街道办组织相关单位和人员将其上述房屋强制拆除，室内物品全部被损毁，给其造成经济损失528万元。强制拆除房屋时，其正在S省A市人民法院参加与W县国土资源局土地行政处罚一案的庭审。庭审结束后，其立即拨打110向公安机关报警，后被告知拆除房屋是政府组织实施的行为。李某兴认为，W县政府和X街道办超越职权，组织实施强制拆除其房屋的行为主要证据不足，程序违法，严重侵害了其合法权益。请求确认W县政府和X街道办于2014年7月8日组织实施强制拆除其房屋的行为违法。

S省A市中级人民法院一审认为，李某兴的房屋于2014年7月8日被强制拆除，由于未告知诉权和起诉期限，应适用《最高人民法院关于执行〈中华人民共和国行政诉讼法〉若干问题的解释》第41条规定的2年的起诉期限。李某

---

① 参见（2018）最高法行申8023号行政裁定书。

兴于2016年7月6日向一审法院邮寄行政起诉状,提起本案诉讼未超过起诉期限。李某兴的房屋被强制拆除是事实,但是由于拆除时李某兴不在场,李某兴关于强制拆除的实施主体及拆除现场的情况,仅提供其前妻李某的书面证言。根据《最高人民法院关于行政诉讼证据若干问题的规定》之规定,证人应当出庭作证,李某兴提出的关于证人不能出庭作证的原因不符合《最高人民法院关于行政诉讼证据若干问题的规定》第41条之规定,对其提供的证人证言不予采信。故,李某兴主张W县政府和X街道办组织有关部门对其房屋实施了强制拆除行为证据不足,被告主体不适格。李某兴起诉请求确认W县政府和X街道办强拆其房屋行为违法缺乏事实根据,不符合《行政诉讼法》第49条第3项所规定的起诉条件,依法应予驳回。遂裁定驳回李某兴的起诉。李某兴不服,提起上诉。

S省高级人民法院二审认为,根据《行政诉讼法》第49条第3项规定,提起诉讼应当有事实根据。李某兴主张W县政府和X街道办实施拆除其房屋的行为,但仅提交其前妻李某的书面证言。因证人李某未能出庭作证,无法核实其证言的真实性,一审对该证人证言不予采信,并无不当。同时,一审裁定驳回李某兴起诉,符合《行政诉讼法》第49条第3项的规定。遂裁定驳回上诉,维持原裁定。

李某兴申请再审称:(1)有新的证据,足以推翻原裁定。新证据包括S省人民政府发布的《关于W县2013年第1批次建设用地的批复》《W县人民政府关于向悦达置业有限公司出让国有建设用地使用权的批复》《W县公安局X第一派出所关于李某兴报警的接处警情况说明》等。(2)一审法院违反法定程序。再审申请人向一审法院申请调查取证,但一审法院置之不理,严重违反法定程序。请求撤销一、二审行政裁定,指令再审。

最高人民法院经审查认为,本案的核心问题系再审被申请人W县政府和X街道办对再审申请人李某兴的房屋是否实施了强制拆除行为。首先,李某兴的房屋是否位于涉案征收范围内。2013年9月26日,S省人民政府发布《关于W县2013年第1批次建设用地的批复》,批准征收W县土地17.3732公顷。后W县政府、W县国土资源局于2013年10月20日分别发布《征收土地公告》《关于X街道办事处Q社区征收土地补偿安置方案》。李某兴的房屋位于被征收的原集体土地上。其次,李某兴的房屋是否已被强制拆除。李某兴的房屋被强制拆除是事实,各方当事人均无异议。再次,谁强制拆除了李某兴的房屋。李某兴诉称,W县政府和X街道办组织实施了强制拆除其房屋的行为。在W县政府和X街道办均否认组织实施涉案强制拆除行为,且无其他主体认可的情形下,结合李某兴提交的S省人民政府发布的征地批复、W县政府和W县国土资源局分别发布的征收土地公告和征收土地补偿安置方案及其他证据材料,从当事人举证能力及举证责任分担的角度,依据职权法定和属地管辖原则,可初步认定W县政府对李某兴的房屋组织实施了强制拆除行为。一、二审裁定否定该项事实,主要事实认定可能存在错误。综上,李某兴的再审申请符合《行政诉讼法》第91条第1项规定的情形。遂裁定本案由最高人民法院提审;再审期间,中止原裁定的执行。

需要指出的是,根据《最高人民法院关于正确确定县级以上地方人民政府行政诉讼被告资格若干问题的规定》第2条、第3条的规定,"县级以上地方人民政府根据城乡规划法的规定,责成有关职能部门对违法建筑实施强制拆除,公民、法人或者其他组织不服强制拆除行为提起诉讼,人民法院应当根据行政诉讼法第二十六条第一款的规定,以作出强制拆除决定的行政机关为被告;没有强制拆除决定书的,以具体实施强制拆除行为的职能部门为被告。公民、法人或者其他组织对集体土地征收中强制拆除房屋等行为不服提起诉讼的,除有证据证明系县级以上地方人民政府具体实施外,人民法院应当根据行政诉讼法第二十六条第一款的规定,以作出强制拆除决定的行政机关为被告;没有强制拆除决定书的,以具体实施强制拆除等行为的行政机关为被告。县级以上地方人民政府已经作出国有土地上房屋征收与补偿决定,公民、法人或者其他组织不服具体实施房屋征收与补偿工作中的强制拆除房屋等行为提起诉讼的,人民法院应当根据行政诉讼法第二十六条第一款的规定,以作出强制拆除决定的行政机关为被告;没有强制拆除决定书的,以县级以上地方人民政府确定的房屋征收部门为被告"。可见,上述条文对"推定县级以上地方人民政府实施强拆行为"作了从严的规定。

关于村委会和居委会的被告主体资格,根据《行政诉讼法司法解释》第24条的规定,村委会、居委会是基层群众性自治组织,其之所以能作行政诉讼被告，是因为其是法律、法规、规章授权的组织。但在目前的司法实践中，村委会、居委会作为行政诉讼被告的案件并不多。在中国裁判文书网查到的有关村委会、居委会作为行政诉讼被告的案件，绝大部分认为村委会、居委会不是适格的被告。曾有一地方法院上报了一个村委会作行政诉讼被告的案件，但后来在讨论这个案件的时候，有意见认为这个案件根本就不是行政诉讼案件。该案的基本情况如下：妇女甲原来在村里面有宅基地、房屋，还有承包地。其丈夫乙在市里工作，其申请把户口迁到其丈夫的单位。后来其原来所在的村面临征收拆迁，其遂申请把户口再迁回来，以享受村民待遇。当地派出所表示同意，但要求其提交村委会同意接收的证明。甲去找村委会，村委会拒绝给其出具同意接收的证明，于是其向法院起诉村委会。一、二审法院都认为这是一个典型的行政诉讼案件。但有人认为这不是一个行政诉讼案件，而是因为村民待遇问题引起的村民自治问题，完全是村民依法行使自治权所要解决的问题。笔者认为，本案的关键问题是，村委会作为法律、法规、规章授权的组织可以作行政诉讼的被告，但本案村委会获得行政诉讼被告资格是根据哪部法律的哪一条款的授权，必须明确。如果不能明确具体的授权条文，那就很难说本案是行政诉讼案件了。

四、关于第三人问题

在强拆案件中，被告通常是政府部门，开发商、村委会等作为第三人参加诉讼。在诉讼过程中经常会出现这种情形，政府否认其实施了强制拆除行为，而开发商承认房子是其拆除的，那么法院能不能直接判决开发商承担责任？显然不能，因为开发商不是行政机关，也不是法律、法规、规章授权的组织。那么法院只能以原告诉政府强拆没有事实根据，而裁定驳回其起诉。之后，原告再通过对开发商提起民事诉讼而获得救济。这里有一个问题值得研究。根据《行政诉讼法》第29条第2款的规定，人民法院判决第三人承担义务或者减损第三人权益的，第三人有权依法提起上诉。从字面意义上来理解，这里的"第三人"应当包含开发商，但在行政诉讼案件里又不能直接判决开发商承担责任，也不能减损开发商的权益。不能判决作为第三人的开发商承担责任，意味着原告只能事后再对开发商提起民事诉讼,这无疑不利于实质解决行政争议,也不利于节约司法资源。

有些行政诉讼案件中第三人的问题还很复杂。人民法院在审理行政案件过程中,是否可以判令第三人承担义务或者减损第三人权益,实践中做法不一。但根据《行政诉讼法》第29条第2款的规定,人民法院应当可以判令第三人承担相应责任。在Y省J县N村民小组(以下简称N小组)诉Y省J县人民政府(以下简称J县政府)土地行政确认一案[①]中,两个村民小组因一块林地长期发生争议,后N小组提起了行政诉讼,对二审判决不服后又向最高人民法院申请再审。在再审审查过程中,遇到的一个问题是,第三人徐某可否同时作为再审申请人N小组的委托代理人?少数意见认为不可以的理由是,根据当时有效的《民事诉讼法》第58条第2款第2项[②]的规定,当事人的近亲属或者工作人员可以作为当事人的委托代理人。本案中,N小组是村委会的一个村民小组,很难把其作为一个单位来看待,即便可以把其认定为一个单位,但徐某作为N小组的成员,也不适宜将其认定为N小组的工作人员。多数意见认为徐某可以作为N小组的委托代理人,主要理由就是其利益具有一致性,不存在冲突关系。另外一个理由就是,行政诉讼案件的原告大部分是老百姓,相对被告行政机关而言属于弱势群体,很多人请不起委托代理人,尤其是请不起律师作为诉讼代理人。如果对行政诉讼案件原告委托代理人作过高的要求,不利于保护老百姓的合法权益。

该案的基本案情如下:位于Y省J县甜竹林(又名沙坝头)包括林地和荒坡,总面积39.1亩,由于与N小组相隔较远,N小组一直未去经营管理,而Y省J县S村民小组(以下简称S小组)在该地植树造林,对该地经营管理多年。1982年林业三定时,J县政府将其中的甜竹林登记在S小组的集体山林权证上,1999年第二轮土地承包时,又将其余部分登记在S小组刘某香、刘某贵、刘某均、刘某余、曹某香五户人家的土地承包经营权证上,现该地上的林木均为S

---

① 参见(2016)最高法行申2913号行政裁定书;胡云红、谭红:《正确理解人民法院判决第三人承担义务或者减损第三人权益》,载《人民司法》2017年第17期。

② 现为《民事诉讼法》第61条第2款第2项。

小组村民刘某香等人所造。在造林、管护过程中，N小组均未提出任何异议。2007年林改过程中，N小组与第三人S小组对甜竹林地块的权属问题发生争议，2011年和2012年，N小组分别向乡及县政府申请处理，J县政府从相关部门抽调人员组成联合调查组，对争议地情况进行了调查。查明争议地一直由S小组经营管理，且S小组已经取得了政府颁发的权属证明。在组织争议双方调解未果的情况下，J县政府于2014年1月23日依据《森林法》第17条[①]，《土地管理法》第11条、第13条、第16条[②]，《林木林地权属争议处理办法》第3条、第4条的规定作出《关于N与S村民小组土地承包权、林权争议的处理决定》(以下简称《处理决定》)，维持S小组取得的《山林权证》和《农村土地承包经营权证》，确认甜竹林的权属归S小组所有。N小组不服，向Y省Z市人民政府申请复议，Y省Z市人民政府于2014年5月23日作出行政复议决定，维持J县政府作出的《处理决定》。N小组不服，向Y省Z市中级人民法院提起行政诉讼，请求撤销该《处理决定》。

　　Y省Z市中级人民法院一审认为，N小组主张权属的甜竹林林地和土地，分别在1982年和1999年就登记在S小组的集体山林权证和S小组村民的土地承包经营权证中。根据《土地管理法》第13条的规定，依法登记的土地的所有权和使用权受法律保护，任何单位和个人不得侵犯。J县政府在受理N小组的

[①] 现为《森林法》第22条，内容已修改为："单位之间发生的林木、林地所有权和使用权争议，由县级以上人民政府依法处理。个人之间、个人与单位之间发生的林木所有权和林地使用权争议，由乡镇人民政府或者县级以上人民政府依法处理。当事人对有关人民政府的处理决定不服的，可以自接到处理决定通知之日起三十日内，向人民法院起诉。在林木、林地权属争议解决前，除因森林防火、林业有害生物防治、国家重大基础设施建设等需要外，当事人任何一方不得砍伐有争议的林木或者改变林地现状。"

[②] 现分别对应《土地管理法》第10条、第12条、第14条，内容已修改为："国有土地和农民集体所有的土地，可以依法确定给单位或者个人使用。使用土地的单位和个人，有保护、管理和合理利用土地的义务。""土地的所有权和使用权的登记，依照有关不动产登记的法律、行政法规执行。依法登记的土地的所有权和使用权受法律保护，任何单位和个人不得侵犯。""土地所有权和使用权争议，由当事人协商解决；协商不成的，由人民政府处理。单位之间的争议，由县级以上人民政府处理；个人之间、个人与单位之间的争议，由乡级人民政府或者县级以上人民政府处理。当事人对有关人民政府的处理决定不服的，可以自接到处理决定通知之日起三十日内，向人民法院起诉。在土地所有权和使用权争议解决前，任何一方不得改变土地利用现状。"

确权申请后，进行了调查，并在调解未果的情况下，依据《森林法》第 17 条，《土地管理法》第 11 条、第 13 条、第 16 条，《林木林地权属争议处理办法》第 3 条、第 4 条的规定，于 2014 年 1 月 23 日作出《处理决定》，确认 S 小组在林业三定和第二轮土地承包时依法取得的《山林权证》和《农村土地承包经营权证》合法有效，甜竹林的林、地经营权属于 S 小组所有。该《处理决定》认定事实清楚，证据充分，程序合法，适用法律正确，依法应予维持。N 小组的诉讼请求缺乏事实和法律依据，依法不予支持。依照《行政诉讼法》第 54 条①、《最高人民法院关于执行〈中华人民共和国行政诉讼法〉若干问题的解释》第 44 条第 1 项之规定，判决维持《处理决定》，驳回 N 小组的其他诉讼请求。N 小组不服，提起上诉。

　　Y 省高级人民法院二审认为，本案中第三人 S 小组持有 1982 年 4 月 2 日 J 县政府颁发的《山林权证》，该证上明确记载本案争议土地的权属单位为 S 小组。此外，第三人 S 小组的刘某香、刘某贵、刘某均、刘某余、曹某香持有 1999 年由 J 县政府颁发的合法有效的涉案争议土地中部分土地的《农村土地承包经营权证》。该《山林权证》和《农村土地承包经营权证》并未经任何合法有效程序予以撤销，仍系证明山林土地权属的合法有效依据。而且，该争议土地上的林木均为 S 小组村民长期实际种植管理。因此，J 县政府作出的《处理决定》认定事实清楚，既尊重了历史又照顾了现实，程序合法，适用法律法规正确，处理结果得当。N 小组的上诉理由不能成立，其请求应不予支持。另，依据《最高人民法院关于执行〈中华人民共和国行政诉讼法〉若干问题的解释》第 24 条的规定，在行政诉讼中并不存在有独立请求权的第三人，一审法院将徐某作为有独立请求权的第三人，并对其诉求进行审理后驳回，并无法律依据，应予以纠正。据此，依据《行政诉讼法》第 61 条第 1 项、第 2 项②之规定，判

---

　　① 现为《行政诉讼法》第 69 条，内容已修改为："行政行为证据确凿，适用法律、法规正确，符合法定程序的，或者原告申请被告履行法定职责或者给付义务理由不成立的，人民法院判决驳回原告的诉讼请求。"

　　② 现对应《行政诉讼法》第 89 条第 1 项、第 2 项，内容已修改为："人民法院审理上诉案件，按照下列情形，分别处理：（一）原判决、裁定认定事实清楚，适用法律、法规正确的，判决或者裁定驳回上诉，维持原判决、裁定；（二）原判决、裁定认定事实错误或者适用法律、法规错误的，依法改判、撤销或者变更……"

《行政诉讼法司法解释》重点内容案例解析

决维持Y省Z市中级人民法院行政判决第一项，即"驳回J县N村民小组的诉讼请求"；同时撤销Y省Z市中级人民法院行政判决第二项，即"驳回第三人徐某的诉讼请求"。

N小组不服二审判决，向最高人民法院申请再审，并委托第三人徐某作为其诉讼代理人。

最高人民法院认为，本案的关键问题是，J县政府于2014年1月23日作出的《处理决定》这一行政行为是否合法有效。从实体上来看，J县政府作出确权行政行为的主要事实依据是两个权属证，即《山林权证》和《农村土地承包经营权证》。1982年林业三定时，J县政府将其中的甜竹林登记在S小组的集体山林权证上，1999年第二轮土地承包时，J县政府又将甜竹林中的部分登记在S小组刘某香、刘某贵、刘某均、刘某余、曹某香五户人家的土地承包经营权证上。上述两个权属证书并未经任何合法程序予以撤销，且根据《最高人民法院关于行政诉讼证据若干问题的规定》第63条第1项之规定，"国家机关以及其他职能部门依职权制作的公文文书优于其他书证"，因此该两个权属证书仍系证明S小组拥有合法有效的山林土地权属的充分依据。《林木林地权属争议处理办法》第3条规定了"处理林权争议，应当尊重历史和现实情况"等原则，J县政府据此并根据《森林法》第17条，《土地管理法》第11条、第13条、第16条等作出《处理决定》。该《处理决定》不仅考虑到了历史事实，而且考虑到了第三人S村民小组成员刘某香、刘某贵、刘某均、刘某余、曹某香对他们所承包的甜竹林部分土地实际经营的事实，在造林、管护过程中，N小组未提出任何异议，直到2007年林改的过程中，N小组才与本案第三人S小组对甜竹林地块的权属问题发生争议。因此，J县政府作出的《处理决定》事实清楚，证据确凿，适用法律正确。就程序而言，J县政府从乡林业站等相关部门抽调多人组成联合调查组，对争议的甜竹林地块进行了调查，制作了现场勘查笔录和询问笔录，绘制了草图。同时，组织双方进行调解，在调解未果的情况下，作出了《处理决定》。因此，J县政府作出的《处理决定》符合法定程序。N小组的再审申请不符合《行政诉讼法》第91条规定的情形。依照《行政诉讼法》

第 101 条、《民事诉讼法》第 204 条第 1 款[①]之规定,裁定驳回其再审申请。

《行政诉讼法》第 29 条规定:"公民、法人或者其他组织同被诉行政行为有利害关系但没有提起诉讼,或者同案件处理结果有利害关系的,可以作为第三人申请参加诉讼,或者由人民法院通知参加诉讼。人民法院判决第三人承担义务或者减损第三人权益的,第三人有权依法提起上诉。"该条规定了两种类型的第三人,即同被诉行政行为有利害关系但没有提起诉讼(也即本可作为原告起诉但未起诉)的第三人及同案件处理结果有利害关系的第三人。后一类型极大地拓展了第三人的范围,从而提升了司法资源的利用效能,为群体性诉讼提供了有力的解决之道。[②]

第一,法院直接判令行政诉讼第三人承担责任法律依据明确。在很多行政诉讼案件尤其是对行政案件的再审审查程序中,人民法院作出的裁判很少直接判令第三人承担相应义务,这也常常成为一些当事人提起上诉或者申请再审的一个重要理由。例如,当事人甲对第三人问题提出疑问,认为一审判决书查明的事实和裁判结果看不出追加第三人的必要性和合法性。对此,有人认为,《行政诉讼法》虽对第三人制度作出了明确规定,但行政诉讼第三人制度的性质是"诉讼参加",设立这一制度不仅是对利害关系人权利的尊重和维护,也有利于增强判决的确定性和稳定性,减少诉讼周折,从而实现诉讼的最佳效益。与被诉行政行为有关的其他行政机关作为第三人参加诉讼,通常属于一种单纯辅助参加,尤其在涉及批准行为、前置行为、辅助行为、行政合同以及超越职权的案件中,允许其他行政机关作为第三人参加诉讼,对于查明案件事实、分清法律责任,更具有积极意义。因此,二审法院根据当事人甲的上诉请求以及查明的案件事实,在不予认可其对于被上诉人的指控的同时,不去确定仅是单纯辅助参加而非共同被告的第三人承担何种责任,亦符合不告不理的诉讼原则。笔者认为,这种看法是不准确的。根据《行政诉讼法》第 29 条第 2 款的规定,"人民法院判决第三人承担义务或者减损第三人权益的,第三人有权依法提起上

---

① 现为《民事诉讼法》第 211 条第 1 款。
② 参见江必新、邵长茂、方颉琳编著:《行政诉讼法修改资料汇纂》,中国法制出版社 2015 年版,第 72 页。

诉"。如果按照上述观点,那么《行政诉讼法》第29条第2款的规定就被虚置了,因为第三人承担义务也好,减损权益也罢,都应当通过具体的判决去付诸实施。既然法律都明确规定了,我们就不能拒绝实施法律,而况且不告不理原则也不是绝对的。

第二,法院直接判令行政诉讼第三人承担责任有民事审判实践可资借鉴。根据《行政诉讼法》第101条的规定,人民法院审理行政案件,关于期间、送达、财产保全、开庭审理、调解、中止诉讼、终结诉讼、简易程序、执行等,以及人民检察院对行政案件受理、审理、裁判、执行的监督,本法没有规定的,适用《民事诉讼法》的相关规定。前述Y省J县N小组诉J县政府土地行政确认一案裁定驳回再审申请人的再审申请,即依照了修正前的《民事诉讼法》第204条第1款的规定。那么,民事审判活动中判决第三人特别是关于无独立请求权的第三人承担相应民事责任的实践亦当然可以为行政诉讼所参照。例如,在中国银行H省分行与H省湘信进出口公司、中保财产保险有限公司H省Z市朝阳支公司、H省国信租赁公司、H省国际房地产实业开发公司借款保证合同及债务纠纷案①中,最高人民法院认为,债权人在主债务人已不存在而又无清算组织对该公司债权债务清理的情况下,向第三人追偿贷款本金与利息,其行为正当,应予支持。债务人以自己名义进行并投入资产的项目,在没有合法转移手续前提下,由第三人分别占有、经营并收益,已构成侵权,应对债权人承担返还财产并赔偿损失的责任。由于第三人所占有债务人的资产均远远超过债务人在本案中的债务,因此该第三人应对本案的债务承担连带清偿责任。在我国台湾地区,依据其"行政诉讼法"第48条准用"民事诉讼法"第61条规定,辅助参加人即无独立请求权的第三人"得按参加时之诉讼程度,辅助当事人为一切诉讼行为。但其行为与该当事人之行为抵触者,不生效力"。故辅助参加人,乃因辅助当事人一造而参加诉讼之人,故于辅助上所必要之一切诉讼行为,皆得为之。如排斥彼造之主张,申述证据,提起上诉是也。当然,被参加人之实体法上权利,除另有规定外,参加人不能行使之;处分或变更诉讼之行为,有关诉讼上请求之舍弃、认诺、自认或抛弃上诉权等行为,不生效力。亦

---

① 参见最高人民法院(1997)经终字第349号民事判决书。

即不利于当事人之诉讼行为,不得为之,例如,认诺、舍弃、和解等是也。[①]

第三,本案的经验及有待进一步探讨的问题。本案中,一审和二审均对第三人的诉请进行了回应,这是值得肯定的。一审法院针对第三人徐某提出的"村两委按照《村民委员会组织法》和村公所工作职责,于2007年9月12日批示了我与N小组的承包合同。J县政府《处理决定》依照伪证据把甜竹林的所有权决定归属S小组,我要向法院主张我的权利,赞同原告N小组的起诉意见"的请求,判决予以驳回。二审法院依据《最高人民法院关于执行〈中华人民共和国行政诉讼法〉若干问题的解释》第24条的规定,认为在行政诉讼中并不存在有独立请求权的第三人,一审法院将徐某作为有独立请求权的第三人,并对其诉求进行审理后驳回,并无法律依据,应予以纠正。据此,依据当时生效的《行政诉讼法》第61条第1项、第2项之规定,判决撤销一审行政判决第二项,即"驳回第三人徐某的诉讼请求"。就目前的实际情况来看,由于在行政诉讼中对第三人制度的有关问题尚有不同看法,因此很难说本案中一审和二审判决孰对孰错。

《最高人民法院关于执行〈中华人民共和国行政诉讼法〉若干问题的解释》第24条规定:"行政机关的同一具体行政行为涉及两个以上利害关系人,其中一部分利害关系人对具体行政行为不服提起诉讼,人民法院应当通知没有起诉的其他利害关系人作为第三人参加诉讼。第三人有权提出与本案有关的诉讼主张,对人民法院的一审判决不服,有权提起上诉。"对此,有学者认为,在行政诉讼中没有区分有独立请求权的第三人和无独立请求权的第三人。且依据《民事诉讼法司法解释》第81条、第82条的规定,有独立请求权的第三人有权向人民法院提出诉讼请求和事实、理由,成为当事人;无独立请求权的第三人,可以申请或者由人民法院通知参加诉讼。在一审诉讼中,无独立请求权的第三人无权提出管辖异议,无权放弃、变更诉讼请求或者申请撤诉,被判决承担民事责任的,有权提起上诉。徐某作为本案一审中的第三人,类似于无独立请求权的第三人,因此,其有权提起与本案有关的诉讼主张,但无权提起独立的诉讼请求。也有学者认为,在行政诉讼法律关系中,第三人具有当事人的地位。

---

① 参见陈清秀:《行政诉讼法》,法律出版社2016年版,第370~371页。

在行政实体法律关系中具有行政相对人身份的第三人除不行使起诉权和不具有撤诉权外，享有与原告基本相同的诉讼权利义务。在行政实体法律关系中具有行政主体身份的第三人则享有与被告基本相同的诉讼权利义务。[1]我国台湾地区"行政诉讼法"第 44 条规定："行政法院认其他行政机关有辅助一造之必要者，得命其参加诉讼。前项行政机关或有利害关系之第三人亦得声请参加。"此种单纯辅助参加，是为辅助当事人之一造而参加，故不以其权利或法律上利益将因诉讼结果而受损害为要件。[2]唯该第三人仍须具有"法律上之利害关系"，始得申请参加，不包括事实上、经济上或文化上之利益受影响之人，以免妨害诉讼程序之进行。而对于此处的"法律上之利害关系"，吴庚认为，系指第三人法律上之地位，将因当事人一造败诉而直接、间接遭受不利益。[3]陈计男认为，第三人法律上之地位，因当事人一造之败诉，依该判决之内容，包括法院就诉讼标的之判断，以及判决理由中对某事实或法律关系存否之判断，将直接或间接遭受不利益，若该当事人胜诉，即可免受不利益。且此所谓法律上之利害关系，不以公法上利害关系为限，即私法上利害关系，亦包括在内。[4]

关于无独立请求权第三人的"请求权"问题，存在两种观点：一种观点认为，这种第三人对他人之间的诉讼标的无独立请求权，就意味着他不能提出任何独立的诉讼请求，只是辅助一方当事人，只是依附原告或被告一方。另一种观点认为，这种第三人参加诉讼，是一种诉讼合并。由于案件的处理结果同第三人产生利害关系的牵连，导致本诉原告对本诉被告的诉与被告对第三人的诉发生牵连，所以，第三人仅仅是对原告、被告之间的诉没有独立请求权，而不能说他没有请求权。[5]笔者同意第二种观点。由于行政诉讼争议的标的是行政主体行为的合法性，第三人不可能对此提出所有或者享有行政职权，而只能要求维持、撤销或者变更行政主体的行为，或者要求法院判令行政主体履行其法定职责。仅仅就当前的诉讼格局看，在行政诉讼中设立"有独立请求权的第三人"

---

[1] 参见姜明安：《行政诉讼法》，法律出版社 2007 年版，第 129~130 页。
[2] 参见陈清秀：《行政诉讼法》，法律出版社 2016 年版，第 367 页。
[3] 参见吴庚：《行政争讼法论》，我国台湾地区元照出版公司 2014 年版，第 82 页。
[4] 参见陈计男：《行政诉讼法释论》，我国台湾地区三民书局 2000 年版，第 117 页。
[5] 参见江伟主编：《民事诉讼法》，中国人民大学出版社 2011 年版，第 138~139 页。

和"无独立请求权的第三人"的意义不大。不过，也有学者认为，在行政诉讼中，存在利害关系人独立参加的情况。例如，申请新型专利而遭异议之原告向法院提起撤销诉讼，要求撤销被告所为之专利异议审定书处分。此时，专利异议审定书处分若被撤销，则第三人（新型专利异议人）之权利或法律上利益将受损害，故法院得依职权命新型专利异议人独立参加诉讼，而新型专利异议人也可申请法院裁定允许其参加。显然，新型专利异议人独立参加诉讼，系在保护自己独立之权利或法律上利益免受损害，而非辅助原告或被告为诉讼，其有权提出独立之攻击或防御方法。[1] 根据不同的标准，可以对行政诉讼中的第三人进行不同的分类，如原告型第三人和被告型第三人。原告型第三人如在行政处罚中的被处罚人和受害人，被处罚人未提起行政诉讼的，受害人可起诉，那么被处罚人可以作为第三人参加诉讼。反之，受害人可以作为第三人参加诉讼。被告型第三人如两个以上行政机关作出相互矛盾的行政行为，未被起诉的行政机关应当以第三人身份参加诉讼。[2] 又如，根据行政诉讼基本原理，结合行政诉讼的实际特点，以第三人与被诉主体的行为的利害关系为标准，可将行政诉讼第三人分为权利关系第三人、义务关系第三人和事实关系第三人。权利关系第三人是指由于其权利受到了被诉行政行为不利处分的消极影响，参加到行政诉讼中来，提出自己独立诉讼主张的个人、法人及其他组织；义务关系第三人是指由于其权利受到了被诉行政行为授益处分的积极影响，或参与了不利益行政行为而未被列为被告或不具备被告资格，参加到行政诉讼中来，提出自己独立诉讼主张的个人、法人及其他组织；事实关系第三人是指与被诉行政行为有某种牵连，为了查清事实，由人民法院通知参加到行政诉讼中来，并提出自己独立诉讼主张的个人、法人及其他组织。[3] 可见，无论哪一种行政诉讼中的第三人，都可以提出自己的诉讼主张。

另外，前已提及，本案中，第三人徐某可否接受再审申请人的委托，成为其诉讼代理人？少数意见认为不合适，主要理由是第三人徐某与N小组的利益

---

[1] 参见林胜鹞：《行政诉讼法》，我国台湾地区三民书局2009年版，第256页。
[2] 参见应松年主编：《〈中华人民共和国行政诉讼法〉修改条文释义与点评》，人民法院出版社2015年版，第81~82页。
[3] 参见马怀德、解志勇：《行政诉讼第三人研究》，载《法律科学》2000年第3期。

可能并不完全一致，且根据《行政诉讼法》第 31 条第 2 款第 2 项、第 3 项，当时有效的《民事诉讼法》第 58 条第 2 款第 2 项、第 3 项[①]的规定，只有当事人的近亲属或者工作人员，当事人所在社区、单位以及有关社会团体推荐的公民可以被委托为诉讼代理人，而徐某不属于 N 小组的工作人员及被社区等推荐的公民。多数意见认为本案第三人徐某可以作为再审申请人 N 小组的委托代理人，主要理由是第三人徐某与 N 小组利益基本一致，且法律没有禁止性规定。笔者认为多数意见比较可取，主要理由同上。

---

① 现为《民事诉讼法》第 61 条第 2 款第 2 项、第 3 项。

第四章　关于行政诉讼证据

证据是诉讼的核心，行政诉讼亦不例外。当然，行政诉讼有着不同于民事诉讼和刑事诉讼的证据规则。

一、关于行政诉讼证明标准

一般认为，行政诉讼的证明标准应该介于刑事诉讼和民事诉讼之间，且具体案件需要具体分析。对于重大的，如涉及公民基本权利等重大利益的被诉行政行为，要求被诉行政行为的证明标准达到或者接近刑事诉讼的排除合理怀疑标准。对于一般的被诉行政行为，达到民事诉讼的高度盖然性证明标准或者优势证明标准即可。

例如，某大学招了一批艺术专业的学生，考生张某考的是美术专业，初试和复试画的都是素描，该大学复查时发现张某复试的画跟初试的画相差很大，一是结构不同；二是两幅画上面作者的签名，经该大学委托华东政法大学鉴定中心进行鉴定，鉴定结论是非同一人所签；三是张某不能进行合理说明。后该大学作出了一个严肃的处理决定：取消张某的录取资格。张某遂向法院起诉。张某诉称，这两幅画都是他自己画的，上面的签名也是他自己签的，并申请重新鉴定。对于结构不一样，他说这已记不清了，他报考了很多地方的艺术院校，参加了十几场考试，确实记不清。张某同时提供了十几个院校的准考证。在诉讼过程中，法院根据张某的申请，又委托了另一个鉴定中心对两幅画上面作者的签名重新进行鉴定，最后得出的鉴定结论是这两幅画上面的作者签名系同一人所签。法院认为，被告取消张某的录取资格，涉及《宪法》第46条规定的公民受教育权这一基本权利，关乎张某的重大利益。被告作为法律、法规、规章授权的组织，作出这么一个影响张某重大权益的行为，在证明标准上应当达到排除合理怀疑。但本案中，两幅画上面作者签名的两次鉴定结论不一致，足以说明被告的处理决定在证明标准上没有达到排除合理怀疑的程度。而且张某作为艺术考生，赴全国参加了十几所学校的考试，并提供了相应的准考证，其对两幅画结构的说明具有合理性。法院遂判决撤销了被告对张某的处理决定。

对于不影响相对人重大权益的行政行为，证明标准当然不需要达到排除合理怀疑的程度。比如，某司机没有按照规定在左拐弯时打左转向灯，交管部门根据电子眼所拍的照片对其作出处罚。某司机不服，向法院起诉。其提出的一个理由就是，左转向灯打开时是一闪一灭的，电子眼拍照时左转向灯刚好在灭的瞬间，所以没拍着。某司机的这个理由，理论上虽然具有可能性，但概率几乎为零，所以其主张不能获得支持。在现场执法的情况下，如某司机开车时违反规定，左手伸到车窗外，并拿着一根香烟，被交警发现了，就对其作出处罚。事后该司机不承认违法，说交警不能证明其左手伸到了车窗外并拿着一根香烟。整个简易执法过程没有拍照，也没有视频。那么在诉讼过程中怎么办呢？无疑，这种情况下的证明标准不能过于苛刻，法院可根据交警的陈述，并依据内心确信，作出裁判。

二、关于新证据

对于什么样的证据是新证据，《最高人民法院关于行政诉讼证据若干问题的规定》第 52 条规定："'新的证据'是指以下证据：（一）在一审程序中应当准予延期提供而未获准许的证据；（二）当事人在一审程序中依法申请调取而未获准许或者未取得，人民法院在第二审程序中调取的证据；（三）原告或者第三人提供的在举证期限届满后发现的证据。"因此，只有符合上述情形之一的证据才是新证据。

在王某龙诉 A 省人民政府行政复议决定一案[①]中，A 省 H 市中级人民法院一审查明，王某龙系 A 省 Y 县一村民。1999 年 10 月 20 日，王某龙父亲王某杰

---

① 参见（2016）最高法行申 2721 号行政裁定书。

（2005年去世）取得了A省Y县人民政府颁发的农村集体土地承包经营权证，该证记载王某龙户（7人）共取得5处土地承包经营权。2004年和2007年，因道路改线拓宽建设的需要，王某龙户被征用土地1.41亩（实测）。其中，2004年被征用0.038亩，2007年分别被征用0.283亩和1.089亩。2010年5月5日，A省人民政府作出《关于Y县2009年第一批次建设用地置换的批复》（以下简称《批复》）。2011年12月27日，A省人民政府收到王某龙因不服《批复》提起的行政复议申请。2012年2月15日，A省人民政府依法中止了复议审理。2015年1月8日，A省人民政府作出了《驳回行政复议申请决定书》。王某龙不服该复议决定，向人民法院提起行政诉讼。

一审法院认为，王某龙提供的农村集体土地承包经营权证证明，该户共取得了5处土地的承包经营权。现双方当事人对土地承包经营权证中的茶山三块地之外的4处土地位置以及与《批复》无关均没有异议，因此，本案的关键在于A省人民政府作出的《批复》所确定征收的土地是否包含了王某龙所承包的茶山三块地。本案中，王某龙提供的证据只能证明其承包地中包含茶山三块地，但并不能明确证明茶山三块地在《批复》所确定的范围内。而A省人民政府提供的证据虽然也不能明确茶山三块地的具体位置，但其提供的关于王某杰承包土地有关情况的说明、公路拓宽征地拆迁补偿表等证据证明，王某龙户在2004年和2007年因道路改线拓宽建设的需要，已被征用了三块土地。因王某龙承包户除无争议的4处承包地和茶山三块地之外没有其他的承包地，因此，2004年和2007年被征用的三块土地可以确认对应为茶山三块地。A省人民政府提供的土地承包经营权证底册上记载的内容对该事实亦能加以印证。王某龙认为自己除农村集体土地承包经营权证登记的5处土地外还有其他土地，因没有提供有效证据证实，不予采信。王某龙认为茶山三块地在《批复》所确定的范围内的观点因证据不足不能成立。综上，A省人民政府以王某龙与被申请复议的行为之间没有利害关系为由决定驳回其行政复议申请，事实清楚，证据充分，程序合法，适用法律正确。遂判决驳回王某龙的诉讼请求。王某龙不服，提起上诉。

A省高级人民法院二审认为，王某龙户共取得了5处土地的承包经营权，现双方对茶山三块地之外的4处土地与《批复》无关均无异议。A省人民政府提供的证据虽不能明确茶山三块地的具体位置，但其提供的关于王某杰承包土地有关情况的说明、公路拓宽征地拆迁补偿表等证据能够证明，王某龙户在2004年和2007年因道路改线拓宽建设的需要，已被征用了三块土地。因王某龙户除无争议的4处承包地和茶山三块地之外没有其他的承包地，因此，2004年和2007年被征用的三块土地可以确认对应为茶山三块地。A省人民政府提供的王某杰户土地承包经营权证底册上记载的内容对该事实亦予以佐证。《最高人民法院关于行政诉讼证据若干问题的规定》第53条规定："人民法院裁判行政案件，应当以证据证明的案件事实为依据。"王某龙主张自己除农村集体土地承包经营权证登记的5处土地外还有其他土地，称茶山三块地证载面积1.05亩，实际面积约4亩，因没有证据证明，不予支持。综上，一审判决认定事实清楚，适用法律正确，审判程序合法，王某龙的上诉理由不能成立，遂判决驳回上诉，维持原判决。

王某龙不服上述判决，向最高人民法院申请再审称：（1）原判决认定事实的主要证据是伪造的。原判决作出"2004年和2007年被征用的三块土地可以确认对应为茶山三块地"这一事实认定，采信的A省人民政府提交的主要证据均是与本案无关联的证据。（2）有7份新证据，足以推翻原判决。（3）一审判决认定事实不清并明显错误，适用法律亦错误。原判决对茶山三块地被《批复》所侵占的客观事实不予认定存在明显错误。同时，原判决因事实认定错误而导致适用法律也确有明显错误。原判决适用的《行政诉讼法》第69条规定与本案客观事实之间毫无关联性。（4）二审存在不依法开庭审理而直接作出判决的错误。据此请求：（1）判决撤销一、二审行政判决和被诉《驳回行政复议申请决定书》；（2）判令再审被申请人在法定期间内重新作出行政复议决定。

最高人民法院认为，本案的关键是，王某龙所承包的茶山三块地是否包含在A省人民政府作出的《批复》所置换和征收的土地中。根据A省人民政府提供的关于王某杰户土地承包经营权证底册上记载的内容、王某杰承包土地有关情况的说明、公路拓宽征地拆迁补偿表等证据，能够证明王某龙户在2004年和2007年因道路改线拓宽建设的需要，茶山三块土地已被征用，一部分补偿款已领取。其中，2004年被征用0.038亩，2007年分别被征用0.283和1.089亩。因此，王某龙认为其所承包的茶山三块地在A省人民政府作出的《批复》所确定的范围内的主张难以成立。王某龙主张自己除农村集体土地承包经营权证登记的 5 处土地外还有其他土地，称茶山三块地证载面积 1.05 亩，实际面积约 4 亩，但王某龙的该主张因没有提供有效证据予以证明，亦难以支持。王某龙声称其提交了 7 份"新证据"，足以推翻原判决，但从其补充提交的证据清单来看，其自认这些证据"皆在原一、二审质证程序中提交并经质证属实，但都未被原一、二审的审判人员据实依法采信和认定"。根据《最高人民法院关于行政诉讼证据若干问题的规定》第 52 条的规定，"新的证据"是指以下证据：（1）在一审程序中应当准予延期提供而未获准许的证据；（2）当事人在一审程序中依法申请调取而未获准许或者未取得，人民法院在第二审程序中调取的证据；（3）原告或者第三人提供的在举证期限届满后发现的证据。显然，王某龙声称其提交的"新证据"，系经过原一、二审质证且未被法院采信的证据，因而不属于《最高人民法院关于行政诉讼证据若干问题的规定》第 52 条所规定的"新的证据"。至于王某龙提出的二审存在不依法开庭审案而直接下判的问题，根据《行政诉讼法》第 86 条的规定，人民法院对上诉案件，应当组成合议庭，开庭审理。经过阅卷、调查和询问当事人，对没有提出新的事实、证据或者理由，合议庭认为不需要开庭审理的，也可以不开庭审理。因此，二审法院对此案不予开庭审理，法律依据充分，王某龙的该项主张不能成立。综上，王某龙的再审申请不符合《行政诉讼法》第 91 条规定的情形。遂裁定驳回其再审申请。

在侯某方诉 S 省 C 县人民政府（以下简称 C 县政府）土地行政登记一案[①]中，侯某方提出了撤诉申请，理由是其需要补充新证据。后侯某方向法院再行起诉，并提交了两份证人证言。对于其提交的两份证人证言是否属于"新的证据"，笔者认为，根据《最高人民法院关于行政诉讼证据若干问题的规定》第 52 条的规定，侯某方再行起诉时提交的两份证人证言不属于"新的证据"：因其没有在一审程序中申请延期提供证据，也没有依法申请调取证据，且侯某方提交的这两份证人证言是其在撤诉后补充的，而不是已经存在但尚未发现的证据，故不符合"在举证期限届满后发现的证据"。

---

① 参见（2016）最高法行申 2747 号行政裁定书。

三、关于鉴定与酌情确定

根据《行政诉讼法司法解释》第 47 条的规定,"在行政赔偿、补偿案件中,因被告的原因导致原告无法就损害情况举证的,应当由被告就该损害情况承担举证责任。对于各方主张损失的价值无法认定的,应当由负有举证责任的一方当事人申请鉴定,但法律、法规、规章规定行政机关在作出行政行为时依法应当评估或者鉴定的除外;负有举证责任的当事人拒绝申请鉴定的,由其承担不利的法律后果。当事人的损失因客观原因无法鉴定的,人民法院应当结合当事人的主张和在案证据,遵循法官职业道德,运用逻辑推理和生活经验、生活常识等,酌情确定赔偿数额"。根据《行政诉讼法》第 34 条的规定,在行政诉讼中,被告对作出的行政行为负有举证责任,应当提供作出该行政行为的证据和所依据的规范性文件,也就是对其作出的行政行为的合法性承担举证责任。但是在行政赔偿、补偿案件,包括不作为的案件中,原告也需要承担一定的举证责任,特别是在行政赔偿、补偿案件中,举证规则类似于民事诉讼中的"谁主张、谁举证",在特殊情况下实行举证责任倒置。这是因为,行政机关在执法中,如在强拆过程中,没有按照法定程序进行,方法简单粗暴,甚至严重违法,直接开着铲车、推土机把被征收人的房屋夷为平地,而被征收人房屋里还有很多财产,行政机关对此却没有登记造册,对于被征收人的这些财产损失,行政机关当然需要依法赔偿。最高人民法院发布的第 91 号指导性案例"沙某宝等诉 M 市 H 区人民政府房屋强制拆除行政赔偿案"就是这样一个典型案例。该案的裁判要旨指出,在房屋强制拆除引发的行政赔偿案件中,原告提供了初步证据,但因行政机关的原因导致原告无法对房屋内物品损失举证,行政机关亦因未依法进行财产登记、公证等无法对房屋内物品损失举证的,人民法院对原告未超出市场价值的符合生活常理的房屋内物品的赔偿请求,应当予以支持。该案的基本案情如下:M 市 H 区人民政府在强拆过程中,没有按照《国有土地上房屋征收与补偿条例》等的规定进行,没有对被拆房屋内的物品进行登记造册、拍照、公证等,给被征收人沙某宝等的财产造成了损失。沙某宝等人诉称,其房屋里面有很多财产,包括衣物、家具、家电、手机等生活必需品,损失 5 万元;另外还有一个实木雕花床,价值 5 万元。M 市 H 区人民政府应当全部赔偿。法院认为，对于沙某宝提出的包括衣物、家具、家电、手机等 5 万元的屋内物品损失，作为一个普通家庭所必需的生活用品，符合一般家庭的实际情况，且征收人未提供证据证明这些物品不存在，故对这个诉讼请求应予支持。对于沙某宝提出的实木雕花床损失 5 万元的赔偿请求，已超出市场正常的价格范围，沙某宝等又不能确定该床的材质、形成时间、与普通实木雕花床有何不同等，所以最后酌情确定 3 万元。本案中，行政机关因为没有依法强拆，导致当事人财产损失，法院结合当事人的主张和在案证据，遵循法官职业道德，依法行使自由裁量权，运用逻辑推理和生活经验、生活常识等，酌情确定了赔偿数额。

在吴某玉诉 H 省 D 县人民政府（以下简称 D 县政府）、H 省 L 市人民政府（以下简称 L 市政府）土地权属确权及行政复议一案[①]中，一、二审法院及最高人民法院认定 D 县政府作出的《土地权属争议案件决定书》（以下简称确权决定）并无不当。该案的基本案情如下：吴某玉与吴某池是 D 县一村村民，两人系邻居关系。吴某玉称，其享有所有权的 37 厘米砖砌"马蹄间"土地位于吴某芳院内。吴某芳去世后，宅基地上的房屋由其子吴某府继承，并于 2009 年 11 月 5 日以 5 万元价格转让给吴某池，未办理变更登记。为此，吴某玉与吴某池产生土地权属纠纷。吴某玉向 D 县政府申请土地权属确权，请求确认 37 厘米"马蹄间"土地属其所有。2019 年 4 月 28 日，D 县政府经过调查，作出确权决定，根据双方对"马蹄间"均未取得合法使用权的事实，依据《H 省农村宅基地管理办法》第 14 条、第 17 条规定，决定吴某玉、吴某池对"马蹄间"均未依法登记取得使用权。吴某玉不服，申请行政复议。2019 年 9 月 12 日，L 市政府作出行政复议决定，维持确权决定。吴某玉不服，提起本案行政诉讼，请求撤销确权决定和复议决定。

H 省 L 市中级人民法院一审认为，吴某玉虽称其拥有争议"马蹄间"的合法使用权，但未提供涉案土地的合法权属证明文件；吴某池在受让吴某芳宅基地之后亦未按规定办理《集体土地使用证》。D 县政府认定吴某玉、吴某池对涉案地块"马蹄间"均未依法登记取得使用权并无不当。L 市政府作出的行政复议决定程序合法。遂判决驳回吴某玉的诉讼请求。吴某玉不服，提出上诉。H

---

① 参见（2021）最高法行申 1233 号行政裁定书。

省高级人民法院二审认为，吴某玉、吴某池对争议的"马蹄间"土地均未依法登记取得使用权，一审判决驳回吴某玉的诉讼请求，并无不当。遂判决驳回上诉，维持原判。

吴某玉仍不服，向最高人民法院申请再审称：一、二审判决认定事实不清。1987年翻盖北房时，为维护后墙方便，在房后自家宅基地范围内预留37厘米"马蹄间"，该块土地属于其所有。因与吴某芳发生矛盾，吴某芳及其子阻挠丈量发证，未取得争议土地的权属证明。请求撤销一、二审判决，判令D县政府重新作出处理。

最高人民法院经审查认为，《最高人民法院关于行政诉讼证据若干问题的规定》第54条规定，法庭应当对经过庭审质证的证据和无须质证的证据进行逐一审查和对全部证据综合审查，遵循法官职业道德，运用逻辑推理和生活经验，进行全面、客观和公正的分析判断，确定证据材料与案件事实之间的证明关系，排除不具有关联性的证据材料，准确认定案件事实。土地权属确权过程中，行政机关对双方提供的权属证据材料进行审核，经过调查仍然不能获得充分证据证明争议土地权利归属的，可以参照上述规定，遵循公职人员职业道德，根据现有可定案证据，运用逻辑推理和生活经验，全面、客观和公正地分析判断，准确认定案件事实。本案中，吴某玉与吴某池发生土地权属纠纷后，申请D县政府确权。D县政府经过调查，根据现有证据，作出确权决定，认定吴某玉、吴某池对"马蹄间"均未依法登记取得使用权，认定事实清楚。L市政府作出复议决定，符合法定程序。一、二审判决驳回吴某玉的诉讼请求，并无不当。吴某玉主张37厘米"马蹄间"是1987年翻盖北房时为维护后墙方便在房后自家宅基地范围内预留土地，应当属于其所有。但是，吴某玉没有提供充分证据证明，争议地"马蹄间"在1987年争议发生之前属于其所有。以此为由申请再审，理由不能成立。综上，吴某玉的再审申请不符合《行政诉讼法》第91条第3项规定的情形。遂裁定驳回其再审申请。

在辉煌电力物资有限公司（以下简称辉煌电力物资公司）诉S省J市工商

行政管理局 G 分局（以下简称工商局 G 分局）行政处罚一案[①]中，涉及的问题主要是，工商局在执法检查过程中，为查明事实，是否可以单方委托鉴定；其在二审程序中申请鉴定人员出庭接受质询的活动是否属于向人民法院提交新证据。该案的基本案情如下：2012 年 7 月 16 日，被告工商局 G 分局接群众举报，在 G 区一集贸市场北侧，陆远环保科技有限公司 10 千伏线路工程施工现场有一批不合格电缆。经被告现场核查，该批电缆为原告辉煌电力物资公司从恒瑞电缆有限公司购买并销售给陆远环保科技有限公司用于该公司 10 千伏线路工程，没有生产厂址、生产许可证号及商标标识，无随货同行的出厂检验报告和产品合格证，共计 8 盘，总长度 2894 米，价款 110.6 万元，辉煌电力物资公司涉嫌销售不符合保障人体健康和人身、财产安全国家标准的产品。被告遂立案调查，现场对涉案电缆依法进行了拍照、抽样取证和记录，并将一份样品于次日送 T 市产品质量监督检验所进行检验。之后，被告向原告及有关单位就涉案相关情况进行了调查。2012 年 7 月 27 日，被告就涉案电缆的抽样结果向原告送达了 T 市产品质量监督检验所出具的检验报告书，该报告书检验结论为："该样品标准检验不合格。"被告没有同时送达该检验机构是否具有法定检验资质的证明文件，原告未申请复检。

2012 年 9 月 29 日，被告向原告送达了行政处罚告知书，原告未作陈述和申辩，在规定期限内也未要求听证。被告于 2012 年 10 月 11 日作出了行政处罚决定书并送达原告。原告不服，于 2013 年 1 月 9 日向法院提起诉讼。

S 省 L 市 G 区人民法院一审认为，本案争议的焦点是，被告作出行政处罚的具体行政行为是否超越职权，程序是否合法，认定原告违法行为事实的证据是否充分。（1）被告作出的具体行政行为是否超越职权问题。《产品质量法》第 70 条[②]规定："本法规定的吊销营业执照的行政处罚由工商行政管理部门决

[①] 参见山东省莱芜市中级人民法院（2013）莱中行终字第 17 号行政判决书；胡云红、谭红：《工商行政管理局在产品质量违法案件中的执法调查权》，载《人民司法》2018 年第 14 期。

[②] 该条内容已修改为："本法第四十九条至第五十七条、第六十条至第六十三条规定的行政处罚由市场监督管理部门决定。法律、行政法规对行使行政处罚权的机关另有规定的，依照有关法律、行政法规的规定执行。"

定，本法第四十九条至第五十七条、第六十条至第六十三条规定的行政处罚由产品质量监督部门或者工商行政管理部门按照国务院规定的职权范围决定。法律、行政法规对行使行政处罚权的机关另有规定的，依照有关法律、行政法规的规定执行。"《国家工商行政管理总局主要职责内设机构和人员编制规定》（国办发〔2008〕88号）第2条第4项规定，国家工商总局具有"监督管理流通领域商品质量和流通环节食品安全""按分工查处假冒伪劣等违法行为"的职责。根据上述规定，县级以上工商行政管理部门，对于流通领域的商品质量和假冒伪劣等违法行为负有监管和查处的职责；国务院国办发〔2008〕88号文件与国办发〔2001〕57号文件的相关规定不一致的内容，应适用国办发〔2008〕88号文件的规定。本案被告查处原告违法销售涉案电缆的具体行政行为，是依法履行其监督管理流通领域商品质量的职责，原告关于被告对其进行处罚超越职权，应按照国办发〔2001〕57号文件的相关规定移送质量监督检查检疫局处理的主张，没有法律依据，不予支持。（2）关于被告行政处罚程序问题。被告作出被诉具体行政行为的基本程序合法，原告对此无异议，应予确认。《工商行政管理机关行政处罚程序规定》[①]第31条规定："为查明案情，需要对案件中专门事项进行鉴定的，工商行政管理机关应当出具载明委托鉴定事项及相关材料的委托鉴定书，委托具有法定鉴定资格的鉴定机构进行鉴定。"因此，工商行政管理机关为查明案情，有权进行委托鉴定。原告认为被告对涉案电缆样品单方委托送检，不告知原告，因而送检程序违法的意见，没有法律依据，不予支持。（3）关于被告认定事实的证据问题。本案被告认定原告购买并销售的电缆不符合国家标准的主要证据是其委托T市产品质量监督检验所进行检验出具的检验报告书。《产品质量法》第19条[②]规定："产品质量检验机构必须具备相应的检测条件和能力，经省级以上人民政府产品质量监督部门或者其授权的部门考核合格后，方可承担产品质量检验工作。法律、行政法规对产品质量检验机构另有规定的，依照有关法律、行政法规的规定执行。"《最高人民法院关于行政诉

[①] 该规定现已失效。

[②] 该条内容已修改为："产品质量检验机构必须具备相应的检测条件和能力，经省级以上人民政府市场监督管理部门或者其授权的部门考核合格后，方可承担产品质量检验工作。法律、行政法规对产品质量检验机构另有规定的，依照有关法律、行政法规的规定执行。"

讼证据若干问题的规定》第62条规定："对被告在行政程序中采纳的鉴定结论，原告或者第三人提出证据证明有下列情形之一的，人民法院不予采纳：（一）鉴定人不具备鉴定资格；（二）鉴定程序严重违法；（三）鉴定结论错误、不明确或者内容不完整。"根据以上规定，如果检验或者鉴定机构不具备相应的检测或者鉴定的条件和能力，不具备相应的检验鉴定资格，鉴定结论不明确或者内容不完整，其检验鉴定结论不应予以采纳。本案庭审过程中，原告对被告举证的T市产品质量监督检验所出具的检验报告书和《资质认定验收证书》提出异议，并以被告举证的《资质认定验收证书》附页，证明T市产品质量监督检验所不具备对涉案电缆样品的检测条件和检测能力，不具备相应的检验鉴定资格。一审法院经审查认为，《资质认定验收证书》附表及主检人员邓某某的上岗证书缺乏真实性，8.7/15千伏的涉案电缆亦不在其资质证书附页记载的能够承检产品的范围，不能认定该承检机构对涉案电缆样品具有相应的检测条件和检测能力。T市产品质量监督检验所出具的检验报告书检验结论内容含义模糊，《资质认定验收证书》不能证明该检验鉴定机构具有相应的检验资格，故对其出具的检验结论不予采信。因此，被告认定涉案电缆不符合国家标准，作出的行政处罚决定书认定原告违法事实的主要证据不足，遂判决撤销被告作出的行政处罚决定书；限被告于判决生效之日起30日内重新作出具体行政行为。被告不服，提起上诉。

S省J市中级人民法院二审认为，《最高人民法院关于行政诉讼证据若干问题的规定》第14条规定："根据行政诉讼法第三十一条第一款第六项的规定，被告向人民法院提供的在行政程序中采用的鉴定结论，应当载明委托人和委托鉴定的事项、向鉴定部门提交的相关材料、鉴定的依据和使用的科学技术手段、鉴定部门和鉴定人鉴定资格的说明，并应有鉴定人的签名和鉴定部门的盖章。通过分析获得的鉴定结论，应当说明分析过程。"第47条规定："当事人要求鉴定人出庭接受询问的，鉴定人应当出庭。"一审中，工商局G分局依法提交了检验报告、委托鉴定的机构及鉴定人员的资质说明。二审中，工商局G分局依法申请鉴定人出庭就鉴定资质及鉴定人员资格问题进行说明。工商局G分局申请鉴定人员出庭接受质询的活动，不属于向人民法院提交新证据，应当予以准许。

工商局 G 分局提交的计量认证证书及验收证书，能够证明 T 市产品质量监督检验所是依法经 S 省质量技术监督局审查考核合格后设立的质量检测机构。辉煌电力物资公司在一审中提交的加盖 T 市产品质量监督检验所印章的承检参数虽部分内容次序颠倒，但不影响对其记述内容的理解，其中第 2 部分内容与检验报告中的检验项目相一致，且与通过项目表记载的内容相一致，参检项目、标准相一致，可以认定 T 市产品质量监督检验所对涉案电缆具有相应的检测条件和检测能力。主检人员邓某某的上岗证书、准许使用的大型仪器设备登记表及培训效果评价记录能够证明主检人员邓某某具备送检样品检验能力与资格。因此，工商局 G 分局委托的鉴定机构及鉴定人具备鉴定资质，该鉴定报告能作为该行政处罚的事实依据。关于抽样程序是否合法。2012 年 7 月 16 日，在工商局 G 分局的执法过程中，辉煌电力物资公司工作人员朱某某受张某宏授权委托在现场配合工作，在见证人一栏有朱某某、亓某某的签字，且辉煌电力物资公司经理张某宏事后予以签字追认。《工商行政管理机关行政处罚程序规定》第 30 条规定："工商行政管理机关抽样取证时，应当有当事人在场，办案人员应当制作抽样记录，对样品加贴封条，开具物品清单，由办案人员和当事人在封条和相关记录上签名或者盖章。"因此，工商局 G 分局抽样程序合法。辉煌电力物资公司主张现场取样无其工作人员到场并签字，该抽样取证记录不具有真实性的主张，没有法律根据，不予支持。

本案中，辉煌电力物资公司销售给陆远环保科技有限公司用于该公司 10 千伏线路工程的电缆，经鉴定，不符合国家标准，为不合格产品，其行为构成销售不符合国家标准的产品的违法行为。因此，工商局 G 分局作出的行政处罚决定书认定事实清楚，证据确实充分，程序合法。一审法院认定事实有误，原审判决欠当，应予纠正。遂判决撤销 J 市 G 区人民法院行政判决；维持工商局 G 分局 2012 年 10 月 11 日作出的行政处罚决定书。

本案主要涉及以下三个问题：一是工商局对于流通领域的商品质量和假冒伪劣等违法行为是否负有监管和查处的职责；二是工商局委托的鉴定机构及鉴定人的鉴定资质等问题是否影响鉴定报告的可信性；三是工商局 G 分局在二审中申请鉴定人员出庭接受质询的活动是否属于向人民法院提交新证据。

首先，工商局 G 分局是否超越职权。所谓超越职权，是指行政主体及其工作人员所作出的行政行为,超越了法律、法规规定的权限范围,或者实施了其根本无权实施的行政行为。① 也有学者认为,行政超越职权是指行政主体超越法定权限而作出的行为。我国《行政诉讼法》把超越职权与主要证据不足、适用法律法规错误、违反法定程序、滥用职权和明显不当等相并列,说明超越职权不包括上述其他行政违法行为。② 虽然理论界和实务界对超越职权的含义尚有不同的看法,但归纳起来,主要有两种观点:一种是广义上的观点,即认为超越职权是指行政机关及其工作人员在行使职权过程中所发生的一切违反宪法、法律规定的行为(此处的"法律"属于广义上的法律)。其具体表现包括违反法定程序、超越法定权限、无职权、滥用职权、适用法律错误、不履行法定职责、行政行为认定事实错误或者证据不足。例如,根据英国法院的判例,越权包括违反自然公正原则、程序上的越权、实质的越权。而实质的越权又包括超越管辖权的范围、不履行法定的义务、权力滥用、记录中所表现的法律错误等。③ 另一种是狭义上的观点,即认为超越职权是指行政机关及其工作人员在执行职务中,行使了法律没有授予其的职权或者超出法律授予其的职权范围的行为。我国《行政诉讼法》第70条、第72条所列的违法行政行为有主要证据不足、适用法律法规错误、违反法定程序、超越职权、滥用职权、明显不当、不履行或者拖延履行法定职责等。因此,对我国《行政诉讼法》规定的"超越职权"的含义应当从狭义角度来理解。④ 本案中,判断工商局G分局是否存在超越职权的情形,主要看其是否行使了法律没有授予其的职权或者超出法律授予其的职权范围的行为。《产品质量法》第13条规定:"可能危及人体健康和人身、财产安全的工业产品,必须符合保障人体健康和人身、财产安全的国家标准、行业标准;未制定国家标准、行业标准的,必须符合保障人体健康和人身、财产安全的要求。禁止生产、销售不符合保障人体健康和人

---

① 参见王保礼、刘德生:《对行政机关超越职权的认定》,载《法学杂志》1998年第4期。
② 参见金伟峰:《论行政超越职权及其确认和处理》,载《行政法学研究》1996年第4期。
③ 参见王名扬:《英国行政法》,中国政法大学出版社1987年版,第151~176页。
④ 参见蔡小雪:《行政审判中的合法性审查》,人民法院出版社1999年版,第121页。

身、财产安全的标准和要求的工业产品。具体管理办法由国务院规定。"第46条规定:"本法所称缺陷,是指产品存在危及人身、他人财产安全的不合理的危险;产品有保障人体健康和人身、财产安全的国家标准、行业标准的,是指不符合该标准。"产品制造者、销售者对因制造、销售或者提供有缺陷产品并可能致使他人遭受财产、人身损害应承担相应的产品责任。从文义解释来看,产品责任一词包括因违反国家质量管理法规而产生的行政责任和因致人损害而发生的赔偿责任。从某项具体法规来看,其内容可能同时涉及与产品质量有关的行政责任和民事赔偿责任。① 本案中,如果辉煌电力物资公司购买并销售的不合格电缆致人损害,又可能会产生民事侵权损害赔偿责任。但对于行政责任的构成要件而言,并不要求所销售的产品产生致人损害的后果。此时究竟是由产品质量监督部门还是工商管理部门进行执法,实践中尚存在不同的做法。由于行政管辖的复杂性,我国立法中有时会出现不同类行政主体对同一事务均享有管辖权的情形。② 例如,《产品质量法》第70条规定:"本法规定的吊销营业执照的行政处罚由工商行政管理部门决定,本法第四十九条至第五十七条、第六十条至第六十三条规定的行政处罚由产品质量监督部门或者工商行政管理部门按照国务院规定的职权范围决定。法律、行政法规对行使行政处罚权的机关另有规定的,依照有关法律、行政法规的规定执行。"《国家工商行政管理总局职能配置内设机构和人员编制规定》(国办发〔2001〕57号,现已失效)明确规定将原由国家质量技术监督局承担的流通领域商品质量监督管理的职能,划归国家工商行政管理总局。根据国务院规定,国家工商行政管理总局和国家质量监督检验检疫总局在质量监督方面的职责分工为国家工商行政管理总局负责流通领域的商品质量监督管理,国家质量监督检验检疫总局负责生产领域的产品质量监督管理。国家工商行政管理总局在实施流通领域商品质量监督管理中查出的属于生产环节引起的产品质量问题,移交国家质量监督检验检疫总局处理。国家工商行政管理总局不再重新组建检测检验机构。按

---

① 参见王利明主编:《民法·侵权行为法》,中国人民大学出版社1993年版,第420~421页。

② 参见朱新力:《论行政超越职权》,载《法学研究》1996年第2期。

照上述分工，两部门要密切配合，对同一问题不能重复检查、重复处理。《国家工商行政管理总局主要职责内设机构和人员编制规定》(国办发〔2008〕88号)第2条第4项规定，国家工商总局具有"承担监督管理流通领域商品质量和流通环节食品安全的责任，组织开展有关服务领域消费维权工作，按分工查处假冒伪劣等违法行为，指导消费者咨询、申诉、举报受理、处理和网络体系建设等工作，保护经营者、消费者合法权益"。因此，根据上述规定，县级以上工商行政管理部门，对于流通领域的商品质量和假冒伪劣等违法行为负有监管和查处的职责；因国务院国办发〔2001〕57号文发布在前，国办发〔2008〕88号文发布在后，国办发〔2001〕57号文的相关规定与国办发〔2008〕88号文不一致的内容，应适用国办发〔2008〕88号文的规定。综上，本案工商局G分局查处辉煌电力物资公司违法销售涉案电缆的行政行为，是依法履行其监督管理流通领域商品质量的职责，并未超越职权。

其次，工商局G分局委托鉴定部门出具的鉴定报告能否作为行政处罚的事实依据。本案中，工商局G分局认定辉煌电力物资公司购买并销售的电缆不符合国家标准的主要证据是其委托T市产品质量监督检验所进行检验出具的检验报告书，那么，案件的关键问题即T市产品质量监督检验所进行检验出具的检验报告书是否可采信。第一，工商行政管理机关在执法检查过程中，为查明事实，可以单方委托鉴定。《工商行政管理机关行政处罚程序规定》第31条规定："为查明案情，需要对案件中专门事项进行鉴定的，工商行政管理机关应当出具载明委托鉴定事项及相关材料的委托鉴定书，委托具有法定鉴定资格的鉴定机构进行鉴定。"因此，工商行政管理机关为查明案情，有权进行委托鉴定。辉煌电力物资公司认为工商局G分局对涉案电缆样品单方委托送检，送检程序违法的主张，不能成立。第二，工商局G分局委托的鉴定机构具有相应鉴定资质。《产品质量法》第19条规定："产品质量检验机构必须具备相应的检测条件和能力，经省级以上人民政府产品质量监督部门或者其授权的部门考核合格后，方可承担产品质量检验工作。法律、行政法规对产品质量检验机构另有规定的，依照有关法律、行政法规的规定执行。"《最高人民法院关于行政诉讼证据若干问题的规定》第14条规定："根据行政诉讼法第三十一条第一款第(六)项的规定，被告向人民法院提供的在行政程序中采用的鉴定结论，应当载明委托人和委托鉴定的事项、向鉴定部门提交的相关材料、鉴定的依据和使用的科学技术手段、鉴定部门和鉴定人鉴定资格的说明，并应有鉴定人的签名和鉴定部门的盖章。通过分析获得的鉴定结论，应当说明分析过程。"第32条规定："人民法院对委托或者指定的鉴定部门出具的鉴定书，应当审查是否具有下列内容：（一）鉴定的内容；（二）鉴定时提交的相关材料；（三）鉴定的依据和使用的科学技术手段；（四）鉴定的过程；（五）明确的鉴定结论；（六）鉴定部门和鉴定人鉴定资格的说明；（七）鉴定人及鉴定部门签名盖章。前款内容欠缺或者鉴定结论不明确的，人民法院可以要求鉴定部门予以说明、补充鉴定或者重新鉴定。"法院经审查，如果认为鉴定结论具有《最高人民法院关于行政诉讼证据若干问题的规定》第62条规定的情形之一的，不予采纳，即"对被告在行政程序中采纳的鉴定结论，原告或者第三人提出证据证明有下列情形之一的，人民法院不予采纳：（一）鉴定人不具备鉴定资格；（二）鉴定程序严重违法；（三）鉴定结论错误、不明确或者内容不完整"。申言之，如果检验或者鉴定机构不具备相应的检测或者鉴定的条件和能力，不具备相应的检验鉴定资格，鉴定结论不明确或者内容不完整，其检验鉴定结论不应予以采纳。在本案一审庭审过程中，辉煌电力物资公司对工商局G分局举证的T市产品质量监督检验所出具的检验报告书和《资质认定验收证书》提出异议，并以被告举证的《资质认定验收证书》附页证明T市产品质量监督检验所不具备对涉案电缆样品的检测条件和检测能力，不具备相应的检验鉴定资格。但工商局G分局依法提交了检验报告、委托鉴定的机构及鉴定人员的资质说明。其提交的计量认证证书及验收证书能够证明T市产品质量监督检验所是依法经S省质量技术监督局审查考核合格后设立的质量检测机构。至于工商局G分局没有同时送达该检验机构是否具有法定检验资质的证明文件，属执法程序瑕疵，并不影响鉴定报告的真实性。辉煌电力物资公司在一审中提交的加盖T市产品质量监督检验所印章的承检参数虽部分内容次序颠倒，亦并不影响对其记述内容的理解。其中承检参数第2部分内容与检验报告中的检验项目相一致，且与通过项目表记载内容相一致，参检项目、标准相一致，因此可以认定T市产品质量监督检验所对涉案电缆具有相应的检测条件和检测能力。主检人员邓某某的上岗证书、准许使用的大型仪器设备登记表及培训效果评价记录能够证明其具备送检样品检验能力与资格。第三，工商局 G 分局的抽样程序合法。对鉴定的抽样物还应审查抽样人是否具有抽样资格，抽样程序、方法、数量等是否符合规定的要求。抽样物是指从某种批量产品或者案涉物品中抽取一定数量送鉴定机构进行鉴定的物品。抽样人的水平、抽样的程序和方法对能否作出正确的结论起着极为重要的作用。[①]《工商行政管理机关行政处罚程序规定》第 30 条规定："工商行政管理机关抽样取证时，应当有当事人在场，办案人员应当制作抽样记录，对样品加贴封条，开具物品清单，由办案人员和当事人在封条和相关记录上签名或者盖章。"本案中，工商局 G 分局在执法过程中，辉煌电力物资公司工作人员朱某某受张某宏授权委托在现场配合工作，在见证人一栏有朱某某、亓某某的签字，且辉煌电力物资公司经理张某宏事后予以签字追认。因此，工商局 G 分局抽样程序合法。辉煌电力物资公司主张现场取样无其工作人员到场并签字、该抽样取证记录不具有真实性的主张，难以成立。综上，工商局 G 分局委托的鉴定机构及鉴定人具备鉴定资质，T 市产品质量监督检验所出具的鉴定报告能够作为行政处罚的事实依据。

最后，工商局 G 分局在二审程序中申请鉴定人员出庭接受质询是否属于向人民法院提交新证据。根据《最高人民法院关于行政诉讼证据若干问题的规定》第 52 条规定，新的证据是指以下证据：一是在一审程序中应当准予延期提供而未获准许的证据；二是当事人在一审程序中依法申请调取而未获准许或者未取得，人民法院在第二审程序中调取的证据；三是原告或者第三人提供的在举证期限届满后发现的证据。本案中，工商局 G 分局系在一审中提交了由 T 市产品质量监督检验所出具的检验报告书，该证据显然不是新证据。根据《行政诉讼法》第 33 条的规定，证据包括书证、物证、视听资料、电子数据、证人证言、当事人的陈述、鉴定意见及勘验笔录、现场笔录。这些证据包括鉴定意见必须经过法庭审查属实，才能作为认定案件事实的根据。而且，《行政诉讼法》第 43 条规定，"证据应当在法庭上出示，并由当事人互相质证"，"人民法院应当按照法定程序，全面、客观地审查核实证据"。《最高人民法院关于行政诉讼证据若干问题的规定》第 35 条第 1 款进一步规定："证据应当在法庭上出示，并

[①] 参见蔡小雪：《行政诉讼证据规制及运用》，人民法院出版社 2006 年版，第 265 页。

经庭审质证。未经庭审质证的证据,不能作为定案的依据。"根据上述规定,辉煌电力物资公司有权对工商局G分局提交的由T市产品质量监督检验所出具的检验报告书发表质证意见,其也有权要求鉴定人出庭接受询问。对此,《最高人民法院关于行政诉讼证据若干问题的规定》第47条规定:"当事人要求鉴定人出庭接受询问的,鉴定人应当出庭。鉴定人因正当事由不能出庭的,经法庭准许,可以不出庭,由当事人对其书面鉴定结论进行质证。鉴定人不能出庭的正当事由,参照本规定第四十一条的规定。对于出庭接受询问的鉴定人,法庭应当核实其身份、与当事人及案件的关系,并告知鉴定人如实说明鉴定情况的法律义务和故意作虚假说明的法律责任。"但在一审中,辉煌电力物资公司和工商局G分局均未申请鉴定人出庭接受质询。那么,对于在二审程序中当事人可否申请鉴定人出庭接受质询,虽然法律没有明确规定,但根据《最高人民法院关于行政诉讼证据若干问题的规定》第50条的规定,"当事人对第一审认定的证据仍有争议的,法庭也应当进行质证",因此,当事人对在一审程序中提交的未予认定的鉴定结论有争议的,可以在二审程序中申请鉴定人出庭接受质询,由当事人进行质证。无疑,无论是鉴定人出庭接受质询的行为,还是双方当事人的质证行为,均不属于向人民法院提交新证据的行为。

四、关于勘验笔录与现场笔录

《行政诉讼法》第33条规定:"证据包括:(一)书证;(二)物证;(三)视听资料;(四)电子数据;(五)证人证言;(六)当事人的陈述;(七)鉴定意见;(八)勘验笔录、现场笔录。以上证据经法庭审查属实,才能作为认定案件事实的根据。"《最高人民法院关于行政诉讼证据若干问题的规定》第15条规定:"根据行政诉讼法第三十一条第一款第(七)项的规定,被告向人民法院提供的现场笔录,应当载明时间、地点和事件等内容,并由执法人员和当事人签名。当事人拒绝签名或者不能签名的,应当注明原因。有其他人在现场的,可由其他人签名。法律、法规和规章对现场笔录的制作形式另有规定的,从其规定。"由此,被告向人民法院提供的勘验笔录、现场笔录,应当载明时间、地点和事件等内容,并由执法人员、勘验人员或者现场记录人员和行政程序的当事人签名、盖章或者按指印。如果行政程序的当事人拒绝或者不能签名、盖章或者按指印的，应当在笔录中注明原因；有其他人在现场的，可由其他人签名、盖章或者按指印。能够提供照片、录像、有关见证人员见证说明等其他证据予以佐证的，应当一并提供。如果法律、法规、规章和司法解释对勘验笔录、现场笔录的制作形式另有规定的，则从其规定。

（一）被告提供勘验笔录、现场笔录的一般要求

根据《行政诉讼法》第33条第1款第8项的规定，勘验笔录、现场笔录是行政诉讼证据的法定种类之一。实际上，行政诉讼中，这是两种相互独立的证据。所谓勘验，从语义上看，乃指勘验人以自己之五官作用感知事物之物理上的性质或状态，并在此基础上进行事实判断的一种认知活动。[①]从实践来看，勘验是指有关机关为查明案件事实，对物证、现场等进行勘查、检验、测量、拍照等，以发现、提取、收集和保全证据。在行政诉讼中，人民法院为查明争议事实，在有些案件中需要勘验现场。例如，在土地权属行政争议、环境污染损害赔偿行政案件中，为弄清楚发生权属争议的土地现状、环境污染状况，就需要到现场进行勘验。因此，勘验笔录通常是指司法工作人员对与案件有关的场所、物品等进行勘查、测量、检验和拍照等所制作的实况记录。无论是刑事诉讼，还是民事诉讼、行政诉讼，"均须由有权勘验者为之；如由无权人员勘验，不生证据力。且须依法定程式为之，如有违反，亦不生证据力。勘验时，应将当时察勘所得之一切情形，详加记载；必要时，并可摄影或绘图较为明确"[②]。详而言之，勘验笔录的制作应当符合下列要求：第一，必须由法定的主体进行勘验并制作笔录。勘验的主体通常只能是司法人员，包括审判人员、侦查人员和检察人员。不过，行政机关在行政执法中也可能需要对有关现场、物品进行勘验，并制作勘验笔录，记录勘验的时间、地点、对象、内容等。例如，《火灾事故调查规定》就规定了公安机关行使勘验的权力，其第20条规定："勘验火灾现场应当遵循火灾现场勘验规则，采取现场照相或者录像、录音，制作现场

[①] 参见占善刚：《民事诉讼证据调查研究》，中国政法大学出版社2017年版，第212页。
[②] 蒋濬泉编著：《民刑诉讼证据法论》，吴宏耀、魏晓娜点校，中国政法大学出版社2012年版，第270页。

勘验笔录和绘制现场图等方法记录现场情况。对有人员死亡的火灾现场进行勘验的，火灾事故调查人员应当对尸体表面进行观察并记录，对尸体在火灾现场的位置进行调查。现场勘验笔录应当由火灾事故调查人员、证人或者当事人签名。证人、当事人拒绝签名或者无法签名的，应当在现场勘验笔录上注明。现场图应当由制图人、审核人签字。"第二，勘验的对象是特定的，包括场所、物品、尸体、人身等。例如，《公安机关办理行政案件程序规定》（2020年修正）第81条规定："对于违法行为案发现场，必要时应当进行勘验，提取与案件有关的证据材料，判断案件性质，确定调查方向和范围。现场勘验参照刑事案件现场勘验的有关规定执行。"场所勘验，如对盗窃场所及其有关物品的勘验，对于事实的查清，甚为重要。现场留下的作案工具、足印、指纹、损坏的物品等，均是应当认真勘验的对象。尸体勘验，在命案中至关重要。人身勘验主要是对身体的勘验，诸如伤痕鉴定、亲子鉴定、妊娠检验等。第三，勘验必须及时、全面、客观，并符合特定程序。勘验笔录的内容和形式必须符合特定要求。从内容上来看，被告向人民法院提供的勘验笔录，应当载明时间、地点和事件等内容；从形式上来看，勘验笔录需由勘验人员签名、盖章或者按指印。

现场笔录是指行政机关对行政违法行为当场给予处罚或处理而制作的文字记载材料，通常被认为是行政执法和行政诉讼中所特有的一种证据种类。因此，现场笔录的制作主体只能是行政机关，而不包括人民法院、人民检察院等。例如，《行政处罚法》第46条规定："证据包括：（一）书证；（二）物证；（三）视听资料；（四）电子数据；（五）证人证言；（六）当事人的陈述；（七）鉴定意见；（八）勘验笔录、现场笔录。证据必须经查证属实，方可作为认定案件事实的根据。以非法手段取得的证据，不得作为认定案件事实的根据。"[1] 第47条规定："行政机关应当依法以文字、音像等形式，对行政处罚的启动、调查取证、审核、决定、送达、执行等进行全过程记录，归档保存。"第52条规定："执法

---

[1] 《公安机关办理行政案件程序规定》（2020年修正）等规章作了类似规定，其第26条规定："可以用于证明案件事实的材料，都是证据。公安机关办理行政案件的证据包括：（一）物证；（二）书证；（三）被侵害人陈述和其他证人证言；（四）违法嫌疑人的陈述和申辩；（五）鉴定意见；（六）勘验、检查、辨认笔录，现场笔录；（七）视听资料、电子数据。证据必须经过查证属实，才能作为定案的根据。"

人员当场作出行政处罚决定的,应当向当事人出示执法证件,填写预定格式、编有号码的行政处罚决定书,并当场交付当事人。当事人拒绝签收的,应当在行政处罚决定书上注明。前款规定的行政处罚决定书应当载明当事人的违法行为、行政处罚的种类和依据、罚款数额、时间、地点,申请行政复议、提起行政诉讼的途径和期限以及行政机关名称,并由执法人员签名或者盖章。执法人员当场作出的行政处罚决定,应当报所属行政机关备案。"又如,《行政许可法》第61条规定:"行政机关应当建立健全监督制度,通过核查反映被许可人从事行政许可事项活动情况的有关材料,履行监督责任。行政机关依法对被许可人从事行政许可事项的活动进行监督检查时,应当将监督检查的情况和处理结果予以记录,由监督检查人员签字后归档。公众有权查阅行政机关监督检查记录。行政机关应当创造条件,实现与被许可人、其他有关行政机关的计算机档案系统互联,核查被许可人从事行政许可事项活动情况。"第62条规定:"行政机关可以对被许可人生产经营的产品依法进行抽样检查、检验、检测,对其生产经营场所依法进行实地检查。检查时,行政机关可以依法查阅或者要求被许可人报送有关材料;被许可人应当如实提供有关情况和材料。行政机关根据法律、行政法规的规定,对直接关系公共安全、人身健康、生命财产安全的重要设备、设施进行定期检验。对检验合格的,行政机关应当发给相应的证明文件。"现场笔录具有十分重要的意义:一方面,有利于规范行政执法活动,促进公正文明执法和法治政府建设,减少行政执法人员在执法过程中的恣意、专断和反复无常。特别是,行政机关一旦涉讼,已经制作好的现场笔录有利于行政机关在行政诉讼中有效地承担举证责任,避免败诉的风险。而如果行政机关不依法制作现场笔录,或者制作的现场笔录不真实、存在重大违法情形等,那么作为被告的行政机关就无法对其所作的行政行为的合法性提供证据加以证明,其就难免要承担败诉的法律后果。另一方面,行政机关在行政执法活动中依法制作现场笔录,不仅体现了对行政相对人的尊重,也有利于保护行政相对人的合法权益。

现场笔录的制作应当符合一定的要求:第一,必须由法定的制作主体制作。为了保证笔录的合法性,现场笔录必须由法定主体制作,非法定主体不能制作。现场笔录是被告提供的现场笔录,该现场笔录是行政诉讼中特有的法定证据,因此制作主体必须是行政执法人员,不能由其他人员完成,通常也不允许委托

《行政诉讼法司法解释》重点内容案例解析

他人来制作。目的是保证笔录制作的客观、全面和真实。第二，现场笔录的制作应当及时。现场笔录必须是行政执法人员在"现场"制作的，是对现场处罚或处理有关情况的真实记载，而不能是事后补作的。否则，就违反了"先取证、后裁决"原则，而且也不能保证现场笔录的客观真实性。第三，现场笔录的制作应当全面、客观、真实。现场笔录是对行政执法活动的真实记录，应当对行政相对人违反法律、法规规定的事实以及行政机关对其所作的处罚或处理的具体情况如实反映，因此，现场笔录必须将制作的时间、地点、内容以及现场的其他情况无一遗漏地载明。第四，现场笔录的制作应当符合法律程序。现场笔录制作完毕之后，必须由执法人员和行政程序的当事人签名或盖章，在可能的情况下还应当由在场的证人签名或盖章。行政程序的当事人拒绝签名或盖章的，应当载明原因；有其他人在场的，可以由其他在场的证人签名或盖章。没有行政程序的当事人或有关证人签名或盖章的，不能作为证据使用。[①] 例如，在某公司诉某市场监督管理局行政处罚一案中，双方的争议焦点为，某公司是否具有提起本案诉讼的原告主体资格，被告某市场监督管理局作出的行政处罚是否合法，被诉行政处罚所依据的两份现场笔录有无法律效力，能否作为定案的证据。对于被告某市场监督管理局作出的两份现场笔录的法律效力问题，法院认为，被告某市场监督管理局在执法检查中，接到群众举报称，某超市销售的某公司生产的东山牌大豆油质量存在问题，遂对某超市进行检查。经初步认定，该批大豆油存在以次充好、标识不正确等造假行为，故拟对其作出行政处罚。某市场监督管理局进行该次检查时，某公司不在现场，因此某公司未在某市场监督管理局制作的现场笔录上签字。后某市场监督管理局依法对某超市存放东山牌大豆油的仓库进行检查，并制作了现场笔录。该次检查时，某市场监督管理局通知某公司负责人到场，但某公司负责人拒绝到场，仅派了一名普通工作人员到现场，且该名普通工作人员拒绝在现场笔录上签字。某公司后向法院起诉，在法庭上辩称，现场笔录只要当事人没有签字或盖章，该现场笔录就没有证明力，就不能起到证明作用。某公司的该主张难以支持。对现场笔录的法律

[①] 参见李国光主编、最高人民法院行政审判庭编著：《最高人民法院〈关于行政诉讼证据若干问题的规定〉释义与适用》，人民法院出版社2002年版，第35~36页。

效力或者证明力,应当从程序和实体两个方面进行分析。从程序上来看,两份现场笔录是被告在执法检查过程中制作的,符合"先取证、后裁决"原则。至于两份现场笔录上均无原告的签名或盖章,有不能归咎于某市场监督管理局的原因。被告某市场监督管理局在进行第一次检查时,是对某超市销售的东山牌大豆油进行检查,在检查前并不知道该批大豆油是某公司生产的,检查中才知道是某公司生产的,此时因时间来不及就没有通知原告参加检查,且被诉行政处罚是对作为销售者的某超市作出的。虽然某公司没有在第一次的现场笔录上签字,但有某超市的负责人李某的签字。被告某市场监督管理局在进行第二次检查时,提前通知了某公司参加检查,但某公司负责人拒不到场,其工作人员拒绝在现场笔录上签字。参加检查的某超市负责人李某同意某市场监督管理局的检查意见,在现场笔录上签字。此后,某市场监督管理局依法定程序对封存的东山牌大豆油抽样送检,结果检验为混级劣质大豆油。某超市、某公司接到检验报告后,在法定期限内未提出复检的请求。因此,某市场监督管理局制作的两份现场笔录符合规定。原告提出的其未在现场笔录上签名或盖章,被告所作现场笔录无效的抗辩理由依法不能成立。两份现场笔录的效力应当得到确认。从内容上来看,经庭审质证,某市场监督管理局制作的现场笔录内容是客观真实的。它记载了某市场监督管理局进行的两次涉及某公司生产的东山牌大豆油检查的时间、地点、被检查的单位、检查的详细经过及其处理意见。此外,被告除了提供两份现场笔录外,还有现场检查拍摄的照片、某超市东山牌大豆油销售清单、东山牌大豆油运出码单、对东山牌大豆油的抽样检验报告等证据可以相互印证,足以证明案件的事实情况。综上,本案被告制作的两份现场笔录符合法定要求,法院应当认定该现场笔录的证明力,并以之作为裁判的依据。

勘验笔录与现场笔录的主要区别在于:第一,二者制定的法定主体不同。勘验笔录的制作主体虽然通常情况下是司法机关,但行政机关也可成为勘验笔录的制作主体。而现场笔录的制作主体只能是行政机关。第二,二者记载的方法与内容不同。勘验笔录是对特定场所、物品等进行勘查、测量、检测后,将有关情况和结果记录下来形成的,是对特定场所、物品客观情况的记录。例如,对交通事故现场的勘查、对建筑物的测量、对盗窃现场的勘查等,勘验人员在勘查、测量、检测后形成的记录内容通常是对通过技术测量手段获得的数据、状态等的真实记录,且记录对象具有静态的特点。而现场笔录是对行政执法活动的实时记录,包括行政执法活动中执法对象的状况及行政执法活动本身的情况等的记载,记录的事实具有动态特点,所记载的事实通常不是通过某种技术测量手段获得的,而是对事后可能难以复制的执法活动的客观记载。换言之,勘验笔录中的现场是物质意义上的现场,具有静态性,只要勘验对象没有被破坏,时间因素对勘验结果的影响不大。即便经过了一段时间,只要勘验对象存在,并且没有被破坏,勘验活动仍然可以进行并制作勘验笔录。而现场笔录中的现场是时间意义上的现场,具有动态性和即时性,如果在行政执法过程中不予以当场记录,事后可能无法再重现当时的情形,且违反行政执法程序的规定。①

(二)被告提供勘验笔录、现场笔录的特殊要求

如果法律、法规、规章和司法解释对勘验笔录、现场笔录的制作形式另有规定的,即有特殊要求的,应当从其规定。因此,制作勘验笔录、现场笔录不仅要符合一般的要求,而且法律、法规、规章和司法解释有特殊要求的,还应按照特殊要求制作。例如,《食品药品行政处罚程序规定》(现已失效)第21条规定:"执法人员进行现场调查时,应当制作笔录。笔录应当注明执法人员身份、证件名称、证件编号及调查目的。执法人员应当在笔录上签字。笔录经核对无误后,被调查人应当在笔录上逐页签字或者按指纹,并在笔录上注明对笔录真实性的意见。笔录修改处,应当由被调查人签字或者按指纹。"又如,《公安机关办理行政案件程序规定》(2020年修正)第七章"调查取证"中的第四节专门规定了"勘验、检查",其第82条规定:"对与违法行为有关的场所、物品、人身可以进行检查。检查时,人民警察不得少于二人,并应当出示人民警察证和县级以上公安机关开具的检查证。对确有必要立即进行检查的,人民警察经出示人民警察证,可以当场检查;但检查公民住所的,必须有证据表明或者有群众报警公民住所内正在发生危害公共安全或者公民人身安全的案(事)件,或者违法存放危险物质,不立即检查可能会对公共安全或者公民人身、财

---

① 参见陈光中主编:《证据法学》,法律出版社2019年版,第198~199页。

产安全造成重大危害。对机关、团体、企业、事业单位或者公共场所进行日常执法监督检查，依照有关法律、法规和规章执行，不适用前款规定。"第86条规定："检查情况应当制作检查笔录。检查笔录由检查人员、被检查人或者见证人签名；被检查人不在场或者拒绝签名的，办案人民警察应当在检查笔录中注明。检查时的全程录音录像可以替代书面检查笔录，但应当对视听资料的关键内容和相应时间段等作文字说明。"

从应然上来看，勘验笔录、现场笔录是对案件事实的现场、客观、全面记录，对案件事实的认定有着非常重要的影响，因此具有很强的证明力，通常也是行政诉讼案件的核心证据之一。[1]但是，由于笔录是对诉讼活动或行政执法活动的记录，而诉讼活动、行政执法活动的对象，如物品、痕迹可能被人为地更换、损坏或伪造等，如果勘验人员、行政执法人员未发现这些情况，则诉讼活动或行政执法活动是在假象下进行的，这样的笔录也并不真实。勘验人员、行政执法人员的业务素质、工作责任心和采用的工作方法等都影响诉讼行为或行政执法行为的质量，从而影响勘验笔录的质量。可见，勘验笔录、现场笔录在有些情形下，也可能不真实。[2]

对于勘验笔录的证据力问题，应着重把握勘验物与待证事实有无关系、勘验物是否真实、勘验程序是否合法、勘验人员是否认真负责等。如果勘验物与待证事实没有任何关系，或者勘验物不真实，抑或勘验程序违法，勘验人员认识错误、业务素质不高或者勘验时不认真负责，则勘验笔录是没有任何证据力的。正如有学者所言，"勘验系依五官之作用为之。故法院关于实施勘验所需之特定官能是否正确，亦应注意之。例如，在某物颜色上之争执，而实施勘验时，若该法官本人系属色盲，自不能胜任该项勘验也"[3]。

考虑到现场笔录的重要性，而现场记录的对象往往又无法还原和复制，因此如何确保现场笔录的真实性，是司法实务中必须高度重视的问题。笔者认为，首先，现场笔录的制作者必须具有高度的责任心，及时、全面、准确、客观地

---

[1] 参见陈光中主编：《证据法学》，法律出版社2019年版，第196~197页。
[2] 参见周章金：《证据法学》，科学出版社2017年版，第269页。
[3] 蒋澧泉编著：《民刑诉讼证据法论》，吴宏耀、魏晓娜点校，中国政法大学出版社2012年版，第268~269页。

予以记录。其次，要把握好现场笔录的签名问题。签名的主要目的是使现场笔录更具真实性，因此，原则上要求现场笔录必须有行政执法人员和行政程序的当事人签名、盖章或者按指印。但是，实践中当事人拒绝签名或者不能签名（如交通事故发生后当事人伤重无法签名）的，在注明原因之后可以不强求当事人签名。有其他人在现场的，可由其他人签名、盖章或者按指印。对行政机关而言，为确保其提供的现场笔录更有可信度，应当尽量有见证人员签名、盖章或者按指印。能够提供照片、录像、有关见证人员的见证说明等其他证据的，应当一并提供。

（三）勘验的启动及鉴定人参与勘验问题

作为获取和保全证据的一种方法，对物证、现场进行勘验后制作勘验笔录，具有悠久的历史，并为世界各国和地区所规定，在实践中得到了广泛的应用。如《法国民事诉讼法典》第179~183条规定了法官亲自查证的程序，第249~255条规定了法官委托具有专门知识的人进行勘验的程序。《德国民事诉讼法》第二编第一章第六节规定了"勘验"的相关内容。该法第271条至第372条之一明确了勘验的标的、容忍勘验的义务、证明程序、勘验辅佐人等。我国台湾地区"民事诉讼法"第二编"第一审程序"第一章第三节关于证据的规定中，第五目第364~367条规定了勘验程序。对勘验的事项、参与主体、勘验笔录的制作要求等进行了明确。如第364条规定：声请勘验，应表明勘验之标的物及应勘验之事项。第365条规定：受诉法院、受命法官或者受托法官于勘验时得命鉴定人参与。第366条规定：勘验，于必要时，应以图书或照片附于笔录；并得以录音、录影或其他有关物件附于卷宗。《最高人民法院关于行政诉讼证据若干问题的规定》第33条规定："人民法院可以依当事人申请或者依职权勘验现场。勘验现场时，勘验人必须出示人民法院的证件，并邀请当地基层组织或者当事人所在单位派人参加。当事人或其成年亲属应当到场，拒不到场的，不影响勘验的进行，但应当在勘验笔录中说明情况。"《民事诉讼法》第83条规定："勘验物证或者现场，勘验人必须出示人民法院的证件，并邀请当地基层组织或者当事人所在单位派人参加。当事人或者当事人的成年家属应当到场，拒不到场的，不影响勘验的进行。有关单位和个人根据人民法院的通知，有义务保护现场，协助勘验工作。勘验人应当将勘验情况和结果制作笔录，由勘验人、当事人和被邀参加人签名或者盖章。"《民事诉讼法司法解释》第124条规定："人民法院认为有必要的，可以根据当事人的申请或者依职权对物证或者现场进行勘验。勘验时应当保护他人的隐私和尊严。人民法院可以要求鉴定人参与勘验。必要时，可以要求鉴定人在勘验中进行鉴定。"

勘验笔录的制作完成，有待于勘验活动的启动。勘验的启动可以依当事人的申请，也可以由人民法院依职权主动进行。行政诉讼中，对当事人争议的某些特定标的物，基于标的物自身的特殊性，如不动产、因体积庞大难以搬运或携带等而无法在庭审中向法院展示的；对不便或难以获得有关案件证据的，如资源方面的确权案件涉及的土地、森林等，环境保护案件中的水源污染等，为了查明案情真相，弄清行政争议的实质，当事人有必要申请人民法院进行勘验，人民法院也可依职权启动勘验程序，到现场测量、勘查、检验等。

勘验时应当保护公民的隐私和尊严。隐私和尊严是公民的基本权利，不容随意侵犯。我国宪法、法律和有关司法解释等都对此作出了明确的规定。《宪法》第38条规定："中华人民共和国公民的人格尊严不受侵犯。禁止用任何方法对公民进行侮辱、诽谤和诬告陷害。"《民法典》第1032条规定："自然人享有隐私权。任何组织或者个人不得以刺探、侵扰、泄露、公开等方式侵害他人的隐私权。隐私是自然人的私人生活安宁和不愿为他人知晓的私密空间、私密活动、私密信息。"第1033条进一步规定："除法律另有规定或者权利人明确同意外，任何组织或者个人不得实施下列行为：（一）以电话、短信、即时通讯工具、电子邮件、传单等方式侵扰他人的私人生活安宁；（二）进入、拍摄、窥视他人的住宅、宾馆房间等私密空间；（三）拍摄、窥视、窃听、公开他人的私密活动；（四）拍摄、窥视他人身体的私密部位；（五）处理他人的私密信息；（六）以其他方式侵害他人的隐私权。"《公安机关办理行政案件程序规定》（2020年修正）第84条规定："对违法嫌疑人进行检查时，应当尊重被检查人的人格尊严，不得以有损人格尊严的方式进行检查。检查妇女的身体，应当由女性工作人员进行。依法对卖淫、嫖娼人员进行性病检查，应当由医生进行。"由于勘验是司法人员特别是审判人员根据当事人的申请或者依职权而启动的活动，其目的在于查明案件事实，是对有可能成为认定案件事实的证据而展开的证据调查活动，而此项活动的开展，无疑会涉及当事人和他人的合法权益，尤其是公民的隐私和尊严，因此，审判人员在勘验时，应当依法保护当事人和他人的隐私和尊严。确实不可避免地要影响公民的隐私等权利时，应秉持"最小侵害原则"。

勘验活动经常遇到具有专业性、复杂性的问题，为保障勘验活动的顺利进行和勘验质量，人民法院在对现场、物品等进行勘验的过程中，遇到某些专门性或专业性很强的问题时，可以要求鉴定人参与勘验。人民法院认为必要时，也可以在征询鉴定人的意见后，要求其在勘验中进行鉴定。这里所说的"专门性或专业性很强的问题"主要是指需要由国家授权的特定机构或个人运用专门知识和技能或者借助特定技术设备才能加以认识或说明的问题，而不是由勘验人员可以直接作出肯定或否定回答的常识性问题或一般性法律问题。该类"专门性或专业性很强的问题"系案件证明对象范围内的事实，属于科学、技术或者艺术领域的专门问题或专业问题，或者涉及国家或行业标准的专门问题。[①]

无论是依当事人的申请还是依职权，人民法院决定对现场进行勘验后，应提前通知当事人到场，并邀请当地基层组织或者当事人所在单位派人参加并配合人民法院进行勘验工作。比如，可以邀请当事人所在的工作单位、村民委员会、居民委员会、派出所、人民调解委员会等组织派人参加。邀请当地基层组织或者有关单位参加勘验工作，可以多方面了解情况，有利于勘验工作顺利进行。[②]而作为当事人，对于人民法院的勘验活动，负有协助、配合义务。人民法院勘验时，如果当事人是公民的，应当通知当事人或者其成年家属到场；如果当事人是法人或者其他组织的，应当通知其法定代表人或者其他组织的负责人到场，以便他们能了解勘验的情况，保护其合法的权利。当然，当事人或者其成年家属、法人的法定代表人或者有关组织的负责人接到人民法院的勘验通知书拒不到场的，或者中途退场的，不影响勘验工作的进行，但勘验人员应当在勘验笔录中说明情况。勘验的现场和物证需要有关部门和人员协助保护的，人

[①] 参见陈光中主编：《证据法学》，法律出版社2019年版，第182页。
[②] 参见王胜明主编：《中华人民共和国民事诉讼法释义》，法律出版社2012年版，第180页。

民法院应向有关部门和人员发出通知，并可提出具体要求。有关部门和人员接到通知后，应根据人民法院的要求，妥善保护现场和物证，协助完成勘验工作。勘验应在人民法院主持下进行。勘验人员可以是审判人员，也可以是人民法院指派的其他专业人员。勘验之前，勘验人员必须出示人民法院的证件，如人民法院的勘验通知书、介绍信等，同时应向当事人介绍勘验人员。人民法院在勘验前，应当询问当事人是否申请回避。在当事人不申请回避的情况下，人民法院可以开始进行勘验。勘验人员进行勘验时，切忌主观臆断，应对现场和物证进行认真仔细的勘查、检验，得出客观的、实事求是的勘验结论。

司法实务中应当注意以下几个问题：

首先，对于勘验的启动，什么情况下依当事人的申请，什么情况下由人民法院依职权主动进行，有关法律及司法解释并没有作出明确的区分。通常情况下是以当事人申请启动勘验为主、以法院依职权启动勘验为辅。不过，在当事人没有申请勘验而案件确有必要时，人民法院完全可以依职权主动启动勘验程序。

其次，勘验人员在勘验时应当切实保护他人的隐私和尊严。其重要性不言而喻——尊重和保障人权是我国的一项基本国策和宪法原则，一切国家机关和个人都必须遵从。因此，勘验人员在勘验时不得随意侵害他人的合法权益，尤其是他人的隐私和尊严。

最后，必须抛弃一些错误的认识和做法。勘验笔录既然是证据的种类之一，虽然具有较强的客观性、准确性和证明力，但也必须经庭审质证，通过双方当事人对勘验笔录的庭审对抗活动，保障当事人的程序权益，然后由人民法院决定是否采信。实务中，有的人认为，对于人民法院依职权启动的勘验，因为法官亲自参与了勘验活动，所以勘验笔录的结论具有当然的正确性。当事人对勘验笔录是否进行庭审质证，均不影响案件事实的认定。勘验笔录即使在未经当事人庭审质证的情况下，也可作为认定案件基本事实的证据。该观点显然是错误的。《行政诉讼法》第43条规定："证据应当在法庭上出示，并由当事人互相质证。对涉及国家秘密、商业秘密和个人隐私的证据，不得在公开开庭时出示。人民法院应当按照法定程序，全面、客观地审查核实证据。对未采纳的证据应当在裁判文书中说明理由。以非法手段取得的证据，不得作为认定案件事实的根据。"因此，勘验笔录也应当在法庭上出示，并由当事人进行质证。当事人对勘验结论有异议的，可以在举证期限内申请重新勘验。当然，是否准许重新勘验，由人民法院决定。①

（四）勘验笔录的内容、制作程序及救济途径

《最高人民法院关于行政诉讼证据若干问题的规定》第34条规定："审判人员应当制作勘验笔录，记载勘验的时间、地点、勘验人、在场人、勘验的经过和结果，由勘验人、当事人、在场人签名。勘验现场时绘制的现场图，应当注明绘制的时间、方位、绘制人姓名和身份等内容。当事人对勘验结论有异议的，可以在举证期限内申请重新勘验，是否准许由人民法院决定。"《最高人民法院关于民事诉讼证据的若干规定》（2019年修正）第43条规定："人民法院应当在勘验前将勘验的时间和地点通知当事人。当事人不参加的，不影响勘验进行。当事人可以就勘验事项向人民法院进行解释和说明，可以请求人民法院注意勘验中的重要事项。人民法院勘验物证或者现场，应当制作笔录，记录勘验的时间、地点、勘验人、在场人、勘验的经过、结果，由勘验人、在场人签名或者盖章。对于绘制的现场图应当注明绘制的时间、方位、测绘人姓名、身份等内容。"

正如前述，勘验笔录通常是指司法工作人员对与案件有关的场所、物品等进行勘查、测量、检验和拍照等所制作的实况记录。勘验笔录主要以文字、图表等形式记录现场、物品的状况，重新展现客观情况的原貌，再现现场和物品，因此具有较强的客观性、准确性和证明力。由于勘验笔录是通过以文字、图表等形式记载的内容证明案件事实，反映现场和物品的客观情况，而不是以物品本身来直接证明案件事实，所以其不是书证，也不是物证，而是一种独立的证据。勘验笔录与书证的区别体现在：首先，形成的条件不同。勘验笔录通常由司法人员制作形成，而书证是由审判人员以外的人制作形成。其次，反映的内容不同。勘验笔录是对勘验对象的实况记录，不体现勘验人的主观意志；书证

---

① 参见最高人民法院民事审判第一庭编著：《最高人民法院新民事诉讼证据规定理解与适用》，人民法院出版社2020年版，第418~424页。

则体现制作人的主观意志。再次,形成的时间不同。勘验笔录一般制作形成于诉讼后,而书证形成于诉讼前。最后,勘验笔录可以重新制作,而书证一经提交人民法院,不得重新制作。勘验笔录与物证的区别体现在:首先,勘验笔录尽管可能记载有关物证的情况,但其不是物证本身,而只是反映物证的情况和保全物证的一种方法。其次,产生的时间不同。勘验笔录是在案件发生后通常由司法人员制作而成,即产生于诉讼之后。而物证是在案发中产生、留下的物品、痕迹。

作为证据使用的勘验笔录,对案件基本事实的认定影响甚大,关涉当事人的重大权益。为此,勘验笔录的制作应当符合法律规定的条件和要求。勘验笔录一般由关于现场、物品的文字记录或者绘图组成。文字记录是指记载勘验结果的文字材料,一般可分为前言、叙述事实和结尾三部分。前言部分包括勘验人的情况(姓名、单位等)、勘验的起止时间、现场保护和协助勘验的情况等。叙述事实部分包括勘验的地点及周围的环境状况,现场或物证的性质、特征、状态,检测、检验的手段、方法和结论等。结尾部分包括勘验人员、当事人、协助人、在场人的签名或者盖章、指印等。绘图是指通过绘图的方法,固定和反映现场、物品的一种记录形式。绘图必须注明绘制人的情况(姓名、单位、资质身份等),绘制的时间、地点、图例、比例等。绘图的形式多种多样,如平面图、剖面图、综合图、分析图,等等。

勘验笔录作为一种独立的行政诉讼证据,对人民法院查明行政争议的发生、发展过程,双方当事人争议的实质,正确作出裁判具有重要意义。因此,进行现场、物品勘验应当制作勘验笔录,记载勘验的时间、地点、勘验人、在场人、勘验的经过和结果,由勘验人、当事人、在场人签名。勘验现场时绘制的现场图,应当注明绘制的时间、方位、绘制人姓名和身份等内容。制作勘验笔录必须注意笔录记载的内容客观真实、准确无误,记载的顺序与现场勘验的实际顺序前后一致。笔录必须当场制作,当场定稿,一经有关人员签字或盖章后不得变动。

当事人如果对勘验结论有异议,可以向人民法院提出重新勘验申请,但重新勘验申请应当在举证期限内提出。该申请并不必然启动重新勘验程序,是否准许重新勘验,由人民法院根据案件的具体情况决定。之所以这样规定,一方面，是赋予当事人对勘验结论的异议救济权，以保障当事人的程序权利，纠正有错误的勘验结论；另一方面，当事人行使异议救济权须符合一定的条件，特别是要经过人民法院的准许，以防止当事人滥用程序救济权。

司法实务中，勘验人员在制作勘验笔录时应当坚持以下几点：第一，勘验人员必须认真负责，全面、如实、准确地记载勘验时的客观情况，忠实于原状，既不扩大不应记载的内容，也不减少应当记载的内容，不能掺杂勘验人员的主观推测和分析判断的内容。第二，勘验笔录文字的记载内容应当明确、肯定，不能有歧义，不能模棱两可、含混不清，特别是不能使用不确定的词语表述，诸如不能使用"大概""可能""差不多""好像""左右"等词语去记载勘验时的情况。第三，勘验笔录系在勘验过程中即时作出的实况记录，应完整地反映勘验的顺序、经过和结果，因此勘验笔录记载的顺序应与现场勘验的实际顺序一致，且不能事后追记。[①]第四，为保障勘验程序的公开性和勘验结果的公正性，勘验时应依法邀请当地基层组织有关人员或者当事人所在单位人员参加，或者邀请与双方当事人和案件没有利害关系的案外人参加，并由他们在笔录上签字。当事人不到场或拒绝在笔录上签字的，不影响勘验的进行，也不影响勘验的结果。[②]

[①] 有人认为，如果发现笔录中有错误或遗漏之处，可另作更正或补充笔录。笔者认为，该观点值得商榷。如果允许事后对勘验笔录进行补充、修改，势必会严重影响勘验笔录的客观真实性。参见周章金：《证据法学》，科学出版社 2017 年版，第 272 页。

[②] 参见最高人民法院民事审判第一庭编著：《最高人民法院新民事诉讼证据规定理解与适用》，人民法院出版社 2020 年版，第 418~424 页。

第五章　关于起诉与受理

一、关于复议前置问题

根据《行政诉讼法司法解释》第56条第1款的规定，法律、法规规定应当先申请复议，公民、法人或者其他组织未申请复议直接提起诉讼的，人民法院裁定不予立案。因此，行政相对人对有些行政行为不服，不能直接向法院起诉，必须要经过复议前置程序，即先申请复议，对复议决定不服，才可再向法院起诉。

例如，在一起税务处理纠纷中，某公司因偷税被税务部门作出补交决定，令其在15日之内补交3000万元税款。该公司不服，申请复议，复议机关作出了不予受理复议决定，该公司仍不服，向法院起诉。在诉讼过程中，该公司提出了两点理由：第一，税务部门责令该公司在15日之内补交3000万元税款，15日是根据什么确定的，没有法律依据。第二，该公司认为复议机关作出不予受理复议决定是错误的，所以向法院起诉。既然已经向法院起诉了，就没有必要先补交税款，因为最后要不要补交税款，系由法院经过实体审理之后才能决定。

笔者认为，该公司的上述两个理由均不能成立。第一，关于15日是否有法律依据、是否合理的问题。本案中，税务部门确定该公司15日的补交税款期间，虽然没有法律的明确规定，但该时间比较充裕，且这是全国税务部门的惯例，有其的合理性。如果让该公司在两天之内补交3000万元税款，或者在更短的时间内，比如一天之内补交3000万元税款，因为时间过于紧张，那显然不太合理。就像在某地的一个征收拆迁案件中，对被征收人选定评估公司事项，征收部门确定了一个极短的时间。按照法律规定，评估公司是由被征收人协商确定，如果协商不成再通过抽签、摇号等方式确定。而征收部门张贴的公告要求被征收小区在一天之内从 9 家评估公司中选出 3 家。该小区有两千多住户，且这天是工作日，大部分人都在上班，因此该小区业主很难在一天时间内选出评估公司。结果也确实是这样的，该小区没有选出评估公司，然后征收部门就决定抽签选定评估公司。显然，征收部门所发公告规定被征收人在一天之内推选出评估公司，极不合理。而本案确定了 15 日的补交税款期间，不存在不合理的问题。第二，关于为什么需要被处理人补交税款后才能申请复议，这是行政行为的公定力使然。税务处理决定一经作出，便推定其合法有效。即便被处理人不服，也应当先遵守和履行。相反，如果法律不规定先补交税款后才可申请复议，而是可以待复议、诉讼结束之后再补交，这无疑会造成国家利益的重大损失。所以相对人对税务处理行为不服，不仅要经过复议前置，而且必须先补交税款，之后才可提起诉讼。当然，在复议前置程序中，如果复议机关不作为，这种情况下相对人是起诉复议机关还是原行政机关？按照《行政诉讼法司法解释》的规定，应该起诉复议机关，即要求复议机关履行复议法定职责，而不能起诉原行政机关。

在蔡某中诉 X 自治区 A 县人民政府（以下简称 A 县政府）草原行政确认一案[①]中，蔡某中不服一、二审裁定，向最高人民法院申请再审称：（1）A 县政府称草场确权决定有留置送达记录的事实不存在，该草场确权决定至今未给再审申请人送达，未送达未生效，送达后才能核算复议或起诉期。（2）再审申请人经历了行政复议和民事案件，应当适用《行政诉讼法》第 48 条的规定，扣除因不属于再审申请人自身原因所耽误的起诉期限；且《民法典》第 195 条等也规定了诉讼时效中断应当重新计算起诉时效，故起诉期限应当从 2016 年 9 月 18 日申请人签收民事裁定时起算，再审申请人未超过起诉期限。（3）再审申请人的父亲从 1989 年农业大承包时就被分配到此草场，几十年无纠纷，A 县政府作出的草场确权决定违背事实和法律规定。（4）行政复议和民事案件均是违背事实、违背法律的。请求撤销一、二审裁定，裁定由 X 自治区高级人民法院 Y 州分院或其他中级人民法院审理此案，诉讼费由被申请人和第三人承担。

---

① 参见（2018）最高法行申 197 号行政裁定书。

最高人民法院认为，蔡某中因认为 A 县政府作出的草场确权决定侵犯其草场使用权提起本案诉讼，原审法院以蔡某中起诉明显超过法定起诉期限为由，裁定驳回其起诉。结合原审裁定和再审申请人的申请再审理由，本案应审查的焦点问题是，行政复议是否为蔡某中提起行政诉讼的必经程序，其起诉是否符合行政诉讼的法定起诉条件。

《行政诉讼法》第 44 条第 2 款规定："法律、法规规定应当先向行政机关申请复议，对复议决定不服再向人民法院提起诉讼的，依照法律、法规的规定。"《行政复议法》第 30 条第 1 款规定："公民、法人或者其他组织认为行政机关的具体行政行为侵犯其已经依法取得的土地、矿藏、水流、森林、山岭、草原、荒地、滩涂、海域等自然资源的所有权或者使用权的，应当先申请行政复议；对行政复议决定不服的，可以依法向人民法院提起行政诉讼。"[1]《最高人民法院关于适用〈行政复议法〉第三十条第一款有关问题的批复》（法释〔2003〕5 号）规定："根据《行政复议法》第三十条第一款的规定，公民、法人或者其他组织认为行政机关确认土地、矿藏、水流、森林、山岭、草原、荒地、滩涂、海域等自然资源的所有权或者使用权的具体行政行为，侵犯其已经依法取得的自然资源所有权或者使用权的，经行政复议后，才可以向人民法院提起行政诉讼。"本案中，草场确权决定系行政机关确认草原使用权的行政行为，属于复议前置行为。蔡某中认为草场确权决定侵犯其草场使用权，应当先经过行政复议程序，才能提起行政诉讼。对于复议前置行为，判断已经完成复议前置程序可以进入诉讼程序的标准是复议机关对当事人的复议请求进行了实体审查并作出处理。如果复议机关仅对复议申请是否符合受理条件进行程序判断和处理，而未对复议请求中的实体问题进行判断和处理，则不能认为复议前置程序已经完成。当事人不能直接起诉复议前置行为，但可以对复议机关作出的不符合申请复议条件的不予受理决定、驳回复议申请决定等程序性处理决定或者不作为提起诉讼。本案蔡某中曾于 2014 年 3 月 14 日向 Y 州人民政府提出行政复议。Y 州人民政

---

[1] 现为《行政复议法》第 23 条第 1 款第 2 项，内容已修改为："有下列情形之一的，申请人应当先向行政复议机关申请行政复议，对行政复议决定不服的，可以再依法向人民法院提起行政诉讼：……（二）对行政机关作出的侵犯其已经依法取得的自然资源的所有权或者使用权的决定不服……"

府于 2014 年 3 月 20 日作出不予受理行政复议申请决定。该不予受理行政复议申请决定仅是在程序上拒绝了蔡某中的复议申请,并未对草场确权决定进行实体审查,不能视同经复议维持原行政行为,该复议程序尚未实质启动,故不能认定已经完成复议前置程序。当时有效的《最高人民法院关于执行〈中华人民共和国行政诉讼法〉若干问题的解释》第 33 条第 2 款和现行的《行政诉讼法司法解释》第 56 条第 2 款均规定,复议机关不受理复议申请,公民、法人或者其他组织不服,依法向人民法院提起诉讼的,人民法院应当依法立案。因此,蔡某中在 Y 州人民政府对其提出的复议申请作出不予受理行政复议申请决定后,可以对该不予受理决定提起诉讼,但不能直接对复议对象草场确权决定提起诉讼,其直接对草场确权决定提起诉讼,不符合行政诉讼的法定起诉条件。一、二审法院以超过法定起诉期限为由裁定驳回蔡某中起诉,结果虽然正确,但未考虑本案属于复议前置的情形,裁判理由不当,应予以指正。综上,蔡某中的再审申请不符合《行政诉讼法》第 91 条第 1 项规定的情形。遂裁定驳回蔡某中的再审申请。

对复议前置问题应当准确把握,不能随便扩大理解。司法实务中,有个别法院对复议前置程序的理解出现了偏差。例如,在许某社诉 S 省 W 市 L 区人民政府(以下简称 L 区政府)、S 省 W 市国土资源局(以下简称 W 市国土资源局)土地征收一案[①]中,许某社起诉称,2009 年 6 月,在没有合法批准文件的情况下,L 区政府负责组织实施,W 市国土资源局负责补偿安置工作,征占许某社承包责任田违法。要求确认 L 区政府、W 市国土资源局土地征收行为违法并赔偿损失。

S 省 W 市中级人民法院一审认为,当事人提起行政诉讼应当符合人民法院审理行政案件的受理条件。《行政复议法》第 30 条第 1 款规定:"公民、法人或者其他组织认为行政机关的具体行政行为侵犯其已经依法取得的土地、矿藏、水流、森林、山岭、草原、荒地、滩涂、海域等自然资源的所有权或者使用权的,应当先申请行政复议;对行政复议决定不服的,可以依法向人民法院提起行政诉讼。"本案中,许某社要求确认 L 区政府、W 市国土资源局未经有权政

---

① 参见(2017)最高法行申 4658 号行政裁定书。

府批准征收包括其责任田（实为土地承包权）在内的900亩左右土地并交由第三人使用的行政行为违法等请求，未经行政复议机关先行复议，根据法律规定，许某社的起诉不符合人民法院直接受理行政诉讼案件的法定条件。据此，裁定驳回许某社的起诉。许某社不服，提起上诉。

S省高级人民法院二审查明，许某社与W市L区客运专线丙站广场征地拆迁指挥部于2009年7月25日签订了《客运专线丙站广场项目拆迁补偿协议书》，同年7月27日签订了《宅基移交单》。

二审法院认为，根据《最高人民法院关于适用〈行政复议法〉第三十条第一款有关问题的批复》（法释〔2003〕5号）和《最高人民法院行政审判庭关于行政机关颁发自然资源所有权或者使用权证的行为是否属于确认行政行为问题的答复》（〔2005〕行他字第4号）的规定，属于《行政复议法》第30条第1款规定的复议前置的情形，主要是指"当事人对自然资源的权属发生争议后，行政机关对争议的自然资源的所有权或者使用权所作的确权决定"。对涉及自然资源所有权或者使用权的行政处罚、行政强制措施以及行政机关颁发自然资源所有权或者使用权证书等其他具体行政行为提起行政诉讼的，不适用《行政复议法》第30条第1款的规定，即不属于复议前置的情形。许某社提出的诉讼请求是判令L区政府、W市国土资源局未经有权政府批准对其责任田实施土地征收并交由第三人使用的行政行为违法无效，返还土地、恢复原状、赔偿自土地被占之日起至土地恢复原状之日止的损失。故本案所诉的行政行为是政府的土地征收行为，不属于《行政复议法》第30条第1款规定的复议前置的情形，可以直接依法向人民法院提起行政诉讼。一审法院以未经行政复议机关先行复议，驳回许某社的起诉，属适用法律错误，应予以纠正。根据二审法院查明的案件事实，许某社于2009年签订了拆迁补偿协议书并签订了《宅基移交单》，但直到2016年才提起本案行政诉讼。根据《最高人民法院关于执行〈中华人民共和国行政诉讼法〉若干问题的解释》第41条第1款的规定，"行政机关作出具体行政行为时，未告知公民、法人或者其他组织诉权或者起诉期限的，起诉期限从公民、法人或者其他组织知道或者应当知道诉权或者起诉期限之日起计算，但从知道或者应当知道具体行政行为内容之日起最长不得超过2年"。许某社的起诉显然已超过上述规定的起诉期限。一审裁定虽适用法律错误，但驳回起诉的处理结果正确,予以维持。据此,许某社请求撤销一审裁定的上诉请求,不能成立,不予支持。据此,裁定驳回上诉,维持原裁定。

许某社仍不服,向最高人民法院申请再审称:(1)本案不属于《行政复议法》第30条规定的前置范围,无须先行进行行政复议程序,依法可以直接向人民法院提起行政诉讼,属于行政诉讼受案范围。(2)二审法院对再审申请人针对该案提出的意见和理由不予采纳也不说明理由,维持原裁定系属错误。请求撤销一、二审行政裁定,支持再审申请人的一审诉讼请求。

L区政府答辩称:(1)二审法院对一审法院适用法律错误的部分予以纠正,并进行了实体审查,不存在对再审申请人的上诉意见和理由不予采纳也不说明理由的事实(2)二审法院作出再审申请人的起诉超过法定起诉期限的裁决,适用法律正确,认定事实清楚。(3)本案被诉土地征收行为具备合法的批准文件。故再审申请人的再审理由不能成立,依法应当驳回其再审请求。

W市国土资源局答辩称:(1)再审申请人的起诉超过法定起诉期限,二审裁定驳回起诉合法。(2)二审法院认定事实清楚,适用法律正确,驳回起诉的处理结果正确。故,依法应当驳回其再审申请。

W市城市投资集团有限公司提交意见称:(1)拆迁人就拆迁安置补偿和再审申请人达成了合意并签署了拆迁安置补偿协议,也对其依法进行了完整的安置补偿,再审申请人不存在任何经济损失。(2)本案已超过法定起诉期限。(3)再审申请人的再审理由不能成立,也不符合再审申请的法律规定。二审法院认定事实清楚,适用法律正确,应该驳回再审申请人的再审请求,依法维持原终审裁定。

最高人民法院认为,根据《最高人民法院关于适用〈行政复议法〉第三十条第一款有关问题的批复》(法释〔2003〕5号)和《最高人民法院行政审判庭关于行政机关颁发自然资源所有权或者使用权证的行为是否属于确认行政行为问题的答复》(〔2005〕行他字第4号)的规定,属于《行政复议法》第30条第1款规定的复议前置的情形,主要是指"当事人对自然资源的权属发生争议后,行政机关对争议的自然资源的所有权或者使用权所作的确权决定"。本案被诉行政行为是L区政府、W市国土资源局的土地征收行为,并非行政机关对自然资源所有权或者使用权所作的确权决定,依法不属于《行政复议法》第30条第1

款规定的复议前置的情形，可以直接向人民法院提起行政诉讼。一审法院以起诉不符合人民法院直接受理行政诉讼案件的法定条件为由驳回起诉，属于适用法律错误，二审法院对此予以纠正并无不当。

公民、法人或者其他组织对行政机关的行政行为不服，应当在法定的起诉期限内提起诉讼。《最高人民法院关于执行〈中华人民共和国行政诉讼法〉若干问题的解释》第41条第1款规定："行政机关作出具体行政行为时，未告知公民、法人或者其他组织诉权或者起诉期限的，起诉期限从公民、法人或者其他组织知道或者应当知道诉权或者起诉期限之日起计算，但从知道或者应当知道具体行政行为内容之日起最长不得超过2年。"本案被诉征地行为发生在2009年，同年7月，许某社与W市L区客运专线丙站广场征地拆迁指挥部签订《客运专线丙站广场项目拆迁补偿协议书》及《宅基移交单》，这表明此时其就已经知道被诉征地行为的内容。许某社应当自知道被诉征地行为起2年内提起诉讼，其于2016年才提起本案诉讼，显然已经超过了法定起诉期限。二审认定事实清楚，适用法律正确，维持一审裁定的处理结果正确。综上，许某社的再审申请不符合《行政诉讼法》第91条第1项规定之情形。遂裁定驳回许某社的再审申请。

二、关于复议机关作共同被告问题

《行政诉讼法》第26条第2款规定："经复议的案件，复议机关决定维持原行政行为的，作出原行政行为的行政机关和复议机关是共同被告；复议机关改变原行政行为的，复议机关是被告。"又根据《行政诉讼法司法解释》第133条的规定，复议机关决定维持原行政行为的，包括复议机关驳回复议申请或者复议请求的情形，但以复议申请不符合受理条件为由驳回的除外。例如，在米某明诉H省人民政府土地行政复议一案[①]中，米某明对H省人民政府的征地决定不服，又向H省人民政府申请复议，H省人民政府认为米某明的复议申请不符合复议受理的条件，就作出了不予受理复议决定。这种复议决定就不属于复议

---

① 参见（2019）最高法行申3545号行政裁定书。

维持的情形,因此也就不属于共同被告的情形。后米某明对 H 省人民政府的征地决定和不予受理复议决定一同起诉,一、二审均认为其违反了"一案一诉"原则。但严格来说,用"一案一诉"这个理由驳回米某明的起诉和上诉并不是十分准确。因为根据前述解释的规定,复议机关维持原行政行为的情况不包括以复议申请不符合受理条件为由作出的不予受理复议决定。那么在这种情况下被告到底是谁?是复议机关还是原行政机关?就个案而言,如果当事人对不予受理复议决定不服,既可诉原行政机关,也可诉复议机关。本案由于作出原行政行为的机关和复议机关都是省政府,所以无论诉哪个行为,被告都是同一个,即 H 省人民政府,但这里存在两个行为,一个是征地决定,一个是不予受理复议决定。米某明在同一案件中对这两个行为都起诉,确实违反了"一案一诉"原则。那么,米某明能不能分开起诉?回答是否定的。米某明只能择一而诉,但不能都起诉,也不能分开起诉。因为本案中的不予受理复议决定与征地决定在行为的内容上是一样的。不予受理复议决定没有对征地决定作出任何的改变或修正。所以,如果允许米某明分开起诉,那就违反了"一事不再理"原则。

三、关于诉讼请求问题

"有具体的诉讼请求"是诉的必要条件之一。"判与诉是相对应的,判决是对诉讼请求的回应。"① 当事人若不提出具体的诉讼请求,行政诉讼则无从进行。《行政诉讼法》第 49 条第 3 项规定了公民、法人或者其他组织提起诉讼应当有具体的诉讼请求和事实根据。对于具体诉讼请求的类型,《行政诉讼法司法解释》第 68 条予以了列举。该条规定:"行政诉讼法第四十九条第三项规定的'有具体的诉讼请求'是指:(一)请求判决撤销或者变更行政行为;(二)请求判决行政机关履行特定法定职责或者给付义务;(三)请求判决确认行政行为违法;(四)请求判决确认行政行为无效;(五)请求判决行政机关予以赔偿或者补偿;(六)请求解决行政协议争议;(七)请求一并审查规章以下规范性文件;(八)请求一并解决相关民事争议;(九)其他诉讼请求。当事人单独或者一并

---

① 马怀德主编:《行政诉讼原理》,法律出版社 2002 年版,第 430 页。

提起行政赔偿、补偿诉讼的,应当有具体的赔偿、补偿事项以及数额;请求一并审查规章以下规范性文件的,应当提供明确的文件名称或者审查对象;请求一并解决相关民事争议的,应当有具体的民事诉讼请求。当事人未能正确表达诉讼请求的,人民法院应当要求其明确诉讼请求。"

例如,在余某宾诉 C 市 S 区人民政府、C 市人民政府确认行政行为违法一案[①] 中,余某宾提起了以下诉讼请求:(1)对《C 市国有土地上房屋征收与补偿办法(暂行)》合法性进行审查;(2)判决确认《S 区人民政府关于林海俊景危旧房改造新建拆迁安置房项目的征收决定》和补偿方案以及行政复议决定,在适用依据上违反《立法法》第 8 条、《物权法》第 42 条等法律规定或判决确认无效,并予以撤销。C 市第一中级人民法院一审认为,依据《行政诉讼法》第 49 条第 3 项的规定,提起诉讼的法定条件之一是必须有具体的诉讼请求和事实根据。本案中,余某宾提起的第二项诉求中包含房屋征收决定和征收补偿方案两个不同的行为,其中,补偿方案包括《"林海俊景"(危旧房屋改造新建拆迁安置房)项目国有土地上房屋征收与补偿方案》以及方案补充实施办法,经审查,余某宾诉称的补偿方案并非房屋征收决定的附件,房屋征收决定和补偿方案亦非同一行政行为可以涵盖。一审法院于 2015 年 7 月 28 日依法向其释明并要求其明确诉讼请求,余某宾坚持诉状上载明的诉讼请求不作任何更改。故余某宾的起诉不符合法定起诉条件。遂裁定驳回余某宾的起诉。C 市高级人民法院二审认为,因余某宾提起的第二项诉求中包含房屋征收决定和征收补偿方案两个不同的行为,其中,补偿方案包括《"林海俊景"(危旧房屋改造新建拆迁安置房)项目国有土地上房屋征收与补偿方案》以及方案补充实施办法,经审查,余某宾提起的第二项诉求中包含房屋征收决定和征收补偿方案两个诉求,并同时诉请无效和诉请撤销。征收决定与征收补偿方案内容不同,分别属于不同的行政行为。诉请无效与诉请撤销是不同类型的行政诉讼,审理路径不同,法律后果不同。一审法院认为余某宾的诉请不明,依法对其释明,符合法律规定。余某宾坚持诉状上载明的诉讼请求不作任何更改,属于诉讼请求不具体,违背《行政诉讼法》第 49 条第 3 项的规定。因此,其起诉不符合法定的起

---

① 参见(2019)最高法行申 7100 号行政裁定书。

诉条件。一审裁定认定事实清楚，适用法律正确。余某宾的上诉理由不能成立。遂裁定驳回上诉，维持原裁定。余某宾仍不服，向最高人民法院申请再审。最高人民法院认为，通常而言，在国有土地上房屋征收工作中，征收决定和复议决定依法属于行政诉讼的受案范围，而补偿安置方案本身难以单独作为可诉行为纳入司法审查范围。对于作为征收决定附件即征收决定组成部分的补偿安置方案一并公告之后，就被征收人未起诉征收决定主文、仅起诉作为附件的方案之情形，方案是否由此获得可诉性，实践中存在不同认识。但本案不属于对补偿安置方案单独提起诉讼的情形，且一、二审法院认为征收决定与补偿方案分别属于不同的行政行为，不能在同一案件中进行审查，理据不足，应予以指正。当然，由于余某宾对被诉行为同时诉请无效和诉请撤销，而诉请无效与诉请撤销属于不同类型的行政诉讼，审理路径不同，法律后果亦不同。在一审法院依法对余某宾释明的情况下，其仍坚持诉状上载明的诉讼请求而不作任何更改，一、二审法院据此以其诉讼请求不明确、不具体为由，裁定驳回其起诉、上诉，并无明显不当。

在赵某起诉某县政府的土地征收行为一案中，赵某要求确认征地行为违法，一、二审法院认为赵某的诉讼请求不明确，不清楚其是诉哪一个行为，是征地决定还是补偿决定，抑或是强拆行为等事实行为。因为整个征地行为有很多环节，涉及很多行为，必须要具体明确。法院对此也有释明的要求。经一审法院释明后，赵某坚持认为其起诉的是政府的整个征收行为。后一、二审法院以赵某的诉讼请求不明确裁定驳回其起诉和上诉。

需要注意的是，根据《最高人民法院行政法官专业会议纪要（四）》的规定，当事人确认一系列征地行为违法，一般不宜认定为诉讼请求不明确；一审法院未予释明的情况下，二审法院仍可以诉讼请求不明确为由维持一审驳回起诉的裁定。

在张某生诉 H 省 Z 市人民政府行政管理一案[①]中，张某生向最高人民法院申请再审称，一、二审法院违背事实和法律枉法裁判。据此请求撤销二审行政裁定，提审或指定 H 省境外距离 Z 市最近的法院对本案进行再审。张某生原审

---

① 参见（2019）最高法行申 4913 号行政裁定书。

诉讼请求为要求人民法院判令 H 省 Z 市人民政府撤销 129 号文件。最高人民法院认为，《行政诉讼法》第 53 条第 1 款规定："公民、法人或者其他组织认为行政行为所依据的国务院部门和地方人民政府及其部门制定的规范性文件不合法，在对行政行为提起诉讼时，可以一并请求对该规范性文件进行审查。"根据该条规定，公民、法人或者其他组织不能直接对规范性文件提起诉讼，只能在对行政行为提起诉讼时一并提出，且须以对行政行为所提诉讼的成立为前提。本案中，张某生诉请撤销 H 省 Z 市人力资源和社会保障局制定的 129 号文件及被申请人依据该文件针对包括再审申请人在内的不特定多数人实施的有关失业保险缴费义务的行为，由于 H 省 Z 市人力资源和社会保障局制定的该文件属于规范性文件，张某生对此直接提起诉讼并要求审查，显然不符合前述法律规定；而张某生提出的第二个诉讼请求系针对不特定多数人的行为，不属于人民法院行政诉讼的受案范围。故一审裁定驳回张某生的起诉、二审裁定驳回其上诉，并无不当。遂裁定驳回张某生的再审申请。

上述案例表明，当事人在一个诉讼中既可以只提出一项诉讼请求，也可以同时提出多项诉讼请求。但当事人"请求一并审查规章以下规范性文件""请求一并解决相关民事争议"的，只能在提出其他诉讼请求的基础上"一并"提出。另外，有些诉讼请求不能同时提出，如针对某一行政行为同时要求撤销与确认无效，或者同时要求确认违法与确认无效。[①] 此时，法院应进行指导与释明，以使当事人准确表达其诉讼请求，但不宜简单地以诉讼请求不明而裁定驳回其起诉。

当然，当事人提出的诉讼请求是否明确、具体与其提出的诉讼请求能否成立是两个不同的问题，不能混淆。前者涉及起诉条件的问题，后者则是实体审查的内容。例如，在陆某影诉 T 市 X 区人民政府（以下简称 X 区政府）行政复议一案[②] 中，陆某影提出的一些诉讼请求就不具有合理性，法院应当判决驳回其诉讼请求。该案的基本案情如下：陆某影系 T 市 X 区一村的村民，于 2003

[①] 参见最高人民法院行政审判庭编著：《最高人民法院行政诉讼法司法解释理解与适用》，人民法院出版社 2018 年版，第 347 页。

[②] 参见天津市高级人民法院（2016）津行终 111 号行政判决书、（2016）最高法行申 4444 号行政裁定书。

年9月1日承包了村西的地块用于养殖经营,原告在该地块上建设了办公用房、库房、羊圈等890.09平方米。2015年3月16日,第三人X区综合执法局根据举报对原告违法建设一案进行立案查处。2015年3月24日,第三人作出了《责令限期拆除决定书》,认定原告未经许可搭建办公用房、库房、羊圈等327平方米的行为,违反了《城乡规划法》第64条和《T市城乡规划条例》第74条之规定,责令原告对上述违建房屋于10日内自行拆除。原告对该《责令限期拆除决定书》不服,向被告申请行政复议,被告于2015年5月5日作出《行政复议决定书》,维持了第三人所作的行政行为。原告对复议决定不服,向T市X区人民法院提起行政诉讼。在案件审理期间,第三人于2015年6月8日作出了《行政强制执行决定书》,并于2015年6月18日对原告涉案建筑物实施了强制拆除。原告不服《行政强制执行决定书》,于2015年6月17日向被告申请行政复议,被告于2015年9月10日作出《行政复议决定书》,确认第三人作出的《行政强制执行决定书》违法。原告不服该复议决定,诉至法院。

另查,T市X区人民法院于2015年9月16日作出一审行政判决,认为原告未经规划部门批准,在其承包的土地上进行建设,已违反了《城乡规划法》第64条的规定,其建设应认定为违法建设。第三人作出的《责令限期拆除决定书》及被告作出的第6号《行政复议决定书》合法,判决驳回了原告的诉讼请求。原告对一审判决不服,提起上诉,二审法院于2015年12月15日作出终审行政判决,维持了一审判决。

T市第一中级人民法院一审经审理认为,依据《行政复议法》第12条第1款"对县级以上地方各级人民政府工作部门的具体行政行为不服的,由申请人选择,可以向该部门的本级人民政府申请行政复议,也可以向上一级主管部门申请行政复议"之规定[①],被告X区政府具有受理行政复议申请并作出行政复议决定的主体资格及法定职权。其在接到原告陆某影的行政复议申请后,5日内进行了受理,并自受理之日起7日内将行政复议申请书副本发送至被申请人即

---

① 现为《行政复议法》第28条,内容已修改为:"对履行行政复议机构职责的地方人民政府司法行政部门的行政行为不服的,可以向本级人民政府申请行政复议,也可以向上一级司法行政部门申请行政复议。"

第三人 X 区综合执法局,并要求该局在 10 日内提交书面答复及当初作出具体行政行为的证据、依据和其他有关材料。因本案情况复杂,被告经延期 30 日,于 2015 年 9 月 10 日作出第 14 号《行政复议决定书》并送达原告。被告履行复议程序合法。《行政强制法》第 44 条规定,对违法的建筑物、构筑物、设施等需要强制拆除的,应当由行政机关予以公告,限期当事人自行拆除。当事人在法定期限内不申请行政复议或者提起行政诉讼,又不拆除的,行政机关可以依法强制拆除。第三人作出《责令限期拆除决定书》后,原告已对此申请行政复议,后对复议决定不服,又向法院提起了行政诉讼。第三人在案件审理期间作出《行政强制执行决定书》违反了法定程序,被告据此确认第三人的行政行为违法,符合《行政复议法》第 28 条第 1 款第 3 项第 3 目①之规定,并无不当。原告要求撤销被告所作行政复议决定,所持理由为第三人及被告对原告所建建筑的性质认定不清,第三人的查处行为超过了 2 年的追诉时效,但原告所建建筑的性质及第三人查处行为的合法性已经法院生效行政判决予以确认,原告的主张与此相悖,不予支持。原告的其他诉讼请求,亦不予支持。遂判决驳回陆某影的诉讼请求。陆某影不服,提起上诉。

T 市高级人民法院二审认为,依据《行政复议法》第 12 条"对县级以上地方各级人民政府工作部门的具体行政行为不服的,由申请人选择,可以向该部门的本级人民政府申请行政复议,也可以向上一级主管部门申请行政复议"之规定,原审判决认定被上诉人 X 区政府具有受理行政复议申请并作出行政复议决定的主体资格及法定职权正确。上诉人对被诉行政复议决定履行的程序不持异议。被上诉人向原审法院提供的证据可以证实原审第三人 X 区综合执法局作出《责令限期拆除决定书》后,上诉人已经对该《责令限期拆除决定书》提起行政复议,对行政复议决定不服,又向法院提起行政诉讼。X 区综合执法局在案件审理期间作出《强制执行决定书》违反《行政强制法》第 44 条"对违法的建筑物、构筑物、设施等需要强制拆除的,应当由行政机关予以公告,限期当

---

① 现为《行政复议法》第 64 条第 1 款第 2 项,内容已修改为:"行政行为有下列情形之一的,行政复议机关决定撤销或者部分撤销该行政行为,并可以责令被申请人在一定期限内重新作出行政行为:……(二)违反法定程序……"

事人自行拆除。当事人在法定期限内不申请行政复议或者提起行政诉讼，又不拆除的，行政机关可以依法强制拆除"之规定，已构成程序违法，被诉行政复议决定认定原审第三人作出的《行政强制执行决定书》违法，符合《行政复议法》第 28 条第 1 款第 3 项第 3 目之规定。上诉人以被上诉人及原审第三人对上诉人所建涉诉建筑为违法建筑认定错误主张撤销被诉行政复议决定，但上诉人所建涉诉建筑的性质及原审第三人查处行为的合法性已经生效的行政判决予以确认，上诉人的上诉请求，不予支持。原审判决认定事实清楚，适用法律正确，审判程序合法，遂判决驳回上诉，维持原判。

陆某影仍不服，向最高人民法院申请再审。请求：（1）撤销一、二审判决，依法改判；（2）撤销被诉行政复议决定，责令再审被申请人重新作出复议决定，并撤销第三人作出的《行政强制执行决定书》；（3）令再审被申请人及第三人依法确认再审申请人建筑物为合法建筑。

本案中，陆某影所建建筑物的违法性系在第三人 X 区综合执法局作出的《责令限期拆除决定书》中予以确认的，其对涉案责令限期拆除决定申请了复议，并提起了诉讼，之后又向最高人民法院申请了再审。其后又对第三人作出的《行政强制执行决定书》申请复议和提起诉讼，直至向最高人民法院申请再审。由于陆某影本次申请再审提出的再审请求包含有"责令再审被申请人及第三人依法确认再审申请人建筑物为合法建筑"，但问题是，其所建建筑物的违法性并不是在被诉《行政强制执行决定书》中予以确认的，故陆某影提出的该请求没有前提基础，其只能在涉案责令限期拆除决定的诉讼中提出该请求。

在张某伟诉 S 省 D 市 Y 区人民政府（以下简称 Y 区政府）不予受理行政复议一案[①]中，张某伟在申请再审时提出的一系列诉讼请求难以成立。该案的基本案情如下：2015 年 10 月 14 日，张某伟向 Y 区政府提交行政复议申请书，请求认定 S 省 D 市 Y 区 X 街道办事处（以下简称 X 街道办）滥用职权、强行限制张某伟人身自由的行为违法，构成非法拘禁。2015 年 10 月 19 日，Y 区政府作出《不予受理行政复议申请决定书》，主要内容为："经审查，本机关认为：申请人复议的被申请人的行为发生于 2004 年 3 月 5 日到 2004 年 3 月 9 日，于

---

① 参见（2016）最高法行申 3036 号行政裁定书。

2015年10月14日提起行政复议,已经超出《行政复议法》第九条规定的申请期限。根据《行政复议法》第十七条第一款的规定,本机关决定不予受理。"同日,Y区政府向张某伟邮寄该不予受理决定书,张某伟于2015年10月21日收到该不予受理决定书。张某伟不服,提起本案行政诉讼。

S省D市中级人民法院一审认为,关于Y区政府作出的不予受理决定认定事实是否清楚、证据是否充分的问题。张某伟在起诉状及庭审中均认可的事实是,张某伟申请复议的行为发生于2004年3月5日到2004年3月9日,其于2015年10月14日向Y区政府提起涉案行政复议。同时,张某伟当庭认可,并不存在《行政复议法》第9条第2款[①]规定的"因不可抗力或者其他正当理由耽误法定申请期限"的事实。因此,Y区政府作出的被诉不予受理决定认定事实清楚,证据确实充分。

关于Y区政府作出的不予受理决定程序是否合法的问题。张某伟当庭认可Y区政府履行了作出不予受理复议决定的法定程序,接收复议申请材料与作出不予受理决定都在法定的期限内,并且对张某伟履行了送达义务。Y区政府作出的被诉不予受理决定程序合法。

关于Y区政府作出的不予受理决定适用法律的问题。张某伟主张,根据《行政复议法》第9条第1款"但是法律规定的申请期限超过六十日的除外"和《行政复议法实施条例》第16条第2款"公民、法人或者其他组织在紧急情况下请求行政机关履行保护人身权、财产权的法定职责,行政机关不履行的,行政复议申请期限不受前款规定的限制"的规定,张某伟提出的涉案复议申请就属于上述情形,其复议申请没有超过法定的申请期限。其理由如下:既然《行政复议法实施条例》第16条第2款规定公民、法人或者其他组织在紧急情况下请求行政机关履行法定职责的情形不受60日的限制,那么其复议申请就不适用关于60日申请期限的规定;又根据《行政复议法》第9条第1款对于行政复议申请期限"法律规定除外情形"的规定,那么其复议申请就应适用《刑法》第88条第2款的规定,"被害人在追诉期限内提出控告,人民法院、人民检察院、公安机关应当立案而不予立案的,不受追诉期限的限制",再审申请人就是在被

---

① 现为《行政复议法》第20条第2款。

《行政诉讼法司法解释》重点内容案例解析

强制关押的紧急情况下报警，请求公安机关履行保护其人身权的法定职责，公安机关没有履行该法定职责，再审申请人就 X 街道办强行关押剥夺其人身自由一事向 S 省 D 市 Y 区人民检察院和 Y 区人民法院提出控告的时间是在追诉时间内，故再审申请人的复议申请就不受追诉期限的限制，再审申请人向 Y 区政府申请行政复议也没有申请期限的限制，Y 区政府应受理其行政复议申请。对于再审申请人的上述主张和理由，首先，关于《行政复议法》第 9 条第 1 款"法律规定除外情形"规定的理解。该规定是指其他法律有关于超过 60 日行政复议申请期限的规定的，就依照该特殊规定计算复议申请期限。而《刑法》第 88 条是关于构成犯罪应受刑罚的追诉期限的规定，显然不属于该第 9 条第 1 款关于"法律规定除外情形"的规定。其次，关于《行政复议法实施条例》第 16 条第 2 款规定的理解。该实施条例第 16 条第 1 款规定："公民、法人或者其他组织依照行政复议法第六条第八项、第九项、第十项的规定申请行政机关履行法定职责，行政机关未履行的，行政复议申请期限依照下列规定计算：（一）有履行期限规定的，自履行期限届满之日起计算；（二）没有履行期限规定的，自行政机关收到申请满 60 日起计算。"第 2 款规定："公民、法人或者其他组织在紧急情况下请求行政机关履行保护人身权、财产权的法定职责，行政机关不履行的，行政复议申请期限不受前款规定的限制。"本条第 2 款是关于紧急情况下特殊申请期限的规定，是指公民、法人或者其他组织在紧急情况下请求行政机关履行保护人身权、财产权的法定职责，行政机关不履行的，当事人可以立即申请行政复议，即行政复议申请期限不再受该条第 1 款规定的限制。这条规定是为了及时保护行政相对人的合法权益，而不能理解为复议权利保护的无限延长。因此，Y 区政府依据《行政复议法》第 9 条、第 17 条第 1 款的规定，以超过法定复议申请期限为由，对张某伟的复议申请作出不予受理的决定，适用法律正确。综上，Y 区政府作出的不予受理决定证据确凿，适用法律、法规正确，符合法定程序。张某伟的起诉理由不能成立，不予支持。依照《行政诉讼法》第 69 条之规定，判决驳回张某伟的诉讼请求。张某伟不服，提起上诉。

S 省高级人民法院二审认为，本案的主要争议焦点在于张某伟申请行政复议是否超过了法定期限。张某伟申请复议的行为发生于 2004 年 3 月 5 日至 2004 年 3 月 9 日，其于 2015 年 10 月 14 日向 Y 区政府提起行政复议申请，已经超过了《行政复议法》第9条规定的申请期限，亦不存在《行政复议法》第9条第2款规定的"因不可抗力或者其他正当理由耽误法定申请期限"的事实，因此，Y区政府作出的被诉不予受理决定认定事实清楚，适用法律正确，一审法院判决驳回张某伟的诉讼请求并无不当。关于《行政复议法实施条例》第16条第2款规定的理解问题。该实施条例第16条第1款规定："公民、法人或者其他组织依照行政复议法第六条第八项、第九项、第十项的规定申请行政机关履行法定职责，行政机关未履行的，行政复议申请期限依照下列规定计算：（一）有履行期限规定的，自履行期限届满之日起计算；（二）没有履行期限规定的，自行政机关收到申请满60日起计算。"第2款规定："公民、法人或者其他组织在紧急情况下请求行政机关履行保护人身权、财产权的法定职责，行政机关不履行的，行政复议申请期限不受前款规定的限制。"一审法院认为该条第2款是关于紧急情况下特殊申请期限的规定，是指公民、法人或者其他组织在紧急情况下请求行政机关履行保护人身权、财产权的法定职责，行政机关不履行的，当事人可以立即申请行政复议，行政复议申请期限不再受该条第1款规定的限制。一审法院的上述意见亦无不当，应予以支持。张某伟主张本案中行政复议期限应当与刑事追诉期限一致，无期限限制，系对法律规定的误解，不予支持。张某伟请求法院向国务院请示《行政复议法实施条例》第16条第2款关于行政复议期限规定的具体解释，因该请求不属于行政诉讼的受案范围，亦不予支持。依据《行政诉讼法》第89条第1款第1项之规定，判决驳回上诉，维持原判决。

张某伟在向最高人民法院提出的再审申请中请求：（1）撤销一、二审行政判决。（2）撤销Y区政府作出的《不予受理行政复议申请决定书》；判令Y区政府对再审申请人的行政复议申请予以受理，进行行政复议；对《行政复议法》第9条第1款、《行政复议法实施条例》第16条第2款与《刑法》第88条第2款规定期限的合法统一性进行审查，或者向国务院请示《行政复议法实施条例》第16条第2款关于行政复议期限的规定的具体解释，或者由最高人民法院解释。其申请再审的主要事实与理由为：（1）X街道办强行关押、限制再审申请人人身自由的行为涉嫌刑事犯罪，对其行政复议期限应与刑事追诉期限保持一致。一、二审法院对此事实没有认定，属认定事实不清。（2）本案中行政复议期限应当与刑事追诉期限一致，无期限限制。《行政复议法》第 9 条第 1 款规定："公民、法人或者其他组织认为具体行政行为侵犯其合法权益的，可以自知道该具体行政行为之日起六十日内提出行政复议申请；但是法律规定的申请期限超过六十日的除外。"《行政复议法实施条例》第 16 条第 2 款规定："公民、法人或者其他组织在紧急情况下请求行政机关履行保护人身权、财产权的法定职责，行政机关不履行的，行政复议申请期限不受前款规定的限制。"对上述条文规定的行政复议申请期限的理解应当与《刑法》第 88 条第 2 款的规定"被害人在追诉期限内提出控告，人民法院、人民检察院、公安机关应当立案而不予立案的，不受追诉期限的限制"相一致，即此时申请行政复议的期限既没有起点，也没有止点。再审申请人是在被强制关押的紧急情况下打报警电话控告请求公安机关保护自己的人身权，公安机关没有履行法定职责，已不受追诉期限的限制。X 街道办强行关押再审申请人 96 小时，依据《刑法》第 238 条第 1 款"非法拘禁他人或者以其他方法非法剥夺他人人身自由的，处三年以下有期徒刑、拘役、管制或者剥夺政治权利。具有殴打、侮辱情节的，从重处罚"、第 4 款"国家机关工作人员利用职权犯前三款罪的，依照前三款的规定从重处罚"之规定，应当追究其刑事责任，追诉期限不受限制。再审申请人申请行政复议是请求再审被申请人认定 X 街道办违法，行政复议只是追究违法的一种途径，所以，本案行政复议期限不受限制，再审申请人申请行政复议并未过期。而一、二审法院认为的"不能理解为复议权利保护的无限延长"，与《刑法》第 88 条第 2 款"不受追诉期限的限制"的规定抵触、矛盾。（3）本案应当开庭审理，二审法院没有开庭审理。（4）在诉讼请求中有"请求法院向国务院请示《行政复议法实施条例》第十六条第二款关于行政复议期限的规定的具体解释"，一、二审法院没有请示，而是依对法律的主观理解判案，不是依法判案。

最高人民法院认为，本案的争议主要涉及张某伟申请行政复议是否超过了法定期限。另外，张某伟还请求人民法院对《行政复议法》第 9 条第 1 款、《行政复议法实施条例》第 16 条第 2 款与《刑法》第 88 条第 2 款规定期限的合法统一性进行审查，或者向国务院请示《行政复议法实施条例》第 16 条第 2 款关于行政复议期限的规定的具体解释。对于该请求能否支持也是本案需要回答的问题。

首先,关于张某伟申请行政复议是否超过了法定期限的问题。张某伟申请行政复议的行为发生于2004年3月5日至3月9日,其于2015年10月14日向Y区政府提起行政复议申请,已超过《行政复议法》第9条规定的60日的申请期限。《行政复议法》第9条规定:"公民、法人或者其他组织认为具体行政行为侵犯其合法权益的,可以自知道该具体行政行为之日起六十日内提出行政复议申请;但是法律规定的申请期限超过六十日的除外。因不可抗力或者其他正当理由耽误法定申请期限的,申请期限自障碍消除之日起继续计算。"本案中,张某伟不存在因不可抗力或者其他正当理由耽误法定申请期限的情形,因此就不存在"申请期限自障碍消除之日起继续计算"的问题。《行政复议法》第9条"但是法律规定的申请期限超过六十日的除外"的基本含义包括:一是其他法律对行政复议的申请期限作了规定;二是该其他法律对行政复议申请期限作了与《行政复议法》不一样的规定,即作出了超过60日的规定;三是该其他法律系关于行政机关和行政相对人权利义务关系的法律,即行政法律规范。该特殊期限之所以这样规定,一方面,是为其他法律规定60日以上的期限提供法律依据,以保护特殊案件中行政相对人的行政复议权。另一方面,可防止规章、地方性法规、条例等规范性文件出现规定短于60日复议期限,变相剥夺行政相对人的复议权的情况。同时,这样规定有助于保证申请期限的稳定性、统一性,体现了及时、便民的原则。因此,只要其他行政法律规范作出了超过60日行政复议申请期限的规定,就依照该特殊规定计算复议申请期限。《刑法》第88条是关于构成犯罪应受刑罚的追诉期限的规定,是针对涉嫌犯罪行为的,而非对行政行为不服的复议期限。显然,《刑法》和《行政复议法》二者的性质不同,调整的对象也不同。故《刑法》第88条的规定不属于《行政复议法》第9条第1款但书中所规定的"法律规定的申请期限超过六十日的除外"的情形。

其次,关于张某伟主张原审法院对于《行政复议法实施条例》第16条第2款规定的理解和适用是否错误的问题。《行政复议法实施条例》第16条第1款规定:"公民、法人或者其他组织依照行政复议法第六条第八项、第九项、第十项的规定申请行政机关履行法定职责,行政机关未履行的,行政复议申请期限依照下列规定计算:(一)有履行期限规定的,自履行期限届满之日起计算;(二)没有履行期限规定的,自行政机关收到申请满60日起计算。"第2款规定:"公民、法人或者其他组织在紧急情况下请求行政机关履行保护人身权、财产权的法定职责,行政机关不履行的,行政复议申请期限不受前款规定的限制。"显然,第2款规定是对第1款规定的补充,其意是指申请人不需要等到履行期限届满或者自行政机关收到申请满60日之后才可申请行政复议,而是可以立即申请行政复议。该条第2款解决的主要问题是关于行政相对人在特殊情形下申请行政复议的起点问题,而不是终点问题。因此,原审法院认为该条第2款是为了及时保护行政相对人的合法权益,而不能理解为复议权利保护的无限延长,即关于紧急情况下特殊申请期限的规定,是指公民、法人或者其他组织在紧急情况下请求行政机关履行保护人身权、财产权的法定职责,行政机关不履行的,当事人可以立即申请行政复议,行政复议申请期限不再受该条第1款规定的限制的主张是正确的,张某伟认为原审法院对于《行政复议法实施条例》第16条第2款规定的理解和适用错误的主张不能成立。

再次,关于张某伟请求法院对《行政复议法》第9条第1款、《行政复议法实施条例》第16条第2款与《刑法》第88条第2款规定期限的合法统一性进行审查,或者向国务院请示《行政复议法实施条例》第16条第2款关于行政复议期限规定的具体解释的问题。《行政诉讼法》第53条规定:"公民、法人或者其他组织认为行政行为所依据的国务院部门和地方人民政府及其部门制定的规范性文件不合法,在对行政行为提起诉讼时,可以一并请求对该规范性文件进行审查。前款规定的规范性文件不含规章。"根据该条规定,张某伟在本案中可以一并请求对规章以下规范性文件的合法性进行审查,但张某伟请求人民法院对法律和行政法规的合法性进行审查,该请求显然不属于人民法院一并审查的范围。张某伟若认为行政法规、地方性法规、自治条例和单行条例同宪法或者法律相抵触的,可以根据《立法法》第99条的规定,向全国人民代表大会常务委员会书面提出进行审查的建议,由全国人大常委会工作机构进行研究,必要时,送有关的专门委员会进行审查、提出意见。就张某伟请求人民法院向国务院请示《行政复议法实施条例》第16条第2款关于行政复议期限规定的具体解释的问题,即便人民法院在办理案件过程中涉及对该条款的具体理解与适用问题,也是由人民法院依职权决定是否送请有关机关解释,不属于当事人的请求范围。因此,二审法院认为张某伟的该项请求不属于行政诉讼的受案范围因而不予支持是正确的。

最后,张某伟提出,本案应当开庭审理,二审法院没有开庭审理。根据《行政诉讼法》第86条的规定,人民法院对上诉案件,应当组成合议庭,开庭审理。经过阅卷、调查和询问当事人,对没有提出新的事实、证据或者理由,合议庭认为不需要开庭审理的,也可以不开庭审理。因此,二审法院对此案不予开庭审理,法律依据充分,张某伟的该项主张亦不能成立。

综上,张某伟的再审申请不符合《行政诉讼法》第91条规定的情形。遂裁定驳回再审申请人张某伟的再审申请。

四、关于重复起诉问题

《行政诉讼法司法解释》第106条规定:"当事人就已经提起诉讼的事项在诉讼过程中或者裁判生效后再次起诉,同时具有下列情形的,构成重复起诉:(一)后诉与前诉的当事人相同;(二)后诉与前诉的诉讼标的相同;(三)后诉与前诉的诉讼请求相同,或者后诉的诉讼请求被前诉裁判所包含。"《民事诉讼法司法解释》亦有类似规定,其第247条规定:"当事人就已经提起诉讼的事项在诉讼过程中或者裁判生效后再次起诉,同时符合下列条件的,构成重复起诉:(一)后诉与前诉的当事人相同;(二)后诉与前诉的诉讼标的相同;(三)后诉与前诉的诉讼请求相同,或者后诉的诉讼请求实质上否定前诉裁判结果。当事人重复起诉的,裁定不予受理;已经受理的,裁定驳回起诉,但法律、司法解释另有规定的除外。"

据此,行政诉讼中,构成重复起诉的条件有三:一是后诉与前诉的当事人相同。二是后诉与前诉的诉讼标的相同。三是后诉与前诉的诉讼请求相同,或者后诉的诉讼请求虽与前诉的诉讼请求不同,但被前诉裁判所包含,也即前诉的裁判事实上已经包含了对后诉诉讼请求的审查。换言之,后诉诉讼请求是否成立,已经在前诉中审理过且在裁判中予以了认定。可以看出,行政诉讼中的重复起诉与民事诉讼中的重复起诉在第三个条件的表述上稍有不同:后者表述为"后诉的诉讼请求实质上否定前诉裁判结果",其意是指后诉诉讼请求如果实质上否定了前诉裁判结果的,从否定之否定的原理来看,后诉诉讼请求与前诉诉讼请求本质上归于同一了。

重复诉讼既给当事人增加了讼累，又浪费了司法资源。禁止重复诉讼是民事诉讼中"一事不再理"原则的必然要求。判断是否属于重复诉讼，关键要看是否是同一当事人基于同一法律关系、同一法律事实提出的同一诉讼请求。这是最高人民法院在多件民事裁判文书中反复强调的识别规则。①

根据起诉，诉讼成立并产生在特定法院审判特定当事人之间案件的状态，就叫作诉讼系属。诉讼已系属就使诉讼参加和诉讼告知成为可能，其中最重要的效果是《民事诉讼法》规定的禁止重复起诉。（1）诉讼系属中，对同一案件允许重复起诉不仅对后诉被告带来麻烦，而且可能因对两个诉作出矛盾的判决而造成混乱，所以禁止这种无益的诉讼。（2）案件是不是同一个案件，要看当事人及请求（诉讼标的）的内容，法院没有必要是同一的。两诉的当事人是同一的，原告和被告的地位对换也属于同一的。当事人不同，即使请求是同一内容，案件原则上是另外一个案件，因为判决是相对地解决当事人之间的纠纷。但是，只要诉讼当事人为了他诉的当事人而对该诉请求具有原告或被告资格，就视为这两个诉是同一个案件，因为该人受到的判决对于他人产生效力。两诉的请求内容即关系必须是同一的。请求的同一性，根据请求原因来判断。（3）已在前诉系属中提起的诉讼，法院应依职权以不合法为由驳回，但前诉已经撤诉就不在此限。如果法院未发现重复起诉而作出本案判决时，对此可以提起上诉，但后诉已被确定就没有以上诉争辩的余地。②

在陈某生诉A省J县人民政府（以下简称J县政府）房屋行政征收及补偿协议一案③中，陈某生提起本案诉讼之前，曾经以J县政府为被告提起过两起诉讼，诉讼标的均是本案所针对的征收行政行为和房屋征收补偿协议。只不过针对征收行政行为的前诉，诉讼请求是"撤销"，后诉则是请求"确认违法"；针对房屋征收补偿协议的前诉，诉讼请求是"撤销"，后诉则是请求"确认无效"。

---

① 参见刘德权主编：《最高人民法院裁判意见精选》，人民法院出版社2011年版，第1508~1509页。

② 参见［日］兼子一、竹下守夫：《民事诉讼法》，白绿铉译，法律出版社1995年版，第62~63页。

③ 参见（2016）最高法行申2720号行政裁定书。

该案的基本案情如下：陈某生向 A 省 L 市中级人民法院起诉称，2014 年，J 县政府在重点民生工程棚户区改造项目（一期）中，滥用职权征收规划范围内国有土地上的房屋，强迫陈某生签订房屋征收补偿协议，拆除陈某生的房屋，侵犯了陈某生的合法权益。请求依法判决 J 县政府在 2014 年棚户区改造项目工程中的征收行政行为违法，一并判决房屋征收补偿协议无效并予以撤销。

A 省 L 市中级人民法院一审查明，陈某生、张某平曾于 2014 年 9 月 22 日对 J 县政府所作《关于征收 J 县 2014 年重点民生工程棚户区改造项目（一期）规划范围内国有土地上房屋的决定》向该院提起过诉讼。该院于 2014 年 12 月 12 日作出一审行政判决，驳回诉讼请求。A 省高级人民法院于 2015 年 4 月作出二审行政判决，驳回上诉，维持一审判决。另，陈某生曾于 2015 年 10 月就房屋征收补偿协议向该院提起过诉讼，该院以错列被告为由裁定驳回起诉。

A 省 L 市中级人民法院一审认为，陈某生提起的本次诉讼属于重复诉讼。虽经释明，但陈某生不愿意撤诉。据此，依照《最高人民法院关于适用〈中华人民共和国行政诉讼法〉若干问题的解释》第 3 条第 1 款第 6 项、第 2 款之规定，作出一审行政裁定，驳回陈某生的起诉。陈某生不服，提起上诉。

A 省高级人民法院二审认为，陈某生对 J 县政府所作房屋征收决定不服，于 2014 年提起行政诉讼要求予以撤销，该院已作出生效判决。现陈某生起诉要求确认 J 县政府作出的房屋征收行为违法，虽然在诉讼请求上表述不同，但均是针对同一行政行为，故应属重复起诉。另，对房屋征收补偿协议，陈某生也曾起诉要求予以撤销，对此该院也已作出生效裁定。现陈某生仍以 J 县政府为被告，起诉要求确认该协议无效，同样属重复起诉。故一审法院裁定驳回起诉并无不当。据此作出二审行政裁定：驳回上诉，维持一审裁定。

陈某生仍不服，向最高人民法院申请再审称：（1）再审申请人此前针对 J 县政府征收决定提起的诉讼是请求撤销，本次诉讼是请求确认违法；此前针对房屋征收补偿协议提起的诉讼是请求撤销，本次诉讼是请求确认无效。请求不同，内容不同，是截然不同的两个诉讼。二审法院裁定也已认定"诉讼请求表述不同"，因此不存在重复起诉。（2）针对房屋征收补偿协议提起的诉讼目前正在申请再审中，因而不构成重复起诉。据此请求撤销一、二审裁定，判决 J 县政府在 2014 年棚户区改造项目工程中的征收行政行为违法。

《行政诉讼法司法解释》重点内容案例解析

最高人民法院认为，本案的核心争议是，再审申请人陈某生对J县政府提起的本案诉讼，是否构成重复起诉。《最高人民法院关于适用〈中华人民共和国行政诉讼法〉若干问题的解释》第3条第1款第6项规定，重复起诉的，应当不予立案；已经立案的，应当裁定驳回起诉。重复起诉之所以被禁止，是因为其违反了诉讼系属、既判力和"一事不再理"原则。如果允许重复起诉，将造成因重复审理而带来的司法资源浪费、因矛盾判决而导致的司法秩序混乱以及因被迫进行二重应诉而对被告产生的不便。根据《民事诉讼法司法解释》第247条第1款规定，同时符合下列条件的，构成重复起诉：后诉与前诉的当事人相同；后诉与前诉的诉讼标的相同；后诉与前诉的诉讼请求相同，或者后诉的诉讼请求实质上否定前诉裁判结果。具体到本案来说，再审申请人提起本案诉讼之前，曾分别于2014年9月和2015年10月以J县政府为被告提起过两起诉讼，诉讼标的也是本案所针对的征收行政行为和房屋征收补偿协议。有所不同的是，针对征收行政行为的前诉，诉讼请求是"撤销"，后诉则是请求"确认违法"；针对房屋征收补偿协议的前诉，诉讼请求是"撤销"，后诉则是请求"确认无效"。再审申请人以此主张，请求不同，内容不同，因此是截然不同的两个诉讼。最高人民法院认为，构成重复起诉的要件之一是后诉与前诉的诉讼标的相同。该要件对应的是既判力。所谓既判力，是指判决确定后，无论是否违法，当事人及法院均受其拘束，不得就该判决之内容再为争执。而既判力的客观范围恰恰是诉讼标的。如果后诉与前诉的诉讼请求完全相同，如都是请求撤销同一个行政行为，属于重复起诉自不待言。值得讨论的是，在后诉和前诉的诉讼请求表面上看并不相同的情况下，能否产生后诉被前诉之既判力所及的效果。通说认为，撤销诉讼的诉讼标的，系由违法性与权利损害两者构成。换句话说，行政行为的违法性是撤销判决适用条件的核心。如果行政行为构成违法，且对原告的合法权益造成损害，人民法院就应当判决撤销。反之，如果人民法院判决驳回原告要求撤销行政行为的诉讼请求，即产生被诉行政行为并非违法的既判力，当事人不得在后诉中主张行政行为违法，后诉之法院亦受不得确认该行政行为违法之拘束。故原告提起撤销诉讼，经判决被驳回后，即已确认该行政行为合法，再就同一行政行为提起确认违法之诉，应为前诉之既判力所及。再审申请人在本案中的第一项诉讼请求即属这种情形，原审法院认定属于重复起诉并裁定驳回起诉,并无不当。

但就前后两诉一是请求撤销(或确认违法)、一是请求确认无效而言,问题则相对复杂。这是因为两者在法评价上有其本质上的差异。撤销(或确认违法),在程度上只是一般违法;确认无效,按照《行政诉讼法》第75条的规定,则须达到"重大且明显违法"因而"自始无效"的程度。故此两次诉讼其中之一被判决驳回诉讼请求后,其既判力似乎并不当然地及于另一诉讼。但通说认为,自始无效本身并不是诉之适法性的前提,而是理由具备性问题。实践中,真正的无效确认之诉,主要出现于辅助请求中,或者其是遵照法院的释明采取的一种转换形式。《行政诉讼法司法解释》第94条规定:"公民、法人或者其他组织起诉请求撤销行政行为,人民法院经审查认为行政行为无效的,应当作出确认无效的判决。公民、法人或者其他组织起诉请求确认行政行为无效,人民法院审查认为行政行为不属于无效情形,经释明,原告请求撤销行政行为的,应当继续审理并依法作出相应判决;原告请求撤销行政行为但超过法定起诉期限的,裁定驳回起诉;原告拒绝变更诉讼请求的,判决驳回其诉讼请求。"因此,即使原告的请求仅是撤销,法院经审理认为达到自始无效的程度,也会判决确认无效;反之,如果原告请求的是确认无效,法院经释明后认为仅仅属于一般违法,也可能会作出撤销判决。因此,无论原告的诉讼请求是确认无效,还是请求撤销(或确认违法),法院通常都会对是否违法以及违法的程度作出全面的审查和评价。在对前诉实体上判决驳回之后,后诉即因前诉已经进行了全面的合法性审查而构成重复起诉。此外,再审申请人在本案中的第二项请求还有其特殊性。其在前诉中请求撤销房屋征收补偿协议,法院裁判并非从实体上将其诉讼请求判决驳回,而是因其错列被告而作出驳回起诉的裁定。在此情况下,无论其如何改变请求,如在后诉中将诉讼请求由撤销变为确认无效,也改变不了错列被告的性质。原审法院对该项起诉亦不支持,同样符合法律规定。本案中,再审申请人此前提起的两个诉讼,一个已经作出生效裁判,另一个只是作出了一审裁判,此后才由二审法院作出生效裁判。再审申请人也主张,该案"目前正在申请再审中,因而不构成重复起诉"。最高人民法院认为,禁止重复起诉的出发点之一在于诉讼系属,而诉讼系属是从人民法院接到起诉状时开始。因此,按照《民事诉讼法司法解释》第247条第1款的规定,也许前一诉讼尚在诉讼过程中,也许前一诉讼已经作出生效裁判,总之,无论前一诉讼进展到何种程度,只要已产生诉讼系属,且符合该条款所规定的三个条件,后诉便构成重复起诉。

本案中,陈某生针对涉案房屋征收补偿协议的前诉,诉讼请求是"撤销",后诉则是请求"确认无效"。如果前诉被判决驳回诉讼请求,根据《行政诉讼法》第69条的规定,行政行为证据确凿,适用法律、法规正确,符合法定程序的,或者原告申请被告履行法定职责或者给付义务理由不成立的,人民法院判决驳回原告的诉讼请求,这就意味着被诉涉案房屋征收补偿协议是合法的。也即当被诉涉案房屋征收补偿协议连一般违法也不是的情况下,陈某生再诉请确认无效,诉请被诉涉案房屋征收补偿协议是重大且明显违法的,显然不能成立,并构成了重复起诉。但本案尚需要讨论两个问题:一是若陈某生针对涉案房屋征收补偿协议提起的前诉,诉讼请求是"确认无效",后诉是请求"撤销",则根据《行政诉讼法司法解释》第94条的规定,人民法院审查认为行政行为不属于无效情形,经释明,原告请求撤销行政行为的,应当继续审理并依法作出相应判决;原告请求撤销行政行为但超过法定起诉期限的,裁定驳回起诉;原告拒绝变更诉讼请求的,判决驳回其诉讼请求。如果裁定驳回起诉,则被诉涉案房屋征收补偿协议在实体上是否合法尚不清楚,可能是合法的,也可能是不合法的。如果是不合法的,有可能没有达到重大且明显违法的程度,而仅仅是一般违法。即便是一般违法,若法院没有作出确认违法的判决,则陈某生针对涉案房屋征收补偿协议再提起撤销之诉,亦很难认定后诉诉讼请求与前诉诉讼请求相同。二是陈某生在前诉中请求撤销涉案房屋征收补偿协议,一审法院并非实体上判决驳回其诉讼请求,而是因其错列被告裁定驳回其起诉。此时,被诉涉案房屋征收补偿协议在实体上是否合法亦不清楚。陈某生在后诉中诉请确认被诉涉案房屋征收补偿协议无效,后诉的诉讼请求与前诉的诉讼请求不同,且后诉的诉讼请求亦未被前诉裁判所包含。故陈某生对涉案房屋征收补偿协议提起的两次诉讼是否构成重复起诉,值得进一步研究。

五、关于撤诉问题

对于原告撤诉之后能否再起诉的问题,需要具体情况具体分析,但一般是不允许的。《行政诉讼法司法解释》第60条规定:"人民法院裁定准许原告撤诉后,原告以同一事实和理由重新起诉的,人民法院不予立案。准予撤诉的裁定确有错误,原告申请再审的,人民法院应当通过审判监督程序撤销原准予撤诉的裁定,重新对案件进行审理。"该条司法解释之所以这样规定,主要是考虑到行政法律关系的安定和行政效率的提高。原告撤诉之后,即便在起诉期限之内起诉,法院一般也不立案受理,除非有正当理由。但什么是"正当理由",是一个不确定的法律概念。有人认为,这个"正当理由"就是指《行政诉讼法司法解释》第61条规定的情形,即"原告或者上诉人未按规定的期限预交案件受理费,又不提出缓交、减交、免交申请,或者提出申请未获批准的,按自动撤诉处理。在按撤诉处理后,原告或者上诉人在法定期限内再次起诉或者上诉,并依法解决诉讼费预交问题的,人民法院应予立案"。显然,这种理解过于狭窄。

笔者认为,对于原告的撤诉申请,在法院作出准予撤诉的裁定之后,原告不得以同一事实和理由再行起诉,但有正当理由且在法定起诉期限的除外。司法实务中,对"正当理由"的理解应当符合《行政诉讼法》及有关司法解释的规定。侯某方诉S省C县人民政府(以下简称C县政府)土地行政登记一案[①]即涉及当事人撤诉后能否再行起诉的问题。该案的基本案情如下:侯某方诉称,其对C县政府颁发的集体土地使用证项下土地拥有合法使用权,该宗土地系其从父亲张某芝(已故)处继承取得。对此,有村委会、侯某林、侯某勇等证人证言等材料为证。C县政府为第三人颁证侵犯了其合法权益。请求法院撤销上述集体土地使用证。

C县政府辩称:(1)侯某方曾就C县政府作出集体土地使用证的行政行为向C县人民法院提起行政诉讼,后自愿申请撤回起诉,C县人民法院作出裁定书准许其撤诉。现侯某方无正当理由就同一事实、同一诉讼请求重新起诉,不

[①] 参见(2016)最高法行申2747号行政裁定书;李成斌、谭红:《行政诉讼原告撤诉之后再行起诉的理解与适用》,载《人民司法》2018年第35期。

符合法律规定。(2)案涉集体土地使用证书属于换发证书，侯某方与换证行为没有法律上的利害关系。(3)第三人自1992年取得土地使用权至今已达22年之久，侯某方起诉超过了最长20年的保护期限。综上，请求法院驳回侯某方的起诉。

第三人牛某花述称，侯某方不具备提起诉讼的主体资格，也超过了起诉期限。案涉集体土地使用权证系其合法取得。请求法院驳回侯某方的诉讼请求。第三人提交了C县人民法院作出的行政裁定书一份。

S省L市中级人民法院一审查明，根据C县人民法院于2015年12月5日作出的行政裁定书所载内容，侯某方曾于2015年5月15日就与本案相同的事实、相同的诉讼请求向C县人民法院提起行政诉讼，C县人民法院于2015年6月1日开庭审理。后侯某方向C县人民法院提起撤诉申请，C县人民法院裁定准许。

侯某方在庭审中称，其确曾就此案向C县人民法院提起行政诉讼。因当时审理期限即将届满，其暂时无法补充相关新证据，故递交撤诉申请书申请撤诉。现在其调取到了与本案相关的新证据，且C县人民法院对此案并无管辖权，其有正当理由重新起诉。

一审法院认为，根据业已生效的行政裁定书内容，侯某方曾就被诉行政行为向C县人民法院提起行政诉讼，后申请撤诉被C县人民法院准许。侯某方所主张的正当理由并不符合法律规定，对其主张不予采纳。侯某方无正当理由就同一事实、同一诉讼请求向法院提起行政诉讼，对其起诉依法应予驳回。根据《最高人民法院关于适用〈中华人民共和国行政诉讼法〉若干问题的解释》第3条第1款第7项之规定，裁定驳回侯某方的起诉。侯某方不服，提起上诉。

S省高级人民法院二审认为，依照《最高人民法院关于适用〈中华人民共和国行政诉讼法〉若干问题的解释》第3条第1款"有下列情形之一，已经立案的，应当裁定驳回起诉：……(七)撤回起诉后无正当理由再行起诉的"之规定，本案侯某方撤回起诉后，无正当理由就同一事实、同一诉讼请求再行起诉，其起诉依法应予驳回。原审法院裁定驳回侯某方的起诉并无不当。关于侯某方所提"由于C县法院无管辖权，所作裁定是违法无效的，原审法院认定侯某方撤回起诉的前提并不成立"及"其再行起诉有正当理由"的上诉理由，经查，侯某方曾于2015年5月15日就同一事实和理由向C县人民法院提起行政诉讼，C县人民法院予以立案受理，此时，侯某方已经就该案启动了行政诉讼程序，C县人民法院如发现对本案无管辖权，应依照《行政诉讼法》第22条之规定，将本案向有管辖权的人民法院移送，在C县人民法院作出相关处理之前，侯某方申请撤诉，是在已经开始的诉讼进程中对其诉讼权利的放弃。且原审法院庭审笔录证实，侯某方在以审理期限即将届满需要补充证据为由撤回起诉后又以补充了新证据为由再行起诉，不能认定为侯某方撤回起诉后再行起诉有正当理由。因此，侯某方的该上诉理由不能成立，不予采纳。关于侯某方所提"原审法院没有在法定期限内将被告答辩状副本发送给原告，程序违法"的上诉理由，原审法院在收到C县政府答辩状后未在法定期限内将答辩状发送给侯某方，属程序瑕疵，但该程序瑕疵未对案件的处理结果造成影响。因此，该上诉理由不予采纳。综上，一审法院裁定认定事实清楚，适用法律正确，依法应予维持。侯某方的上诉理由不能成立，遂裁定驳回上诉，维持原裁定。侯某方不服上述裁定，向最高人民法院申请再审。

最高人民法院经审查认为，本案主要涉及C县人民法院作出的准予撤诉裁定的法律效力、侯某方撤回起诉后再行起诉是否有正当理由以及一审法院未向侯某方送达答辩状副本是否违反了法定程序等问题。

第一，关于C县人民法院作出的准予撤诉裁定的法律效力问题。根据《行政诉讼法》第22条的规定，人民法院发现受理的案件不属于本院管辖的，应当移送有管辖权的人民法院，受移送的人民法院应当受理。因此，C县人民法院如发现本案管辖错误，应当移送至有管辖权的人民法院。本案中，C县人民法院没有将案件移送至S省L市中级人民法院，该处理欠妥。但是，尽管C县人民法院没有将案件移送至有管辖权的法院，并作出了准予侯某方撤诉的裁定，也不能未经法定程序就径行否定该裁定的法律效力。换言之，C县人民法院作出的准予撤诉裁定具有法律效力。此时，根据《最高人民法院关于执行〈中华人民共和国行政诉讼法〉若干问题的解释》第36条第2款的规定，若准予撤诉的裁定确有错误，原告申请再审的，人民法院应当通过审判监督程序撤销原准予撤诉的裁定，重新对案件进行审理。因此，C县法院根据侯某方的申请作出准予其撤诉行政裁定后，侯某方以C县法院对该案无管辖权为由，认为该准予撤诉裁定无效的主张不能成立。

第二，关于侯某方撤回起诉后是否能够再行起诉的问题。《最高人民法院关于执行〈中华人民共和国行政诉讼法〉若干问题的解释》第 36 条第 1 款规定："人民法院裁定准许原告撤诉后，原告以同一事实和理由重新起诉的，人民法院不予受理。"《最高人民法院关于适用〈中华人民共和国行政诉讼法〉若干问题的解释》第 3 条第 1 款第 7 项规定："有下列情形之一，已经立案的，应当裁定驳回起诉：……（七）撤回起诉后无正当理由再行起诉的。"本案中，侯某方申请撤诉系其自愿提出，其以 C 县人民法院因对该案无管辖权而作出的准予撤诉裁定无效并进而认为该裁定不能认定其撤回了起诉为由再行起诉，属于无正当理由。故一、二审法院裁定驳回侯某方的起诉、上诉并无不当。

第三，关于一审法院未给侯某方送达答辩状副本是否违反了法定程序的问题。《行政诉讼法》第 67 条规定："……人民法院应当在收到答辩状之日起五日内，将答辩状副本发送原告……"本案中，S 省 L 市中级人民法院没有在法定期限内将被告提交的答辩状副本发送侯某方，有违前述程序规定，但此节对本案的公正审理及审理结果未造成实质影响。

本案中，侯某方诉请撤销的是 C 县政府于 2004 年作出集体土地使用证的行政行为，该行为系对第三人牛某花于 1992 年取得的集体土地建设使用权的换证行为，而非新的颁证行为，其迟至 2015 年起诉，显然已超过法律规定的最长期限。另外，在对侯某方的再审申请进行审查的过程中，侯某方与本案第三人牛某花达成了调解协议，且已履行完毕。综上，侯某方的再审申请不符合《行政诉讼法》第 91 条规定的情形。依照《行政诉讼法》第 101 条、《民事诉讼法》第 204 条第 1 款之规定，裁定驳回再审申请人侯某方的再审申请。

本案的核心问题是关于原告撤诉之后能否再行起诉的问题。对此，我国《行政诉讼法》未就禁止再诉作出明确规定。撤诉，又被称为诉之撤回，系不请求法院就已提起之诉为判决之意思表示，基于当事人对于诉讼及诉讼标的之处分权，原则上准许行政诉讼之原告于判决确定前撤回。[①] 撤诉包括申请撤诉和按撤诉处理。对于原告申请撤诉，根据当时生效的《最高人民法院关于执行

---

① 参见陈清秀：《行政诉讼法》，法律出版社 2016 年版，第 571 页。

〈中华人民共和国行政诉讼法〉若干问题的解释》第36条之规定，人民法院裁定准许原告撤诉后，原告以同一事实和理由重新起诉的，人民法院不予受理。准予撤诉的裁定确有错误，原告申请再审的，人民法院应当通过审判监督程序撤销原准予撤诉的裁定，重新对案件进行审理。对该条第1款的正确理解应当是，原告撤诉后以同一事实和理由重新起诉的，法院不予受理。原告虽以同一事实，但以不同的理由重新起诉的，或者原告以不同的事实和理由[①]重新起诉的，就应当不在此列。第44条第1款规定："有下列情形之一的，应当裁定不予受理；已经受理的，裁定驳回起诉：……（九）已撤回起诉，无正当理由再行起诉的……"当时生效的《最高人民法院关于适用〈中华人民共和国行政诉讼法〉若干问题的解释》第3条亦规定："有下列情形之一，已经立案的，应当裁定驳回起诉：……（七）撤回起诉后无正当理由再行起诉的……"可见，只有当事人"无正当理由再行起诉的"，得"驳回起诉"。如果当事人有正当理由再行起诉的，就不能裁定驳回起诉，尽管该正当理由事后经人民法院审理后可能不一定成立。换言之，当事人撤诉后并非绝对地不能再行起诉，只要当事人有正当理由，其仍可以起诉。司法实务中，对于当事人以新的事实和理由为依据重新起诉的，有的地方法院也确实予以了受理并进行了审理。例如，在陈某忠诉J省S县人民政府土地行政登记案中，原告陈某忠以S县人民政府为第三人电影管理站颁发国有土地使用权证、侵害其合法权益为由，于2005年提起行政诉讼。S县人民法院以陈某忠与被诉行政行为不具备行政法律上的利害关系为由，裁定驳回起诉。X市中级人民法院以陈某忠未提供有效证据证明其使用土地经过合法登记、不能确定其合法使用范围为由，维持一审裁定。后陈某忠找到了其持有的宅基地使用证，再次提起诉讼。X市中级人民法院认为，陈某忠再次起诉时提供的宅基地使用证能够证实其使用土地的范围等状况，因此陈某忠的起诉不属于重复起诉，法院予以受理并进行实体审查并无不当。对于按撤诉处理，正如有学者所说，原告或者上诉人未按规定的期限预交案件受理费，

[①] 有学者认为，一般来说，"事实和理由"不是一个诉讼的构成要件。当事人以不同的事实根据和法律理由再次提起诉讼，不足以作为法院受理的根据。参见何海波：《行政诉讼法》，法律出版社2001年版，第242页。

又不提出缓交、减交、免交申请,或者提出申请未获批准的,按自动撤诉处理。在案件按撤诉处理后,原告或者上诉人在法定期限内再次起诉或者上诉,并依法解决诉讼费问题的,人民法院应予受理。①《行政诉讼法司法解释》第61条即规定:"原告或者上诉人未按规定的期限预交案件受理费,又不提出缓交、减交、免交申请,或者提出申请未获批准的,按自动撤诉处理。在按撤诉处理后,原告或者上诉人在法定期限内再次起诉或者上诉,并依法解决诉讼费预交问题的,人民法院应予立案。"就本案而言,笔者认为,主要涉及以下几个问题。

第一,关于本案侯某方撤诉是否自愿的问题。撤诉是原告享有的一项诉讼权利,但该项权利的行使必须基于自愿。《行政诉讼法》第62条规定:"人民法院对行政案件宣告判决或者裁定前,原告申请撤诉的,或者被告改变其所作的行政行为,原告同意并申请撤诉的,是否准许,由人民法院裁定。"可见,如果原告撤诉不是其自愿的,人民法院应裁定不予准许。而且,根据《行政诉讼法》第59条第1款第5项的规定,如果诉讼参与人或者其他人以欺骗、胁迫等非法手段使原告撤诉的,人民法院可以根据情节轻重,予以训诫、责令具结悔过或者处1万元以下的罚款、15日以下的拘留;构成犯罪的,依法追究刑事责任。《行政诉讼法司法解释》第80条第2款规定:"当事人申请撤诉或者依法可以按撤诉处理的案件,当事人有违反法律的行为需要依法处理的,人民法院可以不准许撤诉或者不按撤诉处理。"本案中,侯某方在其2015年11月5日撰写的撤诉申请中说:"侯某方诉C县人民政府、牛某花行政撤销一案,还有些证据需要补充。现特申请撤诉,请法院批准。"可以看出,侯某方不存在受欺骗、受胁迫的情形,也不存在违反法律需要依法处理的情形。故侯某方的撤诉是其真实意思表示。

第二,关于撤诉后能否再行起诉即撤诉的法律后果问题。对此,存在两种观点:一种观点认为,"撤回一审之诉均视为未起诉,故允许当事人就同一纠纷再行起诉"②。因此,在法定的诉讼期间,当事人(原告)仍有再行起诉的权利。

---

① 参见姜明安主编:《行政法与行政诉讼法》(第六版),北京大学出版社、高等教育出版社2015年版,第490页。

② 张晋红:《论撤诉的后果与对撤诉的控制》,载《法律科学》1996年第5期。

一般来说，原告撤诉仅处分自己的诉讼权利，并未处分自己的实体权利。在一定条件下，原告还可以起诉，再次要求通过司法程序保护自己的实体权利。比如，在诉讼过程中，由于证据不足，人民法院无法查清案情，原告也无法胜诉，而作为认定事实的证据原告在短期内不可能提供，人民法院也不可能在短期内获取。为了避免案件久拖不决，造成人力、物力的浪费，原告可以向人民法院申请撤诉。原告在撤诉后，如果在诉讼时效期间获取了能够证明案件真实情况的新的证据，可以就同一诉讼请求向人民法院重新提起诉讼。[1]申请撤诉，是当事人以积极的意思表示，向受诉法院要求撤回已提出之诉，不再要求法院对案件继续进行审判的行为。人民法院依法裁定准许撤诉的，诉讼程序终结。撤诉视为未起诉，当事人又有争议的，仍然可以再起诉。[2]

另一种观点认为，原告撤诉之后原则上不能重新起诉。理由如下：（1）当事人申请撤诉，尽管不是对其实体权利的处分，但属于对诉讼权利的处分行为。这种处分行为一经法院批准，就是一种生效的法律行为。这种行为的实质是，当事人放弃了请求司法保护的权利。只要这种行为是当事人真实的意思表示并且符合法律的相关规定，就应当具有恒定的法律效力。也即其请求法院保护的权利已经被处分。如果允许其重新起诉，那就意味着已经被处分的权利可以失而复得。（2）原告申请撤诉经法院批准，其他诉讼行为都连带无效，但是不能简单地等同于诉讼程序没有发生，或者视同未起诉。原告申请撤诉和法院批准撤诉作为两个法律事实，理应引起相应的法律后果。原告申请撤诉的主旨不仅应理解为消灭已经实施的诉讼行为，而且还应当理解为放弃请求司法保护的权利。因此，经法院批准的撤诉，不等于诉讼程序没有发生，也不能简单地视为没有起诉。（3）法院批准撤诉作为一种法律事实，它所引起的法律后果不仅仅及于原告自身。撤诉作为一种法律事实，有可能引起一系列的法律关系的发生、变更或者消灭。如果允许原告重新起诉，势必引起相关联的法律关系的再度萦

---

[1] 参见全国人大常委会法制工作委员会民法室编：《〈中华人民共和国民事诉讼法〉理解与适用》，人民法院出版社2012年版，第236页。

[2] 参见单丽雪编著：《中华人民共和国民事诉讼法配套解读与实例》，法律出版社2015年版，第176页。

乱，从而引发新的行政纠纷。① （4）在特定情形下，原告申请撤诉是因为与行政机关之间达成谅解，这种谅解实际上是为了解决纠纷而作出的一种契约类的法律行为，对于双方均有约束力。原告不能既享受行政机关让步作出的变更行政行为或者其他权益，又随意破坏双方之间的和解。原告如果重新起诉，实际上就是破坏这种相互之间的理解和信任。（5）从域外经验来看，一些国家对于原告撤诉之后再行起诉亦作了限制性规定。例如，在英国，依据其法律和实务，原告在被告送达答辩书之后申请撤诉的，须经法院许可，而主审法官在给予许可时，一般作为条件要求原告允诺就同一请求不再起诉。② 通常，民事诉讼程序中，人民法院准予原告撤诉后，原告是可以就同一事实和理由再次向人民法院提起民事诉讼的。但撤诉后原告是否能够重新起诉问题在行政审判实践中却有其特殊性。这是因为，撤诉是导致具体诉讼法律关系消灭的诉讼活动，对诉讼程序有着巨大影响，撤诉成立将终结诉讼程序。鉴于行政诉讼与民事诉讼具有不同的特点和本质的区别，行政诉讼对具体行政行为进行的审查基于原告的诉讼请求而开始，也同样基于原告撤回诉讼请求的成立而终结。法律上设定撤诉的审查和准许，就是为了保证撤诉的严肃性。③

关于诉之撤回的效力，参考我国台湾地区"行政诉讼法"第115条的规定，准用"民事诉讼法"第263条规定，即"诉经撤回者，视同未起诉。但反诉不因本诉撤回而失效力。于本案经终局判决后将诉撤回者，不得复提起同一之诉"。诉之撤回效力有三：一是诉之全部撤回者，全部诉讼系属追溯既往消灭。因诉之撤回，起诉之效力溯及于起诉时消灭，与未起诉同。其结果，非仅不得续行已撤回之诉讼，且已为之诉讼程序上之行为亦失其效力。且诉讼系属所发生之实体法上效力，例如，时效中断效力以及起算诉讼期间利息等，均因诉之撤回而追溯既往归于消灭。二是诉撤回后，已经作成的裁判尚未确定者，该裁判因丧失诉讼标的而失其效力。因此在第二审（上诉审）诉讼程序，也可以撤

---

① 参见江必新：《行政诉讼法——疑难问题探讨》，北京师范学院出版社1991年版，第185~186页。

② 参见沈达明编著：《比较民事诉讼法初论》，中信出版社1991年版，第167页。

③ 参见最高人民法院行政审判庭编：《关于执行〈中华人民共和国行政诉讼法〉若干问题的解释释义》，中国城市出版社2000年版，第67页。

回第一审之诉,但应得相对人之同意。① 三是若本案未经终局判决前,原告将诉撤回,其是否可以提起同一之诉?参考我国台湾地区"民事诉讼法"第263条第2项规定之反面解释,自应容许之。"撤回起诉后,视同未起诉,原告仍得就同一标的再行起诉,唯本案经法院终局判决后将诉撤回者,不得复提起同一之诉。"② 德国学者对此认为,诉之撤回并非原告放弃其请求,原告仍有权利对相同之请求重新提起诉讼,不过是要在起诉期间之内。因此,行政诉讼中,就确认诉讼、给付诉讼有可能发生原告在本案未经终局判决前为诉之撤回,而于其后又提起同一之诉。但是在撤销诉讼中,因"行政诉讼法"第106条第1项设有撤销诉讼应予诉愿决定书送达后2个月之不变期间内为之的起诉期间的限制。因此,原告纵使在终局判决前将诉撤回,实际上亦多不能再行起诉,此与"民事诉讼法"中诉之撤回制度有所差异。③ 王甲乙等教授认为,诉之撤回合法者,发生下列效力:一是诉讼系属溯及消灭。诉经撤回者,视同未起诉。因诉之撤回,起诉之效力溯及于起诉时消灭,与未起诉同。其结果,非仅不得续行已撤回之诉讼,且已为之诉讼程序上之行为亦失其效力。唯原告撤回诉讼后其诉讼卷宗尤其调查证据之笔录,仍得于他诉讼作为证据之用。主参加诉讼,于起诉当时本诉在系属中,其后本诉虽经撤回,于主参加诉讼之效力并无影响。二是再行起诉之禁止。诉撤回后,就同一诉讼标的,原则上得更行起诉。但于本案经终局判决后,将诉撤回者,不得复提起同一之诉。盖就当事人之纷争,已费相当之劳力与时间,以终局判决予以解决;殊无再度为其解决原来纷争之必要。基此理由,不得复提起同一之诉者,仅限于将诉撤回之原告而已。此与不得更行起诉者为当事人双方,大异其趣。④ 由此,根据撤诉,诉讼就视为自始未系属。其结果,诉讼中不论是当事人所为的诉讼行为还是法院所为的诉讼行为都失去效力。撤诉既然视为未起诉,当然可以同一内容再次提起诉讼。但是,在法院对前一诉讼作出解决纠纷的本案判决之后,当事人撤诉使已作出判决化为

---

① 参见陈清秀:《行政诉讼法》,法律出版社2016年版,第575~576页。
② 吴庚:《行政争讼法论》,我国台湾地区三民书局2005年版,第158页。
③ 参见林胜鷁:《行政诉讼法》,我国台湾地区三民书局2009年版,第374页。
④ 参见王甲乙、杨建华、郑健才:《民事诉讼法新论》,我国台湾地区三民书局2007年版,第374~375页。

乌有时，法律从对同一纠纷不重复解决的宗旨出发，禁止当事人再诉。这里所说的"同一诉"不仅指当事人及诉讼标的是同一的，而且诉讼利益或其必要性也是同一的。如新诉虽然与旧诉的当事人、诉讼标的是一样的，但有提起再诉的正当利益和必要性的时候，不得禁止再诉。[①]

笔者认为，原告撤诉之后，如果有正当理由且在法定起诉期限之内，应当允许其再行起诉。过分强调行政诉讼与民事诉讼的不同、过分强调保证撤诉的严肃性的主张，将会导致限制再行起诉的标准过于严苛，在"充分保护当事人诉权和防止当事人滥用诉权"之间有欠平衡。《行政诉讼法司法解释》第60条规定："人民法院裁定准许原告撤诉后，原告以同一事实和理由重新起诉的，人民法院不予立案。准予撤诉的裁定确有错误，原告申请再审的，人民法院应当通过审判监督程序撤销原准予撤诉的裁定，重新对案件进行审理。"第69条第1款第7项规定，对于撤回起诉后无正当理由再行起诉的，已经立案的，应当裁定驳回起诉。现行司法解释虽然在本条规定中沿袭了禁止撤回起诉后再行起诉的基本立场，但增加了"无正当理由"的附加条件，应当理解为一种适度宽松的政策调整。禁止撤回起诉后再行起诉，应当主要适用于下列情形：（1）人民法院已经作出终局判决后始撤回其诉的。这不仅是其他国家和地区的通行做法，也是禁止再诉制度所主要针对的情形。（2）被告改变其所作的行政行为，原告同意并申请撤诉的。这种情形下的撤诉，虽然看似只是程序的撤回，但往往是"因当事人之间存在着撤诉合意，导致诉的利益丧失，或者导致诉讼系属效果消灭"[②]。除此之外，只要人民法院尚未作出终局判决且再行起诉时尚未超过起诉期限，一般都应允许。[③] 本案中，侯某方申请撤诉是因为要去补充新证据，之后其向S省L市中级人民法院再行起诉时，提交了两份证人证言。一、二审法院以"原告在审理期限即将届满需要补充证据为由撤回起诉后又以补充了新证据为由再行起诉无正当理由"为由裁定驳回侯某方的起诉和上诉，说理过于简单。根据《最高人民法院关于行政诉讼证据若干问题的规定》第52条规

---

① 参见［日］兼子一、竹下守夫：《民事诉讼法》，法律出版社1995年版，第136页。
② ［日］新堂幸司：《新民事诉讼法》，林剑锋译，法律出版社2008年版，第190页。
③ 参见李广宇：《新行政诉讼法司法解释读本》，法律出版社2015年版，第82~83页。

定,"新的证据"是指以下证据:一是在一审程序中应当准予延期提供而未获准许的证据;二是当事人在一审程序中依法申请调取而未获准许或者未取得,人民法院在第二审程序中调取的证据;三是原告或者第三人提供的在举证期限届满后发现的证据。显然,侯某方提交的两份证人证言不属于这三种新证据的任何一种:其没有在一审程序中申请延期提供证据,也没有依法申请调取证据。至于第三种情况,由于侯某方提交的这两份证人证言是其在撤诉后补充的,而不是已经存在但尚未发现的证据,故不符合"在举证期限届满后发现的证据"。

第三,关于管辖错误可否导致准许撤诉裁定无效的问题。现行《行政诉讼法》扩大了中级人民法院对一审行政案件的管辖范围,由"国务院各部门或者省、自治区、直辖市人民政府"的行政行为扩大到"国务院部门或者县级以上地方人民政府"的行政行为。《行政诉讼法》第15条第1项规定,对国务院部门或者县级以上地方人民政府所作的行政行为提起诉讼的第一审行政案件,由中级人民法院管辖。就本案而言,2015年5月15日,侯某方以C县政府为被告,向C县人民法院提起土地行政登记行政诉讼,C县人民法院受理并审理本案显然与该条关于级别管辖的规定不相符。C县人民法院应当根据《行政诉讼法》第22条的规定,即"人民法院发现受理的案件不属于本院管辖的,应当移送有管辖权的人民法院,受移送的人民法院应当受理",把本案移送给有管辖权的法院,即移送给L市中级人民法院。移送管辖,是指人民法院对已受理的案件经审查发现不属于本法院管辖时,将案件移送给有管辖权的人民法院管辖的一种法律制度。这是无管辖权的人民法院受理了不属于其管辖的案件的情况下所采取的一种补救措施,实质上是案件的移送,而不是管辖权的转移。《行政诉讼法》第22条作此规定是为了避免影响行政相对人依法行使诉权和法院对行政案件的及时审理。[①] "管辖权之有无是法院应依职权调查之事项。如法院对于诉讼之全部或一部认为无管辖权者,应依原告声请或依职权以裁定移送于有管辖权之法院。"[②] 不过,虽然2007年修正的《民事诉讼法》第179条第1款

[①] 参见姜明安主编:《行政法与行政诉讼法》(第六版),北京大学出版社、高等教育出版社2015年版,第440页。

[②] 陈清秀:《行政诉讼法》,法律出版社2016年版,第311页。

《行政诉讼法司法解释》重点内容案例解析

第 7 项规定当事人申请再审的事由符合"违反法律规定，管辖错误的"，人民法院应当再审，明确了案件管辖错误是再审的法定事由之一。2008 年《最高人民法院关于适用〈中华人民共和国民事诉讼法〉审判监督程序若干问题的解释》第 14 条对"违反法律规定，管辖错误的"作出了解释："违反专属管辖、专门管辖规定以及其他严重违法行使管辖权的，人民法院应当认定为民事诉讼法第一百七十九条第一款第七项规定的'管辖错误'。"2012 年 8 月，《民事诉讼法》再次予以修正。此次修改，本着有利于维护生效裁判既判力的考量，立法机关对民事诉讼再审事由进行了修改，其中之一便是删除"管辖错误"的情形。① 之所以不再把"管辖错误"作为民事诉讼的再审事由，主要是考虑"因管辖问题导致案件有错误的，一般都表现为判决、裁定认定事实和适用法律是错误的，而这些错误依照本条有关规定已明确可以再审。况且，《民事诉讼法》在第一审程序中就对管辖问题规定了异议和上诉的纠错机制"②。特别是，《民事诉讼法》第 211 条第 1 款之规定"人民法院应当自收到再审申请书之日起三个月内审查，符合本法规定的，裁定再审；不符合本法规定的，裁定驳回申请。有特殊情况需要延长的，由本院院长批准"是最高人民法院驳回再审申请人的行政诉讼再审申请的法律依据之一。因此，《民事诉讼法》及其司法解释关于管辖错误的规定也可以适用于行政诉讼领域。质言之，本案中，管辖错误不能否定 C 县人民法院作出的准许撤诉裁定的法律效力，即便 C 县人民法院对本案没有管辖权，但其作出的准许撤诉裁定非经审判监督程序撤销仍具有法律效力。

第四，关于一审法院未给侯某方送达答辩状副本是否违反了法定程序的问题。《民事诉讼法》第 207 条规定："当事人的申请符合下列情形之一的，人民法院应当再审：……（九）违反法律规定，剥夺当事人辩论权利的……"《民事诉讼法司法解释》第 389 条规定："原审开庭过程中有下列情形之一的，应当认定为民事诉讼法第二百零七条第九项规定的剥夺当事人辩论权利：……（三）违反法律规定送达起诉状副本或者上诉状副本，致使当事人无法行使辩论

---

① 参见李浩：《不予再审"管辖错误"后遗留问题研究》，载《法学家》2017 年第 2 期。
② 全国人大常委会法制工作委员会民法室编：《中华人民共和国民事诉讼法条文说明、立法理由及相关规定》，北京大学出版社 2012 年版，第 330 页。

权利的；（四）违法剥夺当事人辩论权利的其他情形。"《行政诉讼法》第 67 条规定："……人民法院应当在收到答辩状之日起五日内，将答辩状副本发送原告……"本案中，L 市中级人民法院没有在法定期限内将被告提交的答辩状副本送达侯某方，虽然有可能影响侯某方庭前阅卷、核实证据等诉讼权利的行使，但根据《行政诉讼法司法解释》第 96 条的规定，"有下列情形之一，且对原告依法享有的听证、陈述、申辩等重要程序性权利不产生实质损害的，属于行政诉讼法第七十四条第一款第二项规定的'程序轻微违法'：（一）处理期限轻微违法；（二）通知、送达等程序轻微违法；（三）其他程序轻微违法的情形。"本案中，L 市中级人民法院没有在法定期限内将被告提交的答辩状副本送达侯某方，对本案的公正审理及审理结果并未造成实质影响，因此属于该条规定的"程序轻微违法"。

六、关于起诉期限问题

起诉期限是指法律规定的当事人不服行政主体作出的行政行为或者行政主体的不作为时向法院请求司法救济的时间限制。起诉期限制度的目的和功能在于维护行政行为的效力，提高行政机关的效率，确保行政法律关系的安定。起诉期限与诉讼时效有着明显的区别，诉讼时效有中止、中断的规定，起诉期限则没有此规定，只有扣除规定。《行政诉讼法》第 46 条规定："公民、法人或者其他组织直接向人民法院提起诉讼的，应当自知道或者应当知道作出行政行为之日起六个月内提出。法律另有规定的除外。因不动产提起诉讼的案件自行政行为作出之日起超过二十年，其他案件自行政行为作出之日起超过五年提起诉讼的，人民法院不予受理。"第 48 条规定："公民、法人或者其他组织因不可抗力或者其他不属于其自身的原因耽误起诉期限的，被耽误的时间不计算在起诉期限内。公民、法人或者其他组织因前款规定以外的其他特殊情况耽误起诉期限的，在障碍消除后十日内，可以申请延长期限，是否准许由人民法院决定。"《行政诉讼法司法解释》第 64 条规定："行政机关作出行政行为时，未告知公民、法人或者其他组织起诉期限的，起诉期限从公民、法人或者其他组织知道或者应当知道起诉期限之日起计算，但从知道或者应当知道行政行为内容

《行政诉讼法司法解释》重点内容案例解析

之日起最长不得超过一年。复议决定未告知公民、法人或者其他组织起诉期限的，适用前款规定。"相较于原《最高人民法院关于执行〈中华人民共和国行政诉讼法〉若干问题的解释》第 41 条关于"行政机关作出具体行政行为时，未告知公民、法人或者其他组织诉权或者起诉期限的，起诉期限从公民、法人或者其他组织知道或者应当知道诉权或者起诉期限之日起计算，但从知道或者应当知道具体行政行为内容之日起最长不得超过 2 年。复议决定未告知公民、法人或者其他组织诉权或者法定起诉期限的，适用前款规定"的规定，《行政诉讼法司法解释》第 64 条的规定有两个明显的变化：一是把"未告知公民、法人或者其他组织诉权或者起诉期限的"改为"未告知公民、法人或者其他组织起诉期限的"，这样更具可操作性，更有利于保护公民、法人或者其他组织的诉权，因为公民、法人或者其他组织知道了起诉期限，就一定知道其享有诉权；二是未告知公民、法人或者其他组织起诉期限的，起诉期限从两年缩短为一年。起诉期限扣除的运用涉及法官自由裁量权的行使，实践中相关案例并不鲜见。有关起诉期限问题的案件大多是以原告超过起诉期限而又没有正当理由裁定驳回的。

例如，在连某诉 H 省 X 市经济开发区管理委员会（以下简称 X 开发区管委会）房屋行政征收一案[①]中，H 省 X 市中级人民法院一审查明，X 开发区管委会于 2015 年 3 月 20 日作出《X 经济开发区管委会关于 R 片区房屋征收的决定》，并于 2015 年 3 月 21 日张贴该决定书予以公告。连某不服上述决定，于 2016 年 2 月 1 日向法院提起行政诉讼。

一审法院认为，X 开发区管委会提交的《R 片区房屋征收决定张贴记录》上有街道办事处、当地村民委员会公章和村代表签名，符合证据的形式要件，该证据与公告照片能够互相印证，可以证实 X 开发区管委会于 2015 年 3 月 21 日将诉争《X 经济开发区管委会关于 R 片区房屋征收的决定》在当地进行了公告。连某提交的照片和视频材料没有显示张贴内容和张贴时间，且视频中张贴人称张贴行为与拆迁没有关系，故连某仅凭该证据不能否定某开发区管委会在 2015 年 3 月 21 日将涉案征收决定予以张贴公告的事实。综上，可以认定连某知道或应当知道涉案征收决定的时间应为 2015 年 3 月 21 日。《行政诉讼法》第

---

① 参见（2018）最高法行申 11175 号行政裁定书。

46条规定："……公民、法人或者其他组织向人民法院提起诉讼的，应当自知道或者应当知道作出行政行为之日起六个月内提出……"故连某的起诉超过了上述法律规定的起诉期限。遂裁定驳回连某的起诉。连某不服，提起上诉。

H省高级人民法院二审认为，当事人提起行政诉讼应当在法律规定的起诉期限内提出。X开发区管委会提交的《R片区房屋征收决定张贴记录》、张贴照片等证据能够证明其于2015年3月21日将《X经济开发区管委会关于R片区房屋征收的决定》在当地进行了公告，并告知了被征收人诉权和起诉期限。《行政诉讼法》第46条规定："公民、法人或者其他组织直接向人民法院提起诉讼的，应当自知道或者应当知道作出行政行为之日起六个月内提出。"连某应当在知道X开发区管委会作出征收决定之日起6个月内向人民法院提起诉讼，其于2016年2月向法院起诉，超过了法律规定的起诉期限。一审裁定驳回连某起诉的结果并无不当。连某的上诉理由不成立。遂裁定驳回上诉，维持原裁定。

连某仍不服，向最高人民法院申请再审称：（1）一审法院将再审被申请人提交的征收公告张贴记录作为定案依据存在瑕疵，再审被申请人拒绝向法庭陈述张贴的具体位置，其提交的证据存在造假行为，且与再审申请人出示的证据相矛盾。原审法院对证据的认定和采纳未尽法定审查义务，只对再审被申请人提交的证据的形式要件进行审查，没有对双方提交的证据进行对比认定，不符合证据认定的相关法律规定，认定程序违法。（2）再审被申请人是在2015年11月5日向再审申请人下发拆迁安置手册，因此，再审申请人得知被诉征收决定的时间应当是此时间点，再审申请人于2016年2月1日就该征收决定提起诉讼符合法律规定的起诉期限。一审法院裁定驳回起诉、二审法院裁定驳回上诉，剥夺了再审申请人的诉权。（3）再审被申请人作出的涉案征收行为不合法，一、二审法院对此行为没有进行认定。据此请求撤销二审行政裁定，将本案发回重审或依法改判支持再审申请人的诉讼请求。

最高人民法院认为，本案的关键问题是，再审申请人连某的起诉是否超过法定的起诉期限。《行政诉讼法》第46条规定，公民、法人或者其他组织直接向人民法院提起诉讼的，应当自知道或者应当知道作出行政行为之日起六个月内提出。本案中，根据X开发区管委会提交的《R片区房屋征收决定张贴记录》、张贴照片等证据，能够证明被诉征收决定于2015年3月21日在当地进行了公告。在被诉征收决定已告知被征收人诉权和起诉期限的情况下，连某于 2016 年 2 月才提起本案诉讼，显然已超过法律规定的 6 个月起诉期限。至于再审申请人提出的涉案征收行为不合法的问题，因该事项系实体审理的内容，而该案并未进入实体审理阶段，因此一、二审法院对此不予认定并无不当。综上，连某的再审申请不符合《行政诉讼法》第 91 条规定的情形。遂裁定驳回其再审申请。

但在潘某银诉 W 省 M 县人民政府（以下简称 M 县政府）林业行政登记一案[①]中，二审法院对潘某银超过起诉期限的认定明显不当。潘某银与潘某强是两兄弟，潘某强是哥哥。两兄弟在父母去世之后就分家了，其父母原来的承包地也一分为二，在承包地边上有很多白杨树。1997 年，潘某强到 M 县林业局和 M 县政府申请颁发林权证，后来 M 县政府把所有的白杨树都登记在其林权证下。2015 年 11 月，弟弟潘某银觉得在其承包地边上的两棵白杨树影响了农作物的采光，就向 M 县林业局申请采伐，M 县林业局作出了不予许可的决定，理由当然是该两棵白杨树已经确权在其哥哥名下，已经"名花有主"了，潘某银不服，申请复议。复议被驳回，其后向法院另行起诉，要求撤销 M 县政府给其哥哥颁发的林权证。一审法院以潘某银与被诉行为没有法律上的利害关系裁定驳回了其起诉。潘某银不服，提起上诉。二审法院认为，虽然一审裁定驳回的结论并无不当，但理由很牵强，这两棵白杨树虽然不在潘某银的承包地里面，但是在其承包地地头，如果在这种情况下还认为潘某银与被诉行为没有法律上的利害关系，显然是过于机械、牵强。二审遂改变了理由，以潘某银超过起诉期限裁定驳回其上诉。潘某银又向最高人民法院申请再审。最高人民法院经审查认为，二审法院以潘某银超过起诉期限裁定驳回其上诉，是不正确的。本案中，潘某银诉请法院撤销 M 县政府给其哥哥颁发的林权证，这是典型的因不动产发生的纠纷。虽然潘某强的林权证是 1997 年颁发的，但潘某银在 2015 年申请对其中两棵白杨树进行采伐的时候才知道，该两棵白杨树已经登记在他哥哥潘某强的林权证下，其于 2015 年向法院起诉，显然没有超过最长的 20 年起诉期限，故对本案指令再审。另，最高人民法院对案件指定再审或者提审，不受

---

① 参见（2016）最高法行申 4873 号行政裁定书。

案件标的额大小的影响,即便案件涉及的金额很小,只要符合再审的法定情形,就应当依法进行再审。

在某一行政处罚案件中,一、二审法院均认为原告的起诉超过起诉期限,因此驳回了其起诉和上诉。后来再审申请人向最高人民法院申请再审。再审申请人申请再审的理由是,其知道被诉行政行为的内容,但是不知道是哪一个行政机关作出的。确实,如果当事人不知道某一行为是哪一个行政机关作出的,不知道被告是谁,其怎么行使诉权,怎么起诉?《行政诉讼法司法解释》第65条规定的"公民、法人或者其他组织不知道行政机关作出的行政行为内容的,其起诉期限从知道或者应当知道该行政行为内容之日起计算"中的"行政行为内容"应该包括行政行为的作出主体,而不能简单地、机械地理解行政行为的内容是什么,如罚款多少、拘留多少日等,"行政行为内容"应该包括行政行为的全部要素。该案中,再审申请人确实不知道被诉行政行为是哪一个行政机关作出的,那么从其后来知道被诉行政行为作出的主体之日起并未超过当时的2年起诉期限。因此,该案后来被指定再审。

关于起诉期限,我国行政诉讼中存在的问题有:一是以超过起诉期限驳回当事人的起诉或者上诉的比重偏高,实践中对当事人实体权益的救济极为不利。二是所有的案件类型都适用起诉期限而未考虑一些案件类型的特殊性。因为,"给付之诉与确认之诉,并无起诉期间,尤其是终期之限制,在给付之诉,其实体请求权之有无,并不影响其诉讼权;在确认之诉,更无诉讼期间之问题"[①]。三是对起诉期限的理解较为机械,对起诉期限的耽误、扣除等把握不到位。实践中出现的情况是,原告向法院提起诉讼没有被受理,经过原告信访、上访、提起民事诉讼、重新提起行政诉讼等,耽误了期限。此时,对原告超过起诉期限的问题如何处理,需要进行个案分析。在刘某文诉北京大学学位评定委员会不批准授予博士学位案中,北京市海淀区人民法院一审判决刘某文胜诉。对于起诉期限问题,法院的意见如下:被告作出不批准决定后,刘某文曾向其反映不同意见,被告提出让刘某文等候答复,但直到刘某文向一审法院起诉时止,被告一直未向其作出明确的答复,故原告刘某文的起诉未超过法定的起诉期限。

---

① 陈清秀:《行政诉讼法》,法律出版社2016年版,第379页。

《行政诉讼法司法解释》重点内容案例解析

在二审中，北京市第一中级人民法院以"起诉期限问题原审法院未能查清"为由发回重审。刘某文争辩，他于1997年年初从同学口中得知北京大学不授予其学历、学位证书后，曾在当年向一审法院提起诉讼，但一审法院没有受理。直到他从报纸上看到一审法院审理田某诉北京科技大学案件的报道后，再次来到一审法院，一审法院才受理了他的起诉。但是，由于一审法院没有刘某文曾经起诉的任何记录，没有采纳他的陈述。在重审时，以刘某文的起诉超过起诉期限为由驳回起诉。① 在某气雾剂厂诉M市人民政府、M市国土局土地行政登记案② 中，起诉期限再次成为争议的焦点。在该案中，1996年4月，M市国土局以M县人民政府的名义向第三人永升公司颁发了争议土地的《国有土地使用证》。原告于1998年9月获知后，向M县国土局提出异议，但后者认为颁证行为合法。1999年11月，原告向M县人民法院提起诉讼。法院既未立案，也未向当事人出具不予立案的书面裁定。原告不断向其他部门申诉和上访。2004年3月，原告向M市中级人民法院再次提起诉讼。S省高级人民法院依职权调查并确认原告曾经提起诉讼的事实后，认为原告耽误起诉期间非因自身原因造成，该耽误的时间不应当计算在起诉期间内。因此，原告的起诉没有超过起诉期间，法院应当受理。

行政诉讼中，利害关系人有时未在法定的起诉期限内提起诉讼并非由于其自身原因造成，而可能是利害关系人意志以外的原因所造成。此时，法律对这些情况就不能"一刀切"。法律有必要设立耽误期限的扣除制度。所谓耽误期限的扣除，是指起诉行为在法定期限内未能进行或者未能完成，当事人在期限届满之后提起诉讼，耽误的期限应相应扣除。该制度是在法定起诉期限之外的一种补救措施，目的是保护公民、法人或者其他组织的诉讼权利。③

钟某富、朱某良、朱某明（以下简称钟某富等三人）诉G省Z市Y区人民政府（以下简称Y区政府）、G省Z市Y区L镇人民政府（以下简称L镇政府）行政强制及赔偿一案④ 即涉及耽误期限的扣除问题。该案的基本案情如下：钟

---

① 参见何海波：《行政诉讼法》，法律出版社2011年版，第233~234页。
② 载《最高人民法院公报》2005年第2期。
③ 参见胡康生主编：《行政诉讼法释义》，北京师范学院出版社1989年版，第66页。
④ 参见（2018）最高法行再19号行政裁定书。

某富等三人诉称，其承租 Z 市 Y 区 L 镇一农田种植的苗木于 2014 年 1 月 9 日被 Y 区政府、L 镇政府在征地拆迁过程中在没有补偿情况下强行拆除。因钟某富等三人向 Y 区政府、L 镇政府提出行政赔偿请求未得到答复处理，其于 2015 年 4 月 16 日向一审法院单独提起行政赔偿诉讼，该院作出行政裁定，以本案 Y 区政府、L 镇政府的涉案拆迁行为未被确认违法、钟某富等三人单独提起行政赔偿诉讼不符合法定的受理条件为由驳回其起诉。后 G 省高级人民法院二审作出行政裁定，维持一审裁定。钟某富等三人收到二审裁定后，于 2016 年 1 月 26 日向一审法院提起本案诉讼，请求：（1）判令 Y 区政府、L 镇政府强毁其合法苗木的行政行为违法。（2）判令 Y 区政府、L 镇政府依法赔偿被毁苗木直接损失 600 万元及承担因此案造成的一切经济损失。

G 省 Z 市中级人民法院一审认为，本案钟某富等三人诉 Y 区政府、L 镇政府强制拆迁行为违法及行政赔偿纠纷属于两个不同的行政纠纷范畴，应予以区分处理。对于钟某富等三人诉 Y 区政府、L 镇政府强制拆除行为违法的问题，根据另案及本案查明的事实可知，被诉的强制拆除行为发生在 2014 年 1 月 9 日，且钟某富等三人当日已明确知道发生该拆除行为。《行政诉讼法》第 46 条第 1 款规定："公民、法人或者其他组织直接向人民法院提起诉讼的，应当自知道或者应当知道作出行政行为之日起六个月内提出。法律另有规定的除外。"第 48 条规定："公民、法人或者其他组织因不可抗力或者其他不属于其自身的原因耽误起诉期限的，被耽误的时间不计算在起诉期限内。公民、法人或者其他组织因前款规定以外的其他特殊情况耽误起诉期限的，在障碍消除后十日内，可以申请延长期限，是否准许由人民法院决定。"《最高人民法院关于执行〈中华人民共和国行政诉讼法〉若干问题的解释》第 41 条第 1 款规定："行政机关作出具体行政行为时，未告知公民、法人或者其他组织诉权或者起诉期限的，起诉期限从公民、法人或者其他组织知道或者应当知道诉权或者起诉期限之日起计算，但从知道或者应当知道具体行政行为内容之日起最长不得超过 2 年。"据此，钟某富等三人最迟应从 2014 年 1 月 9 日起 2 年内对 Y 区政府、L 镇政府的强制拆除行为提起诉讼，因本案并不存在起诉期限扣除及延长的情形，其于 2016 年 1 月 26 日提起本案诉讼，明显超过上述起诉期限，该项诉权依法不受保护。对于钟某富等三人诉 Y 区政府、L 镇政府行政赔偿的问题，根据 1997 年

《行政诉讼法司法解释》重点内容案例解析

《行政赔偿规定》第 21 条第 4 项有关"赔偿请求人单独提起行政赔偿诉讼,应当符合下列条件:……(4)加害行为为具体行政行为的,该行为已被确认为违法……"的规定,因钟某富等三人诉 Y 区政府、L 镇政府的案涉强制拆除行为纠纷已过起诉期限,该院对涉案强制拆除行为不作审查,现该案强制拆除行为未被确认为违法,钟某富等三人提起行政赔偿诉讼不符合法定的起诉条件,且一、二审裁定已驳回其起诉,现钟某富等三人以同一理由提起行政赔偿诉讼属重复起诉。遂裁定驳回钟某富等三人的起诉。钟某富等三人不服,提起上诉。

G 省高级人民法院二审认为,被诉强制拆除青苗行为发生在 2014 年 1 月 9 日,从钟某富等三人的起诉状及上诉状内容看,其在当日即已知道发生了其诉称的 Y 区政府、L 镇政府强制拆除其所种植青苗的行为。钟某富等三人迟至 2016 年 1 月 26 日才向一审法院提起本案诉讼,起诉 Y 区政府、L 镇政府的强制拆除青苗行为,超过《最高人民法院关于执行〈中华人民共和国行政诉讼法〉若干问题的解释》第 41 条第 1 款规定的期限,亦不存在《行政诉讼法》第 48 条规定的情形。因此,对钟某富等三人提出的第一项诉讼请求,即确认 Y 区政府、L 镇政府强制拆除青苗行为违法,一审法院以超过起诉期限为由裁定驳回起诉,并无不妥。钟某富等三人起诉要求 Y 区政府、L 镇政府赔偿损失,应以其前项诉讼请求获得支持为前提。因其前项诉求应予以驳回,故对其该项诉讼请求应一并驳回。一审法院裁定驳回钟某富等三人的起诉,并无不当。遂裁定驳回上诉,维持一审裁定。

钟某富等三人仍不服,向最高人民法院申请再审,请求撤销一、二审裁定,依法对本案进行审理。主要理由如下:钟某富等三人提起本案诉讼并未超过起诉期限。《最高人民法院关于执行〈中华人民共和国行政诉讼法〉若干问题的解释》第 41 条第 1 款规定:"行政机关作出具体行政行为时,未告知公民、法人或者其他组织诉权或者起诉期限的,起诉期限从公民、法人或者其他组织知道或者应当知道诉权或者起诉期限之日起计算,但从知道或者应当知道具体行政行为内容之日起最长不得超过 2 年。"涉案强拆行为发生在 2014 年 1 月 9 日,钟某富等三人于 2015 年 4 月 16 日就已针对该行政行为向法院提起诉讼,并未超过 2 年的法定期限。从 2015 年 4 月 16 日起至今,钟某富等三人一直就涉案行政行为行使诉权,不存在超过期限未行使诉权的情形。故原裁定以钟某富等三人提起本案诉讼已超过法定起诉期限为由驳回其起诉错误。且钟某富等三人根据二审裁定中有关"……应当先行提起行政诉讼确认强拆行为违法后再申请行政赔偿或者在提起行政强制拆除行政诉讼的同时一并提出行政赔偿请求"的要求,在本案中提出行政赔偿请求,属于人民法院应当受理的情形,并不构成重复起诉。

最高人民法院认为,本案的争议焦点问题是,钟某富等三人提起的本案行政诉讼是否超过法定的起诉期限,是否存在扣除有关期限的问题。

根据1997年《行政赔偿规定》第23条第1款的规定,公民、法人或者其他组织在提起行政诉讼的同时一并提出行政赔偿请求的,其起诉期限按照行政诉讼起诉期限的规定执行。本案中,钟某富等三人在请求确认强拆行为违法的同时一并提出赔偿请求,根据上述司法解释的规定,应当适用行政诉讼起诉期限的规定。《最高人民法院关于执行〈中华人民共和国行政诉讼法〉若干问题的解释》第41条第1款规定:"行政机关作出具体行政行为时,未告知公民、法人或者其他组织诉权或者起诉期限的,起诉期限从公民、法人或者其他组织知道或者应当知道诉权或者起诉期限之日起计算,但从知道或者应当知道具体行政行为内容之日起最长不得超过2年。"该规定中的2年期限,系针对当事人知道被诉行政行为内容,但行政机关未告知其诉权或者起诉期限的情况下,当事人提起行政诉讼的期限。因无证据显示Y区政府、L镇政府实施行政强制拆除时曾告知诉权或者起诉期限,钟某富等三人提起本案诉讼应当适用2年期限的规定。2014年1月9日涉案强拆行为实施之时,钟某富等三人已经知道被诉行政行为发生,故该2年期限本当于2016年1月8日期满。《最高人民法院关于适用〈中华人民共和国行政诉讼法〉若干问题的解释》第26条第1款规定:"2015年5月1日前起诉期限尚未届满的,适用修改后的行政诉讼法关于起诉期限的规定。"也就是说,2015年5月1日修正后的《行政诉讼法》实施之后,当事人对修正后的《行政诉讼法》实施之前的行政行为提起行政诉讼的,人民法院首先要审查其起诉期限至2015年5月1日是否届满,如果尚未届满,则按照修正后的《行政诉讼法》规定的起诉期限计算。本案中,钟某富等三人的起诉期限至2015年5月1日尚未届满,但由于剩余起诉期限超过了修正后的《行政诉讼法》规定的6个月,因此钟某富等三人的起诉期限应当以2015年5月1

日后的 6 个月为限。故本案钟某富等三人的起诉期限实际应计算至 2015 年 10 月 31 日。

《行政诉讼法》第 48 条第 1 款规定："公民、法人或者其他组织因不可抗力或者其他不属于其自身的原因耽误起诉期限的，被耽误的时间不计算在起诉期限内。"据此，本案亦当审查起诉期限的扣除问题。《国家赔偿法》第 9 条第 2 款规定："赔偿请求人要求赔偿，应当先向赔偿义务机关提出，也可以在申请行政复议或者提起行政诉讼时一并提出。"第 14 条第 1 款规定："赔偿义务机关在规定期限内未作出是否赔偿的决定，赔偿请求人可以自期限届满之日起三个月内，向人民法院提起诉讼。"据此，涉案强拆行为发生后，钟某富等三人先向 Y 区政府、L 镇政府提出行政赔偿请求，在其未予答复处理后，复于 2015 年 4 月 16 日向一审法院单独提起行政赔偿诉讼，直至上诉至二审法院，均系根据上述法律规定合法行使权利的行为。故自钟某富等三人 2015 年 4 月 16 日单独提起行政赔偿诉讼时起，直至 2015 年 11 月 30 日二审法院二审裁定，钟某富等三人根据法律规定所启动的单独行政赔偿程序，当属于《行政诉讼法》第 48 条第 1 款有关"其他不属于其自身的原因耽误起诉期限"的情形，故该部分时间应从起诉期限中扣除。因钟某富等三人的起诉期限应计算至 2015 年 10 月 31 日，故实际上应当扣除 2015 年 4 月 16 日至 10 月 31 日的时间。故钟某富等三人的起诉期限，在本案中应从 2014 年 1 月 9 日计算至 2015 年 10 月 31 日。扣除 2015 年 4 月 16 日至 2015 年 10 月 31 日另案单独赔偿诉讼的时间后，钟某富等三人于 2016 年 1 月 26 日向一审法院提起本案诉讼，并未超过起诉期限。原审裁定以钟某富等三人提起本案诉讼超过起诉期限为由驳回其起诉，确有错误。

综上，钟某富等三人的再审申请符合《行政诉讼法》第 91 条规定的情形。遂裁定撤销一、二审行政裁定，指令一审法院继续审理本案。

第六章　关于审理与判决

《行政诉讼法司法解释》从第 71 条到第 127 条对审理与判决的有关内容作了详细的规定，是本司法解释条文最多的部分。

司法实践中，案件到底怎么处理，怎么审理和判决，要切实考虑政治效果、法律效果和社会效果的统一问题。例如，在一起集体土地征收案件中，存在着以下几个问题：一是未批先征（新修正的《土地管理法》已经对此作了修改）。二是少批多征。虽然最后征地批复下来了，征收 80 亩，但实际上多征了 20 亩，因此扩大了征地面积。三是改变用途。征地批复写明的征地用途是修马路和建学校，实际情况是只有一部分被征地用于修马路，一部分用于新建妇幼保健院，因此改变了部分用途。一审法院根据《最高人民法院关于审理涉及农村集体土地行政案件若干问题的规定》第 4 条的规定，即"土地使用权人或者实际使用人对行政机关作出涉及其使用或实际使用的集体土地的行政行为不服的，可以以自己的名义提起诉讼"，认为起诉的 100 多人具有原告资格，但其诉讼请求不能支持，遂判决驳回了原告的诉讼请求。二审法院则根据《最高人民法院关于审理涉及农村集体土地行政案件若干问题的规定》第 3 条第 1 款的规定，即"村民委员会或者农村集体经济组织对涉及农村集体土地的行政行为不起诉的，过半数的村民可以以集体经济组织名义提起诉讼"，认为起诉的 100 多人没有达到过半数，不具有原告主体资格，遂直接裁定驳回起诉。后来该案经最高人民法院再审审查后认为，虽然本案存在未批先征的问题，但征地批复毕竟还是下来了，且马路已经修好了，妇幼保健院也已建成，如果改判，社会效果肯定不好。所以最后裁定驳回了当事人的再审申请。同时建议给有关政府发函，对多征的 20 亩地应当依法进行补偿。

另外，要正确认识判决的既判力问题。根据《行政诉讼法司法解释》第

69条第1款第9项的规定，诉讼标的已为生效裁判或者调解书所羁束的，已经立案的，应当裁定驳回起诉。在段某平与S省J县人民政府（以下简称J县政府）、S省J县国土资源局（以下简称J县国土资源局）及中国工商银行J县支行、刘某阳撤销土地使用证一案[①]中，S省X市中级人民法院一审查明，2013年1月15日，段某平以J县政府为被告向S省J县人民法院提起行政诉讼，请求撤销J县政府1995年颁发给中国工商银行的土地使用证及2004年颁发给刘某阳的土地使用证，S省J县人民法院于2013年2月1日作出行政裁定，裁定不予受理。段某平不服提起上诉。2013年4月7日，S省X市中级人民法院以法院对马某茹与段某平房屋典当纠纷已作出生效判决，且S省J县人民法院依据相关生效判决已将段某平在涉案土地上搭建的房屋及围墙强制执行拆除，段某平与J县政府向中国工商银行J县支行颁发土地使用证及向刘某阳颁发土地使用证的颁证行为不具有法律上的利害关系，段某平的起诉不符合法律规定，裁定驳回上诉并维持原裁定。段某平针对该行政裁定提出申诉。2013年8月29日，S省X市中级人民法院作出驳回申诉通知书；2013年12月24日，S省高级人民法院作出驳回再审通知书。2015年7月7日，段某平又以同样的诉讼请求及事实和理由将J县国土资源局列为被告向S省J县人民法院提起行政诉讼。2015年8月7日，S省J县人民法院以被告不适格且本案系重复诉讼作出行政裁定，驳回段某平起诉。段某平不服，向S省X市中级人民法院上诉后又申请撤回上诉。2015年11月18日，S省X市中级人民法院作出行政裁定，准予撤回上诉。

一审法院认为，2013年1月15日，段某平以J县政府为被告提起行政诉讼并请求撤销J县政府1995年颁发给中国工商银行J县支行的土地使用证及2004年颁发给刘某阳的土地使用证。2015年7月7日，段某平又以同样的诉讼请求及事实和理由将J县国土资源局列为被告提起行政诉讼，上述两次诉讼法院分别作出不予受理及驳回起诉的生效裁定。本案中，段某平现以同样的事实和理由将J县政府及J县国土资源局列为被告并请求撤销2004年变更后颁发给刘某阳的土地使用证的行政诉讼系重复起诉，且根据S省X市中级人民法院作

[①] 参见（2016）最高法行申4014号行政裁定书。

出的已生效的行政裁定，段某平与涉案颁发土地证的行政行为并无法律上的利害关系，故段某平基于撤销土地证所提出的赔偿损失的相关请求亦无依据。此外，段某平请求的民事侵权赔偿责任并非本案行政诉讼的受案范围。故裁定驳回段某平的起诉。段某平不服，提起上诉。

S省高级人民法院二审认为，2013年1月15日，段某平以J县政府为被告提起行政诉讼，请求撤销J县政府1995年颁发给中国工商银行J县支行的土地使用证及2004年颁发给刘某阳的土地使用证，S省J县人民法院已于2013年2月1日裁定不予受理。段某平不服提起上诉。2013年4月7日，S省X市中级人民法院作出行政裁定，驳回上诉维持原裁定。段某平不服提出申诉。2013年8月29日，S省X市中级人民法院作出驳回申诉通知书。2013年12月24日，S省高级人民法院作出驳回再审通知书。2015年7月7日，段某平又以同样的事实理由及诉讼请求将J县国土资源局列为被告提起行政诉讼。2015年8月7日，S省J县人民法院作出行政裁定，以被告不适格且本案系重复诉讼，驳回段某平起诉。段某平不服，向S省X市中级人民法院上诉，后申请撤回上诉。可见，段某平请求撤销2004年颁发给刘某阳的土地使用证之请求已经两次诉讼，法院分别作出不予受理及驳回起诉的生效裁定。现段某平再次以同一事实理由提起相同的诉讼请求，确属重复起诉，故段某平基于以上诉讼所提出侵权赔偿责任，亦无相关事实和法律依据。段某平认为重新列明被告及第三人提起的行政诉讼就是不同的诉讼，系认识错误，其上诉理由不能成立。据此，一审裁定驳回段某平的起诉，符合法律规定，应依法予以维持。遂裁定驳回上诉，维持原裁定。

段某平仍不服，向最高人民法院提出再审申请，请求撤销二审行政裁定。其申请再审的主要事实与理由为：再审申请人依法拥有涉案房屋及其所在土地的使用权，因此，再审申请人与涉案房屋及土地有法律上的利害关系。

最高人民法院认为，段某平先后于2013年1月15日、2015年7月7日分别以J县政府、J县国土资源局为被告，提起行政诉讼，请求撤销J县政府1995年颁发给中国工商银行J县支行的土地使用证及2004年颁发给刘某阳的土地使用证。后段某平又以同样的事实和理由将J县政府及J县国土资源局列为被告并请求撤销2004年变更后颁发给刘某阳的土地使用证。根据一审法院查明的事实，2013 年 4 月 7 日，S 省 X 市中级人民法院以法院对马某茹与段某平房屋典当纠纷已作出生效判决，且 S 省 J 县人民法院依据相关生效判决已将段某平在涉案土地上搭建的房屋及围墙强制执行拆除。因此，段某平与 J 县政府向中国工商银行 J 县支行颁发土地使用证及向刘某阳颁发土地使用证的颁证行为没有法律上的利害关系，不具有诉的利益。另外，根据《最高人民法院关于适用〈中华人民共和国行政诉讼法〉若干问题的解释》第 3 条第 1 款第 9 项的规定，诉讼标的已为生效裁判所羁束的，已经立案的，应当裁定驳回起诉。可见，无论段某平之后以 J 县国土资源局为被告还是以 J 县政府、J 县国土资源局为共同被告，诉讼标的相同，且受法院已经作出的对其于 2013 年 1 月 15 日以 J 县政府为被告提起行政诉讼，请求撤销 J 县政府颁发给中国工商银行 J 县支行及刘某阳的土地使用证的生效裁判所羁束。因此，一审裁定驳回段某平的起诉，符合法律规定。二审裁定驳回上诉，维持原裁定，事实和法律依据充分。综上，段某平的再审申请不符合《行政诉讼法》第 91 条规定的情形。遂裁定驳回其再审申请。

但在张某刚诉 F 省 W 市 C 区人民政府房屋征收决定一案[①]中，法院经审查认为，被诉征收决定不存在违法的情形，判决驳回了其诉讼请求。后来又有一些人向法院起诉，还是诉区政府的征收决定，要求确认违法。法院直接以诉讼标的受生效裁判所羁束为由驳回了原告的起诉。虽然后案与前案的被诉行为都是区政府的征收决定，但并不意味着两案的诉讼标的就是一样的。此外，从正当程序的角度来讲，作为被征收人的张某刚可以对区政府的征收决定提起诉讼，那么就应当赋予其他被征收人同样的权利或者机会，其也可对此提起诉讼。本案的问题在于，对于诉讼标的的理解出现了偏差，不能把诉讼标的仅仅理解为被诉行为。诉讼标的不仅仅包括被诉行为，还包括当事人的权利主张等。张某刚和其他被征收人诉的对象虽然是相同的，但权利主张是不一样的。每个被征收人的房屋面积、朝向、所在楼层等不一样，其权利主张可能就不一样，所以诉讼标的也就不一样，后诉就不存在诉讼标的受前诉生效裁判所羁束的问题。

---

① 参见（2017）最高法行申 411 号行政裁定书。

一、工伤保险案件

刘某荣诉 M 市劳动人事社会保障局（以下简称 M 市劳动局）工伤认定抗诉案[①]是一起影响比较大的典型案例，政治效果、法律效果和社会效果都很好。刘某荣是一个煤矿的副矿长，当其得知矿井煤层采仓仓顶被拉空，将给煤矿生产安全带来隐患，为保证煤矿安全生产，其和另一名工友一起在职工宿舍内，将瞬发电雷管改成延期电雷管时，雷管爆炸，炸断了其几根手指。后来刘某荣向 M 市劳动局申请工伤认定，M 市劳动局作出不予认定工伤的决定。其遂向法院起诉。一审法院以 M 市劳动局适用法律、法规错误为由，判决撤销 M 市劳动局的不予认定工伤决定。二审法院认为，M 市劳动局对刘某荣的工伤申请所作的认定决定，认定事实清楚，适用法律正确，决定程序合法，判决撤销一审行政判决，维持 M 市劳动局的不予认定工伤决定。X 自治区高级人民法院再审判决维持二审行政判决。本案的关键问题是，刘某荣私自把瞬发电雷管改成延期电雷管的行为如何定性。《公安部关于对将瞬发电雷管改制为延期电雷管的行为如何定性的意见》认为，雷管中含有猛炸药、起爆药等危险物质，在没有任何防护的条件下将瞬发电雷管改制为延期电雷管，属于严重违反国家有关安全规定和民爆器材产品质量技术性能规定的行为，不应定性为非法制造爆炸物品的行为。按照《工伤保险条例》的规定，只有违法行为、蓄意违章行为、自杀行为等才不符合工伤认定的情形。后来最高人民检察院就此案向最高人民法院抗诉，最高人民法院提审后支持了最高人民检察院的抗诉请求，判决撤销 X 自治区高级人民法院作出的行政判决；撤销二审行政判决；维持一审行政判决；X 自治区 W 市 M 区人力资源和社会保障局应在收到判决之日起 2 个月内重新作出具体行政行为。本案中，刘某荣出于维护整个煤矿企业的利益，虽私自把瞬发电雷管改成延时电雷管的行为系严重违反有关安全规定和技术规定的行为，但并不是非法制造爆炸物品的行为，也即不是违法行为。既然不是违法行为，那其工伤申请就符合工伤认定的条件。

在吴某雷诉 N 自治区 A 旗人力资源和社会保障局（以下简称 A 人社局）工

[①] 参见《最高人民检察院公报》2013 年第 5 期。

伤认定及N自治区A旗人民政府（以下简称A旗政府）行政复议一案[①]中，最高人民法院认为，用工单位违法发包、分包、转包时，尽管生效仲裁裁决或民事判决没有确认劳动者与用人单位之间存在劳动关系或者事实劳动关系，但如果劳动者具有《最高人民法院关于审理工伤保险行政案件若干问题的规定》第3条规定的情形，且其工伤认定申请符合《工伤保险条例》有关工伤认定条件的，人民法院仍应予以支持。

该案的基本案情如下：2017年7月13日，第三人正宇建设集团有限公司（以下简称正宇公司）与解放军某部队签订工程施工合同，正宇公司负责该部队的工程项目，工程地点在N自治区A旗J镇西南约20公里。合同签订后，正宇公司将其中部分零散工程承包给李某飞，李某飞又将打混凝土、砌墙、抹灰等瓦工项目以每立方米180元的价格承包给王某成。王某成将其中的砌墙、抹灰等瓦工项目以每立方米125元的价格承包给张某五。张某五找到包括吴某雷及妻子周某艳等在内的共11人负责具体砌墙施工。2017年11月8日18时许，吴某雷及妻子周某艳等人乘坐张某义驾驶的皮卡车从工地出发前往A旗。途中行驶至A旗境内发生交通事故，造成张某明、吴某芝、吴某雷受伤，周某艳死亡。本次事故经A旗公安局交通警察大队道路交通事故认定书认定：张某义在本次道路交通事故中负全部责任，乘车人周某艳、张某明、吴某芝、吴某雷在本次道路交通事故中不负责任。吴某雷、范某芹、吴某涛、吴某晴（以下简称吴某雷等四人）系死者周某艳近亲属。据此，吴某雷等四人向A旗劳动人事争议仲裁院提出申请，申请确认周某艳与第三人正宇公司存在劳动关系。A旗劳动人事争议仲裁院于2018年2月24日作出《仲裁裁决书》，驳回吴某雷等四人的仲裁请求。吴某雷等四人不服仲裁裁决，向N自治区A旗人民法院提起民事诉讼，请求依法确认周某艳与正宇公司存在事实劳动关系。该院立案受理后，于2018年5月17日作出一审民事判决，驳回吴某雷等四人的诉讼请求。吴某雷等四人不服，提出上诉。N自治区A盟中级人民法院于2018年9月13日作

---

① 参见（2020）最高法行申14244号行政裁定书；李德申、谭红：《用工单位违法发包、分包、转包情况下的工伤认定问题分析》，载中华人民共和国最高人民法院行政审判庭编：《行政执法与行政审判》（总第88集），中国法制出版社2023年版，第166~172页。

出二审民事判决,维持该案一审判决。该判决现已生效。吴某雷等四人于2018年6月12日向A人社局申请认定2017年11月8日周某艳交通事故死亡属于工伤,A人社局认为周某艳与正宇公司不存在劳动关系,不符合工伤认定条件,于2018年6月21日作出《工伤认定申请不予受理决定书》(以下简称不予受理决定),对吴某雷等四人工伤认定申请不予受理。为此,吴某雷等四人不服不予受理决定,于2018年8月13日向N自治区A旗人民法院提起诉讼,请求依法撤销不予受理决定,并责令A人社局重新作出符合法律规定的《工伤认定申请受理决定书》。N自治区A旗人民法院经审理后于2018年11月23日作出一审行政判决,撤销不予受理决定,A人社局于本判决生效后15日内重新作出行政行为。A人社局受理本案后于2019年2月18日作出《不予认定工伤决定书》(以下简称不予认定工伤决定),并进行了送达。吴某雷等四人不服,向A旗政府提出行政复议申请,A旗政府受理后,于2019年6月28日作出复议决定,维持不予认定工伤决定。吴某雷等四人仍不服,提起本案行政诉讼,请求依法撤销不予认定工伤决定与复议决定,并责令A人社局对周某艳的死亡认定为工伤。

N自治区A盟中级人民法院一审认为,本案争议的关键点在于周某艳的交通事故死亡是否属于工伤的问题。吴某雷等四人在本案庭审中当庭向法庭提交了N自治区A旗人民法院行政判决书、2018年4月25日N自治区A旗人民法院开庭笔录、2019年11月9日王某成在A旗公安局交警大队办案区询问室所作的询问笔录、照片20张等证据,以证明周某艳因交通事故发生死亡属于工伤或视同工伤的事实。为此,经当庭质证,A人社局、A旗政府、第三人正宇公司对吴某雷等四人出示的证据以未在法律规定的期限内举证为由,对证据的三性及证明目的均不予认可。《工伤保险条例》第14条第6项规定了"在上下班途中,受到非本人主要责任的交通事故或者城市轨道交通、客运轮渡、火车事故伤害的",应当认定为工伤。本案中,吴某雷等四人提交的证据不足以证明其所主张的事实,亦不符合《最高人民法院关于行政诉讼证据若干问题的规定》第7条的规定。故吴某雷等四人主张周某艳领取工资必然是工作不可分割的一部分,周某艳离开工地就发生交通事故,时间没有中断,时间具有完整的连续性,符合正常工作的合理延伸,周某艳因交通事故发生死亡属于工伤或视同工伤的请求不符合本案事实及《工伤保险条例》第14条、第15条的规定。被诉不予认定工伤决定及复议决定认定基本事实清楚、适用法律正确、程序合法，吴某雷等四人请求撤销的理由不能成立。该院遂判决驳回吴某雷等四人的诉讼请求。吴某雷等四人不服，提出上诉。

N自治区高级人民法院二审认为，周某艳与正宇公司之间因劳动关系事宜经过民事诉讼，民事生效判决认定周某艳与正宇公司之间不存在劳动关系，并判决驳回吴某雷等四人的诉讼请求。A人社局作出的不予认定工伤决定并无不当。A旗政府作出的复议决定认定事实清楚，适用法律正确。吴某雷等四人的上诉理由不能成立。该院遂判决驳回上诉，维持原判。

吴某雷仍不服，向最高人民法院申请再审，请求撤销一、二审判决，并依法改判支持其一审全部诉讼请求。其申请再审的主要事实和理由为：二审法院"以死者周某艳与正宇公司不存在劳动关系为由认定A人社局作出的不予认定工伤决定并无不当"明显属于法律适用错误，正宇公司应当对周某艳承担工亡保险责任。

最高人民法院认为，本案的核心问题为不予认定工伤决定及复议决定是否合法。根据《最高人民法院关于审理工伤保险行政案件若干问题的规定》第3条第4项的规定，用工单位违反法律、法规规定将承包业务转包给不具备用工主体资格的组织或者自然人，该组织或者自然人聘用的职工从事承包业务时因工伤亡的，用工单位为承担工伤保险责任的单位。《人力资源和社会保障部关于执行〈工伤保险条例〉若干问题的意见》第7条规定，具备用工主体资格的承包单位违反法律、法规规定，将承包业务转包、分包给不具备用工主体资格的组织或者自然人，该组织或者自然人招用的劳动者从事承包业务时因工伤亡的，由该具备用工主体资格的承包单位承担用人单位依法应承担的工伤保险责任。本案中，根据已查明的事实，原审第三人正宇公司与解放军某部队签订工程施工合同，后经多次分包，由包括吴某雷及妻子周某艳等在内的共11人负责具体砌墙施工。依上述有关规定，尽管仲裁裁决及生效民事判决没有确认吴某雷等四人与正宇公司之间存在劳动关系或者事实劳动关系，但如吴某雷等四人具有《最高人民法院关于审理工伤保险行政案件若干问题的规定》第3条规定的情形，且其工伤认定申请符合《工伤保险条例》有关工伤认定条件的，人民法院仍应予以支持。此外,关于本案所涉周某艳是否系从事承包业务时因工死亡的问题,生效民事判决已确认"周某艳等人乘坐驾驶员张某义驾驶的皮卡车从工地出发前往 A 旗途中发生交通事故造成周某艳死亡";A 旗劳动人事争议仲裁院仲裁裁决亦查明,吴某雷等人系对其负责的砌墙进行维修后,租车从工地出发前往 A 旗;A 旗公安局交警大队询问笔录中,被询问人王某成称:"2017 年 11 月 8 日几个工人都干完活了,准备问我要工人工资,我们就去工地负责人那里要工资,工地负责人就把工资款打到我卡里了,因为在 J 镇取不出那么多的钱,我就准备回 A 旗给他们取钱,工人就和我说他们也着急回 A 旗,因为班车不通……"基于上述有关认定及证据材料,不予认定工伤决定认定"周某艳受到事故伤害的直接原因与工作无关",似与相关事实不符。故在吴某雷等人与周某艳前往 A 旗途中发生交通事故是否存在符合依法认定工伤的相关事实并未查清的情况下,一审以证据不足为由判决驳回吴某雷等四人的诉讼请求,二审又以不存在劳动关系为由维持一审判决,似存在认定事实不清、适用法律错误。

综上,吴某雷的再审申请符合《行政诉讼法》第 91 条规定的情形。依照《行政诉讼法》第 92 条第 2 款、《行政诉讼法司法解释》第 116 条第 1 款和第 118 条之规定,作出指令再审裁定,即指令 N 自治区高级人民法院对本案再审;再审期间,中止原判决的执行。

本案主要涉及三个问题:一是周某艳与正宇公司不存在劳动关系是否影响工伤认定;二是周某艳是否系从事承包业务时因工伤亡;三是周某艳是否系在下班途中发生交通事故。

首先,关于周某艳与正宇公司不存在劳动关系是否影响工伤认定的问题。有人认为,确认用人单位与劳动者之间是否构成劳动关系,是工伤认定的基础。此观点值得商榷。根据《最高人民法院关于审理工伤保险行政案件若干问题的规定》第 3 条第 4 项的规定,用工单位违反法律、法规规定将承包业务转包给不具备用工主体资格的组织或者自然人,该组织或者自然人聘用的职工从事承包业务时因工伤亡的,用工单位为承担工伤保险责任的单位。《人力资源和社会保障部关于执行〈工伤保险条例〉若干问题的意见》第 7 条规定,具备用工主体资格的承包单位违反法律、法规规定,将承包业务转包、分包给不具备用工主体资格的组织或者自然人,该组织或者自然人招用的劳动者从事承包业务时因工伤亡的,由该具备用工主体资格的承包单位承担用人单位依法应承担的工伤保险责任。本案中,根据已查明的事实,第三人正宇公司与解放军某部队签订工程施工合同。合同签订后正宇公司将其中部分零散工程承包给李某飞,李某飞将打混凝土、砌墙、抹灰等瓦工项目承包给王某成,王某成又将其中的砌墙、抹灰等瓦工项目承包给张某五。张某五找到包括吴某雷及妻子周某艳等在内的共11人负责具体砌墙施工。可见,本案存在多次违法转包的情形,故周某艳符合上述司法解释及规范性文件规定的"违法将承包业务转包给不具备用工主体资格的组织或者自然人"的工伤认定情形。至于生效民事判决确认周某艳与正宇公司不存在劳动关系,并不影响对周某艳的工伤认定,也不存在行政审判与生效民事判决冲突的问题。换言之,周某艳与正宇公司之间是否存在劳动关系,不是解决周某艳工伤认定问题的前提。生效裁判或者仲裁裁决确认违法发包、转包、分包或者挂靠情形下的工伤职工与具备用工主体资格的单位之间不存在劳动关系,但工伤职工具有《最高人民法院关于审理工伤保险行政案件若干问题的规定》第3条规定的情形,且其工伤认定申请符合《工伤保险条例》有关工伤认定条件的,人民法院应予支持。

其次,关于周某艳是否系从事承包业务时因工伤亡的问题。本案中,"周某艳等人乘坐驾驶员张某义驾驶的皮卡车从工地出发前往A旗途中发生交通事故造成周某艳死亡"已被生效判决确认,不予认定工伤决定认为"周某艳受到事故伤害的直接原因与工作无关",但周某艳前往A旗途中发生交通事故是否系因去领取工资而致,该事实需要查清。A旗公安局交警大队询问笔录中,被询问人王某成称:"2017年11月8日几个工人都干完活了,准备问我要工人工资,我们就去工地负责人那里要工资,工地负责人就把工资款打到我卡里了,因为在J镇取不出那么多的钱,我就准备回A旗给他们取钱,工人就和我说他们也着急回A旗,因为班车不通……"从该陈述中可以得出,周某艳等人从工地出发前往A旗既可能是去领取工资,也可能是想回其居住地,或者兼而有之。而领取工资应当是工作的一部分,被诉不予认定工伤决定、复议决定及一、二审判决对周某艳是否是在领取工资的途中发生交通事故这一关键事实未予查清。

最后，关于周某艳是否系在下班途中发生交通事故的问题。根据已生效的A旗劳动人事争议仲裁院仲裁裁决查明的事实，张某五找到包括申请人吴某雷及其妻子周某艳等在内的共11人负责具体砌墙施工，并于2017年11月7日完工。2017年11月8日，申请人等人对砌墙进行了维修，之后申请人及其妻子周某艳等人租用了张某义驾驶的皮卡车从工地出发前往A旗。可见，在发生交通事故的当天，"申请人等人"仍在对砌墙进行维修。结合周某艳租住在A旗的事实，可以认定周某艳系在工作完成后即下班途中发生了交通事故。总之，对用工单位违法发包、分包、转包情况下劳动者的工伤认定申请，要从国家制定《工伤保险条例》的根本宗旨和我国社会制度的基本特征出发，坚持保护弱势劳动者合法权益以及原则性和灵活性相结合的原则，实事求是、公平合理地作出工伤认定。只有这样，才能确保工伤认定的质量，切实维护劳动者的合法权益，确保社会和谐稳定，推动社会进步。

由此，A人社局作出的不予认定工伤决定及A旗政府作出的复议决定存在基本事实认定不清、法律适用错误的情形。一、二审法院判决驳回吴某雷等四人的诉请，可能在本案事实认定和法律适用方面存在错误。吴某雷的再审申请符合《行政诉讼法》第91条规定的情形，本案应启动再审程序。

二、国有土地上房屋征收与补偿案件

（一）国有土地上房屋征收补偿案件审理中的若干常见问题

周某言诉S市P区人民政府（以下简称P区政府）房屋征收补偿决定案涉及国有土地上房屋征收补偿案件审理中的几个常见问题。该案的基本案情如下：[1]P区政府于2014年6月26日作出房屋征收决定并公布了《房屋征收补偿方案》。房屋征收部门S市P区住房保障和房屋管理局（以下简称P房管局）委托S市第二房屋征收服务事务所有限公司承担房屋征收与补偿的具体工作。

---

[1] 参见（2017）最高法行申338号行政裁定书；谭红：《房屋征收补偿案件审理中遇到的几个常见问题》，载中华人民共和国最高人民法院行政审判庭编：《行政执法与行政审判》（总第76集），中国法制出版社2019年版，第85~94页。

该征收地块签约期限为 2014 年 7 月 12 日至同年 10 月 12 日，在签约期内总体签约率超过了 85%，协议生效。

S 市 P 区一三层房屋在房屋征收范围内，性质为私房，权利人为周某言，房地产权证记载建筑面积 22.1 平方米，附记栏记载违章建筑面积 19.17 平方米。经八达国瑞房地产土地估价有限公司评估，以 2014 年 6 月 26 日为估价时点，该房屋房地产市场评估单价为人民币 26 239 元／平方米，该地块评估均价 26 508 元／平方米。房屋征收部门于 2014 年 7 月 5 日向周某言送达房屋征收评估分户报告，该户未在规定的期限内申请复估、鉴定，房屋征收部门申请鉴定。2015 年 4 月 9 日，S 市房地产估价师协会房地产估价专家委员会的鉴定结果为：估价机构资质和估价师执业资格在注册有效期内。估价报告基本规范，评估价格合理。

因周某言未能在签约期内与 P 房管局协商达成房屋征收补偿协议，P 房管局于 2015 年 7 月 8 日向 P 区政府报请作出房屋征收补偿决定。P 区政府受理后，于 2015 年 7 月 10 日、13 日组织征收双方调解，周某言均未出席会议。P 区政府 7 月 17 日至周某言住处进行调查，周某言表示对被征收房屋的建筑面积及评估价格不认可，要求将违章建筑面积按被征收房屋的补偿标准进行补偿。房屋征收部门认为周某言的要求不符合《房屋征收补偿方案》。双方未就征收补偿达成协议，P 区政府遂于 2015 年 8 月 5 日作出房屋征收补偿决定并送达决定书，同时在征收基地公示栏公示。该决定主要内容为：（1）房屋征收部门以房屋产权调换的方式补偿被征收人周某言。用于产权调换房屋地址为：S 市 P 区××路××弄××号××室，建筑面积 73.05 平方米，房屋价值为 1 192 979.55 元。产权调换房屋价值同被征收房屋补偿金额 1 159 194.84 元结算差价，周某言支付差价款 33 784.71 元。（2）房屋征收部门给予被征收人周某言无证建筑面积补贴 50 000 元；装潢补贴 30 000 元；按实结算需移装家用设备费用。周某言户若自觉履行搬迁义务的，房屋征收部门应按规定支付搬家补助费。（3）被征收人周某言户应在收到房屋征收补偿决定书之日起 15 日内迁出该三层房屋，迁至 S 市 P 区××路××弄××号××室，并将被征收房屋及其附属建、构筑物交房屋征收部门拆除。周某言不服，提起本案之诉。

S 市第二中级人民法院一审认为，P 房管局因与周某言未达成补偿协议，报请P区政府作出补偿决定。P区政府受理后,核实了相关材料,两次组织召开调查调解会,周某言均未出席,又到周某言住处听取其意见,双方仍未达成协议,遂在法定期限内作出被诉征收补偿决定,行政程序合法。P区政府所作被诉征收补偿决定对被征收房屋的性质、建筑面积、评估价格、应得货币补偿金额、安置房屋的建筑面积和价格、差价款以及其他补助、补贴等的认定,均有相应的证据予以佐证,计算准确,安置方案符合规定。遂判决驳回周某言的诉讼请求。周某言不服,提起上诉。

S市高级人民法院二审认为,在原审第三人P房管局与周某言无法达成征收补偿协议的情况下,P区政府受理原审第三人P房管局的报请材料后,两次组织双方调查调解,周某言均未出席。后P区政府上门调查调解仍未果,遂于法定期限内作出被诉房屋征收补偿决定,并无不当。被诉征收补偿决定依据房地产权证的记载认定被征收房屋建筑面积为22.1平方米,结合评估单价等确定货币补偿金额及补贴款等,并以增补的现房房源安置,再根据安置房价格计算差价款,均无不当。周某言对被征收房屋面积提出异议,要求对未经产权登记的面积和记载为"违章建筑"的面积进行补偿,明显缺乏依据。周某言还主张被诉补偿决定未给予其货币补偿的选择方案,经查,原审第三人P房管局报请P区政府作出补偿决定时,提出了货币补偿方案和产权调换房屋方案,因对被征收房屋面积认定这一根本性分歧始终未消除,双方无法达成协议,P区政府因而作出被诉补偿决定。征收补偿决定不存在提供方案选择的问题,而且以房屋产权调换的方式补偿有利于解决周某言房屋被征收后的居住问题,故周某言的这一异议不能成立。周某言对房屋征收补偿方案合法性提出的异议,不属于本案审理范围。评估报告由具有相应资质的评估机构作出,并经鉴定认为估价报告规范,评估价格合理,故周某言对评估机构和评估报告提出的异议,不能成立。周某言主张安置房源不符合规定,亦缺乏法律依据。周某言还主张补偿决定书未送达,这与已查明的事实不符,且其自言通过公示栏获知补偿决定的内容,并行使了诉讼救济权,故这一异议同样不能成立。因此,原审判决驳回周某言的诉讼请求正确,应予维持。周某言的上诉不能成立,应予驳回。遂判决驳回上诉,维持原判。

周某言不服上述判决,向最高人民法院申请再审称:第一,原审法院认定事实错误，主要证据不足。（1）房屋征收补偿决定只规定了产权置换的安置方式，并无货币补偿的选择，违反了《国有土地上房屋征收与补偿条例》第21条"被征收人可以选择货币补偿，也可以选择房屋产权调换"以及《S市国有土地上房屋征收与补偿实施细则》（以下简称《房屋征收补偿实施细则》）第26条的强制性规定。（2）房屋征收补偿决定违反了《国有土地上房屋征收与补偿条例》中关于应当提供改建地段或者就近地段的房屋的规定。（3）房屋征收补偿决定遗漏了需要补偿的对象，导致对再审申请人房屋的实际面积认定错误，有失公平。本案中再审申请人的房屋因历史遗留问题，存在未经登记的部分，而再审被申请人对于再审申请人未经登记的房屋部分未进行认定、处理，也未对该部分进行评估。（4）评估机构的选定和评估结果违法。再审被申请人没有提供任何证据证明八达国瑞房地产土地估价有限公司是经过合法程序选定出来的。再审被申请人作出房屋征收补偿决定时，未依法进行评估，未制作评估报告，更未依法送达给再审申请人，导致再审申请人无法行使申请复估和申请鉴定的法定权利。（5）房屋征收补偿决定未依法送达给再审申请人，程序上严重违法。（6）房屋征收补偿决定所依据的征收决定及征收补偿方案违法。再审被申请人征收再审申请人的房屋，打着旧城区改建的旗号，实质上则是进行商业开发，征收目的是违法的。第二，二审法院严重违反程序，剥夺了再审申请人依法享有的诉讼权利。二审法院未依法通知再审申请人行使诉讼权利，便直接给再审申请人送达判决文书，导致本案事实始终未查清，严重违反法定程序。据此请求撤销一、二审行政判决，责令原审法院依法受理。

最高人民法院经审查后认为，本案主要涉及三个问题：一是房屋征收部门是否剥夺了被征收人周某言对货币补偿和产权调换的选择权。对此，在原审第三人P房管局报请P区政府作出补偿决定时，提出了货币补偿方案和产权调换房屋方案，故周某言的该主张不能成立。二是对被征收人房屋补偿面积的认定是否正确。被诉征收补偿决定依据房地产权证的记载认定被征收房屋建筑面积为22.1平方米，并无不当。周某言对被征收房屋面积提出异议，要求对未经产权登记的面积和记载为"违章建筑"的面积进行补偿，明显缺乏法律依据。三是房屋征收部门给被征收人提供的安置房是否违反就近安置的原则。房屋征收部门给被征收人周某言提供的安置房源位于被征收房屋所在行政区域的相邻行政区域，符合《房屋征收补偿实施细则》和《S市住房保障和房屋管理局关于贯彻执行〈S市国有土地上房屋与征收补偿实施细则〉若干具体问题的意见》（以下简称《房屋征收补偿若干意见》）的规定。周某言的该主张难以成立。至于周某言对评估机构和评估报告提出的异议，因评估报告系由具有相应资质的评估机构作出，并经鉴定认为估价报告规范，评估价格合理，故该主张不能成立。周某言主张安置房源不符合规定，缺乏法律依据。周某言还主张补偿决定书未送达，这与已查明的事实不符，且其自言通过公示栏获知补偿决定的内容，并行使了诉讼救济权，故这一异议同样不能成立。因此，原审判决驳回周某言的诉讼请求正确，应予维持。综上，周某言的再审申请不符合《行政诉讼法》第91条规定的情形。依照《行政诉讼法》第101条、《行政诉讼法司法解释》第116条第2款之规定，裁定驳回再审申请人周某言的再审申请。

房屋征收是国家为了社会公共利益的需要，依法对国有或者集体土地上单位或者个人的房屋进行征收并依法给予补偿的行为。我国《宪法》第13条第3款规定，国家为了公共利益的需要，可以依照法律规定对公民的私有财产实行征收或者征用并给予补偿。对于征收或者征用，世界其他国家亦有很多类似规定。例如在美国，政府基于公共利益需要，可以行使房屋征收权，即在没有取得财产所有人同意的情况下，可以依法直接对私人财产实施强制性征收，而财产所有人无法阻止政府的征收行为，但是可以获得相当于市场价格的补偿。美国联邦宪法第五修正案规定，房屋征收需同时具备公共使用、正当法律程序和公平补偿三个要件。[①] 否则，即为违法征收。对此，有学者认为，当前国内房屋征收纠纷呈现出四个主要特征：发生纠纷的被征收人趋向组织化；纠纷类型高度集中；被征收人败诉率高；涉房屋征收案件的信访率高居不下。[②] 实际上，客观地说，房屋征收纠纷的争议焦点并非征收的合理性和必要性问题，而是被征收人对征收程序、征收补偿安置方案和补偿标准的不满意。本案即是如此。

首先，关于房屋征收部门是否剥夺了被征收人对货币补偿和产权调换的选

---

① 参见吴彬等：《国内外城市拆迁补偿制度比较研究》，载《现代管理学》2018年第4期。
② 参见刘庆富：《房屋拆迁纠纷案件审理中的几个疑难问题——对张家界市房屋拆迁案件的调查》，载《法律适用》2005年第5期。

择权。《国有土地上房屋征收与补偿条例》第21条第1款、第2款规定:"被征收人可以选择货币补偿,也可以选择房屋产权调换。被征收人选择房屋产权调换的,市、县级人民政府应当提供用于产权调换的房屋,并与被征收人计算、结清被征收房屋价值与用于产权调换房屋价值的差价。"根据该规定,房屋征收部门在房屋征收补偿过程中应当充分尊重被征收人的选择权和参与权。这不仅是依法行政的必然要求,也是行政执法文明的充分体现。例如,在征收农村集体土地时,"行政机关应适用公开透明、平等参与的规范程序,进一步尊重被征收人的参与权。对于集体土地房屋征收补偿行政行为,正确适用《土地管理法》,参照适用《土地管理法实施条例》,完善手续、规范程序。充分认识程序正当原则,并充分给予被征收人在征收过程中协商谈判权利,避免程序违法"①。本案中,周某言声称房屋征收补偿决定未给予其货币补偿的选择方案,但经最高人民法院对案涉地块征收工作谈话记录的核实,原审第三人P房管局报请P区政府作出补偿决定时,提出了产权调换房屋方案和货币补偿方案,具体经办人腾某康告知周某言,基地产权调换的就近房源包括哪些,异地房源包括哪些,如果选择货币安置的,补偿安置款增加20%。如果还有什么不理解的,可以参考下发的《宣传手册》和《房源信息》。对此,周某言明确地表示知悉,并称"我会仔细看的,今天你们发的资料我不签,等我完全理解了我会签的"。由此可见,周某言提出的房屋征收部门剥夺了其货币补偿和产权调换的选择权的主张不能成立。

其次,关于对被征收人房屋补偿面积的认定是否正确。美国经济学家波斯纳认为,经济学是人类在一个资源有限、不敷需要的世界中进行选择的科学。它的理论假设是,人是对自己的生活目标、自己的满足,也即我们通常所讲的"自我利益"的理性的、最大限度的追求者。在房屋征收补偿纠纷中,被征收人天然地认为征收人单方面制定的补偿标准过低,顺利交易会为征收人节约很多的成本,否则征收人不会奖励按时自动搬迁户。而如果被征收人拒绝交易,征收人将失去所节约的成本,若该成本大于被征收人的征收补偿要求,征收人可

---

① 黄瑶:《二元制下集体土地房屋征收补偿法治化研究——基于贵州省180件集体土地行政案件的分析》,载《重庆大学学报(社会科学版)》2016年第5期。

能会同意被征收人的要求。从法经济学视角看,房屋征收过程中存在的巨大交易成本及谈判规则的无效率即是产生纠纷的主要原因。①本案中,房屋征收补偿决定依据房地产权证的记载及该产权证的发证资料认定被征收房屋建筑面积为22.1平方米,结合评估单价等确定货币补偿金额及补贴款等,并以增补的现房房源安置,再根据安置房价格计算差价款,并无不当。周某言对被征收房屋面积提出异议,要求对未经产权登记的面积和记载为19.17平方米的"违章建筑面积"进行补偿,明显缺乏依据。周某言声称对19.17平方米的"违章建筑面积"缴纳了土地使用税,但缴纳土地使用税不是违法建筑合法化的途径。只要客观上占用了国有土地资源,就应当依法缴纳土地使用税。事实上,对于合法建筑部分和违法建筑部分的税费是分别计算的,这也表明违法建筑部分区别于合法建筑部分。当然,由于历史原因,居民在建造私房时,普遍存在建造范围或者楼层超过建筑规划许可的情况。其中部分居民通过办理"罚款补证"手续,使相关建筑合法化。但大多数居民并未办理相关手续,这部分建筑也往往未能按规定及时拆除。《国务院办公厅关于认真做好城镇房屋拆迁工作维护社会稳定的紧急通知》(国办发明电〔2003〕42号)第4条规定:"完善相关政策措施,妥善解决遗留问题。各地要本着实事求是的原则,采取积极有效的措施,切实解决城市房屋拆迁中久拖不决的遗留问题。对拆迁范围内产权性质为住宅,但已依法取得营业执照经营性用房的补偿,各地可根据其经营情况、经营年限及纳税等实际情况给予适当补偿。对拆迁范围内由于历史原因造成的手续不全房屋,应依据现行有关法律法规补办手续。对政策不明确但确属合理要求的,要抓紧制订相应的政策,限期处理解决;一时难以解决的,要耐心细致地做好解释工作,并积极创造条件,争取早日解决。对因房地产开发企业没有能力完成建设项目导致拆迁补偿资金不落实、安置用房不到位的问题,地方政府要采取有效措施,督促开发企业抓紧落实;或先行解决拆迁补偿安置问题,再根据法律法规和拆迁合同约定,追究开发企业的责任。"对此,为了尽可能客观反映发证时房地产的客观情况,P区房屋登记部门将办理过合法审批手续、符合

---

① 参见武翠丹:《我国房屋征收补偿标准的法经济学分析》,载《学术探索》2014年第10期。

登记规定的部分房屋信息记载入"房屋状况"信息栏,而将其他建筑物、构筑物在附记栏中进行注记。本案周某言涉争的房屋《S市房地产权证》"房屋状况"一栏中明确记载建筑面积"22.10平方米",室号或部位是"三层";在"附记"一栏中明确记载"违章建筑面积19.17平方米"。可见,周某言对记载为19.17平方米面积的该违章建筑并未依据有关法律法规补办过相应手续。因此,周某言声称房屋征收补偿决定遗漏了需要补偿的对象并导致对其房屋的实际面积认定错误的主张不能支持。

最后,关于房屋征收部门给被征收人提供的安置房是否违反就近安置的原则。《国有土地上房屋征收与补偿条例》第21条第3款规定:"因旧城区改建征收个人住宅,被征收人选择在改建地段进行房屋产权调换的,作出房屋征收决定的市、县级人民政府应当提供改建地段或者就近地段的房屋。"根据该规定,房屋征收部门给被征收人提供的安置房应当是改建地段或者就近地段的房屋。[①]但司法实务中,对该规定不能作过于机械的、僵化的理解。例如,在曹某芝、王某云诉K市G区人民政府、K市人民政府房屋征收补偿决定及行政复议决定一案[②]中,最高人民法院认为,用于产权调换的房屋距离被征收地段十余公里,从距离上看,似不符合就近安置的规定。但是,一方面,按照《K市城市总体规划》的规定,涉案项目的土地性质为商业用地,不准建设住宅用房,故不能于改建地段实施安置。另一方面,考虑到保护和开发古城的需要,《K市城市总体规划》和《K市古城风貌保护与重现工程规划》第5.4.5条规定,古城内总体建筑高度限高15米。在此情况下,将古城改造过程中的被征收人全部就近安置于古城内亦不具有现实可行性。鉴于产权调换的目的在于保障被征收人的生活水平和居住条件不因征地拆迁而降低,经实地勘察,本案中用于安置的小区位于K市西北方,K市主干道南段,配套设施齐全,充分保障了被征收人的居住权益,且多数被征收人已签订协议选择该安置房,故不宜否定安置行为的合法性。在吴某新诉S市J区人民政府房屋征收补偿决定一案[③]中,最高人民法院认

[①] 旧城区改建是指政府依照《城乡规划法》有关规定组织实施的对危房集中、基础设施落后等地段进行改建的项目。参见(2016)最高法行申788号行政裁定书。
[②] 参见(2017)最高法行申6144号行政裁定书。
[③] 参见(2018)最高法行申27号行政裁定书。

为，就近地段的范围，一般应考虑城市规模、交通状况、安置房源数量和户型面积等实际因素，由房屋征收部门与被征收人、公有房屋承租人在征收补偿方案征求意见过程中确定。被征收人、公有房屋承租人未在改建地段或者征收补偿方案确定的就近地段选择安置、未能达成补偿安置协议的，房屋征收部门根据房屋征收补偿法律规定，可以结合被征收房屋套型、面积和价值，被征收房屋与安置房屋匹配程度，当地对居住困难户优先保障安置方案等具体因素，选择确定更有利于保障被征收人居住权的安置房屋。吴某新户被征收公有承租房屋居住面积仅 64.5 平方米，核定建筑面积 99.330 平方米，被申请人在计算被征收房屋价格、价格补贴、套型面积补贴等补偿、补贴后，未将吴某新户安置于就近地段，而选择 S 市 Q 区 4 套增补现房房源进行安置，更有利于保障被征收人的居住权。因此，被申请人将 S 市 Q 区房源作为安置房源，虽然不属于提供改建地段或者就近地段房源，因吴某新在行政征收程序中未能达成补偿安置协议，被申请人政府结合被征收房屋实际状况，选择市场价值明显高于被征收房屋价值、更有利于保障吴某新及其家庭成员居住权的异地房源实施安置，符合《城市房地产管理法》第 6 条有关"征收个人住宅的，还应当保障被征收人的居住条件"的规定，也符合《国有土地上房屋征收与补偿条例》第 2 条有关"为了公共利益的需要，征收国有土地上单位、个人的房屋，应当对被征收房屋所有权人给予公平补偿"的规定，依法应予支持。

  应当说，针对国有土地上和集体土地上房屋征收补偿两种情形，S 市人民政府分别制定并公布的《房屋征收补偿实施细则》和《S 市征收集体土地房屋补偿暂行规定》规定得较为细致，在房屋征收程序上体现了行政程序公开、公正、相对人参与等基本原则。如规定征收补偿方案要公布，征收决定要公告，房屋调查结果要公布，被征收房屋的评估均价由房屋征收部门公布，分户补偿结果要公布等，这些规定充分体现了公开原则。旧城区改建的意愿征询比例需要达到 90% 以上的多数，征收补偿方案签约比例不低于 80% 方可执行征收决定，征收补偿方案要征求被征收人意见，房地产价格评估机构由被征收人协商确定或投票决定，被征收人可以选择包括就近地段的产权调换房屋或货币补偿等，这些规定体现了程序正当、公正和参与原则。[①]特别是，《房屋征收补偿实施细则》规定了对于人均建筑面积不足22平方米的居住困难户，在给予房屋征收补偿的同时，还应当提供保障补贴。保障补贴的计算方式为折算单价乘以居住困难户人数乘以22平方米，然后减去被征收居住房屋的补偿金额。这种保障补贴虽然不属于传统的征收补偿范围，但体现了对社会弱势群体民生的关怀，值得肯定。[②]就本案周某言提出的违反就近安置的问题，[③]根据《房屋征收补偿实施细则》第26条第3款及《房屋征收补偿若干意见》关于"八、关于旧城区改建的就近地段范围"的规定，因旧城区改建征收居住房屋的，作出房屋征收决定的区（县）人民政府应当提供改建地段或者就近地段的房源，供被征收人、公有房屋承租人选择，并按照房地产市场价结清差价。就近地段的范围，具体由房屋征收部门与被征收人、公有房屋承租人在征收补偿方案征求意见过程中确定。在确定就近地段范围时，可以考虑下列因素：（1）被征收房屋位于外环线以内的，就近地段范围可以为被征收房屋所在的行政区域或者相邻行政区域范围内；（2）被征收房屋位于外环线以外的，就近地段范围一般为被征收房屋所在的街道、镇（乡）行政区域范围内。在被征收人周某言与房屋征收部门未达成协议的情况下，房屋征收部门决定以该征收地块增补的安置房源安置周某言户，安置房源位于S市另一行政区，被征收房屋位于P区（在S市外环线以内），安置房源系被征收房屋所在行政区域的相邻行政区域，且提供给周某言的安置房面积为73平方米，远大于其被征收房屋的面积，安置房的价值也高于其被征收房屋的价值。故符合《房屋征收补偿实施细则》和《房屋征收补偿若干意见》的规定。周某言声称房屋征收部门给其提供的安置房违反就近安置原则

---

① 参见芦雪峰：《我国城市房屋征收补偿的法律分析——以上海市房屋征收补偿新规为例》，载《行政论坛》2014年第2期。

② 参见渠滢：《双重补偿责任下的国有土地上房屋征收补偿范围重构》，载《河北法学》2018年第5期。

③ 周某言认为，安置房屋与征收区域相距26公里，开车都需要将近一个小时，公共交通工具出行大约一个半小时，这样的距离超出了常人关于就近范围的理解，也给再审申请人生活带来极大不便，侵害了其合法权益。尤其是再审申请人与配偶已经是年近七旬的老人，住到如此偏远的回迁房去，实在无法接受。故房屋征收补偿决定违反了《国有土地上房屋征收与补偿条例》关于应当提供改建地段或者就近地段的房屋的规定。

的主张难以成立。当然，周某言在提起诉讼时，其如果对《征收房屋补偿若干意见》的相关规定提出疑问，可以根据《行政诉讼法》第53条第1款及《行政诉讼法司法解释》第146条的规定提出对规范性文件的一并审查请求，即公民、法人或者其他组织认为行政行为所依据的国务院部门和地方人民政府及其部门制定的规范性文件不合法，在对行政行为提起诉讼时，可以一并请求对该规范性文件进行审查。但公民、法人或者其他组织请求人民法院一并审查《行政诉讼法》第53条规定的规范性文件，应当在第一审开庭审理前提出；有正当理由的，也可以在法庭调查中提出。就本案而言，根据上述规定，周某言已经丧失了对房屋征收补偿决定所依据的规范性文件提出一并审查请求的权利。

（二）房屋征收补偿决定遗漏补偿项目时的审查

在被诉房屋征收补偿决定遗漏补偿项目时，法院如何审理，可谓见仁见智。尤其是，对于一审法院判决驳回原告诉讼请求时，二审法院如何裁判，需要进行个案的考量。在杨某强诉S省J市Y区人民政府（以下简称Y区政府）、S省J市人民政府（以下简称J市政府）房屋征收补偿决定一案[1]中，被告Y区政府于2018年4月28日发布房屋征收决定公告，原告杨某强的房屋在征收范围内。房屋征收部门以逐户征询的方式进行投票，并将被征收人征询意见书进行现场唱票，由公证机关人员现场监督，最终选定华典章土地房地产评估咨询有限公司（以下简称华典章评估公司）。华典章评估公司以房屋征收决定公告之日为评估时点对杨某强房屋的价值进行了评估，并出具了分户评估报告。后房屋征收部门依法进行了送达。

2019年1月27日，Y区政府作出房屋征收补偿决定，认定杨某强所有的房屋坐落于J市Y区××路××号，房屋类型为平房，房屋证载用途为住宅，房屋所有权证证载建筑面积56.4平方米，其中正房42平方米，偏房14.4平方米；实测面积为58.87平方米，其中正房43.92平方米，偏房14.95平方米。

房屋征收补偿决定规定杨某强可选货币补偿或产权调换。第一，货币

---

[1] 参见（2020）最高法行申12476号行政裁定书；王锦鹏、谭红：《房屋征收补偿决定遗漏补偿项目时的司法审查》，载中华人民共和国最高人民法院行政审判庭编：《行政执法与行政审判》（总第86集），中国法制出版社2023年版，第147~158页。

补偿。被征收房屋的实测面积为58.87平方米,其中正房43.92平方米,偏房14.95平方米。应补偿建筑面积为65.897平方米(应补偿套内建筑面积为51.4平方米,应补偿套内建筑面积对应的公摊建筑面积为14.497平方米),评估单价为8040元/平方米,应补偿价值为529 811.88元。被征收房屋建筑面积超出证载建筑面积2.2平方米部分应支付完善产权费用572元(标准为房屋建筑面积超出证载面积部分260元/平方米,计572元)。经核算,被征收人选择货币补偿方式的,应给予被征收人货币补偿款人民币529 239.88元(被征收房屋价值529 811.88元减去完善产权费用572元,结算款为529 239.88元)。第二,产权调换。根据该被征收房屋对应选房档次,房屋征收部门为被征收人提供的产权调换房屋评估单价8000元/平方米,房屋用途为住宅。被征收人可按下列方案选择产权调换房屋:(1)被征收人可选择建筑面积60平方米(套内建筑面积46.80平方米,公摊建筑面积13.20平方米)的产权调换房屋一套,产权调换房屋的总价值为480 000元。经核算,房屋征收部门应向被征收人结清房屋产权调换差价款49 811.88元,被征收人应支付完善产权费用572元,房屋征收部门应向被征收人支付房屋产权调换差价款及扣除完善产权费用合计49 239.88元,待房屋交付时,据实结算。(2)被征收人可选择建筑面积80平方米(套内建筑面积62.40平方米,公摊建筑面积17.60平方米)的产权调换房屋一套,产权调换房屋的总价值为640 000元。经结算,被征收人应向房屋征收部门支付房屋产权调换差价款及完善产权费用合计86 516元,待房屋交付时,据实结算。被征收人产权调换房屋超出应补偿建筑面积65.897平方米部分的办理不动产登记费用由被征收人承担,具体费用待产权调换房屋交付后办理不动产登记时一并结算。

  房屋征收补偿决定还规定了搬迁费、临时安置费补偿。选择货币补偿的,由房屋征收部门支付搬迁费883.05元,一次性发放6个月临时安置费5298.30元。合计人民币6181.35元。选择产权调换的,过渡期限自该户搬迁之月开始至产权调换房屋交付之月止,被征收房屋搬迁腾空后先期支付24个月临时安置费21 193.20元,该户剩余期限临时安置费待产权调换房屋交付时一并据实核算,多退少补;支付搬迁费883.05元,合计人民币22 076.25元。此外,房屋征收补偿决定还规定,被征收房屋室内装修价值为1123元,院内附属物价值为

6382 元，合计人民币 7505 元。本决定书送达之日起 15 日内，被征收人应将被征收房屋及其附属设施腾空并交给房屋征收实施单位。被征收人应在房屋腾空之日起 7 日内到 J 市 Y 区老城片区改造指挥部办公室领取相关费用，逾期不领的由房屋征收部门预留。

2019 年 3 月 19 日，杨某强向 J 市政府邮寄行政复议申请书。2019 年 3 月 20 日，J 市政府签收了其复议申请。2019 年 3 月 21 日，J 市政府作出补正行政复议申请通知，告知杨某强对行政复议申请作出补正。2019 年 3 月 26 日，经杨某强补正后，J 市政府作出行政复议申请受理通知，受理了杨某强的行政复议申请。同日，J 市政府向 Y 区政府作出提出行政复议答复通知，告知 Y 区政府对杨某强的行政复议申请作出答复。2019 年 4 月 17 日，J 市政府就杨某强的行政复议申请对杨某强进行调查。2019 年 5 月 21 日，J 市政府作出行政复议决定，维持了房屋征收补偿决定。杨某强不服上述房屋征收补偿决定及行政复议决定提起诉讼，请求撤销房屋征收补偿决定和行政复议决定。

S 省 J 市中级人民法院一审认为，本案的焦点系 Y 区政府作出的房屋征收补偿决定及 J 市政府作出的行政复议决定是否合法及合理。

关于房屋征收补偿决定主要证据是否充足问题。（1）评估机构的资质、评估机构的选定、评估时点、评估方法是否符合法律规定的问题。《S 省国有土地上房屋征收与补偿条例》第 40 条规定："被征收人在公告协商期内协商不成的，房屋征收部门可以组织采取逐户征询、集中投票或者通过抽签、摇号等随机方式选定房地产价格评估机构。"本案房屋评估机构的选定由房屋征收部门以逐户征询的方式进行投票，并将被征收人征询意见书进行现场唱票，由公证机关人员现场监督，最终选定华典章评估公司为涉案片区的评估机构。上述评估机构产生的过程符合规定。本案评估报告确定的评估时点为房屋征收决定公告之日 2018 年 4 月 28 日，评估时点的确定符合法律规定。根据房屋分户评估报告和价格评估说明的记载，评估的价值是被征收房屋及其占用范围内的土地使用权在正常交易情况下，由熟悉情况的交易双方以公平交易方式在评估时点自愿进行交易的金额，符合社会交易规则，亦不违反相关规定。（2）原告怠于行使复核评估、复核鉴定权利的问题。根据《国有土地上房屋征收与补偿条例》和《国有土地上房屋征收评估办法》的相关规定，房屋被征收人对房地产价格评估机构受委托作出的房屋价值评估结果有异议,应当向房地产价格评估机构书面申请复核评估;对复核评估结果有异议,应当向被征收房屋所在地房地产价格评估专家委员会申请鉴定。本案中,原告主张其于分户评估报告送达后,向涉案片区指挥部当面送达了申请复核的相关材料但被拒收。对此,原告并未提交相关证据证实其曾向涉案片区指挥部送达了申请复核的材料,亦未证实涉案片区指挥部曾拒收过其提交的相关材料,被告也于庭审过程中明确表示并未收到原告申请复核的相关材料。因此,对原告的该项主张,不予认可。综上,评估报告结论可以采纳,房屋征收补偿决定依据评估报告结论认定被征收房屋价值,原告虽然对评估结果提出异议,但无确凿证据表明评估结果侵害其合法权益,对其异议不予支持。

关于房屋征收补偿决定适用法律、法规是否正确,即征收补偿是否公平的问题。(1)房屋征收补偿决定对被征收房屋价值的补偿符合法律规定。《国有土地上房屋征收与补偿条例》第19条第1款规定:"对被征收房屋价值的补偿,不得低于房屋征收决定公告之日被征收房屋类似房地产的市场价格。被征收房屋的价值,由具有相应资质的房地产价格评估机构按照房屋征收评估办法评估确定。"本案中,被告根据房屋征收评估机构评估确定的评估结果,按照涉案房屋的实测房屋面积,对被征收房屋价值作出补偿,符合法律规定。(2)房屋征收补偿决定保障了原告选择货币补偿和产权调换的权利。该补偿决定给原告提供了7日的选择期限,保障了其选择货币补偿和房屋产权调换的权利。(3)房屋征收补偿决定其他事项符合法律、法规和补偿方案规定。该补偿决定除包含对被征收房屋价值的补偿和产权调换房屋外,还与原告计算、结清被征收房屋价值与用于产权调换房屋价值的差价,并按照补偿方案确定的标准,对搬迁费、临时安置费、过渡方式和过渡期限作了明确规定,具有《国有土地上房屋征收与补偿条例》第25条第1款规定的补偿协议事项,项目、标准和数额符合《国有土地上房屋征收与补偿条例》和补偿方案的规定。征收补偿决定同时对室内装修费和附属物补偿费的相关补偿费用作出了约定,未侵害原告的合法权益。

关于被诉行政复议决定是否合法的问题。本案中,原告于2019年3月19日邮寄行政复议申请,对房屋征收补偿决定提起行政复议。经补正后,J市政府于2019年3月26日正式受理了原告的行政复议申请。受理后,J市政府经过向Y区政府征询意见、对原告进行询问等方式，于2019年5月21日作出行政复议决定，维持了房屋征收补偿决定，程序合法，内容亦无不当。

综上，房屋征收补偿决定及行政复议决定主要证据充足，适用法律、法规正确，程序合法，对其合法性予以确认，据此判决驳回杨某强的诉讼请求。杨某强不服，提起上诉。

S省高级人民法院二审认为，本案争议的焦点问题主要集中在以下方面。

（1）关于被诉房屋征收补偿决定的合法性问题。一是对于补偿决定的程序问题。本案中，杨某强的房屋位于涉案征收决定确定的征收范围之内，因其在签约期限内未与房屋征收部门达成补偿协议，Y区政府按照补偿方案，以房地产价格评估机构对涉案房屋价值的评估为基础，作出房屋征收补偿决定并进行了送达及公告，符合《国有土地上房屋征收与补偿条例》第26条的规定。涉案房地产评估机构由房屋征收部门征询被征收人意见经投票产生，评估机构的选定程序符合《S省国有土地上房屋征收与补偿条例》第40条的规定，杨某强提出评估机构选定程序违法的主张，没有事实根据，不能成立。二是对于涉案房屋补偿标准的问题。根据《国有土地上房屋征收与补偿条例》第19条及《国有土地上房屋征收评估办法》第10条的规定，被征收房屋价值的补偿，不得低于房屋征收决定公告之日被征收房屋类似房地产的市场价格，被征收房屋的价值，由具有相应资质的房地产价格评估机构按照房屋征收评估办法评估确定。故涉案房屋价值的评估时点选定为房屋征收决定公告之日，符合上述规定。在《房地产估价分户报告》由征收部门的工作人员向杨某强送达后，杨某强并未对评估结果依法申请复核、鉴定等，故该评估结果可以作为认定被征收房屋价值的依据。杨某强提出《房地产估价分户报告》未告知申请复核权导致其权利丧失的主张，经审查，涉案《房地产估价分户报告》中虽未明确载明复核权利，但Y区政府在与房屋征收决定一并公告征收补偿方案时，对评估结果异议的复核权利已经进行了告知，应视为Y区政府对该项权利已经尽到了必要的告知义务。同时，当时有效的《J市国有土地上房屋征收评估技术规范》也没有对评估报告需载明异议处理方式作出强制性规定。故此，评估机构在《房地产估价分户报告》中未载明复核权利虽不规范，但并不构成违法，亦不影响其法律效力，杨某强的该项上诉主张于法无据，不能成立。三是对于涉案房屋补偿公性问题。补偿决定反映的补偿方式和补偿事项应当公正、客观、全面。本案中，Y区政府就涉案被征收房屋为杨某强提供了货币补偿和产权调换两种补偿方式，尊重了杨某强的选择权，同时还对房屋调换结算差价、搬迁费、临时安置费以及房屋装修和附属物等补偿事项予以明确，符合《国有土地上房屋征收与补偿条例》第21条、第25条的规定。杨某强主张其东屋不应按地上附着物标准补偿，但未能提供合法建筑证明，杨某强的该项主张没有事实根据，不能成立。根据《国有土地上房屋征收与补偿条例》第26条规定，补偿决定应当公平。房屋征收补偿决定中，Y区政府为杨某强提供了7日的选择期限以及提存相关费用，在依据评估确定的市场价格作出货币补偿的同时，还按照低于被征收房屋单价的标准，在被征收房屋类似地段为杨某强提供安置房屋，房屋建筑面积及套内面积均超过被征收房屋的实测面积，这些规定均体现了房屋征收补偿应遵循的对等公平原则，较好地保障了杨某强因其合法房屋被征收所应取得的补偿利益。杨某强关于房屋补偿不公平的上诉主张，不能成立。

（2）关于杨某强主张的院落问题。根据《国有土地上房屋征收与补偿条例》及最高人民法院有关答复意见精神，在国有土地上房屋征收补偿中，应将被征收人合法享有国有土地使用权的院落、空地面积纳入补偿范围。本案中，杨某强主张的院落虽未经登记土地使用权，但该院落面积在房产证所附房地产平面图中明确记载有118.3平方米，况且在案证据显示，该院落系杨某强在1988年作为Y县物资再生公司职工与房屋一起分配购买而来，该公司在征收过程中出具的《证明》也显示，"2002年8月杨某强以商品房的形式购买了涉案住房，缴纳了房款及契税并取得了房产及院落的使用权"，同时还说明了2016年已将杨某强办理土地使用证材料申报到相关部门但一直未予办理的情况。由此可以看出，杨某强对涉案院落的使用具有合法的来源，未办理土地使用权登记具有一定的客观原因，并非属于擅自占用土地供个人使用等明显不合法情形，故不宜简单地以该院落未办理土地使用证为由排除在补偿范围之外。从涉案《房地产估价分户报告》的内容来看，该评估结果仅包含被征收房屋、室内装修及附属物的价值，并未体现院落所占土地使用价值，而这部分土地使用价值中含有杨某强应当获得的征收补偿利益，应包含在补偿范围之内。换言之，杨某强所主张的院落与被征收房屋明显属于不可分割的整体并长期使用，房产证中也明确记载了该院落的面积大小，况且Y区政府未提供杨某强非法使用该院落等不应给予补偿的证据，鉴于此，Y区政府在征收涉案房屋时未考虑杨某强的该部分补偿收益，显失公平。根据《最高人民法院关于征收国有土地上房屋时是否应当对被征收人未经登记的空地和院落予以补偿的答复》(〔2012〕行他字第16号)规定，无论该院落所占土地为划拨还是出让均应当一并予以补偿，只不过划拨土地与出让土地在计算补偿价值时的计算方式不同。故此，就征收遗漏的院落土地部分中杨某强应取得的合法补偿利益，Y区政府应依法另行给予货币补偿，对于该项补偿的标准及数额的异议，杨某强仍可通过行政复议或者行政诉讼等法律途径寻求救济。

综上，Y区政府单就征收杨某强的房屋所作出的房屋征收补偿决定合法，J市政府作出复议决定予以维持的结果并无不当，一审法院判决对房屋征收补偿决定以及复议决定的合法性予以认定，亦无不当。杨某强提出Y区政府遗漏院落补偿的上诉理由成立，应予支持。遂判决维持一审行政判决；责令J市Y区政府在本判决生效之日起60日内就杨某强使用的涉案院落土地价值部分作出征收补偿决定。

杨某强仍不服，向最高人民法院申请再审。最高人民法院经审查后裁定驳回杨某强的再审申请。

本案的核心问题涉及一、二审法院对房屋征收补偿决定合法性的评价问题。对此，原审法院从程序、标准、实体三个方面对房屋征收补偿决定的合法性问题进行了分析。一是关于房屋征收补偿决定的程序问题。本案中，杨某强的房屋位于涉案征收决定确定的征收范围之内，因其在签约期限内未与房屋征收部门达成补偿协议，Y区政府按照补偿方案，以房地产价格评估机构对其房屋价值的评估为基础，作出房屋征收补偿决定并进行了送达及公告，符合《国有土地上房屋征收与补偿条例》的规定。涉案房地产评估机构由房屋征收部门征询被征收人意见经投票产生，评估机构的选定程序符合《S省国有土地上房屋征收与补偿条例》的规定。二是关于涉案房屋补偿标准的问题。根据《国有土地上房屋征收与补偿条例》第19条及《国有土地上房屋征收评估办法》第10条的规定，被征收房屋价值的补偿，不得低于房屋征收决定公告之日被征收房屋类似房地产的市场价格，被征收房屋的价值，由具有相应资质的房地产价格评估机构按照房屋征收评估办法评估确定。本案中，涉案房屋价值的评估时点选定为房屋征收决定公告之日，符合上述规定。在《房地产估价分户报告》由征收部门的工作人员向杨某强送达后，其并未对评估结果依法申请复核、鉴定等，故该评估结果可以作为认定被征收房屋价值的依据。三是关于涉案房屋补偿的公平性问题。根据《国有土地上房屋征收与补偿条例》第26条的规定，补偿决定应当公平。本案中，Y区政府就杨某强被征收房屋为其提供了货币补偿和产权调换两种补偿方式，保障了其选择权，同时还明确了房屋调换结算差价、搬迁费、临时安置费以及房屋装修和附属物等补偿事项，符合《国有土地上房屋征收与补偿条例》的规定。杨某强主张其东屋不应按地上附着物标准补偿，但未能提供合法建筑证明，其该项主张没有事实根据，不能成立。故Y区政府单就征收杨某强的房屋所作出的房屋征收补偿决定，符合法律规定。S省J市人民政府作出复议决定，予以维持房屋征收补偿决定，无明显不当。

根据《国有土地上房屋征收与补偿条例》第26条第2款的规定，补偿决定应当公平，包括该条例第25条第1款规定的有关补偿协议的事项，即补偿方式、补偿金额和支付期限、用于产权调换房屋的地点和面积、搬迁费、临时安置费或者周转用房、停产停业损失、搬迁期限、过渡方式和过渡期限等事项。又根据《最高人民法院关于征收国有土地上房屋时是否应当对被征收人未经登记的空地和院落予以补偿的答复》（〔2012〕行他字第16号）的规定，国有土地上房屋征收补偿中，应将当事人合法享有国有土地使用权的院落、空地面积纳入评估范围，按照征收时的房地产市场价格，一并予以征收补偿。本案中，原告杨某强的诉讼请求为撤销房屋征收补偿决定和行政复议决定，而房屋征收补偿决定遗漏了杨某强作为被征收人的房屋院落的补偿事项，一审法院仍认定其合法，并判决驳回其诉讼请求。根据《行政诉讼法》第69条的规定，"行政行为证据确凿，适用法律、法规正确，符合法定程序的，或者原告申请被告履行法定职责或者给付义务理由不成立的，人民法院判决驳回原告的诉讼请求"。可见，从该条文的规范性来分析，驳回诉讼请求判决适用的情况主要有二：一是从审查被诉行政行为的合法性角度，即人民法院经过对行政案件的实体性审查，认为被诉行政行为在实体和程序上都合法，遂作出驳回诉讼请求的判决。该情形明确肯定了被诉行政行为的合法性。那种认为"驳回诉讼请求判决只对相对人的诉求进行审查，判断相对人不服行政行为的原因是否成立，是否具有充分的事实和法律依据，这实际上是从反面审查具体行政行为是否存在明显的或能识别的违法之处，其背后隐藏的逻辑是'法院只能量力而行，管它能管的事'"①的观点并不准确。二是从原告的诉请角度，即原告申请被告履行法定职责或者给付义务理由不能成立，直接作出否定原告诉讼请求的一种判决形式。该情形并未明确确认被诉行政行为的合法性，而是更多地倾向于对原告诉求和权益的关注，并在行政机关需要对行政行为进行调整时留有余地。修正后的《行政诉讼法》取消了原有的维持判决，不仅在功能上替代了维持判决对于合法行政行为的支持，而且实践中，判决驳回诉讼请求的情形比《行政诉讼法》第69条规定的范围要广，如可以包括原告提出的行政赔偿请求不成立，原告关于要求行政机关继续履行合同、确认合同无效等诉讼请求不能成立时，可以适用驳回诉讼请求的判决。②本案二审法院显然发现了一审法院存在的问题，但并未指正，而是认为，"Y区政府单就征收杨某强的房屋所作出的房屋征收补偿决定，符合法律规定"，并据此判决维持一审判决。

对于杨某强提出的Y区政府遗漏院落补偿的主张，一审法院未予审理，当属遗漏诉讼请求之情形，但仍然认为"房屋征收补偿决定符合法律规定"，确有不当。当事人提出的诉讼请求对法院的裁判行为具有拘束力。③对于当事人已经提出的事项，法院不能不加理睬，拒绝裁判，否则属于遗漏诉讼请求。遗漏诉讼请求作出裁判是原审法官出现了技术性错误，违背了处分原则。④因此，法院对原告的诉讼请求必须有所回应。这也是"不告不理"的含义之一。⑤"如

---

① 参见刘峰：《论行政诉讼判决形式的重构——从司法权与行政权关系的角度分析》，载《行政法学研究》2007年第4期。

② 参见侯丹华：《新〈行政诉讼法〉中几种特殊类型诉讼的判决方式》，载《法律适用》2016年第8期。

③ 参见许可：《论当事人主义诉讼模式在我国法上的新进展》，载《当代法学》2016年第3期。

④ 最高人民法院民事诉讼法修改研究小组编著：《〈中华人民共和国民事诉讼法〉修改的理解与适用》，人民法院出版社2007年版，第84页。

⑤ 参见应松年主编：《〈中华人民共和国行政诉讼法〉修改条文释义与点评》，人民法院出版社2015年版，第321页。

《行政诉讼法司法解释》重点内容案例解析

果人民法院没有对当事人提出的某项诉讼请求进行法庭调查和法庭辩论,在判决、裁定中遗漏了当事人这一诉讼请求,则属于审判工作的重大失误,当事人有权对这一判决、裁定申请再审,人民法院经审查查证属实之后,也应当进行再审。"[1] 遗漏诉讼请求作为再审事由,其法理依据主要在于,当公民在其权利受到侵害或与他人发生争议时,其有权请求国家司法机关依法进行公正裁判。有学者称这种权利在诉讼程序中的体现就是所谓的"程序主体性原则",即法院对案件的审理应当主要围绕当事人提出的诉讼请求进行,并依法作出裁判。这是诉判一致原则的要求。因此,不管当事人的诉讼请求是否具有事实根据和法律依据,法院都应作出裁判,而不能对当事人的诉讼请求置之不理,法官没有拒绝裁判的权利。

因此,于本案而言,一审法院应当依照《行政诉讼法》第70条的规定,即"行政行为有下列情形之一的,人民法院判决撤销或者部分撤销,并可以判决被告重新作出行政行为:(一)主要证据不足的;(二)适用法律、法规错误的;(三)违反法定程序的;(四)超越职权的;(五)滥用职权的;(六)明显不当的",判决撤销房屋征收补偿决定和行政复议决定,并责令Y区政府重新作出补偿决定。撤销判决是最符合行政诉讼制度中权力分工模式的一种判决形式,与秩序行政相适应,是与撤销之诉相对应的一种判决类型。在行政诉讼制度发展初期,该判决类型是判决体系中的核心判决,主要的西方国家均毫无争议地承认撤销判决的存在。[2] 撤销判决一般适用于行政行为违法的情况。如果严格按照依诉择判原则,在撤销之诉中,只存在两种判决形式,要么支持原告的诉讼请求,要么否定原告的诉讼请求,即撤销判决与驳回诉讼请求判决。也即,在撤销之诉中,法院经过审查如认为行政行为违法,就应当作出撤销判决;如认为原告诉请无理由,就应作出驳回诉讼请求判决。但事实上,行政审判实践远非这么简单:一方面,在撤销之诉中,基于公共利益、诉讼效率及行政行为无撤销内容等方面的考虑,行政行为违法并不必然导致其没有法律效力,法院不

---

[1] 全国人大常委会法制工作委员会民法室编:《中华人民共和国民事诉讼法条文说明、立法理由及相关规定》,北京大学出版社2007年版,第356页。

[2] 参见张旭勇:《行政判决的分析与重构》,中国政法大学2005年博士学位论文,第138页。

能简单地认为行政行为违法就必须作出撤销判决。另一方面,法院如果只是简单地作出撤销判决并责令行政机关重新作出行政行为,行政机关仍可能作出与原行政行为基本相同的行政行为,①导致程序空转,浪费行政和司法资源,不利于行政法律秩序的实现,甚至危害公共利益。②

鉴于一审判决的情况,按照一般的审理思路,本案二审法院应当依照《行政诉讼法》第89条第2项和第3项的规定,即"(二)原判决、裁定认定事实错误或者适用法律、法规错误的,依法改判、撤销或者变更;(三)原判决认定基本事实不清、证据不足的,发回原审人民法院重审,或者查清事实后改判",撤销一审判决,发回重审或者依法改判。二审法院在一审判决明显不当的情况下,判决维持,在逻辑上似乎存在问题,但结果还是值得肯定的。

具体案件千差万别,判决形式也是不断发展的。根据合法性审查的结果,修正前的《行政诉讼法》规定的判决形式有限:如果具体行政行为合法,判决维持;具体行政行为违法,则判决撤销;不作为行为违法,判决履行;具体行政行为显失公正,则判决变更。这四种判决形式在设计上均对应于常态化的合法性审查,无法应对特殊情况。例如,原告起诉被告不作为理由不成立、具体行政行为违法但不具有可撤销内容的等,按照前述判决形式就无法下判,因此后来增加了驳回诉讼请求判决、确认判决等判决类型。这些判决均是法院合法性审查的直接或间接结果,回应的均是行政行为这个诉讼标的。③

本案中,二审法院经过审理,一方面判决维持一审行政判决,另一方面判决Y区政府就杨某强使用的涉案院落土地价值部分作出征收补偿决定。④从某种角度来说,这种判决形式既提高了诉讼效率,又保障了杨某强程序和实体权

---

① 虽然《行政诉讼法》第71条明确规定,"人民法院判决被告重新作出行政行为的,被告不得以同一的事实和理由作出与原行政行为基本相同的行政行为",但被告以同一的或者大体一致的事实和理由作出与原行政行为基本相同的行政行为的情况却并不鲜见。

② 参见邓刚宏:《行政诉讼依诉请择判原则之局限性——依行政行为效力择判原则的可行性分析》,载《法学》2008年第9期。

③ 参见薛刚凌、杨欣:《论我国行政诉讼构造:"主观诉讼"抑或"客观诉讼"?》,载《行政法学研究》2013年第4期。

④ 有观点认为,二审法院若在查清事实后对杨某强使用的涉案院落土地价值部分直接作出补偿判决,则更有利于实质性解决争议,防止程序空转。笔者认为这种主张是有一定道理的。

益。杨某强若对 Y 区政府另行作出的补偿决定不服，①其仍可依法寻求救济。故根据本案的实际情况，本案没有启动再审程序之必要。

三、集体土地征收案件

（一）土地补偿款和地上附着物补偿款的归属

根据《土地管理法》的规定，在对集体土地进行征收时，土地补偿费归农村集体经济组织所有，地上附着物及青苗补偿费归被征收农民所有。在征收部门将征地补偿款项支付给村集体后，意味着其已经履行了支付征地补偿款的义务。那么在被征收农民对征收部门提起履行支付土地补偿款的法定职责的诉讼中，其不具有向被征收农民履行该职责的义务，且村集体也不是该诉讼中的第三人。当然，征收部门仍应向被征收农民承担支付地上附着物及青苗补偿费的义务。

在王某宽等 16 人诉 H 省 L 市 G 区人民政府履行行政征收土地的组织实施法定职责一案②中，王某宽等 16 人称，2012 年 9 月，H 省 L 市 G 区 W 镇政府（以下简称 W 镇政府）派人丈量土地，说是修高速公路。该公路于 2013 年 9 月动工，正在施工中，原告没有看到征地公告，也没有签订征地安置补偿协议，于是，原告就到 H 省 L 市信访局、L 市 G 区国土资源局、L 市交通局要求支付征地补偿款，2014 年 5 月，W 镇政府承认征地补偿款已到位，原告多次向各政府部门要求支付征地补偿款未果，无奈提起行政诉讼。

H 省 L 市中级人民法院一审查明，2013 年因修建高速公路，征用王某宽等 16 人的土地，王某宽等 16 人所在的村委会与 W 镇政府签订了征地补偿协议。H 省 L 市 G 区人民政府（以下简称 G 区政府）按照征地补偿协议已将补偿款项经 W 镇政府拨付至王某宽等 16 人所在的村委会。另查明，该项目的地上物补偿款因双方未对补偿标准和数额达成一致意见，致使该笔款项至今在 G 区政府账户中未予支付。

---

① 经最高人民法院核实，某区政府于 2020 年 12 月 18 日对杨某强被征收遗漏的院落土地价值部分另行作出了房屋征收补偿决定书，并于 2020 年 12 月 29 日向杨某强送达，本人签收。

② 参见（2019）最高法行申 13607 号行政裁定书。

一审法院认为，G区政府已按照征地补偿协议将征地补偿款项支付给村委会，已经履行了给付征地补偿款的义务。王某宽等16人起诉要求G区政府支付征地补偿款项，没有法律依据，对王某宽等16人的请求不予支持。此外，该项目的地上物补偿款仍在G区政府账户中，G区政府依法应负有给付义务。依照《行政诉讼法》第69条、第73条之规定，判决驳回王某宽等16人给付征地补偿款的诉讼请求，责令G区政府履行给付地上物补偿款的义务。

王某宽等16人不服一审判决，向H省高级人民法院提起上诉，请求撤销一审判决，确认G区政府不履行行政征收土地的组织实施职责违法，并责令G区政府履行给付征地补偿款、地上物补偿款的义务。主要理由：（1）一审判决程序违法。未将村委会列为第三人参加诉讼程序违法；王某宽等16人请求确认G区政府不履行行政征收土地的组织实施法定职责违法，一审未对该诉讼请求进行审理，遗漏了诉讼请求；行政机关负责人未出庭应诉。（2）一审法院认定事实错误。一审法院无视王某宽等16人未拿到征地补偿款的基本事实，认定G区政府已经履行了给付征地补偿款的义务没有事实根据。

H省高级人民法院二审认为，王某宽等16人请求人民法院判决G区政府支付征地补偿款和地上物补偿款。关于征地补偿款的问题，从庭审中双方当事人表述的内容看，实际为《土地管理法》第47条[①]中规定的土地补偿费。我国

[①] 现对应《土地管理法》第48条，内容已修改为："征收土地应当给予公平、合理的补偿，保障被征地农民原有生活水平不降低、长远生计有保障。征收土地应当依法及时足额支付土地补偿费、安置补助费以及农村村民住宅、其他地上附着物和青苗等的补偿费用，并安排被征地农民的社会保障费用。征收农用地的土地补偿费、安置补助费标准由省、自治区、直辖市通过制定公布区片综合地价确定。制定区片综合地价应当综合考虑土地原用途、土地资源条件、土地产值、土地区位、土地供求关系、人口以及经济社会发展水平等因素，并至少每三年调整或者重新公布一次。征收农用地以外的其他土地、地上附着物和青苗等的补偿标准，由省、自治区、直辖市制定。对其中的农村村民住宅，应当按照先补偿后搬迁、居住条件有改善的原则，尊重农村村民意愿，采取重新安排宅基地建房、提供安置房或者货币补偿等方式给予公平、合理的补偿，并对因征收造成的搬迁、临时安置等费用予以补偿，保障农村村民居住的权利和合法的住房财产权益。县级以上地方人民政府应当将被征地农民纳入相应的养老等社会保障体系。被征地农民的社会保障费用主要用于符合条件的被征地农民的养老保险等社会保险缴费补贴。被征地农民社会保障费用的筹集、管理和使用办法，由省、自治区、直辖市制定。"

实行土地的社会主义公有制,即全民所有制和劳动群众所有制。王某宽等16人所在村的土地归该村全体村民集体所有。根据《土地管理法》第10条①的规定,属于集体所有的土地由集体经济组织或者村委会经营管理。本案因建设需要,国家征收该村土地,应当将补偿费支付给村委会,由村委会管理。村委会应当按照法律及相关规定分配该笔款项。从法律的角度看,G区政府没有将土地补偿款直接支付给包括王某宽等16人在内的被征收村民的法定职责。王某宽等16人请求判令G区政府向其支付土地补偿费的诉讼请求没有法律依据,一审判决驳回王某宽等16人的该项诉讼请求并无不当。此外,从本案事实情况看,G区政府已将土地补偿款支付给村委会,已履行了土地补偿的法定职责,王某宽未得到补偿款与G区政府并无直接关系,王某宽等16人可以依法向村委会主张权利。需要说明的是,王某宽等16人与村委会的关系与本案审理的行政行为不是同一法律关系,村委会不属于本案第三人范畴,原审未将村委会列为第三人亦并无不当。关于地上附着物补偿款的问题,二审法院认为,在与被征收村民就该补偿事项未达成一致的情况下,G区政府应当及时作出补偿意见,对被征收的村民依法进行补偿。故原审判决G区政府履行给付补偿款义务并无不妥。

综上所述,一审判决认定事实清楚,适用法律正确,程序合法,应予维持。王某宽等16人的上诉理由不能成立,对其上诉主张不予支持。依照《行政诉讼法》第89条第1款第1项的规定,判决驳回上诉,维持原判。

王某宽等15人(张某会未申请再审)仍不服,向最高人民法院申请再审,请求依法撤销一、二审行政判决,确认被申请人不履行行政征收土地的组织实施法定职责违法,责令被申请人依法执行相关文件的规定,履行给付征地补偿款、地上物补偿款的义务。其申请再审的事实和理由为:(1)一、二审认定事实的主要证据不足,再审申请人没有拿到征地安置补偿款。被申请人拒不提供银行转账单,不能有效证明完成了支付征地补偿款的义务。(2)二审法院适用法律、法规确有错误。本案应适用相关文件的规定,履行给付征地补偿款、地上物补偿款的义务。(3)一、二审法院违反法律规定的诉讼程序,未通知村委

---

① 现为《土地管理法》第11条。

会作为第三人参加诉讼。(4)一审判决遗漏诉讼请求。再审申请人增加了确认被申请人不履行行政征收土地的组织实施法定职责违法的诉讼请求,一审法院未予审理。

最高人民法院经审查认为,本案的核心问题是被申请人是否已经履行了支付征地补偿款的义务。根据修改前的《土地管理法》第10条的规定,农民集体所有的土地依法属于村农民集体所有的,由村集体经济组织或者村民委员会经营、管理;已经分别属于村内两个以上农村集体经济组织的农民集体所有的,由村内各该农村集体经济组织或者村民小组经营、管理;已经属于乡(镇)农民集体所有的,由乡(镇)农村集体经济组织经营、管理。本案中,因修建高速公路的需要,国家征收村集体土地,土地补偿款应当支付给村委会,由村委会管理。在案证据显示,被申请人G区政府已经按照征地补偿协议将征地补偿款项支付给村委会,已经履行了支付征地补偿款的义务。G区政府不具有向再审申请人王某宽等15人在内的被征收村民直接支付土地补偿款的法定职责。对于集体土地的地上物补偿款,应当支付给被征收的村民。本案中,因被征收村民与G区政府就该补偿事项未达成一致,G区政府应当及时作出补偿决定,对被征收的村民依法进行补偿。王某宽等15人提出的增加确认被申请人不履行行政征收土地的组织实施法定职责违法的诉讼请求不能成立。一审法院判决G区政府履行给付地上物补偿款的义务,二审法院予以认可,并无不妥。至于本案一、二审法院未通知村委会作为第三人参加诉讼是否违反诉讼程序的问题。根据《行政诉讼法》第29条第1款的规定,公民、法人或者其他组织同被诉行政行为有利害关系但没有提起诉讼,或者同案件处理结果有利害关系的,可以作为第三人申请参加诉讼,或者由人民法院通知参加诉讼。本案中,由于土地补偿款并非支付给王某宽等15人,而是支付给其所在的村委会,也即其不具有向G区政府主张支付土地补偿款的请求权,该请求权只能由村委会行使。对于村委会收到土地补偿款之后如何分配和使用,应当按照法律及相关规定进行。若王某宽等15人因此与村委会发生争议,该争议亦与本案审理的行政争议并非同一法律关系,其宜通过其他途径另行主张。故村委会不属于本案第三人范畴,一审法院未将村委会列为第三人,亦无不当。综上,王某宽等15人的再审申请不符合《行政诉讼法》第91条规定的情形。依照《行政诉讼法司法解释》第

116 条第 2 款之规定，裁定驳回再审申请人王某宽等 15 人的再审申请。

本案主要涉及以下几个问题：一是集体土地的征地补偿款应当向谁支付；二是集体土地的地上物补偿款应当向谁支付；三是本案一、二审法院未通知村委会作为第三人参加诉讼是否违反诉讼程序；四是一审判决是否遗漏诉讼请求。

首先，关于集体土地的征地补偿款应当向谁支付的问题。根据修正前的《土地管理法》第 10 条的规定，农民集体所有的土地依法属于村农民集体所有的，由村集体经济组织或者村民委员会经营、管理；已经分别属于村内两个以上农村集体经济组织的农民集体所有的，由村内各该农村集体经济组织或者村民小组经营、管理；已经属于乡（镇）农民集体所有的，由乡（镇）农村集体经济组织经营、管理。当时有效的《土地管理法实施条例》第 26 条[①]第 1 款规定："土地补偿费归农村集体经济组织所有；地上附着物及青苗补偿费归地上附着物及青苗的所有者所有。"本案中，因修建高速公路的需要，国家征收村集体土地，土地补偿款应当支付给村委会，由村委会管理。G 区政府已按照征地补偿协议将征地补偿款项支付给村委会，已经履行了支付征地补偿款的义务。G 区政府不具有向王某宽等 16 人在内的被征收村民直接支付土地补偿款的法定职责。故王某宽等 16 人提出判令 G 区政府向其支付土地补偿费的诉讼请求没有法律依据。

需要注意的是，征收土地的安置补助费与土地补偿费并非同一项目，而是并列的项目。根据当时有效的《土地管理法实施条例》第 26 条第 2 款的规定，安置补助费必须专款专用，不得挪作他用。具体分为三种情况：一是需要安置的人员由农村集体经济组织安置的，安置补助费支付给农村集体经济组织，由农村集体经济组织管理和使用；二是由其他单位安置的，安置补助费支付给安置单位；三是不需要统一安置的，安置补助费发放给被安置人员个人或者征得

[①] 现对应新修改的《土地管理法实施条例》第 32 条，内容已修改为："省、自治区、直辖市应当制定公布区片综合地价，确定征收农用地的土地补偿费、安置补助费标准，并制定土地补偿费、安置补助费分配办法。地上附着物和青苗等的补偿费用，归其所有权人所有。社会保障费用主要用于符合条件的被征地农民的养老保险等社会保险缴费补贴，按照省、自治区、直辖市的规定单独列支。申请征收土地的县级以上地方人民政府应当及时落实土地补偿费、安置补助费、农村村民住宅以及其他地上附着物和青苗等的补偿费用、社会保障费用等，并保证足额到位，专款专用。有关费用未足额到位的，不得批准征收土地。"

被安置人员同意后用于支付被安置人员的保险费用。

其次，关于集体土地的地上物补偿款应当向谁支付的问题。实体法上，根据前引《土地管理法实施条例》第 26 条第 1 款的规定，对于集体土地的地上物补偿款，[①] 应当支付给被征收的村民。《物权法》第 42 条第 2 款规定，征收集体所有的土地，应当依法足额支付土地补偿费、安置补助费、地上附着物和青苗的补偿费等费用，安排被征地农民的社会保障费用，保障被征地农民的生活，维护被征地农民的合法权益。程序法上，《行政诉讼法》第 73 条规定，人民法院经过审理，查明被告依法负有给付义务的，判决被告履行给付义务。《行政诉讼法司法解释》第 92 条规定，原告申请被告依法履行支付抚恤金、最低生活保障待遇或者社会保险待遇等给付义务的理由成立，被告依法负有给付义务而拒绝或者拖延履行义务的，人民法院可以根据《行政诉讼法》第 73 条的规定，判决被告在一定期限内履行相应的给付义务。本案中，因被征收村民与 G 区政府就该补偿事项未达成一致，该笔款项至今在 G 区政府账户中未予支付。G 区政府应当及时作出补偿决定，对被征收的村民依法进行补偿。故一审法院判决 G 区政府履行给付补偿款义务、二审法院予以维持，适用法律正确，体现了对被征地村民合法权益的充分保护。

再次，关于本案一、二审法院未通知村委会作为第三人参加诉讼是否违反诉讼程序的问题。《行政诉讼法》第 29 条第 1 款规定，公民、法人或者其他组织同被诉行政行为有利害关系但没有提起诉讼，或者同案件处理结果有利害关系的，可以作为第三人申请参加诉讼，或者由人民法院通知参加诉讼。其中的"利害关系"，是一个极其宽泛的概念：既有法律上的利害关系，又有事实上的利害关系；既有直接的利害关系，又有间接的利害关系；既有必然的利害关系，又有或然的利害关系；既有行政法上的利害关系，又有民法上的利害关系；既有涉及法律上明确保护的权利和值得法律保护的利益的利害关系，又有涉及反

[①] 修改后的《土地管理法》第 48 条对此作了更加明确的扩充性规定，即征收土地除了应当依法及时足额支付土地补偿费、安置补助费以外，还应当依法足额支付农村村民住宅、其他地上附着物和青苗等补偿费用，并安排被征地农民的社会保障费用。

射利益的利害关系等。[①] 这里的利害关系，不仅指与被诉的行政行为有法律上的直接的权利义务关系，即被诉的行政行为直接调整了第三人的权利义务，直接影响了第三人权利与义务的增减；也包括与被诉的行政行为有间接的利害关系，即被诉的行政行为并不直接调整第三人的权利义务，而是被诉行政行为存在与否的事实将间接影响第三人的权利义务。[②] 同案件处理结果有利害关系的第三人，实乃"法律上利益受判决影响的人"。[③] 甚至有人认为，间接利害关系包括与行政行为所确认的事实或与判决结果有事实上的利害关系以及与被诉行政主体的相对方有民事法律关系。即只要是与被诉行政行为有法律上的关系或实质上受到影响的主体均可作为第三人参加诉讼。[④] 显然，该观点对第三人的界定过于宽泛。本案中，由于土地补偿款并非支付给王某宽等16人，而是支付给其所在的村委会，也即其不具有向G区政府主张支付土地补偿款的请求权，该请求权只能由村委会行使。对于村委会收到土地补偿款之后如何分配和使用，当然应当按照法律及相关规定进行。例如，根据《村民委员会组织法》第24条第1款第7项及第2款的规定，对于涉及村民利益的事项，诸如征地补偿费的使用、分配方案，须经村民会议讨论决定或者村民会议授权村民代表会议讨论决定方可办理。因此，若王某宽等16人因征地补偿费的使用、分配问题与村委会发生争议，那也是另一法律关系，与本案审理的行政行为不是同一法律关系。故村委会不属于本案第三人范畴，一审未将村委会列为第三人亦无不当。

最后，关于一审判决是否遗漏诉讼请求的问题。本案中，对于王某宽等16人提出的增加确认被申请人不履行行政征收土地的组织实施法定职责违法的诉讼请求，一方面，本案被申请人不存在不履行支付土地补偿费的情形；另一方面，一审法院对本案经过实体审理，对于尚未向再审申请人支付的地上物补偿

---

① 参见黄先雄：《我国行政诉讼中必要参加诉讼第三人制度之构建》，载《法商研究》2018年第4期。

② 参见应松年主编：《行政诉讼法学》，中国政法大学出版社1994年版，第130~131页；马怀德：《行政法制度建构与判例研究》，中国政法大学出版社2000年版，第142页。

③ 参见马生安：《行政诉讼第三人范围的科学界定——兼论我国行政诉讼第三人之立法缺陷及其完善》，载《行政法学研究》2001年第3期。

④ 参见余冠鹏：《行政诉讼第三人原理探究》，载《广西政法管理干部学院学报》2004年第3期。

款，判决 G 区政府履行给付义务，有利于切实保护其合法权益，因此一审判决不存在遗漏诉讼请求的问题。

（二）集体土地征收中大学生的村民资格认定问题[①]

对于集体土地征收中大学生村民资格的认定标准，各地的规定比较繁杂，地方法院的审判实践亦不尽相同。笔者认为，对于村庄改造和房屋拆迁安置补偿缺乏上位法的统一、明确规定时，地方政府和职能部门结合地方的具体实际情况，依法制定规章或规章以下的规范性文件，人民法院经审查认为合法、有效且合理、适当的，应当承认其效力，并作为判断被诉拆迁安置补偿行为是否合法的根据。

尹某帅、张某、尹某苒（以下简称尹某帅等3人）诉S省D市经济技术开发区管理委员会（以下简称管委会）、S省D市经济技术开发区Y镇人民政府（以下简称Y镇政府）及第三人S省经济技术开发区Y镇Z村民委员会（以下简称Z村委会）、簸箕刘集团有限公司（以下简称簸箕刘公司）补偿安置行为及行政复议一案[②]即涉及大学生的村民资格认定问题。该案的基本案情如下：尹某帅原籍为Y乡Z村，2004年10月考取大学，将户口迁至学校。2007年大学毕业，尹某帅将户口迁至Y乡Y街××号（集体户）。2011年10月26日，尹某帅将户口迁回原籍，与父母尹某金、张某芬登记于一个户口簿上。2012年1月11日，尹某帅与张某登记结婚。同年3月14日，张某将户口迁至尹某帅处。2014年12月1日，尹某帅与张某之女尹某苒出生，亦落户登记于该户口簿。尹某帅系山东金悦进出口有限公司员工，自2011年2月起，缴纳工伤保险，2016年7月开始缴纳养老、失业、生育、医疗保险。

2007年3月17日，管委会办公室作出批复，同意规划建设局呈报的《经济开发区村庄改造房屋拆迁补偿安置实施办法》（以下简称《安置办法》）。《安置办法》第6条规定："以户为单位户口在本村的常住村民（常住村民指本村

[①] 参见郭修江、谭红：《合法有效的规范性文件确定的村民资格标准人民法院应当予以尊重》，载中华人民共和国最高人民法院行政审判庭编：《行政执法与行政审判》（总第87集），中国法制出版社2023年版，第132~136页。

[②] 参见（2020）最高法行申1241号行政裁定书。

集体经济组织成员），本人有合法住宅，每人按40平方米予以房屋安置。"第10条规定："原户口在本村但已经迁出，在本村确有合法住宅的，视同本村村民（居民）给予补偿安置，其家庭成员在两口人以下（含两口人）的每户给予80平方米安置，三口人以上（含三口人）的每户给予120平方米安置。"第15条规定："符合本办法第六、七、八、九条规定的村民，以户为单位，两代以上（含两代）家庭成员共同生活，在应安置面积总和之外每户照顾40平方米。"2016年8月，Y镇Z村开始进行村庄改造。2016年12月22日，Y镇政府向管委会提交《关于部分村全家非农业搬迁安置有关问题的请示》（以下简称《非农搬迁安置请示》），其中第2条规定："原籍在本村后迁出转为非农业人口或原农转非后又转回本村的，在本村有合法住宅。本人及子女等家庭成员合并计算，在两口人以下（含两口人），在三口人以上（含三口人）的每户给予120平方米安置。"2017年1月23日，管委会作出《关于对部分村全家非农业搬迁安置有关问题的批复》（以下简称《非农搬迁安置批复》），同意《非农搬迁安置请示》作为《安置办法》的补充，在全区城市规划范围内执行。

2016年8月11日，尹某帅的父母尹某金、张某芬与Y镇政府、Z村委会、簸箕刘公司签订房屋拆迁补偿安置协议和旧房残值处理协议，获得一套84.69平方米的安置楼房。同时，Y镇政府同意按照《安置办法》第10条规定，给尹某帅等3人120平方米的安置房屋（以下简称补偿安置行为）。尹某帅等3人认为，其3人属于本村村民，应当适用《安置办法》第6条和第15条规定，在120平方米基础上再照顾40平方米，总计应当安置160平方米的房屋，遂于2017年5月12日申请行政复议。2017年8月14日，管委会作出行政复议决定，认为《安置办法》第6条规定的适用条件是本村常住村民，即本村集体经济组织成员，根据《S省实施〈中华人民共和国农村土地承包法〉办法》第6条规定，尹某帅的户口迁出本村后不被认为是本村村民，其妻子张某也不符合成为本村村民的条件，请求照顾40平方米不符合政策要求。补偿安置行为事实清楚、证据确凿，适用法律、法规正确，符合法定程序，依照《行政复议法》第28条规定，决定维持Y镇政府作出的补偿安置行为。2017年8月30日，尹某帅等3人提起本案行政诉讼，请求撤销行政复议决定，责令其重新作出决定。

S省D市中级人民法院认为，根据《安置办法》第6条和第15条规定，只有户口在本村的常住村民,才能在应安置面积之外每户照顾 40 平方米。但尹某帅去大学读书时将户口迁至学校,毕业后没有直接迁回该村,而是迁至 Y 乡 Y 街××号集体户,2011 年 10 月才迁回其父母户口簿上,且尹某帅提供的证据不能证明其具有集体经济组织成员资格。管委会按照《安置办法》第 6 条规定,对尹某帅等 3 人予以补偿安置,是妥当合理的。依照《行政诉讼法》第 69 条之规定,判决驳回尹某帅等 3 人的诉讼请求。尹某帅等 3 人不服,提出上诉。

S 省高级人民法院认为,尹某帅不符合成为集体经济组织成员的条件,其妻子张某、女儿尹某苒亦不属于 Z 村集体经济组织成员。管委会根据《安置办法》第 6 条、第 15 条规定,不给尹某帅等 3 人另行照顾的 40 平方米房屋,具有事实和法律根据。尹某帅等 3 人请求一并审查《非农搬迁安置请示》,但该文件系 Y 镇政府就有关事项向管委会请示的内部文件,不具有普遍约束力,不属于规范性文件,且并非被诉行政行为的依据。因此,对尹某帅等 3 人一并审查上述请示的请求不予支持。依照《行政诉讼法》第 89 条第 1 款第 1 项之规定,判决驳回上诉,维持原判决。

最高人民法院经审查认为,尹某帅等 3 人的再审申请不符合《行政诉讼法》第 91 条第 3 项、第 4 项规定的情形。依照《行政诉讼法司法解释》第 116 条第 2 款之规定,裁定驳回再审申请人尹某帅、张某、尹某苒的再审申请。

本案的争议焦点系尹某帅等 3 人是否为 Z 村常住村民和集体经济组织成员[①],在该次村庄改造中除每人安置 40 平方米房屋外,应否按常住村民三人按户另照顾 40 平方米房屋。

《行政诉讼法》第 63 条第 1 款、第 3 款规定,人民法院审理行政案件,以法律和行政法规、地方性法规为依据。地方性法规适用于本行政区域内发生的行政案件。人民法院审理行政案件,参照规章。《最高人民法院关于审理行政案件适用法律规范问题的座谈会纪要》规定,人民法院经审查认为被诉行政行为依据的具体应用解释和其他规范性文件合法、有效并合理、适当的,在认定被

---

① 集体经济组织成员一般是指在本集体经济组织所在村或村民小组进行生产生活,依法登记为常住户籍,并以承包本村或村民小组集体土地为基本生活保障,享受相应权利、承担相应义务的村民。

诉具体行政行为合法性时应承认其效力。实践中，对于村庄改造房屋拆迁安置补偿缺乏上位法的统一、明确规定。地方政府和职能部门结合地方实际，依法制定规章或规章以下的规范性文件，人民法院经审查认为合法、有效并合理、适当的，应当承认其效力，并作为判断被诉拆迁补偿安置行为是否合法的根据。本案中，管委会为规范辖区内村庄改造房屋拆迁安置补偿工作，制定发布《安置办法》，批准《非农搬迁安置请示》作为《安置办法》的补充。《安置办法》第10条规定，原户口在本村但已经迁出，在本村确有合法住宅的，视同本村村民（居民）给予补偿安置，三口人以上（含三口人）的每户给予120平方米安置。对于迁出后又迁回的，《安置办法》未作规定，《非农搬迁安置请示》明确"三口人以上（含三口人）的每户给予120平方米安置"。上述规定符合管委会辖区实际，与上位法规定不抵触，具有合理性和正当性。尹某帅原户口在Z村，因上学将户口迁出，后又迁回，符合前述规定的安置条件。Y镇政府按照《安置办法》第10条规定给予尹某帅等3人120平方米的安置房，补偿安置行为合法有效。行政复议决定维持该补偿安置行为，亦无不当。一、二审判决驳回尹某帅等3人的诉讼请求，认定事实清楚、适用法律法规正确，审判程序合法，应予以支持。

尹某帅等3人主张，3人是Z村集体经济组织成员，二审判决否定其Z村集体经济组织成员身份错误。对此，分析如下：《S省实施〈中华人民共和国农村土地承包法〉办法》第6条将集体经济组织成员分为几类情形进行判断：一是本村出生且户口未迁出的，原始取得本村集体经济组织成员身份；二是与本村村民结婚或通过依法收养且户口迁入本村的，通过户籍迁移取得本村集体经济组织成员身份；三是其他将户口依法迁入本村并经村民会议三分之二以上成员或者三分之二以上村民代表同意接纳为本集体经济组织成员的，通过多数成员承认方式取得本村集体经济组织成员身份。尹某帅原本系原始取得Z村集体经济组织成员资格，但因上学将户口迁出后，不再具有该村集体经济组织成员资格。之后，尹某帅将户口迁回，属于第三种取得村集体经济组织成员资格的情形。但是从本案现有事实看，尹某帅没有提供充分证据证明其在安置补偿时经过三分之二村民或村民代表同意，其提供的所谓"新证据"也只能证明2020年7月1日经村民代表会议一致同意公示其为该村集体经济组织成员。因此，二审判决否定尹某帅在安置补偿时系 Z 村集体经济组织成员身份并无不当。尹某帅还主张，《非农搬迁安置请示》与《安置办法》相关规定相抵触，对尹某帅等 3 人不适用。但是，如前所述，《非农搬迁安置请示》第 2 条填补了户口迁出又迁回情形下的规则空白，并不存在与《安置办法》规定相抵触的问题。尹某帅户籍迁出又迁回，恰恰符合适用该规定的适用条件。《安置办法》第 6 条是一般情形下"常住村民"的安置规则，在有更符合尹某帅户籍迁出又迁回情形的特别安置规则时，Y 镇政府适用该特别规则对其进行安置并无不当。

（三）集体土地征收中外嫁女（出嫁女）的村民资格认定问题

在集体土地征收中，对于外嫁女和出嫁女的村民资格认定问题，不仅争议很大，而且涉及的问题非常复杂和敏感，特别是关于户口未迁出本集体经济组织的"出嫁女"是否享有安置补偿资格的问题。第一种意见认为，根据《土地管理法》第 47 条第 4 款的规定，"拟征收土地的所有权人、使用权人应当在公告规定期限内，持不动产权属证明材料办理补偿登记。县级以上地方人民政府应当组织有关部门测算并落实有关费用，保证足额到位，与拟征收土地的所有权人、使用权人就补偿、安置等签订协议；个别确实难以达成协议的，应当在申请征收土地时如实说明"；《农村土地承包法》第 31 条规定，"承包期内，妇女结婚，在新居住地未取得承包地的，发包方不得收回其原承包地；妇女离婚或者丧偶，仍在原居住地生活或者不在原居住地生活但在新居住地未取得承包地的，发包方不得收回其原承包地"；《妇女权益保障法》第 32 条规定，"妇女在农村土地承包经营、集体经济组织收益分配、土地征收或者征用补偿费使用以及宅基地使用等方面，享有与男子平等的权利"。据此，一种倾向性意见认为，户口未迁出本集体经济组织的"出嫁女"享有安置补偿资格。第二种意见认为，对于户口未迁出本集体经济组织的"出嫁女"是否享有安置补偿资格的问题，因目前法律尚无明确规定，从实践调研掌握的情况看，建议综合考虑如下因素：一是"出嫁女"是否被确认为本集体经济组织成员。《中共中央、国务院关于稳步推进农村集体产权制度改革的意见》指出，要在农村集体产权制度改革中切实保护妇女合法权益。建议根据该意见规定，按照尊重历史、兼顾现实、程序规范、群众认可的原则，统筹考虑户籍关系、农村土地承包关系、对集体积累的贡献等因素，合法合理确认"出嫁女"集体经济组织成员资格。二是"出嫁女"是否在其他集体经济组织取得承包地。如果"出嫁女"在其他集体经济组织已经取得了承包地，那么其在本集体经济组织的土地承包经营权将会丧失，也就不享有承包地征收的安置补偿资格。此外，实践中可能还需要统筹考虑"出嫁女"是否在本集体经济组织拥有宅基地、是否履行本集体经济组织成员义务以及本集体经济组织村民代表大会讨论决定的意见等。与第二种意见主张应综合考虑各种因素所不同的是，第三种意见认为，对于农村"出嫁女"是否享有征地安置补偿资格，似应当以其是否属于被征收土地所在农村集体经济组织的成员作为判断依据。如果土地征收时，"出嫁女"是被征收土地所在农村集体经济组织的成员，则应当享有征地安置补偿资格。

在郭某军诉 A 省 S 县人民政府（以下简称 S 县政府）不履行安置补偿职责一案[①]中，郭某军因不服 A 省高级人民法院行政判决，向最高人民法院申请再审。最高人民法院经审查后予以了改判。该案的基本案情如下：郭某军出生在 A 省 S 县孚玉镇玉龙社区郭大组（以下简称郭大组），户籍登记地为郭大组。1995 年 7 月 27 日，郭某军与 S 县许岭镇许杨村（现为灯塔村）黄某洋登记结婚，1996 年 9 月 16 日，黄某洋将户口迁至郭大组，并成为久居居民。1993 年 10 月 5 日，二人之子黄某斌出生，其户籍登记地亦在郭大组。郭某军参与了本组第一轮土地承包，1995 年第二轮土地承包时，郭某军因出嫁而没有参与本组土地承包。后黄某洋、黄某斌也没有参与土地承包，黄某洋在原户籍地 S 县许岭镇灯塔村亦未参与土地承包。郭某军、黄某洋长年在外打工，未参与郭大组相应的义务劳动。1997 年 10 月，郭某青户用自家自留地经与他人调换后建造一幢三间二层楼房，2005 年郭某军、黄某洋入住该楼房后进行了修建。2014 年起，因 S 县东北新城建设需要，S 县政府对郭大组的土地实施征收，郭某军、黄某洋所居住的房屋位于 S 县东北新城建设需要的项目征收范围内。经 S 县东北新城管理委员会委托，中安房地产评估咨询有限公司于 2018 年 9 月 28 日作出集体土地征收地上附着物评估结果分户报告单。该报告单载明，涉案房屋产权人郭某青，房屋主房面积 174.79 平方米，评估价 118 857 元；附房面积 11.55

---

① 参见（2021）最高法行申 4933 号行政裁定书。

平方米，评估价 4597 元，房屋总价 123 454 元，二次装潢及附属物总价 44 326 元，共计 167 780 元（该款现还存放在 S 县东北新城管理委员会）。2018 年 9 月 29 日，S 县孚玉镇玉龙社区以涉案房屋存在安全隐患为由予以拆除。2019 年 2 月 19 日，郭某军向 S 县政府提起履行补偿安置申请未果后，遂提起诉讼。请求：（1）确认 S 县政府超过法定期限未对其履行补偿安置职责的行为违法；（2）责令 S 县政府限期内履行对征收其宅基地房屋进行补偿安置的法定职责。一审判决驳回了郭某军的诉讼请求；二审判决驳回上诉、维持原判。郭某军仍不服，向最高人民法院申请再审称：其一家具有郭大组的户籍，且涉案房屋系再审申请人 1997 年建造并实际居住，符合安置补偿条件，一、二审法院对此事实认定不清。请求依法撤销一、二审行政判决，支持其诉讼请求。

一审法院认为，本案争议的焦点为：郭某军是否符合征迁补偿安置条件、郭某军诉求是否有事实和法律依据。《S 县东北新城集体土地征迁补偿安置实施意见》第 3 条规定，征收方案批准后，东北新城管理委员会与被征地的集体经济组织签订征地协议。第 9 条规定，对合法的被征迁房屋给予征迁补偿，合法的被征收房屋是以房屋的土地使用权证、房地产所有权证等有效房地产权属证明，或者按照土地、城乡规划等有关法律法规核发的原始用地、建房批准手续为依据确认。第 10 条规定，被征迁的房屋没有第 9 条规定的房屋产权证明或者用地、建房批准手续的，按下列规定确认补偿：本集体经济组织成员的住宅房屋及其附属物，按实际丈量的建筑面积确认。第 8 条规定，被征迁人应当在征迁安置方案公告期限内，由具备资质的评估机构对其房屋及附属物进行评估，按评估成果签订征迁协议，领取补偿费，拆除房屋，让出土地。第 17 条第 1 项规定，长期居住在征迁范围内，有合法户籍和房屋的集体经济组织成员，可确定为本意见的安置人口。《东北新城近期拆迁安置工作的若干规定（试行）》第 6 条第 4 款规定，私自买卖或赠与的房屋，一律以当年的司法公证为依据认定房屋所有权属，2006 年 8 月 16 日后发生的，一律不予认定。本案中，郭某军、黄某洋、黄某斌虽属于 S 县孚玉镇玉龙社区郭大组集体经济组织成员，但其在 S 县孚玉镇玉龙社区郭大组并没有承包土地，其居住的房屋亦无土地使用权证、房地产所有权证等有效房地产权属证明，或者按照土地、城乡规划等有关法律法规核发的原始用地、建房批准手续以及私自买卖或赠与合法证据。其虽在诉讼中提交多位证人证言，但其提交的证人证言与相关证据相矛盾。且在2018年9月28日中安房地产评估咨询有限公司出具的集体土地征收地上附着物评估结果分户报告单中明确载明，涉案房屋产权人为郭某青。据此，郭某军要求确认S县政府超过法定期限未对其履行补偿安置职责的行为违法并责令限期内履行对征收其宅基地房屋进行补偿安置的法定职责之诉，无事实和法律依据。综上，依据《行政诉讼法》第69条之规定，遂判决驳回郭某军的诉讼请求。

二审法院认为，《S县东北新城集体土地征迁补偿安置实施意见》系根据《土地管理法》《A省城乡规划条例》《S县征收集体土地补偿安置办法》等法律、法规、规范性文件制定，S县政府对征收区域内征迁补偿安置工作适用该意见，并不违反法律规定。根据郭某军的上诉请求及相对方的答辩意见，本案的争议焦点为：郭某军是否具备在征迁范围内"三有一长期"的人口安置条件。

根据《S县东北新城集体土地征迁补偿安置实施意见》第17条第1项规定，长期居住在征迁范围内，有合法户籍和房屋的集体经济组织成员，可确定为本意见的安置人口，即规定了"三有一长期"的人口安置条件。《S县东北新城龙井南区及玉龙首期建设区域拆迁安置实施细则（试行）》第1条规定，2008年9月9日（含当日）前的死亡人口、不符合"三有一长期"的"出嫁女"和取得国家正式编制的工作人员不予安置。本案中，郭某军拥有拆迁区域合法户籍，1989年出嫁外地，在嫁入地生活，之后长年在外打工，1995年与黄某洋补办了结婚登记，2005年其一家三口搬入郭大组居住。在郭某军诉郭大组征地补偿费分配纠纷一案中，S县人民法院民事判决认定郭某军2007年在郭大组建房，该事实认定与郭大组全体村民在一审中出具的证明相矛盾。郭某军认为涉案位于郭大组房屋系其1997年出资建造，其系房屋产权人，且其长期居住在郭大组，故郭某军在征迁范围内是否拥有合法房屋是认定其是否具备人口安置条件的关键。根据《S县东北新城集体土地征迁补偿安置实施意见》第9条规定，对合法的被征迁房屋给予征迁补偿，合法的被征收房屋是以房屋的土地使用权证、房地产所有权证等有效房地产权属证明，或者按照土地、城乡规划等有关法律法规核发的原始用地、建房批准手续为依据确认。郭某军认为其系涉案位于郭大组的房屋产权人，未提供有效的房地产权属证明，或者按照土地、城乡规划等有关法律法规核发的原始用地、建房批准手续，不符合该规定。根据《东北新城近期拆迁安置工作的若干规定（试行）》第6条第4款规定，私自买卖或赠与的房屋，一律以当年的司法公证为依据认定房屋所有权属，2006年8月16日后发生的，一律不予认定。郭某军未提供2006年8月16日前买卖或受赠房屋的司法公证文书，故郭某军亦不能证明其买卖或受赠取得房屋产权。涉案房屋系1997年建造，当时地基为郭某青、郭某鹤、郭某长兄弟三人共同享有使用权的自留地，郭某青用其他自留地置换后在此建房，1989年郭某军即出嫁外地在夫家生活，1997年建房时郭某军夫妻不在郭大组居住生活，2005年郭某军全家从许岭镇迁移到郭大组其父亲郭某青建造的房屋居住，故征迁部门及一审判决认定涉案房屋产权人属于其父亲郭某青所有依据充分，亦更符合常理。郭某军认为该房屋系其出资建造即属于其所有，因建造房屋的宅基地属于其父亲郭某青用自留地置换取得，出资建造人并不一定是房屋所有权人，故其该上诉理由不能成立，二审法院不予支持。因此，郭某军不具备在征迁范围内"三有一长期"的人口安置条件，一审判决驳回其诉讼请求并无不当。

需要说明的是，为了切实保护被征地农民的合法权益，防止"两头占""两头空"，二审中郭某军的嫁入地S县许岭镇灯塔村村民委员会向二审法院出具《证明》，证明郭某军系该村村民，只要郭某军办理申请手续，即认定其该村成员资格，若遇征迁可享受该村人口安置。

综上，郭某军的上诉理由不能成立，其上诉请求应予驳回。一审判决认定事实清楚，适用法律、法规正确，应予维持。遂判决驳回上诉，维持原判。

郭某军不服一、二审判决，向最高人民法院申请再审称：（1）涉案房屋系再审申请人1997年建造并实际居住，一、二审法院对此事实认定不清；（2）一审法院同案不同判，其判决结果无法使人信服；（3）二审法院没有对被诉行政行为进行全面审查，违反《行政诉讼法》第87条规定；（4）二审法院援引S县许岭镇灯塔村村民委员会《证明》作出判决的行为于法无据。请求依法撤销一、二审行政判决，对再审申请人的起诉直接予以受理，支持其在二审中提出的诉讼请求。

最高人民法院经审查认为，本案的焦点问题是再审申请人郭某军是否符合土地征收补偿安置条件。保障集体经济组织成员的居住权以及原有生活水平不降低、长远生计有保障，是土地征收补偿安置应当坚持的重要原则。本案中，郭某军的户籍登记地一直在郭大组，婚后其丈夫及儿子户籍均落在郭大组。A省S县人民法院生效民事判决认定，郭某军与其丈夫黄某洋于2007年即在郭大组建房，并一直在此居住生活。因A省S县东北新城建设需要，S县政府对郭大组的土地实施征收，郭某军所居住的房屋位于征收范围内。《S县东北新城集体土地征迁补偿安置实施意见》第17条第1项亦确定，长期居住在征迁范围内，有合法户籍和房屋的集体经济组织成员，可确定为该意见的安置人口。根据本案已查明的事实，郭某军基本符合《S县东北新城集体土地征迁补偿安置实施意见》第17条第1项确定的补偿安置条件，应当给予其适当的补偿安置。一、二审判决以郭某军不具备人口补偿安置条件为由驳回其诉讼请求，有所不当。综上，郭某军的再审申请符合《行政诉讼法》第91条第3项、第4项规定的情形。遂裁定本案指令A省高级人民法院再审。

四、涉行政协议[①]纠纷

（一）国有土地使用权出让合同纠纷[②]

笔者认为，国有土地使用权出让合同本质上属于行政协议，该类纠纷原则上应通过行政诉讼方式解决。但是，考虑到历史原因及司法实践中对国有土地使用权出让合同纠纷救济状态存在的"行民"两条途径的现状，不能断然认为按照民事诉讼途径解决国有土地使用权出让合同纠纷就是错误的，而应从应然与实然相结合的层面，按照《行政诉讼法》的规定逐步将国有土地使用权出让合同纠纷由民事诉讼途径转为通过行政诉讼途径解决。

当然，需要指出的是，迄今为止，在我国理论界，关于国有土地使用权出让合同纠纷究竟是通过行政诉讼还是民事诉讼解决，尚未达成共识。由于理论界对国有土地使用权出让合同纠纷究竟是作为民事案件还是行政案件来审理存

[①] 因文化背景与使用习惯的不同，行政协议也经常被称为行政合同、行政契约、公法契约等，本文除了保持引用文献中的表述不变及论述的必要之外，主要采用行政协议与行政合同的表述。

[②] 本部分主要内容曾以《论国有土地使用权出让合同纠纷的救济》为题发表于《法律适用》2017年第4期。

在分歧，导致司法实践中的具体做法很不一致。尤其是，在修正的《行政诉讼法》于 2015 年 5 月 1 日生效之前，从最高人民法院的有关司法解释和司法政策的发展趋势看，越来越多的行政合同被视同民事合同，这类合同纠纷被作为民事案件受理并审判。例如，关于国有土地使用权出让合同的纠纷即被作为民事案件对待。《国有土地上房屋征收与补偿条例》中涉及的补偿协议纠纷，在一些法院亦被视为民事合同纠纷——当事人对其提起行政诉讼则裁定不予受理或者驳回起诉。[1] 特别是，最高人民法院根据当时有效的《民法通则》《合同法》[2]《土地管理法》《城市房地产管理法》等法律规定，结合民事审判实践，就审理涉及国有土地使用权合同纠纷案件适用法律的问题，于 2004 年 11 月 23 日通过了《最高人民法院关于审理涉及国有土地使用权合同纠纷案件适用法律问题的解释》（自 2005 年 8 月 1 日起施行，已于 2020 年 12 月 29 日修改）。国有土地使用权合同纠纷包括国有土地使用权出让合同纠纷、转让合同纠纷及合作开发房地产合同纠纷等，显然，该解释是把国有土地使用权出让合同纠纷定性为民事案件。

比较典型的例子如：（1）在上诉人江苏瑞豪置业有限公司（以下简称瑞豪公司）、顾某、汪某恒与上诉人 J 省 Y 市 D 区人民政府（以下简称 D 区政府）、被上诉人 J 省 Y 市 D 区国土资源局（以下简称 D 区国土局）建设用地使用权出让合同纠纷一案（以下简称瑞豪公司等上诉案）中，一审和二审法院均把该案作为民事案件进行审理。[3] 该案的基本案情如下：上诉人顾某、汪某恒竞拍获得案涉出让土地使用权，并于 2012 年 12 月 18 日与上诉人 D 区政府签订出让合同。出让合同约定：顾某、汪某恒缴纳出让金 15 143.2 万元，D 区政府应在 2013 年 6 月 30 日前交付业经"三通一平"的净地，否则承担相应的违约责任。出让合同签订后，顾某、汪某恒为开发案涉项目设立瑞豪公司，并于 2013 年 3 月 7 日，由顾某、汪某恒、瑞豪公司与 D 区国土局签订一份补充协议，约定将顾某、汪某恒在出让合同项下的权利义务概括移转给瑞豪公司。瑞豪公司按

---

[1] 参见蔡小雪、甘文：《行政诉讼实务指引》，人民法院出版社 2014 年版，第 40 页。
[2] 根据《民法典》第 1260 条的规定，自 2021 年 1 月 1 日《民法典》施行时起，《民法通则》《合同法》同时废止。
[3] 一审案号为（2014）苏民初字第 00035 号；二审案号为（2016）最高法民终 822 号。

《行政诉讼法司法解释》重点内容案例解析

约支付了出让金 15 143.2 万元，D 区政府未在规定期限内交付符合约定的土地，瑞豪公司经多次催告无果后书面通知解除出让合同。后顾某、汪某恒、瑞豪公司提起本案诉讼，请求确认出让合同和补充协议均已被解除，并判令 D 区政府和 D 区国土局承担相应的违约责任。一审判决确认出让合同解除，D 区政府向瑞豪公司返还土地出让金 15 143.2 万元及利息并支付违约金 37 555 136 元。双方当事人均不服，向最高人民法院第三巡回法庭提起上诉。本案经最高人民法院第三巡回法庭主持调解，双方当事人就争议事项达成了调解协议。（2）在上海虹城房地产有限公司与 S 市房屋土地资源管理局土地使用权纠纷上诉案[①]中，最高人民法院认为，国家作为土地的所有者与土地受让方签订合同，其性质属于平等主体之间签订的合同，双方地位平等、平等地行使权利。本案中，土地出让方没有依法履行告知土地受让人出让地块存在民防工程的义务，导致对方订立出让合同目的不能实现，其行为违反了民事活动应当遵循的诚信原则，已构成合同违约，理应承担相应的民事责任。（3）在湖南天成房地产开发有限公司诉 H 省 Y 市国土管理局等土地使用权出让合同纠纷案[②]中，最高人民法院认为，国土局与当事人签订《国有土地使用权出让合同》时，虽然所涉土地尚未征用转为国有土地，但其后补办了有关征地手续，根据《最高人民法院关于审理房地产管理法施行前房地产开发经营案件若干问题的解答》（现已失效）的有关规定，一审法院认定双方签订的《国有土地使用权出让合同》及其补充合同有效是正确的。土地出让方在未办齐有关征地手续的情况下，签约出让土地使用权，导致交地延误，致使受让人不能按照合同约定时间实际取得受让土地，应承担违约责任。鉴于规划部门对尚未交付的土地重新调整了规划，双方又不能就改变投资项目、异地开发达成协议，故上述合同应终止履行。

上述国有土地使用权出让合同纠纷都是由最高人民法院按照民事案件进行审理的，但也有一些与国有土地使用权出让合同纠纷有关的案件是按照行政案件审理的。最高人民法院在 2012 年 12 月 24 日给山东省高级人民法院作出的《关于收回国有土地使用权案件适用法律问题的答复》（〔2012〕行他字第 10

[①] 参见（2002）最高法民一终字第 15 号民事判决书。
[②] 参见（2001）最高法民一终字第 50 号民事判决书。

号)中指出:"你院《关于青岛九方集团有限公司诉海阳市人民政府收回国有土地使用权通知一案法律适用问题的请示》收悉。经研究,答复如下:同意你院审判委员会少数意见。在国有土地使用权出让合同纠纷中,具有土地行政管理职能的市、县人民政府决定收回国有土地使用权的行为,是单方履行行政职权的行为,对该行为不服提起诉讼的,属于行政诉讼受案范围。"典型的例子如:(1)在武汉兴松房地产开发有限公司诉 H 省 W 市国土资源管理局收回国有土地使用权上诉案[①]中,最高人民法院指出,国有土地使用权出让合同纠纷本质是行政纠纷,应当通过行政诉讼的途径解决。审理行政合同案件,法律有特别规定的,适用法律的规定,没有规定的可以适用合同法的规定。收回土地使用权的处罚实际是解除合同行为,属于最严厉的制裁措施,应当是在一方严重违约,致使合同目的不能实现时,另一方采取的制裁措施。在出让合同约定收回土地使用权的期限未超过时,土地管理部门即作出收回土地使用权处罚决定,认定事实不清,证据不足。最高人民法院进一步认为,鉴于 W 市土地局作出的行政处罚决定已经实际执行,为维护社会公共利益,一审判决确认该决定违法,并无不当。因该决定违法给武汉兴松房地产开发有限公司造成的财产损失应当由 W 市国土资源管理局承担赔偿责任。国有土地使用权出让合同反映的是行政职权作用于他人权益的特殊法律行为形式,是行政职权受合同规则调整的法律状态,是公法规则与私法规则共同作用的结果,表现出行政与合同的双重属性。但是,行政合同法律关系的内容是行政法上的权利义务,从而在根本上决定了其性质是行政法律关系性质。因此,国有土地出让合同纠纷本质上还是行政纠纷,应当通过行政诉讼的途径来解决。近年来,越来越多的土地出让合同纠纷被作为行政案件受理并审理,本案即最高人民法院通过行政诉讼审理的几起土地出让合同纠纷案件之一。[②] 特别是,行政机关单方面解除、变更行政合同或者因行使制裁权等行政优益权而引起的行政合同纠纷的行为是行政机关行使行政管理职权的一种行为。行政机关单方面解除、变更合同或者行使制裁权是行

[①] 参见(2002)最高法行终字第 7 号行政判决书。
[②] 参见马永欣:《武汉兴松房地产开发有限公司诉 H 省 W 市国土资源管理局收回国有土地使用权上诉案》,载万鄂湘主编、最高人民法院行政审判庭编:《行政审判指导》(2004年第 1 辑)人民法院出版社 2004 年版,第 177~179 页。

政机关单方的意思表示，签订行政合同的目的是更好地实施行政管理，维护公共利益，客观上要适用不同于纯粹"私人"之间的合同规则，行政机关在诉讼中的法律地位亦不能完全等同于一般的民事主体，故这类诉讼适用《行政诉讼法》处理为宜。①（2）在 S 省长城工贸（集团）公司、龙睛建设开发公司诉 S 省 Y 市国土资源局行政处罚决定上诉案②中，最高人民法院认为，土地管理部门与土地使用者签订土地使用权出让合同的行为，属于土地管理的一种方式，土地使用者认为土地管理部门违反土地使用权出让合同的约定提出请求赔偿属于行政诉讼的范畴。

由此，产生的问题是，国有土地使用权出让合同纠纷到底是民事案件还是行政案件？当事人（行政相对方）如何获得救济？笔者认为，欲探究国有土地使用权出让合同纠纷的救济问题，必先明确国有土地使用权出让合同的性质。

当行政选择契约形式时，马上面临契约属性究属行政或私法的判断难题，这个古老的问题因此被学者戏称为一个"早已遍布尘埃的争端"。根据目前的学说，大抵有以下几种区分标准：一是依契约主体区分。在此完全不考虑契约内容，只要契约当事人至少一方是行政主体时，其所缔结的契约即为行政契约。二是依契约内容区分。只要契约的标的属性是公法性质，③契约即可定性为行政契约，至于契约当事人的性质为何，则非所问。三是混合标准。定性为行政契约者，契约一方当事人必须为行政主体，且契约标的源自行政法者才属之。四是契约目的论。以契约所追寻目的而定，凡以公共任务或公益之实现者即为行政契约。④笔者认为，作为行政契约，必须有一方是行政主体，该行政主体行使了行政职权，且行使职权的目的是进行行政管理、实现社会公共利益。简而

---

① 参见江必新、梁凤云：《行政诉讼法理论与实务》，北京大学出版社 2011 年版，第 230 页。

② 参见（2002）最高法行终字第 10 号行政判决书。

③ 依契约标的之判断基准，须就契约之客体或内容是否属公法关系或私法关系决定。此取决于系争事实是否具有公法性质，特别是有关于契约约定之给付义务或履行契约之行使是否属公法关系为断。转引自陈春生：《行政法之学理与体系》(二)，我国台湾地区元照出版公司 2007 年版，第 75 页。

④ 参见程明修：《行政法之行为与法律关系理论》，我国台湾地区新学林出版股份有限公司 2005 年版，第 195~196 页。

言之,"行政契约与私法契约之区别,如所周知,系以其发生公法或私法上权利义务变动之效果为断"①。

在我国,国有土地使用权出让是指国家以土地所有者的身份将土地使用权在一定期限内让与土地使用者,并由土地使用者向国家支付土地使用权出让金的行为。土地使用权出让合同具体是由市、县人民政府国土资源管理部门与土地使用者签订,国土资源管理部门是出让方,又是监督方,其权利为:出让;对未按合同约定的期限进行开发、利用、经营的,有权予以纠正,并可进行行政处罚;批准改变土地用途等。②《城镇国有土地使用权出让和转让暂行条例》第6条规定:"县级以上人民政府土地管理部门依法对土地使用权的出让、转让、出租、抵押、终止进行监督检查。"第8条规定:"土地使用权出让是指国家以土地所有者的身份将土地使用权在一定年限内让与土地使用者,并由土地使用者向国家支付土地使用权出让金的行为。土地使用权出让应当签订出让合同。"而土地使用权出让合同应当按照平等、自愿、有偿的原则,由市、县人民政府土地管理部门即出让方与土地使用者签订。原国土资源部发布的《招标拍卖挂牌出让国有建设用地使用权规定》第6条及《招标拍卖挂牌出让国有土地使用权规范(试行)》第4.4.1条均规定,国有土地使用权招标拍卖挂牌出让由市、县国土资源管理部门组织实施。瑞豪公司等上诉案中的建设用地使用权出让合同即出让方D区政府、D区国土局为实现社会公共利益或者行政管理目标,在法定职责范围内,与受让方顾某、汪某恒、瑞豪公司协商订立的,具有行政法上权利义务内容的行政协议。"行政协议首先是一种合同,必须体现平等、自愿、协商、合意等合同制度的一般特征。行政协议同时也是行政机关为实现行政管理目标而实施的一种行政行为,同时又具有行政行为的属性,如职权法定、程序正当、行政优益权等。正是这些特征,构成了行政协议与传统民事合同相互区别的标准,也标志着传统以行政处罚为主的国家治理方式向协商对话的治理方式转型。"③

---

① 吴庚:《行政法之理论与实用》,我国台湾地区三民书局2014年版,第408页。
② 参见胡锦光编著:《行政法学概论》,中国人民大学出版社2014年版,第122页。
③ 贺小荣:《行政协议的创设与国家治理方式的转型》,载《中国法律评论》2017年第1期。

《行政诉讼法司法解释》重点内容案例解析

我国台湾地区"行政程序法"第135条规定：公法上法律关系得以契约设定、变更或消灭之。但依其性质或法规不得缔约者，不在此限。行政协议乃合意之行为，在行政机关与民众接触的行政管理过程中，其被认为是合作行政的表现。德国联邦宪法法院如此适切地表示：行政机关与人民间之对话必要性，符合基本法对于人民在国家中之地位的理解。《德国联邦行政程序法》第54条后段规定：行政官署应该尽可能地以制定行政合同方式取代给予行政决定。这是"舍权威、就协商"的民主风度。[①] 行政协议至少有一方由行政机关参与，其适用于所有非基于私法上契约自由而由行政机关方面缔结之契约。当然，"行政机关缔结契约时如同处理其他所有可能性一般，系基于受法律拘束之权限"[②]。行政机关采用行政契约之行政手法，从积极面而言，是否应有法律授权规定，则为行政契约之法律保留问题。但从消极面而言，不得违反法律。[③] 同样，私人（行政相对人）自治应当受到制约。由于行政契约是作为实现行政目的的手段而缔结的，所以，无论其是作为行政行为的代替手段而适用，还是以私法契约为目的，都应当解释为，基于公共性、公正性和透明性的要求。为了防止对契约缔约权的滥用，即使本质上属于具有私法契约性质的行政契约，也能够作为行政诉讼的一种类型的居民诉讼的对象，且有必要对适用民法规范关于无效原因的范围进行若干扩大。[④] 在日本，在报偿契约[⑤]中，规定有关道路、河川等占用权的赋予，占用费、税金的免除，监督控制的条款，以及在公害防止协定中，关于对企业的监督规制的条款等，均是涉及行政权能的条款，只有行政主体才能实现，是私人无能为力的，因此，在这种限度内，可以认为这些条款具

---

① 陈新民：《中国行政法学原理》，中国政法大学出版社2002年版，第179页。
② ［德］Eberhard Schmidt-Aβmann：《行政法总论作为秩序理念——行政法体系建构的基础与任务》，林明锵等译，我国台湾地区元照出版公司2009年版，第370~371页。
③ 参见台湾地区行政法学会主编：《行政法争议问题研究》，我国台湾地区五南图书出版公司2000年版，第526页。
④ 参见［日］南博方：《行政法》，杨建顺译，中国人民大学出版社2009年版，第82页。
⑤ 所谓报偿契约，是指煤气、电气、铁道等事业者与市镇村之间签订的契约，它承认市镇村保障事业者占用道路等或垄断事业，事业者则应向市镇村缴纳报偿金，或服从市镇村的监督。参见［日］室井力主编：《日本现代行政法》，吴微译，中国政法大学出版社1995年版，第149页。

有公法性质。与此相对，物品缴纳契约、土木工程承包契约，有关国有土地的租赁契约、拍卖契约，以及政府筹措（采购）契约，即使根据法令等而被附加了公法上的限制，依然是私人也能够缔结的契约，因而基本上应当将其解释为私法契约。[1]该主张提到的有关国有土地的租赁契约（类似于我国的国有土地使用权出让合同）基本上被认为是私法契约，土地的取得也是偶尔才有基于《日本土地收用法》而通过收用裁决的形式来进行的情形，通常是基于民法上的买卖契约来进行的。政府机关使用的建筑物则是基于承包契约。此外，用于政府机关事务的各种各样的物品，在法律上也都是以买卖契约来筹措的。当然，关于国有、公有的财产管理，为了保证其公正，也制定了特别的法律，如《日本会计法》《日本国有财产法》《日本物品管理法》《日本地方自治法》。但这些基本上是作为行政内部的规范，具有内部法的意义，并且，即使是具有和外部关系的规范，那也被作为民法特别法来处理。也就是说，这里与准备行政有关的契约，并没有作为公法上的契约而形成和民法不同的特别的法理。这种观点是将该领域行政活动的基础置于民法，其在否定行政主体不合理的特权地位方面具有值得肯定的价值——日本的政府机关在实施公共行政时，传统上是依据民法上的手段进行的。但是，契约当事人在形式上的平等并不一定能够保障公正的结果。并且，鉴于其必然地伴随着公共资金的支出，为了确保公正，对民法上的契约法理进行修正或者适当的补正，在立法论和解释论上便成为必然。[2]这是有道理的。对此，日本著名学者室井力教授亦认为，公共用地收买契约、国有公有财产借贷契约（即便是行政财产，国有林的借贷也被解释为私法契约）、卖契（基于农地法，收买农地向旧所有人出卖被认为是私法上的契约）、总称为政府契约的物品纳入契约、土木建筑承包契约、制造承包契约等都与私人间的契约相同，原则上适用民法。但从合法管理国有公有财产（《日本国有财产法》第18条、第24条，《日本地方自治法》第238条之四以下）或确保行政的公正与效率（《日本会计法》第29条之三以下、《日本地方自治法》第23条以下）观

---

[1] 参见［日］南博方：《行政法》，杨建顺译，中国人民大学出版社2009年版，第82页。
[2] 参见［日］盐野宏：《行政法总论》，杨建顺译，北京大学出版社2008年版，第126~127页。

点看，适用特别法律的规定。① 众所周知，一般民事契约具有相对性，那么，行政契约是否与私法契约相同，仅具相对性？笔者认为，从承认行政契约的理论来看，行政契约原则上应具有"第三人效力"，例外才予以排除，所谓例外，如具有一身专属性的契约（公费生契约、参选保证金契约）或本质上不得继受之关系。通常具有拘束力的契约，如"健康保险特约医事服务机构合约"中，就诊之民众（第三人）无法主张不受该行政契约之拘束（此不仅涉及反射效果而已，而是实质就医权利）；停车场代金契约中，不动产所有权虽有移转，不问继受人是否恶意，亦不问该代金契约是否公告，继受人无法主张不受该代金契约之拘束。② 在美国，如果没有遵守关于签订合同的采购规则，合同可以由受害方（如希望签订合同的其他人）提出疑问。该质疑者可以认为其比授予合同的缔约方更有能力或更便宜，或者在授予合同时涉及一些腐败或其他不当行为。显然，这是民事合同所不具有的特性。因此，根据《行政诉讼法》及相关司法解释的规定与精神，今后类似案件的审理如作为行政诉讼案件对待，这样不仅有利于加大对行政机关行使职权的司法监督，切实践行《行政诉讼法》的立法目的；同时也有利于保障行政合同相对方的利益以及竞争权人等第三人的诉权。③

从应然层面来看，正如前述，国有土地使用权出让合同本质上属于行政合同。但这本身并不能解决实际问题，出让合同的订立、解释、履行、纠纷解决等究竟该适用哪一套实体规则和程序规则？④ 笔者认为，对国有土地使用权出让合同纠纷的救济途径，应当从应然与实然层面相结合的视角进行分析。

首先，国有土地使用权出让合同系行政契约，因而发生行政法（公法）上之效果：行政机关选择行政契约作为行为方式，性质上仍属公权力行政，而非私经济行政或国库行政，盖其适用规范及所生之效果均属公法性质，而非私法

---

① ［日］室井力主编：《日本现代行政法》，吴微译，中国政法大学出版社1995年版，第144页。

② 参见李惠宗：《行政法要义》，我国台湾地区元照出版公司2010年版，第398~399页。

③ 参见刘子阳：《最高法第三巡回法庭开庭审理"第一案"》，载《法制日报》2017年1月21日，第3版。

④ 参见宋志红：《国有土地使用权出让合同的法律性质与法律适用探讨》，载《法学杂志》2007年第2期。

之故。① 日本著名学者南博方论及，在行政契约中，当其根本性条款属于公法性质的时候，有关行政契约的争讼作为当事人诉讼而适用《行政案件诉讼法》。并且，即使在行政契约基本上具有私法契约性质的情况下，亦可成为居民监查请求及居民诉讼的对象。② 私法上契约，当契约效力有争执，或契约不履行时，当得以民事诉讼，请求法律之保护；反之，公法上契约，则以公法上关系为内容，为公法上关系，固不得为民事诉讼之目的，故公法上契约虽有争执，除法律有特别规定者外，固不得以民事诉讼请求救济。对于契约之效力，虽有争执，行政官署之决定，亦有公定力，相对面，则仅有时许其有解除之权能而已。③

其次，国有土地使用权出让合同的当事人可行使约定或法定"解除权"，以消灭合同之效力。通常，对于公法契约，不完全适用关于民法契约解除的规定，作为契约一方当事人的行政主体在存在公益事由的情况下，可以单方地解除或者变更契约。④ 唯在隶属关系之双务契约，如民众依法对行政机关原即具有给付请求权，则须与契约同内容之行政处分依法得附废止保留时，行政机关始得于缔结契约时保留解除权。在下列情形，行政契约当事人因有"给付障碍"而得准用"民法"有关规定解除契约：因可归责他方当事人之事由，致该他方当事人之给付不能；他方当事人迟延给付，经定相当期限催告其履行而未于期限内履行；依契约之性质或当事人之意思表示，非于一定时期为给付不能达契约目的，而他方当事人迟延给付。⑤ 在瑞豪公司等上诉案中，最高人民法院认为，由于 D 区政府超过合同约定期限并经催告后未能履行交付案涉土地的义务，瑞豪公司根据出让合同的约定以及《合同法》第 94 条的规定，既享有约定合同解除权，也享有法定解除权。瑞豪公司在本案起诉和一审审理过程中，同时主张约定解除权和法定解除权，故一审法院适用法定解除权的规定确认出让合同已经解除并无不当。合同解除权是在符合法定或者约定条件时，赋予合同一方当事

---

① 参见吴庚：《行政法之理论与实用》，我国台湾地区三民书局 2014 年版，第 408 页。
② ［日］南博方：《行政法》，杨建顺译，中国人民大学出版社 2009 年版，第 82 页。
③ 参见林纪东：《行政法新论》，我国台湾地区五南图书出版公司 1986 年版，第 260 页。
④ 参见［韩］金东熙：《行政法》，赵峰译，中国人民大学出版社 2008 年版，第 168 页。
⑤ 参见陈敏：《行政法总论》，我国台湾地区新学林出版有限公司 2012 年版，第 595~596 页。

人的形成权，其行使将导致既存合同关系废止，对当事人之间的权利义务会产生巨大影响，故其放弃须经解除权人明示，除法律有明确规定或者当事人有明确约定外，不得仅以单纯的沉默推定解除权人放弃解除权。同样，以解除权人默示的行为推定其放弃解除权的，也应严格加以把握。解除条件成就后，解除权人未行使解除权，而是催告债务人继续履行，并对债务人依据合同约定全面履行给付义务的行为予以受领的，才构成对解除权的放弃。本案中，瑞豪公司虽实施了将土地使用权证分割登记在其名下并进行了相关施工设计及建造售楼处等行为，但并不因此而变更出让合同中关于 D 区政府负有交付"三通一平"净地义务的约定，亦不能认定为 D 区政府对其交付义务的全面履行，故一审判决认定瑞豪公司并未以行为方式默示地放弃解除权并确认案涉出让合同解除正确。此外，瑞豪公司虽于 2014 年 7 月 21 日委托律师事务所致函 D 区政府表明其欲解除合同的意愿，但 D 区政府接到函件后表示做好协调工作，此后双方就合同履行事宜继续磋商，故瑞豪公司 2014 年 7 月 21 日的致函行为，系就出让合同与 D 区政府进行协商解除，而非依据《合同法》第 93 条第 2 款、第 94 条的规定行使解除权。

再次，国有土地使用权出让合同纠纷应适用何种诉讼类型？根据修正前的《行政诉讼法》之规定，"行政诉讼以撤销诉讼为绝对中心，诉讼标的仅限于具体行政行为，对具体行政行为之外的其他行政执法活动方式很少涉及，在行政诉讼法中找不到针对事实行为、行政合同的条款"[①]。我国台湾地区修正前的"行政诉讼法"亦仅有撤销诉讼之诉讼类型，对行政契约之争议并无适当之法律途径可资遵循。因此，在行政实务中缔结行政契约之事例本不多见。司法实务中，对性质原属行政契约之事件，则又常认定为私法契约。唯"行政程序法"第三章第 135 条至第 149 条，已就行政契约详为规定，配合以现行"行政诉讼法"第 8 条所增设给付诉讼之诉讼类型，行政契约在行政实务之重要性，将可因之而增加。[②]有的台湾地区法官亦认为，在传统行政诉讼制度之下，只有撤

[①] 李广宇、王振宇：《行政诉讼类型化：完善行政诉讼制度的新思路》，载《法律适用》2012 年第 2 期。

[②] 参见陈敏：《行政法总论》，我国台湾地区新学林出版有限公司 2012 年版，第 556~557 页。

第六章　关于审理与判决

销诉讼一种，没有正常的行政契约涉讼途径，影响所及公法契约常遁入私法契约。现时行政诉讼新制完全模仿德国，在撤销诉讼之外，尚设确认诉讼及一般给付诉讼，嗣后行政契约涉讼，自应循此等诉讼程序解决。先前所称选择行政契约作为行为方式，则后续之效果亦应随之，不能再由行政机关之一方以行政处分作为促使或强制他造履行行政契约之手段，在行政诉讼制度完备之情形下，应作为遵循之法则。实务上原本亦持上述立场。①

行政契约为非权力行政，其性质与典型的权力行政之行政行为不同，且所发生之争议形态，亦不相同。行政契约，特别是互易契约之情形，常发生的争议形态有：其一，契约债务者不依契约内容履行债务时，契约债权者请求履行之情形，此时，债务者可能主张契约无效或契约被解除而拒绝履行。其二，已履行契约之给付，但嗣后主张契约无效，请求返还给付。②在我国台湾地区，行政契约之违反不得以行政处分（行政行为）来解决，而应由行政法院依行政诉讼程序审理之。因为行政契约系公法上之契约，其争议为公法上之争议，正如我国台湾地区"行政诉讼法"第2条所规定的公法上之争议，除法律别有规定外，得依本法提起行政诉讼及第8条所规定的人民与"中央"或地方机关间，因公法上原因发生财产上之给付或请求作成行政处分以外之其他非财产上之给付，得提起给付诉讼。因公法上契约发生之给付，亦同。我国台湾地区"行政程序法"第145条规定：行政契约当事人之一方为人民者，其缔约后，因缔约机关所属公法人之其他不可预期之损失者，相对人得向缔约机关请求补偿其损失。但公权力之行使与契约之履行无直接必要之关联者，不在此限。依《法国行政法》，行政契约缔结后发生履行困难或不可预期之损失，因行政契约上"王之行为""不可预期"及"监督"等理论，而有损失补偿之问题，以平衡契约当事人双方各自代表之公益与私益。③

《最高人民法院关于适用〈中华人民共和国行政诉讼法〉若干问题的解释》

---

① 吴庚：《行政法之理论与实用》，我国台湾地区三民书局2014年版，第432页。
② 参见台湾地区行政法学会主编：《行政法争议问题研究》，我国台湾地区五南图书出版公司2000年版，第531页。
③ 参见彭明金编著：《行政法Q&A》，我国台湾地区风云论坛有限公司2004年版，第265~266页。

《行政诉讼法司法解释》重点内容案例解析

从第 11 条到第 16 条共计用了 6 个条文对行政协议纠纷的法律适用问题进行了规定，足见对该问题的重视。其中第 15 条对行政协议的判决作了比较详尽的规定，①判决的种类包括：确认判决（确认协议有效、无效或者解除协议）、履行判决、赔偿判决、补偿判决等。当然，像驳回诉讼请求判决、撤销判决、变更判决等虽然未在该解释中列举，但并不意味着就不适用行政协议纠纷。

最后，国有土地使用权出让合同纠纷可适用民事法律规范。民法有关合同的规定，已经十分周延妥当，法学界对合同的研究也十分深入，而行政合同亦是合同之一种，故民法上关于合同行为的一般规定，除了法律有特别规定外，得准用于行政合同。我国台湾地区"行政程序法"第 149 条规定：行政契约，本法未规定者，准用"民法"相关规定。缔约当事人就订立行政合同的过程与事实及法律关系，只要与行政合同本质不相违背，以及法律或法规没有特别规定时，应援用"民法"有关合同之规定，如意思表示、时效等。行政合同的当事人间，不论是对等合同，抑或是不对等合同，皆享当事人平等主义原则之适用，这是民法平等原则的体现。当然，对于行政合同之争议，因其属于行政争讼的案件，应以行政诉讼的方式来裁决，可由法院援引民法法理来判断合同之内容。当事人之间如果有另外之协议，如协议按普通诉讼程序审理，违反行政合同的审判权限规定，因而协议无效。同样地，无效情形也适用于行政合同之中有关放弃法律救济之协议（特别是在合同中声明当事人不得不服）。②

总之，行政协议双方当事人的行为受行政法律的调整，由此引起的争议是行政争议，通过诉讼方式解决行政争议在应然层面属于行政诉讼受案范围。但是，国有土地使用权出让合同作为行政性要素和契约性要素的融合体，使得此类纠纷既不同于一般的行政纠纷，也不同于民事纠纷，将其纳入行政诉讼程序

---

① 该条规定："原告主张被告不依法履行、未按照约定履行协议或者单方变更、解除协议违法，理由成立的，人民法院可以根据原告的诉讼请求判决确认协议有效、判决被告继续履行协议，并明确继续履行的具体内容；被告无法继续履行或者继续履行已无实际意义的，判决被告采取相应的补救措施；给原告造成损失的，判决被告予以赔偿。原告请求解除协议或者确认协议无效，理由成立的，判决解除协议或者确认协议无效，并根据合同法等相关法律规定作出处理。被告因公共利益需要或者其他法定理由单方变更、解除协议，给原告造成损失的，判决被告予以补偿。"

② 参见陈新民：《中国行政法学原理》，中国政法大学出版社 2002 年版，第 185~186 页。

进行处理，需要有一套独特的司法规则来应对，以畅通救济渠道。① 在瑞豪公司等上诉案中，根据原审法院查明的事实，2012年11月16日，D区政府发布《J省Y市D国土资源局12月6日至12月18日挂牌出让六幅（2012）5~10号国有土地使用权公告》，以挂牌方式出让位于D区一地块。顾某、汪某恒于2012年12月13日向D区国土局缴纳竞买保证金5000万元，后在竞价中以最高价16 460万元竞得该宗土地。原国土资源部发布的《招标拍卖挂牌出让国有土地使用权规范（试行）》第4.4.2条规定了市、县国土资源管理部门实施招、拍、挂出让国有土地使用权的三种组织方式：一是由市、县国土资源管理部门自行办理；二是市、县国土资源管理部门指定或授权下属事业单位具体承办；三是市、县国土资源管理部门委托具有相应资质的交易代理中介机构承办。因此，顾某、汪某恒通过竞买获得案涉国有土地使用权，并与D区政府签订出让合同。该出让合同系双方真实意思表示，不违反法律、行政法规的禁止性规定，应当认定有效。后在履行过程中发生争议，原告提起诉讼。虽然一审法院将本案作为民事案件予以受理，但符合当时的法律规定，且依据《最高人民法院关于适用〈中华人民共和国行政诉讼法〉若干问题的解释》第14条"人民法院审查行政机关是否依法履行、按照约定履行协议或者单方变更、解除协议是否合法，在适用行政法律规范的同时，可以适用不违反行政法和行政诉讼法强制性规定的民事法律规范"以及第15条第2款"原告请求解除协议或者确认协议无效，理由成立的，判决解除协议或者确认协议无效，并根据合同法等相关法律规定作出处理"的规定，案涉出让合同定性为行政协议，仍应适用《合同法》等民事法律规范予以调整，并不影响本案的实体裁判结果，加之双方当事人亦未就出让合同性质产生争议，故一审法院适用《合同法》等相关民事法律规范作出裁判正确。

总之，根据《行政诉讼法》第12条第1款第11项的规定，公民、法人或者其他组织认为行政机关不依法履行、未按照约定履行或者违法变更、解除政府特许经营协议、土地房屋征收补偿协议等协议的，属于人民法院受理行政诉

---

① 参见崔兆在：《公私利益的平衡：国有土地使用权出让合同纠纷公法救济模式之构建》，载《行政法学研究》2014年第3期。

讼的范围。该条款虽然没有明确列举国有土地使用权出让合同，但从该条款用语"等协议"的字面含义来看，其属于"等外等"，因而是开放性的，加之国有土地使用权出让合同所具有的行政协议属性，那么，国有土地使用权出让合同纠纷应当蕴含在该条文的内涵之中，由此，该类纠纷原则上应通过行政诉讼方式予以解决。

但是，考虑到理论界对行政合同的看法尚未达成一致，且行政合同所具有的合同属性，以及历史原因，导致司法实践中对国有土地使用权出让合同纠纷的救济状态存在"行民"两条途径，或者说"二元化"体制。对此，不能断然认为按照民事诉讼途径解决国有土地使用权出让合同纠纷就是错误的。正确的态度和做法是，应当按照《行政诉讼法》的规定逐步将国有土地使用权出让合同纠纷由民事诉讼途径转为通过行政诉讼途径解决。"行政合同纳入行政诉讼受案范围要采取逐步深入的方式，不求一步到位。特别是，对于行政合同纠纷的范围要作适度限制。"[①]瑞豪公司等上诉案即是按此思路审理的。遵循此思路及为了保持案件性质的一致性，在一审法院将该案作为民事案件予以受理和审理且符合当时法律规定的情况下，最高人民法院第三巡回法庭二审时仍将其作为民事案件予以受理和审理，并无不当。特别值得肯定的是，该案中，最高人民法院第三巡回法庭在对一审判决相关事实认定和法律适用问题评判时明确指出，案涉建设用地使用权出让合同系行政协议——鲜明的态度跃然纸上。

另外，要注意区分国有土地使用权出让合同纠纷和与之相关的纠纷，如已经取得了国有土地使用权的一方当事人通过《土地使用权转让合同》又把该国有土地使用权转让给他人，后发生争议，那么该类争议就不是行政合同争议，而是民事合同争议。虽然私人相互间在理论上亦有成立公法契约之可能，唯在我国鲜少可举之实际事例。在某市新经济区发展总公司与某市新经济区海南置地公司土地使用权转让合同纠纷上诉案[②]中，最高人民法院认为，土地出让人向国土局申办土地使用证时提供的位置图未经规划部门审批，致使国土局颁发的土地使用证中所规定的使用面积及道路面积均与规划部门所规划的实际面积

---

① 梁凤云：《新行政诉讼法讲义》，人民法院出版社2015年版，第468页。
② 参见（1995）最高法民终字第4号民事判决书。

不符，应承担主要责任。城市道路为市政设施，法律规定不得转让，而出让人将城市道路同土地一并转让给受让人显系违法。受让人依土地使用证载明的面积进行勘探、设计等造成的经济损失，出让人应予赔偿。根据法律规定和本案的实际情况，双方所签订的《土地使用权转让合同书》中涉及的城市道路面积部分的转让应认定无效；符合规划要求所转让的土地面积部分，可依法认定有效。

（二）行政协议纠纷案件的范围

《行政诉讼法》第12条详细列举了行政诉讼的受案范围，其中把政府特许经营协议、土地房屋征收补偿协议纠纷纳入受案范围，这是一个巨大的进步。但是，在理论界和司法实务中，对行政协议纠纷案件的范围问题，尚存在不同的看法。例如，"迄今为止，在我国理论界，关于国有土地使用权出让合同纠纷究竟是通过行政诉讼还是民事诉讼解决，尚未达成共识。而在司法实务中，各地法院乃至最高人民法院对此类纠纷所采取的解决路径也不尽相同"[1]。下述案例即是如此。

再审申请人霍某某因诉N自治区Y旗人民政府（以下简称Y旗政府）、N自治区Y旗土地收购储备中心（以下简称Y旗土地储备中心）补偿协议一案[2]，不服N自治区高级人民法院作出的行政裁定，向最高人民法院提出再审申请。

N自治区E市中级人民法院一审认为，公民、法人或者其他组织直接向人民法院提起诉讼的，应当自知道或者应当知道作出行政行为之日起6个月内提出。因不动产提起诉讼的案件自行政行为作出之日起超过20年，其他案件自行政行为作出之日起超过5年提起诉讼的，人民法院不予受理。本案中，霍某某于2014年年初已获知房屋拆迁安置补偿协议书被变更，其应自知道或者应当知道作出行政行为之日起6个月内提起诉讼。其于2016年3月25日提起诉讼，已超过6个月起诉期限，其起诉不符合行政诉讼的起诉条件。遂裁定不予立案。

霍某某不服，提起上诉。N自治区高级人民法院二审认为，公民、法人或

---

[1] 谭红：《论国有土地使用权出让合同纠纷的救济》，载《法律适用》2017年第4期。
[2] 参见（2017）最高法行申1198号行政裁定书；谭红、孔冰冰：《对行政协议纠纷案件受案范围的理解与适用》，载《法律适用》2019年第8期。

者其他组织直接向人民法院提起诉讼的，应当自知道或者应当知道作出行政行为之日起6个月内提出。本案中，E市仲裁委员会于2014年6月4日作出的仲裁书显示：霍某某向仲裁庭提交了《房屋拆迁安置补偿协议书》《商业回迁安置（货币补偿）协议书》等证据，证明霍某某于2014年4月9日仲裁庭开庭时已收到拆迁补偿相关文书，并获知房屋拆迁安置补偿协议书被变更，其应自知道或者应当知道作出行政行为之日起6个月内提起诉讼。霍某某于2016年3月25日提起诉讼，已超过6个月起诉期限，起诉不符合行政诉讼的起诉条件。一审裁定不予立案并无不当，霍某某的上诉理由不能成立。遂裁定驳回上诉，维持原裁定。

霍某某不服上述裁定，向最高人民法院申请再审称：（1）原裁定适用法律、法规确有错误。再审申请人于2016年3月25日向N自治区E市中级人民法院起诉请求确认Y旗政府单方面变更《房屋拆迁安置补偿协议书》行政行为违法，未超过2年的诉讼时效。一、二审法院以起诉超过6个月法定起诉期限裁定不予立案，属适用法律错误。（2）原裁定认定事实不清，主要证据不足，且证据未经质证。2014年4月初，Y旗土地储备中心在履行《房屋拆迁安置补偿协议书》时提出"八年后根据政府财政实际情况分批给予再审申请人支付房屋价值补偿款"，并重新起草了《商业回迁安置（货币补偿）协议书》，再审申请人不同意，随后根据原《房屋拆迁安置补偿协议书》的约定，向E市仲裁委员会申请仲裁，并提交了《房屋拆迁安置补偿协议书》和Y旗土地储备中心重新起草的《商业回迁安置（货币补偿）协议书》，作为仲裁解决补偿款纠纷的证据，该证据与本案毫无关联，二审法院却以此为证据认定再审申请人于2014年4月9日已收到拆迁补偿相关文书，实属认定事实不清。据此请求：（1）撤销一、二审行政裁定；（2）撤销N自治区E市中级人民法院行政裁定；（3）由最高人民法院依法提审。

最高人民法院认为，本案的核心问题是，再审申请人霍某某的起诉是否属于行政诉讼的受案范围。虽然《行政诉讼法》第12条第1款第11项规定将土地房屋征收补偿协议纠纷纳入行政诉讼受案范围，再审申请人霍某某也确实在修正后的《行政诉讼法》实施之后提起了本案诉讼，但其起诉的补偿协议发生在修正后的《行政诉讼法》实施之前，按照当时的司法政策，此类协议属于民事协议,因此类协议引起的争议仍属民事争议,故本案不属于行政诉讼的受案范围。一、二审以霍某某超过起诉期限裁定驳回其起诉、上诉,理由虽有不当,但处理结果正确。至于霍某某诉请撤销 N 自治区 E 市中级人民法院行政裁定,因该案系另一诉讼案件,不属于本案再审审查的范围。遂裁定驳回再审申请人霍某某的再审申请。

行政协议是指行政机关为实现公共利益或者行政管理目标,在法定职责范围内,与公民、法人或者其他组织协商订立的具有行政法上权利义务内容的协议。作为行政协议,必须有一方是行政主体,该行政主体行使了法律、法规、规章规定的或授予的行政职权,且行使职权的目的是进行行政管理、实现社会公共利益,而不是为了民事交往活动进而产生了纯粹的民事上的权利义务之协议。[1]质言之,行政协议与私法协议之区别,"系以其发生公法或私法上权利义务变动之效果为断"[2]。根据《行政诉讼法》第 12 条第 1 款第 11 项的规定,公民、法人或者其他组织认为行政机关不依法履行、未按照约定履行或者违法变更、解除政府特许经营协议、土地房屋征收补偿协议等协议的,可以向人民法院提起行政诉讼。

司法实践中,有两种错误的做法需要纠正。第一种错误做法是随意缩小行政协议纠纷案件的范围。如认为行政协议纠纷只包括行政机关不依法履行行政协议、行政机关未按照约定履行行政协议、行政机关违法变更行政协议、行政机关违法解除行政协议的情形,对于公民、法人或者其他组织提起的撤销行政协议的诉讼,就认为不属于行政诉讼受案范围。这显然是对《行政诉讼法》第 12 条第 1 款第 11 项的机械理解。例如,在再审申请人蒋某玉与再审被申请人 C 市高新技术产业开发区管理委员会(以下简称 C 市高新区管委会)、原审第三人 C 市高新技术产业开发区征地服务中心(以下简称征地服务中心)行政协议纠纷一案[3]中,最高人民法院认为,蒋某玉以被诉《征地拆迁补偿安置协议》的签订主体、程序、内容以及补偿标准存在异议为由,请求人民法院撤销该协

---

[1] 参见谭红:《论国有土地使用权出让合同纠纷的救济》,载《法律适用》2017 年第 4 期。

[2] 吴庚:《行政法之理论与实用》,我国台湾地区三民书局 2014 年版,第 408 页。

[3] 参见(2017)最高法行再 49 号行政裁定书。

议，原审法院以该诉请不属于《行政诉讼法》第12条第1款第11项规定的四种情形为由，认为蒋某玉的起诉不属于人民法院行政诉讼受案范围。就争议类型而言，除《行政诉讼法》第12条第1款第11项所列举的四种行政协议争议外，还包括因协议订立时的缔约过失，协议成立与否，协议有效与否，撤销、终止行政协议，请求继续履行行政协议、采取相应的补救措施、承担赔偿和补偿责任以及行政机关监督、指挥、解释等行为产生的行政争议。将行政协议争议仅理解为《行政诉讼法》第12条第1款第11项规定的四种情形，既不符合现行法律及司法解释的规定，也在理论上难以自圆其说，且在实践中容易造成不必要的混乱。首先，从法律及司法解释的相关规定看，对行政协议的起诉不仅限于《行政诉讼法》第12条第1款第11项列举的四种情形，而应包括所有的行政协议争议。依据《行政诉讼法》第75条"行政行为有实施主体不具有行政主体资格或者没有依据等重大且明显违法情形，原告申请确认行政行为无效的，人民法院判决确认无效"之规定，行政协议作为行政行为的重要组成部分，如其有上述规定情形，公民、法人或者其他组织可以依法申请确认行政协议无效；依据《最高人民法院关于适用〈中华人民共和国行政诉讼法〉若干问题的解释》第15条第2款"原告请求解除协议或者确认协议无效，理由成立的，判决解除协议或者确认协议无效，并根据合同法等相关法律规定作出处理"之规定，公民、法人或者其他组织可以依法请求解除行政协议或者确认行政协议无效；依据《最高人民法院关于适用〈中华人民共和国行政诉讼法〉若干问题的解释》第14条"人民法院审查行政机关是否依法履行、按照约定履行协议或者单方变更、解除协议是否合法，在适用行政法律规范的同时，可以适用不违反行政法和行政诉讼法强制性规定的民事法律规范"及《合同法》第54条"下列合同，当事人一方有权请求人民法院或者仲裁机构变更或者撤销：（一）因重大误解订立的；（二）在订立合同时显失公平的。一方以欺诈、胁迫的手段或者乘人之危，使对方在违背真实意思的情况下订立的合同，受损害方有权请求人民法院或者仲裁机构变更或者撤销。当事人请求变更的，人民法院或者仲裁机构不得撤销"之规定，公民、法人或者其他组织可以依法请求变更或者撤销行政协议。因此，公民、法人或者其他组织可以依法向人民法院请求变更、撤销及解除行政协议，或者确认行政协议无效等，而不应仅限于《行政诉讼法》第12

条第 1 款第 11 项规定的四种情形。其次，从理论和实践看，将《行政诉讼法》第 12 条第 1 款第 11 项列举之外的行政协议争议不纳入行政诉讼的受案范围，可能会出现以下问题：一是如将相关行政协议争议纳入民事诉讼，既造成了同一性质的协议争议由行政、民事分别受理并审理的混乱局面，又增加了行政裁判和民事裁判不一致的风险，不利于彻底化解行政协议纠纷；二是如相关行政协议争议不纳入行政诉讼的受案范围，又因其行政性民事诉讼不予受理，极易造成行政诉讼和民事诉讼均不受理的尴尬局面，亦有悖于现代行政诉讼为公民、法人或者其他组织提供无漏洞、有效的司法保护的主要宗旨；三是将相关行政协议争议排除出行政诉讼的受案范围，意味着有关行政协议争议游离于行政法治轨道，既不能及时有效地依法解决相关行政争议，也不利于监督行政机关依法行使职权。故而，不应将"行政机关不依法履行、未按照约定履行或违法变更、解除协议"四种情形设定为提起行政协议行政诉讼的受理条件，在蒋某玉与 C 市高新区管委会、征地服务中心行政协议纠纷一案中，原审法院对《行政诉讼法》第 12 条规定作狭义的文义理解，属于适用法律错误，依法应予纠正。

第二种错误做法则是不适当地扩大行政协议纠纷案件的范围。如把本属于民事协议争议的案件纳入行政诉讼范畴。霍某某诉 Y 旗政府、Y 旗土地储备中心补偿协议一案即属于这种情况。

本案的核心问题是，再审申请人霍某某的起诉是否属于行政诉讼的受案范围。亦即，本案究竟是属于行政协议之争还是属于民事协议之争，值得分析。

首先，《最高人民法院关于受理房屋拆迁、补偿、安置等案件问题的批复》（法复〔1996〕12 号，现已失效）明确规定，公民、法人或者其他组织对人民政府或者城市房屋主管行政机关依职权作出的有关房屋拆迁、补偿、安置等问题的裁决不服，依法向人民法院提起诉讼的，人民法院应当作为行政案件受理。拆迁人与被拆迁人因房屋补偿、安置等问题发生争议，或者双方当事人达成协议后，一方或者双方当事人反悔，未经行政机关裁决，仅就房屋补偿、安置等问题，依法向人民法院提起诉讼的，人民法院应当作为民事案件受理。《最高人民法院关于当事人之间达成了拆迁补偿安置协议仅就协议内容发生争议的，人民法院应予受理问题的复函》（〔2007〕民立他字第 54 号）亦指出，双方当事人已经签订《城市房屋拆迁补偿安置协议（货币补偿）》的情况下，仅就协议内容发生争议，一方起诉的，属于人民法院受理民事诉讼范围，应予受理。本案中，再审被申请人 Y 旗土地储备中心并非行政机关，也不是法律、法规、规章授权的组织，故其不行使行政职权；Y 旗土地储备中心亦不存在受 Y 旗政府委托行使行政职权的情形，故 Y 旗土地储备中心与霍某某双方法律地位平等，均是平等的民事主体，双方于 2011 年 8 月 22 日签订的《房屋拆迁安置补偿协议书》不属于行政协议，而系平等主体之间签订的民事权利义务关系的协议。

其次，《合同法》第 1 条规定，合同是平等主体的自然人、法人、其他组织之间设立、变更、终止民事权利义务关系的协议。房屋拆迁安置补偿协议的基本内容是，拆迁人拆除被拆迁人依法享有所有权或使用权的房屋并给被拆迁人予以补偿，这种补偿包括货币补偿和产权调换两种方式，被拆迁人可以选择其中任一补偿方式。本案中，从双方所签协议的内容来看，该协议是民事协议。（1）该协议第一段规定，"根据城市房屋拆迁补偿法规、政策的有关规定，甲、乙双方经协商，就房屋拆迁安置补偿等相关事宜达成如下协议"。虽然《国有土地上房屋征收与补偿条例》于 2011 年 1 月 21 日实施，2001 年 11 月 1 日起施行的《城市房屋拆迁管理条例》也于同日废止，霍某某与 Y 旗土地储备中心于 2011 年 8 月 22 日签订的《房屋拆迁安置补偿协议书》，系在《国有土地上房屋征收与补偿条例》实施之后签订的协议，双方似乎应根据《国有土地上房屋征收与补偿条例》第 25 条的规定签订属于行政协议性质的房屋征收补偿协议，即"房屋征收部门与被征收人依照本条例的规定，就补偿方式、补偿金额和支付期限、用于产权调换房屋的地点和面积、搬迁费、临时安置费或者周转用房、停产停业损失、搬迁期限、过渡方式和过渡期限等事项，订立补偿协议"。但是，在《国有土地上房屋征收与补偿条例》实施之前的一段时间，城市房屋拆迁是以《城市房屋拆迁管理条例》作为法律依据的，即根据其第 13 条规定，拆迁人与被拆迁人应当依照本条例的规定，就补偿方式和补偿金额、安置用房面积和安置地点、搬迁期限、搬迁过渡方式和过渡期限等事项，订立拆迁补偿安置协议。该拆迁补偿安置协议在性质上属于民事协议。不尽如此，在《国有土地上房屋征收与补偿条例》实施之后的一段合理时间内，拆迁人与被拆迁人往往也依照被废止的《城市房屋拆迁管理条例》签订拆迁补偿安置协议。本案即属于这种情况。之所以会出现这种状况，一是因为《国有土地上房屋征收与补偿条例》自公布之日起施行,而实际上有一部分人并不知晓新规定的诞生,且即便知晓该条例,也需要一个了解和熟悉的过程。二是拆迁人在《国有土地上房屋征收与补偿条例》实施之前取得了拆迁许可证,在《国有土地上房屋征收与补偿条例》实施之后乃至很长一段时间仍然有效,如本案中,甲方Y旗土地储备中心持有Y旗政府颁发的《房屋拆迁许可证》,在《国有土地上房屋征收与补偿条例》实施之后尚在有效期内。根据《城市房屋拆迁管理条例》第6条的规定,拆迁房屋的单位取得房屋拆迁许可证后,方可实施拆迁,因此取得房屋拆迁许可证是进行房屋拆迁的前提条件,拆迁人先取得房屋拆迁许可证,之后再与被拆迁人签订拆迁安置补偿协议。而房屋拆迁许可证的取得需要具备严格的条件,对此,《城市房屋拆迁管理条例》第7条规定:"申请领取房屋拆迁许可证的,应当向房屋所在地的市、县人民政府房屋拆迁管理部门提交下列资料:(一)建设项目批准文件;(二)建设用地规划许可证;(三)国有土地使用权批准文件;(四)拆迁计划和拆迁方案;(五)办理存款业务的金融机构出具的拆迁补偿安置资金证明。市、县人民政府房屋拆迁管理部门应当自收到申请之日起30日内,对申请事项进行审查;经审查,对符合条件的,颁发房屋拆迁许可证。"且房屋拆迁管理部门在颁发房屋拆迁许可证时,不仅要对拆迁申请人提交的资料进行形式审查,更要对其提交的资料进行实质审查,即要审查拆迁申请人提交的资料的真实性和合法性。因此,本案中,甲方Y旗土地储备中心根据有效的房屋拆迁许可证,即便在《国有土地上房屋征收与补偿条例》实施之后,根据《城市房屋拆迁管理条例》的规定,与被拆迁人霍某某签订《房屋拆迁安置补偿协议书》,亦不能轻易否定其民事协议的性质和效力。况且,《国有土地上房屋征收与补偿条例》第35条明确规定,本条例施行前已依法取得房屋拆迁许可证的项目,继续沿用原有的规定办理。(2)《合同法》第107条规定:"当事人一方不履行合同义务或者履行合同义务不符合约定的,应当承担继续履行、采取补救措施或者赔偿损失等违约责任。"该协议第9条即是根据《合同法》第107条的规定约定了违约责任,内容主要包括"甲乙双方签订协议后,须共同遵守协议条款。被拆迁人自行解决过渡房的,因拆迁人的原因,被拆迁人未能按时回迁的,自逾期之日起由拆迁人向被拆迁人按被拆迁的主房建筑面积每平方米每月160元的标准支付临时安置补助费,给付时间为逾期之日起三个月给付一次。由拆迁人提供过渡房屋的，拆迁人将安置房交付被拆迁人十日内，乙方腾出过渡房屋，如逾期，过渡房租金由被拆迁人承担"。（3）《仲裁法》第2条规定："平等主体的公民、法人和其他组织之间发生的合同纠纷和其他财产权益纠纷，可以仲裁。"行政协议属于行政法律关系，涉及公权力的行使问题，通常不能予以仲裁。① 因为行政诉讼的目的之一是监督行政机关依法行使行政职权，行政机关在与相对人订立行政协议时不能协议排除对行政机关依法行使职权的监督。故在行政协议中约定的仲裁条款为无效条款。② 本案中，双方在协议第10条约定了仲裁条款，即"本协议未尽事宜，可另签补充协议，补充协议与本协议具有同等法律效力。若出现纠纷，应协商解决，协商不成的，提请E市仲裁委员会申请仲裁"。那么，该协议若属于行政协议，该仲裁条款就属无效条款。但从双方依此已经提起了仲裁申请且仲裁机构也已作出了生效仲裁裁决的结果来看，该协议显然不属于行政协议，由此，双方在履行该协议的过程中发生的争议属于民事争议，应通过民事诉讼途径去解决。

再次，从双方所签协议经过N自治区Y旗公证处的公证来看，公证书明确载明，"甲、乙双方在订立协议时具有法律规定的民事权利能力和民事行为能力"；"兹证明Y旗土地收购储备中心的代表人吴某红与秦某杰，于2011年8月22日共同签订了《房屋拆迁安置补偿协议书》，双方当事人的签约行为符合《中华人民共和国民法通则》第55条的规定，协议内容符合《城市房地产管理法》《城市房屋拆迁管理条例》的规定，协议上双方当事人的签名、捺印属实"。根据公证书载明的内容，该协议系民事协议无疑。

最后，正如前述，双方的协议约定了仲裁，而争议发生后，霍某某也确实向E市仲裁委员会申请了仲裁，且E市仲裁委员会作出了仲裁，裁决书亦发生

---

① 也有人认为，并非所有的行政协议（合同）纠纷都不能仲裁。因为直接取消行政合同的仲裁机制，可能会导致公权力的滥用、降低私法人或私营资本的主观积极性，加重行政法院法官的负担。更为重要的是，会无视行政合同在实际履约中客观存在的经济性或市场性因素，以及会违背合同本身所具有的意思自愿的原则。在法国，现在适用仲裁的行政合同类型包括政府采购合同、与具有工商业性质的公共机构或公法人签订的合同、国际合同和国际商业关系合同、PPP（公私合作、公私合营）模式合同等。参见徐琳：《论法国行政合同纠纷的可仲裁性》，载《行政法学研究》2018年第3期。

② 参见安徽省安庆市中级人民法院（2017）皖08行辖终1号行政裁定书。

法律效力。仲裁裁决认为，申请人和被申请人是在平等自愿、协商一致的基础上签订的协议书，其内容不违背法律法规的规定，根据《合同法》第 8 条关于"依法成立的合同，对当事人具有法律约束力。当事人应当按照约定履行自己的义务，不得擅自变更或者解除合同。依法成立的合同，受法律保护"之规定，该协议书有效。并裁决被申请人 Y 旗土地储备中心在收到本裁决书之日起 7 日内向申请人霍某某支付临时安置补助费人民币 420 647.36 元，驳回申请人的其他仲裁请求。被申请人 Y 旗土地储备中心如未按本裁决指定的期间履行给付义务，应当按照 2017 年修正前的《民事诉讼法》第 253 条[①]之规定，加倍支付迟延履行期间的债务利息。可见，从仲裁裁决认定的事实和所适用的法律来看，双方签订的协议是民事协议，发生的争议是民事争议。故霍某某声称 2014 年 4 月初 Y 旗土地储备中心在履行该协议时提出"八年后根据政府财政实际情况分批给予再审申请人支付房屋价值补偿款"，并重新起草了《商业回迁安置（货币补偿）协议书》的行为，与 Y 旗政府的职权行为无关，本案不属于行政诉讼的受案范围。

（三）撤销行政协议纠纷

有人认为，当事人提出撤销行政协议的诉讼请求不属于行政诉讼的受案范围。这种主张是错误的。对《行政诉讼法》第 12 条第 1 款第 11 项"认为行政机关不依法履行、未按照约定履行或者违法变更、解除政府特许经营协议、土地房屋征收补偿协议等协议的"之规定不能作过于机械的理解，即当事人对行政协议争议提起诉讼的情形不仅仅包括该条所明确规定的四种情形，还应包括因协议订立时的缔约过失，协议成立与否，协议有效与否，撤销、终止行政协议，请求继续履行行政协议、采取相应的补救措施、承担赔偿和补偿责任以及行政机关监督、指挥、解释等行为产生的行政争议。也即因行政协议的订立、履行、变更、终止等产生的有关争议均属于行政协议争议。

在前述蒋某玉与 C 市高新区管委会、征地服务中心行政协议纠纷一案[②]中，

---

① 现为《民事诉讼法》第 260 条。
② 参见（2017）最高法行再 49 号行政裁定书。

蒋某玉提起的撤销涉案行政协议的诉讼请求属于行政诉讼的受案范围。该案的基本案情如下：2016年7月12日，蒋某玉以C市高新区管委会为被告，向C市第五中级人民法院提起本案诉讼称，其与征地服务中心于2015年12月25日签订的《征地拆迁补偿安置协议》主体不适格，实体内容及程序均属违法。故请求法院判决撤销该《征地拆迁补偿安置协议》，并对协议依据的文件进行合法性审查。

C市第五中级人民法院一审认为，蒋某玉认为其与征地服务中心签订的《征地拆迁补偿安置协议》侵害其合法权益，以C市高新区管委会为被告提起诉讼属于错列被告。经释明后蒋某玉仍拒绝变更，依法应予驳回起诉。《行政诉讼法》第12条第1款第11项规定："人民法院受理公民、法人或者其他组织提起的下列诉讼：……（十一）认为行政机关不依法履行、未按照约定履行或者违法变更、解除政府特许经营协议、土地房屋征收补偿协议等协议的。"蒋某玉起诉请求撤销《征地拆迁补偿安置协议》，其起诉状中所诉理由均系对签订协议时主体、程序以及协议约定和适用法律所提出的异议，不属于行政机关不依法履行、未按照约定履行或者违法变更、解除协议内容的范畴。故蒋某玉的起诉不属于人民法院行政诉讼受案范围。综上，C市第五中级人民法院依照《最高人民法院关于适用〈中华人民共和国行政诉讼法〉若干问题的解释》第3条第1款第1项、第3项之规定，裁定驳回蒋某玉的起诉。蒋某玉不服一审裁定，向C市高级人民法院提出上诉。

C市高级人民法院二审认为，蒋某玉向一审法院提起的诉讼请求是请求撤销与征地服务中心签订的《征地拆迁补偿安置协议》。根据《行政诉讼法》第12条第1款第11项的相关规定，认为行政机关不依法履行、未按照约定履行或者违法变更、解除政府特许经营协议、土地房屋征收补偿协议等协议的，可以向人民法院提起诉讼。本案中，蒋某玉的起诉状中所诉理由均系对签订协议时的主体、程序以及协议约定和适用法律所提出的异议，并不属于上述法律所规定的行政机关不依法履行、未按照约定履行或者违法变更解除协议内容等范畴，故蒋某玉的起诉依法不属于人民法院行政诉讼受案范围。另外，蒋某玉提起诉讼以高新区管委会为被告属于错列被告，且经一审法院释明仍拒绝变更，依法应予驳回起诉。一审法院据此根据《最高人民法院关于适用〈中华人民共和国行政诉讼法〉若干问题的解释》第3条第1款第1项、第3项之规定裁定驳回蒋某玉的起诉，适用法律并无不当，诉讼程序合法。蒋某玉的上诉理由不能成立。依照《行政诉讼法》第89条第1款第1项的规定，裁定驳回上诉，维持原裁定。

蒋某玉不服，向最高人民法院申请再审，请求撤销一、二审行政裁定，依法再审本案。其主要理由为：（1）本案属于行政诉讼的受案范围。依据《行政诉讼法》第75条以及《最高人民法院关于适用〈中华人民共和国行政诉讼法〉若干问题的解释》第11条第2款、第15条第2款规定，涉案《征地拆迁补偿安置协议》具有可诉性。（2）本案没有错列被告。根据《最高人民法院关于执行〈中华人民共和国行政诉讼法〉若干问题的解释》第20条第1款规定，征地服务中心系事业单位，不具备行政主体资格，其以自己名义签订的征收补偿合同，应当以组建该中心的C市高新区管委会作为被告。

C市高新区管委会辩称：（1）根据相关文件规定，自2013年12月10日起，C市高新区管委会将组织实施高新区集体土地征收职能移交C市J区人民政府行使，其已无组织实施集体土地征收的职能，故对高新区集体土地征收进行补偿安置的实施主体应是C市J区国土资源管理分局（以下简称J区国土分局）。（2）征地服务中心是根据C市J区编制委员会的规定，依法成立的能独立承担法律责任的事业单位法人，签订《征地拆迁补偿安置协议》是受J区国土分局委托实施，行为法律后果依法由J区国土分局承担。（3）蒋某玉曾就房屋征收补偿安置标准问题向C市J区人民政府申请行政协调，并向C市人民政府申请行政裁决，其完全知晓C市高新区管委会从2013年12月10日起即无组织实施集体土地征收的职能。综上，原审裁定驳回蒋某玉起诉正确，蒋某玉再审请求不能成立，应予驳回。

最高人民法院认为，结合原审法院的裁定和蒋某玉再审申请的主张及理由，本案争议焦点主要有二：一是蒋某玉提起撤销本案行政协议的诉讼请求是否属于行政诉讼的受案范围；二是蒋某玉在本案中是否错列了被告。

第一，关于蒋某玉提起撤销本案行政协议的诉讼请求是否属于行政诉讼的受案范围问题。蒋某玉以被诉《征地拆迁补偿安置协议》的签订主体、程序、内容以及补偿标准存在异议为由，请求人民法院撤销该协议，原审法院以该诉请不属于《行政诉讼法》第12条第1款第11项规定的四种情形为由,认为蒋某玉的起诉不属于人民法院行政诉讼受案范围。因此,本案争议焦点之一在于蒋某玉在本案提起撤销行政协议的诉讼请求是否属于行政诉讼受案范围。行政协议是行政机关在行使行政职权、履行行政职责过程中与公民、法人或者其他组织协商订立的协议。就争议类型而言,除《行政诉讼法》第12条第1款第11项所列举的四种行政协议争议外,还包括因协议订立时的缔约过失,协议成立与否,协议有效与否,撤销、终止行政协议,请求继续履行行政协议、采取相应的补救措施、承担赔偿和补偿责任以及行政机关监督、指挥、解释等行为产生的行政争议。将行政协议争议仅理解为《行政诉讼法》第12条第1款第11项规定的四种情形,既不符合现行法律及司法解释的规定,也在理论上难以自圆其说,且在实践中容易造成不必要的混乱。

　　从法律及司法解释的相关规定看,对行政协议的起诉不仅限于《行政诉讼法》第12条第1款第11项列举的四种情形,而应包括所有的行政协议争议。(1)依据《行政诉讼法》第75条"行政行为有实施主体不具有行政主体资格或者没有依据等重大且明显违法情形,原告申请确认行政行为无效的,人民法院判决确认无效"之规定,行政协议作为行政行为的重要组成部分,如其有上述规定情形,公民、法人或者其他组织可以依法申请确认行政协议无效;(2)依据《最高人民法院关于适用〈中华人民共和国行政诉讼法〉若干问题的解释》第15条第2款"原告请求解除协议或者确认协议无效,理由成立的,判决解除协议或者确认协议无效,并根据合同法等相关法律规定作出处理"的规定,公民、法人或者其他组织可以依法请求解除行政协议或者确认行政协议无效;(3)依据《最高人民法院关于适用〈中华人民共和国行政诉讼法〉若干问题的解释》第14条"人民法院审查行政机关是否依法履行、按照约定履行协议或者单方变更、解除协议是否合法,在适用行政法律规范的同时,可以适用不违反行政法和行政诉讼法强制性规定的民事法律规范"及《合同法》第54条"下列合同,当事人一方有权请求人民法院或者仲裁机构变更或者撤销:(一)因重大误解订立的;(二)在订立合同时显失公平的。一方以欺诈、胁迫的手段或者乘人之危,使对方在违背真实意思的情况下订立的合同,受损害方有权请求人民法院或者仲裁机构变更或者撤销。当事人请求变更的,人民法院或者仲裁机构不得撤销"的规定,公民、法人或者其他组织可以依法请求变更或者撤销行政协议。综上,公民、法人或者其他组织可以依法向人民法院请求变更、撤销及解除行政协议,或者确认行政协议无效等,而不应仅限于《行政诉讼法》第12条第1款第11项规定的四种情形。

从理论和实践上看,将《行政诉讼法》第12条第1款第11项列举之外的行政协议争议不纳入行政诉讼的受案范围,可能会出现以下问题:一是如将相关行政协议争议纳入民事诉讼,既造成了同一性质的协议争议由行政、民事分别受理并审理的混乱局面,又增加了行政裁判和民事裁判不一致的风险,不利于彻底化解行政协议纠纷;二是如相关行政协议争议不纳入行政诉讼的受案范围,又因其行政性民事诉讼不予受理,极易造成行政诉讼和民事诉讼均不受理的尴尬局面,亦有悖于现代行政诉讼为公民、法人或者其他组织提供无漏洞、有效的司法保护的主要宗旨;三是将相关行政协议争议排除出行政诉讼的受案范围,意味着有关行政协议争议游离于行政法治轨道,既不能及时有效地依法解决相关行政争议,也不利于监督行政机关依法行使职权。

故而,不应将"行政机关不依法履行、未按照约定履行或者违法变更、解除协议"四种情形设定为提起行政协议行政诉讼的受理条件,本案原审法院对《行政诉讼法》第12条规定作狭义的文义理解,属于适用法律错误,依法应予纠正。

第二,关于蒋某玉在本案中是否错列了被告问题。原审法院认为,蒋某玉提起诉讼以C市高新区管委会为被告属于错列被告,且经一审法院释明仍拒绝变更,应予驳回起诉。故本案另一个争议焦点在于蒋某玉以C市高新区管委会作为被告,以征地服务中心作为第三人提起诉讼是否属于错列被告的问题。行政诉讼的被告是指被公民、法人或者其他组织起诉某一行政行为侵犯其合法权益,而由人民法院通知应诉的具有国家行政职权的机关或者组织。在我国确定行政诉讼被告时,应当考虑以下四个要素:一是在程序上,受公民、法人或其他组织起诉,且由人民法院通知应诉的机关或组织;二是在实体上,行使国家行政管理职权职责并作出行政行为(作为或者不作为),且该行为被公民、法人或其他组织认为侵犯其合法权益的机关或者组织;三是在组织上,属于能够独立承担法律责任的机关或组织,亦即行政主体;四是在方便性上,即使不属于行政主体，为便利当事人诉权的行使，通过法律、法规或者规章授权亦可将非行政机关的组织在行政诉讼中作为被告。

本案集体土地征收系经 C 市人民政府批准，C 市高新区管委会负责，并由征地服务中心具体签订补偿安置协议，而征地服务中心是受 C 市高新区管委会领导，在原 C 市国土资源和房屋管理局高新技术产业开发区分局的具体指导下，代表 C 市高新区管委会承担征地工作的事业单位，本身不具备行政主体资格，亦没有法律、法规或者规章授权其实施补偿安置。根据《最高人民法院关于执行〈中华人民共和国行政诉讼法〉若干问题的解释》第 21 条"行政机关在没有法律、法规或者规章规定的情况下，授权其内设机构、派出机构或者其他组织行使行政职权的，应当视为委托。当事人不服提起诉讼的，应当以该行政机关为被告"的规定，结合本案征地服务中心作为代表 C 市高新区管委会承担征地工作的机构这一事实，本案可以认定由 C 市高新区管委会委托征地服务中心实施了补偿安置，且依据《最高人民法院关于执行〈中华人民共和国行政诉讼法〉若干问题的解释》第 20 条第 1 款"行政机关组建并赋予行政管理职能但不具有独立承担法律责任能力的机构，以自己的名义作出具体行政行为，当事人不服提起诉讼的，应当以组建该机构的行政机关为被告"的规定，本案当事人以 C 市高新区管委会作为被告提起诉讼，并无不当。同时征地服务中心因涉及本案协议签订，其在本案诉讼中作为第三人加入，亦属适当。C 市高新区管委会再审辩称，由于政府职能调整，高新区集体土地征收职能已经移交 C 市 J 区人民政府行使，征地服务中心系受 J 区国土分局委托实施的行政行为，故本案的适格被告为 J 区国土分局。最高人民法院认为，根据《行政诉讼法》第 26 条第 5 款"行政机关委托的组织所作的行政行为，委托的行政机关是被告"的规定，本案适格被告为 J 区国土分局必须以其委托征地服务中心承担本案征地事宜为前提，目前并无合法有效的证据证明 J 区国土分局对征地服务中心进行了委托。C 市高新区管委会的该项答辩理由不能成立，最高人民法院不予支持。故本案中，原审法院认为"蒋某玉提起诉讼以 C 市高新区管委会为被告属于错列被告，且经一审法院释明仍拒绝变更，裁定驳回其起诉"显属不当，依法应予纠正。

综上，蒋某玉提起本案诉讼，符合行政诉讼法定受理条件，一、二审裁定驳回其起诉违反法律规定。遂裁定撤销一、二审行政裁定,指令一审法院继续审理本案。

本案中,蒋某玉以被诉《征地拆迁补偿安置协议》的签订主体、程序、内容以及补偿标准存在异议为由,请求人民法院撤销该协议,原审法院以该诉请不属于《行政诉讼法》第12条第1款第11项规定的四种情形为由,认为其起诉不属于人民法院行政诉讼受案范围。显然,该认定过于机械和片面。就行政协议纠纷的种类而言,除了《行政诉讼法》第12条第1款第11项所列举的四种行政协议争议外,还应包括诸如因行政协议订立时的缔约过失,行政协议是否成立,行政协议是否有效,撤销、终止行政协议,请求继续履行行政协议、采取相应的补救措施、承担赔偿和补偿责任以及行政机关监督、指挥、解释等行为产生的行政争议。故将行政协议争议仅解释为《行政诉讼法》第12条第1款第11项规定的四种情形,既在理论上无法成立,也不符合现行法律及司法解释的规定;既不利于保护行政相对方的合法权益、监督行政机关依法行使职权,也极易在实践中造成不必要的混乱。

首先,从理论上来说,众所周知,尽管修正后的《行政诉讼法》增加了确认违法之诉、确认无效之诉、给付之诉、履行义务之诉等,但我国《行政诉讼法》的核心仍是围绕撤销之诉展开的。无论是一审、二审,还是再审审查和再审程序,当事人诉请撤销涉案行政行为、撤销一审或(和)二审裁定或判决,均是其最主要的目的之一,有时甚至是其唯一的诉讼请求。对此,德国著名学者弗里德赫尔穆·胡芬论道:"作为一种要求撤销国家——为公民设置负担——的个别调整的诉,撤销之诉是行政诉讼的'经典'诉讼种类。它以通过撤销为原告设定负担的行政行为的方式来形成权利,也就是要达到消除行政行为之效力的目的。"[①] 因此,把撤销行政协议之诉排除在行政协议争议诉讼之外,无疑是理论基础不扎实的表现。

其次,从法律依据上来看,根据法律及司法解释的相关规定,对行政协议的起诉不仅限于《行政诉讼法》第12条第1款第11项列举的四种情形,而应

[①] [德]弗里德赫尔穆·胡芬:《行政诉讼法》,莫光华译,法律出版社2003年版,第211页。

包括所有相关的行政协议争议。例如，根据《行政诉讼法司法解释》第68条的规定，《行政诉讼法》第49条第3项规定的"有具体的诉讼请求"是指："（一）请求判决撤销或者变更行政行为；（二）请求判决行政机关履行特定法定职责或者给付义务……（六）请求解决行政协议争议……"那么，无论是从字面含义还是从立法目的来看，当事人请求"撤销"行政协议，应当是其请求"解决"行政协议争议的应有之义。而根据当时有效的《最高人民法院关于适用〈中华人民共和国行政诉讼法〉若干问题的解释》第15条第2款的规定，"原告请求解除协议或者确认协议无效，理由成立的，判决解除协议或者确认协议无效，并根据合同法等相关法律规定作出处理"，因此，公民、法人或者其他组织除了可以依法请求确认行政协议无效之外，还可以依法请求解除行政协议；依据《合同法》第54条的规定，"下列合同，当事人一方有权请求人民法院或者仲裁机构变更或者撤销：（一）因重大误解订立的；（二）在订立合同时显失公平的。一方以欺诈、胁迫的手段或者乘人之危，使对方在违背真实意思的情况下订立的合同，受损害方有权请求人民法院或者仲裁机构变更或者撤销。当事人请求变更的，人民法院或者仲裁机构不得撤销"。据此，公民、法人或者其他组织不仅可以依法向人民法院请求变更、解除、继续履行行政协议，确认行政协议无效，也可以依法向人民法院请求撤销行政协议。

再次，从法律思维的角度而言，将"行政机关不依法履行、未按照约定履行或违法变更、解除协议"四种情形设定为提起行政协议行政诉讼的受理条件，是对《行政诉讼法》第12条规定作出的狭义的、机械的、僵化的、教条的理解，是法律思维水平和逻辑思维能力不高的表现。有学者认为，法律思维或者法治思维，是指人们按照法律的逻辑，来思考、分析、解决社会问题的思考模式，或叫思维方式。与政治思维方式、经济思维方式和道德思维方式相比，其特殊性在于：以权利义务的分析为线索、普遍性优于特殊性、合法性优于客观性、形式合理性优于实质合理性、程序问题优于实体问题以及理由优于结论。《行政诉讼法司法解释》第47条第3款规定，当事人的损失因客观原因无法鉴定的，人民法院应当结合当事人的主张和在案证据，遵循法官职业道德，运用逻辑推理和生活经验、生活常识等，酌情确定赔偿数额。该规定既是对法官在审理此类案件时的要求，其本身也是贯彻法律思维、确保案件质量的充分体现。

对于法官而言，要提升自己的法律思维水平，就不能拘泥于法律条文的字面含义，而应以法律所规定的权利义务分析为基本线索，运用辩证推理和逻辑推理，对法律规定进行全面的、系统的、准确的理解。

最后，从实践中观之，将撤销行政协议争议排除在行政诉讼受案范围之外，不仅不利于保护当事人的合法权益，监督行政机关依法行使职权，使得《行政诉讼法》第1条规定的立法目的落空；而且会严重损害法院的权威，危及我国法制的统一。正如最高人民法院在再审裁定中所指出的，相关行政协议争议不纳入行政诉讼的受案范围，因行政协议的行政性，民事诉讼若不予受理，极易造成行政诉讼和民事诉讼均不受理的尴尬局面，有悖于现代行政诉讼为公民、法人或者其他组织提供真实有效的司法保护的根本宗旨；且将相关行政协议争议排除于行政诉讼的受案范围，意味着有关行政协议争议游离于行政法治轨道，既不能及时有效地依法解决相关行政争议，也不利于监督行政机关依法行使职权。而如果将相关行政协议争议纳入民事诉讼受案范围，既造成了同一性质的协议争议由行政、民事分别受理并审理的混乱局面，又增加了行政裁判和民事裁判不一致的风险，危及我国法制的统一性。

（四）行政允诺案件的审理

对行政机关违反招商引资承诺义务的，人民法院不予支持。法治政府和诚信政府的建设不仅要求行政机关依法行政，而且要求其信守承诺。诚信原则乃行政允诺义务的客观基础，只要有承诺内容的产生，行政机关就要承担因社会公众对其承诺的信任而产生的责任，并对此承诺负有履行义务，否则即构成不作为。因此，行政机关违反招商引资承诺义务，滥用行政优益权的，人民法院不予支持。

在崔某书诉J省F县人民政府（以下简称F县政府）行政允诺一案[①]中，2001年9月24日，C市康达环保股份有限公司［后更名为C市康达环保产业（集团）有限公司，以下简称C市康达公司］向李某恩出具《关于城市污水处理厂项目运作的合作承诺》，对由李某恩负责运作的城市污水处理项目成功后，

[①] 参见（2017）最高法行申8181号行政裁定书。

该公司向李某恩支付项目经营费的标准及方式等作出承诺。2002年3月28日，J省发展计划委员会作出《关于F县污水处理厂一期工程可行性研究报告的批复》，同意F县建设污水处理厂一期工程。2003年1月4日，李某恩以C市康达公司名义与F县建设局签订《关于投资建设J省F县四万吨污水处理厂的框架协议书》。2003年3月10日，F县政府与C市康达公司签订《特许经营权协议书》，双方就F县污水处理厂厂区工程的投资建设、特许经营事宜进行了约定；同日，F县建设局与C市康达公司签订《建设经营F县污水处理厂厂区工程合同书》，就双方合作建设F县污水处理厂的相关事宜进行了详细约定。

2013年5月17日，J省F县人民法院立案受理李某恩诉C市康达公司居间合同纠纷一案，李某恩要求C市康达公司支付F县污水处理厂二期项目经营费40万元。该案审理过程中，李某恩提交了其书写的《推介江苏F县污水处理厂项目的概况》，其中有"2000年年底我在帮助康达运作X市开发区污水投资项目时得知F县污水项目已立项，准备建四万吨级的污水处理厂，第二年年初我就通过江苏F县人大刘副主任介绍认识了F县建设局刘局长……我分别多次向他们介绍了C市康达的业绩、经济实力和投资意向；几经工作，建设局报县政府相关领导，同意C市康达用BOT方式投建该污水处理厂……"的陈述。2013年6月3日，李某恩与C市康达公司签订调解协议并经J省F县人民法院出具民事调解书予以确认，C市康达公司应于2013年6月24日前支付李某恩赔偿款30万元，李某恩自愿放弃其余诉讼请求。

2014年4月12日，康达环保水务有限公司（以下简称康达公司）出具证明，内容为："康达F县污水处理厂（康达环保水务有限公司）是在李某恩的推介运作下，由C市康达环保股份有限公司［现为C市康达环保产业（集团）有限公司］投资建设的。特此证明。"2014年4月15日，C市康达公司出具证明，内容为："F县人民政府：C市康达环保产业（集团）有限公司前身为C市康达环保股份有限公司，成立于1996年7月19日，当时该企业性质为股份有限公司。2003年，公司以BOT模式投资建设运营康达F县污水处理厂（康达环保水务有限公司），特许经营期25年（不含建设期），该项目推介人为李某恩。"

一审法院另查明，2001年6月28日，中共F县县委和F县政府印发《关于印发 F 县招商引资优惠政策的通知》(以下简称《招商引资通知》),其中《F县招商引资优惠政策》中载明:制定的优惠政策包括土地使用、税费征收、服务保护、引资奖励。其中第 25 条规定,对引进外资项目实行分类奖励。引进资金用于工业生产和农业综合开发项目的,5 年内,按纳税额的 5% 奖励引资人;引进资金用于高新技术项目或对我县经济发展有较大带动作用的项目,5 年内,按纳税额的 10% 奖励给引资人;引进资金用于社会公益事业项目的,竣工后按引资额的 1% 奖励引资人。第 30 条规定,凡需要奖励的,引荐人须向县招商局等有关单位提出申请,由招商局牵头,会同县金融、财政、税务、审计等部门对其进行初审,并将初审意见上报县政府,县政府区别不同情况研究确定是否奖励、奖励标准及兑现方式……附则规定,本县新增固定资产投入 300 万元人民币以上者,可参照此政策执行……本文由县体改委负责解释。2015 年 5 月,崔某书提起本案诉讼,要求 F 县政府支付奖金 140 万元及滞纳金。案件一审审理过程中,崔某书当庭明确其要求奖励的依据是《招商引资通知》第 25 条,后变更其要求奖励的依据为《招商引资通知》第 25 条及附则的规定。

一审审理期间,F 县政府提供了 2015 年 6 月 19 日 F 县发展改革与经济委员会(以下简称 F 县发改委)出具的《关于对〈关于印发 F 县招商引资优惠政策的通知〉部分条款的解释》(以下简称《招商引资条款解释》),对《招商引资通知》中的部分条款及概念作如下说明:"1. 外资:是指其他国家、地区(包括港澳台地区)来中国大陆以从事经济社会活动为主要目的,在遵守中国法律法规前提下,遵循市场机制法则,本着互利互惠的原则进行的独资、合资、参股等市场流入的资金。2. 外资项目:是指利用外资建设的项目。3. 本县新增固定资产投入 300 万元人民币以上者,可参照此政策执行。本条款是为了鼓励本县原有企业,增加固定资产投入,扩大产能,为我县税收作出新的贡献,可参照本优惠政策执行。"应一审法院要求,F 县政府提供了《关于建立 F 县经济体制改革委员会的通知》《县政府办公室关于印发〈F 县人民政府办公室职能配置、内设机构和人员编制方案〉的通知》等文件,以证明 F 县经济体制改革委员会已不存在,其职能由 F 县发改委行使,F 县发改委对《招商引资通知》中的部分条款及概念进行解释有职权依据。

J 省 X 市中级人民法院一审认为,根据审理查明的事实,康达公司系李某恩帮助 C 市康达公司进行市场运作、以 BOT 模式投资建设运营的项目。第一，关于该项目是否属于《招商引资通知》规定的引进外资项目。法院认为，首先，《招商引资通知》中凡涉及外商投资额的内容，均以美元而非人民币作为货币种类；对引荐的对外承包工程项目或劳务合作项目，项目总额也以美元计。其次，《招商引资通知》规定的有权解释主体 F 县经济体制改革委员会已不存在，承继其职能的 F 县发改委对该文件进行解释属于有权解释；且 F 县发改委《招商引资条款解释》中将"外资"界定为"其他国家、地区（包括港澳台地区）来中国大陆以从事经济社会活动为主要目的，在遵守中国法律法规前提下，遵循市场机制法则，本着互利互惠的原则进行的独资、合资、参股等市场流入的资金"，将外资项目界定为"利用外资建设的项目"，上述解释符合《招商引资通知》的本意，予以采信。综合以上两点，康达公司不属于《招商引资通知》规定的引进外资项目。第二，关于该项目是否属于《招商引资通知》附则规定的"本县新增固定资产投入 300 万元人民币以上者"。一审法院认为，根据该文件的字面本意及有权解释机关 F 县发改委的《招商引资条款解释》，"本县新增固定资产投入 300 万元人民币以上者"，是指 F 县原有企业增加固定资产投入、扩大产能。因康达公司系 C 市康达公司以 BOT 模式投资建设运营的新企业，故不属于《招商引资通知》附则规定的"本县新增固定资产投入 300 万元人民币以上者"。综上，无论崔某书提供的 F 县人大常委会的两份证明、F 县建设局的证明是否真实，无论康达公司是否系崔某书引进，均因该项目不属于《招商引资通知》第 25 条及附则规定的奖励范畴而不应予以奖励。依据《行政诉讼法》第 69 条之规定，判决驳回崔某书的诉讼请求。崔某书不服，提起上诉。

  J 省高级人民法院二审另查明，崔某书与李某侠系夫妻关系，案外人李某恩系李某侠哥哥。崔某书曾任砖瓦厂厂长，李某侠曾任妇女联合会主任。一审中，崔某书提供了三份证明材料：（1）2003 年 10 月 13 日 F 县人民代表大会常务委员会出具的《证明》，该《证明》称："F 县污水处理厂建设项目由砖瓦厂厂长崔某书同志引进"。（2）2003 年 10 月 13 日 F 县人民代表大会常务委员会致李某恩的函，该函称："今派崔某书同志前去接洽，请您代表康达环保有限公司速来我县洽谈投资地面水厂建设事宜"。（3）2005 年 6 月 18 日 F 县建设局出具《证明》，该《证明》称："F 县污水处理厂建设项目由砖瓦厂厂长崔某书、李某夫妻二人引进。"上述三份材料均为复印件。一审庭审中，崔某书称上述三份材料的原件已在以往申请奖励时交予政府有关部门。F县政府对上述三份材料的真实性不予认可。

二审期间，崔某书提供了X市妇女联合会（以下简称X市妇联）2004年3月颁发的"李某"被评为X市妇联系统"十佳招商引资先进个人"的《荣誉证书》原件，并称该证据系一审后才找到，以进一步证明康达公司系崔某书、李某侠夫妻二人共同完成的招商引资项目，并称证书中的"李某"系李某侠的曾用名。在组织的质证中，F县政府认为，没有证据可以证明《荣誉证书》中的"李某"系崔某书的代理人李某侠；亦不能确定《荣誉证书》上所称的招商引资项目为本案所涉的康达公司项目，对《荣誉证书》的真实性不予认可。

经崔某书申请，二审法院依职权调取了X市妇联在"全国农村妇女转移就业现场培训大会"上的发言材料、X市妇联举办的"坚持科学发展观为指导，务实创新，积极推进农村妇女劳动力转移会议"上的发言材料以及X市妇联组织的巡回报告团在巡回报告时有关领导的主持词，上述三份文稿中均提到李某侠克服种种困难，引进了F县污水厂项目，受到表彰的事实。在质证过程中，崔某书及其代理人李某侠均称，夫妻二人在涉案招商引资项目中共同出力，崔某书所做工作更多，只是因为其文化程度不高，不善言辞，且李某侠系镇妇联干部，所以在有关表彰活动中，荣誉均给了李某侠，由崔某书出面提起本案之诉是夫妻二人的共同意思表示。崔某书对上述证据的关联性、合法性和真实性均予认可。F县政府坚持认为，上述证据不能证明涉案项目系崔某书引进。双方当事人均认可，F县当地仅有康达公司一个污水处理厂项目，且目前经营状况良好。

二审法院认为，本案相关证据材料中"李某"和"李某侠"的名字虽多次交替出现，但联系本案所涉的特定的康达公司项目，可以认定，本案相关证据中"李某"和"李某侠"系同一人。F县政府未能提供证据证明除康达公司外，崔某书、李某侠夫妻二人在F县还有其他招商引资项目。F县人民代表大会常务委员会于2003年10月13日出具的《证明》和函件，以及F县建设局于2005年6月18日出具的《证明》虽均为复印件，但彼此内容可以相互印证。同时，结合二审期间崔某书提供的《荣誉证书》、二审法院调取的X市妇联相关证据材料，可以认定，康达公司系崔某书及其妻子李某侠介绍引进，且该招商引资项目已经取得实际效果。

本案当事人之间的争议主要在于，如何正确适用法律，准确理解《招商引资通知》中的有关规定以及 F 县政府是否应当依法、依约履行相应义务等问题。

第一，如何正确适用法律，准确理解《招商引资通知》中的有关规定。

本案涉及的《招商引资通知》系 F 县政府为充分调动社会各界参与招商引资积极性，以实现政府职能和公共利益为目的向不特定相对人发出的承诺，在相对人实施某一特定行为后，由自己或其所属职能部门给予该相对人物质奖励的单方面意思表示。根据该行为的法律特征，应当认定《招商引资通知》属于行政允诺。对于 F 县政府在《招商引资通知》中所作出的单方面行政允诺，只要相对人作出了相应的承诺并付诸行动，即对双方产生约束力。本案中，崔某书及其妻子李某侠响应 F 县政府《招商引资通知》的号召，积极联系其亲属，介绍 C 市康达公司与 F 县建设局签订投资建设协议，以 BOT 模式投资建设成涉案项目并投产运行至今，为 F 县地方取得了良好的经济效益和社会效益。基于 F 县政府在《招商引资通知》中的明确允诺，且其至今未履行《招商引资通知》中允诺相应奖励义务的现实，崔某书夫妻二人推举崔某书为代表提起本案之诉，于法有据。

本案中，F 县政府作出的《招商引资通知》已就 F 县当地的招商引资奖励政策和具体实施作出了相应规定，该规定与现行法律规范中的强制性规定并无抵触。同时，由于当事人双方系在《招商引资通知》内容的基础上，达成有关招商引资奖励的一致意思表示，因此该文件应当是本案审查 F 县政府是否应当兑现相关允诺的依据。依照《最高人民法院关于适用〈中华人民共和国行政诉讼法〉若干问题的解释》第 14 条的规定，本案的审理可以适用不违反行政法和行政诉讼法强制性规定的民事法律规范。对 F 县政府相关行为的审查，既要审查合法性，也要审查合约性。不仅要审查 F 县政府的行为有无违反行政法的规定，也要审查其行为有无违反准用的民事法律规范所确定的基本原则。

法治政府应当是诚信政府。诚信原则不仅是契约法中的帝王条款，也是行政允诺各方当事人应当共同遵守的基本行为准则。在行政允诺的订立和履行过程中，基于保护公共利益的需要，赋予行政主体在解除和变更中的相应的优益权固然必要，但行政主体不能滥用优益权。行使优益权既不得与法律规定相违背，也不能与诚信原则相抵触。在对行政允诺关键内容的解释上，同样应当限制行政主体在无其他证据佐证的情况下，任意行使解释权。否则，将可能导致该行政行为产生的基础，即双方当事人当初的意思表示一致被动摇。

本案一审判决驳回崔某书诉讼请求的主要根据是F县发改委在一审期间作出的《招商引资条款解释》，该解释将"本县新增固定资产投入"定义为，仅指F县原有企业，追加投入，扩大产能。该解释不能作为认定F县政府行为合法的依据。主要理由如下：（1）《招商引资条款解释》系对F县政府业已作出的招商引资文件所作的行政解释，在本案中仅作为判定行政行为是否合法的证据使用，其关联性、合法性、真实性理应受到司法审查。（2）《招商引资条款解释》是在F县政府收到一审法院送达的起诉状副本后自行收集的证据，根据《最高人民法院关于行政诉讼证据若干问题的规定》第60条第1项的规定，该证据不能作为认定被诉具体行政行为合法的依据。（3）我国统计指标中所称的"新增固定资产"是指通过投资活动所形成的新的固定资产价值，包括已经建成投入生产或交付使用的工程价值和达到规定资产标准的设备、工具、器具的价值及有关应摊入的费用。从文义解释上看，《招商引资通知》中的"本县新增固定资产投入"，应当理解为新增的方式不仅包括该县原有企业的扩大投入，也包括新企业的建成投产。申言之，如《招商引资通知》在颁布时需对"本县新增固定资产投入"作出特别规定，则应当在制定文件之初即予以公开明示，以避免他人陷入误解。（4）诚实守信是法治政府的基本要求之一，诚信政府是构建诚信社会的基石和灵魂。《论语·为政》言明，言而无信，不知其可。本案中，F县政府所属工作部门F县发改委，在F县政府涉诉之后，再对《招商引资通知》中所作出的承诺进行限缩性解释，有推卸自身应负义务之嫌疑，在一定程度上构成了对优益权的滥用，有悖于诚信原则。故对F县发改委作出的《招商引资条款解释》，不予采信。

第二，F县政府是否应当依法、依约履行相应义务。

本案崔某书一审中提交的F县人民代表大会常务委员会和F县建设局在不同时间出具的三份材料虽均为复印件，但其在一审质证中，已经对不能提供原件的理由进行了说明，上述三份材料之间的内容可以相互印证。同时，结合二审中查明的事实,足以认定涉案的F县康达公司项目系崔某书及其妻子李某侠介绍引进,该项目投资高于《招商引资通知》附则所指的新增固定资产投入300万元,且已建成并运行良好。故应当认定崔某书已经履行自身相关义务,F县政府应当依照《招商引资通知》附则中的规定,兑现其招商引资奖励允诺。依照《行政诉讼法》第34条的规定,结合本案的特点,F县政府对其行政行为的合法性和合约性负有举证责任。F县政府虽主张崔某书不符合《招商引资通知》规定的条件,不应当予以参照奖励,但并未提供充分证据证明之。无论是主体还是内容,案外人李某恩通过居间活动从C市康达公司获得报酬,与本案不属于同一法律关系。F县政府以案外人李某恩已经从C市康达公司获取了中介报酬,从而认为崔某书不应当依照行政允诺获得奖励的主张,没有法律依据,依法不予支持。本案在卷证据足以证明,F县政府存在未依法、未依约履行招商引资奖励允诺义务之情形。一审判决未能依照本案的特点,准确适用相关法律规定,未能对F县政府不履行约定义务的行为作出正确判断,应依法予以纠正。

鉴于《招商引资通知》中凡涉及外商投资额的内容,均以美元而非人民币作为货币种类;对引荐的对外承包工程项目或劳务合作项目,项目总额也以美元计。同时,将"外资"理解为引进自其他国家和地区(包括我国港澳台地区)的资金亦符合社会公众对这一概念的通常理解,故崔某书主张F县政府应当按照《招商引资通知》第25条的规定履行奖励义务的观点缺乏事实根据,依法不予支持。

综上,崔某书的部分上诉理由成立,其请求撤销一审判决于法有据。一审法院认定事实不清,适用法律错误,判决结果不当。依照《行政诉讼法》第78条第1款、第89条第1款第2项的规定,判决撤销一审行政判决,责令F县政府依照《招商引资通知》,在本判决生效后60日内依法履行对崔某书的奖励义务。

F县政府向最高人民法院申请再审,请求撤销二审判决,确认F县政府与崔某书之间不存在行政允诺法律关系,驳回崔某书的诉讼请求。主要事实和理由为:(1)涉案的污水处理厂项目系C市康达公司委托案外人李某恩通过市场化运作与再审申请人签约,不属于招商引资完成的项目。崔某书即使付出了一定的工作，也是协助李某恩完成 C 市康达公司在 F 县建厂的具体事务，李某恩也为此获得了 70 万元的居间报酬。（2）二审法院认定再审申请人任意行使《招商引资通知》"新增固定资产投入"的解释权、未诚信履行《招商引资通知》没有任何事实和法律依据。《招商引资通知》的解释权已经明确由 F 县体改委负责，因 F 县体改委并入 F 县发改委，因此 F 县发改委的解释与《招商引资通知》具有同样的效力。F 县发改委对《招商引资通知》中的"新增固定资产投入"作出解释并非再审申请人在诉讼中自行收集的证据，而是一审法院因审理需要责成作出的。二审法院认定崔某书的诉求不符合《招商引资通知》中第 25 条规定情形，符合附则规定的情形，但《招商引资通知》中只有第 25 条与涉诉请求有关联，二审法院要求 60 日内履行奖励义务，属于认定事实与判决主文相矛盾，且申请奖励必须按照规定程序申请、审查、批准等，二审生效判决是司法权的过度干预。（3）二审法院在审理本案期间，变更合议庭成员未按照法定程序进行告知，且对被申请人在二审期间提交的不属于新证据范围的相关证据组织质证并依职权进行补充调取，违反相关规定。

最高人民法院认为，结合再审申请人的再审申请，本案分述如下。

第一，本案是否属于 F 县政府作出的行政允诺行为。行政允诺是指行政主体为实现特定的行政管理目的，向行政相对人公开作出的当行政相对人作出一定的行为即给予其利益回报的意思表示行为。行政允诺是行政主体在法律法规规定的基础上，在自身自由裁量权范围内作出的单方的授益性的行为。行政主体不仅要遵守法定义务，当特定的行政相对人作出了符合行政允诺事项的行为时，行政主体与行政相对人之间即成立具体的行政允诺法律关系，行政主体还应按照其承诺的内容履行相应的给付义务。诚信原则是行政允诺义务的客观基础，只要有承诺内容的产生，行政主体就要承担因社会公众对其承诺的信任而产生的责任，并对此承诺负有约定的履行义务，否则即构成不作为。本案中，F 县政府作出《招商引资通知》，是为了调动社会各界积极性开展招商引资活动，其单方承诺对符合一定招商引资条件的引资人给予奖励，符合行政允诺的构成要件和特征。因此，二审法院认定 F 县政府作出的《招商引资通知》属于行政允诺，并无不当。

第二，F 县发改委作出的《招商引资条款解释》的证据效力。《最高人民法院关于行政诉讼证据若干问题的规定》第60条第1项规定，被告及其诉讼代理人在作出具体行政行为后或者在诉讼程序中自行收集的证据，不能作为认定被诉具体行政行为合法的依据。《招商引资通知》附件规定："本县新增固定资产投入300万元人民币以上者，可参照此政策执行。"F县发改委于2015年6月19日作出的《招商引资条款解释》对上述条款解释为"是为了鼓励本县原有企业，增加固定资产投入，扩大产能，为我县税收作出新的贡献，可参照本优惠政策执行"。虽然F县发改委的解释是基于一审法院的要求作出，但根据《行政诉讼法》第40条规定，"人民法院有权向有关行政机关以及其他组织、公民调取证据。但是，不得为证明行政行为的合法性调取被告作出行政行为时未收集的证据"。F县发改委作出的《招商引资条款解释》形成于崔某书提起本案诉讼之后，而非《招商引资通知》作出之时或者崔某书进行招商引资活动之前，只能作为对崔某书起诉理由提出的抗辩，而不能作为F县政府《招商引资通知》附件中关于"新增固定资产投入"范围的有权解释。F县发改委作出的《招商引资条款解释》不符合行政诉讼法有关证据效力的相关规定，即不具备在行政诉讼程序中被采纳作为证据使用的资格，不予认可。

第三，F县政府是否应履行行政允诺的义务。招商引资是我国各级政府促进地方经济、增加地方财政收入、加强地方基础建设的主要手段和方法。简单的理解就是吸收投资的活动，促成企业落在本地或为本地企业提供资本支持。政府开展招商引资项目，通常情况下，不仅希望原有企业扩大生产经营，也更加希望外来新企业落地投产。招商引资必然涉及固定资产投入，新增固定资产是一定时期内通过投资活动所形成的新的固定资产价值，在没有进行特别说明或限定的情况下，新增固定资产应包括原有企业的固定资产投入及新设企业的固定资产投入。同时，参照《合同法》第125条第1款规定："当事人对合同条款的理解有争议的，应当按照合同所使用的词句、合同的有关条款、合同的目的、交易习惯以及诚实信用原则，确定该条款的真实意思。"根据文义解释，《招商引资通知》附件中关于"新增固定资产投入"并不能仅限缩为对原有企业资产的追加投入。崔某书及其妻子李某侠介绍引进的F县康达公司，投资额已高于《招商引资通知》中关于新增固定资产投入300万元的数额，并建成运行，符合《招商引资通知》中获得招商引资奖励的条件。F县政府对此不予认同，但并未提供充分证据予以说明并使人信服,对其主张应不予支持。因此,二审法院认定F县政府未依法履行招商引资奖励允诺义务,判决正确,应予以支持。

第四,关于二审程序是否合法的问题。《行政诉讼法》第39条、第40条规定,人民法院有权要求当事人提供或者补充证据,有权向有关行政机关以及其他组织、公民调取证据。第43条第1款规定:"证据应当在法庭上出示,并由当事人互相质证。对涉及国家秘密、商业秘密和个人隐私的证据,不得在公开开庭时出示。"根据上述法律规定,人民法院根据案件审理的需要,可以要求当事人提供证据或者依职权调取证据,证据需要在法庭上出示并由当事人互相质证。二审法院为查明案件事实,依职权调取证据并组织质证,并不违背上述法律的规定。再审申请人主张二审法院更换合议庭组成人员未予告知,但再审申请人在再审申请书中明确2016年3月二审法院第一次开庭审理时已经告知其更换合议庭组成人员,二审法院的告知行为亦不违反法律的相关规定。

综上,F县政府的再审申请不符合《行政诉讼法》第91条规定的情形。依照《行政诉讼法司法解释》第116条第2款之规定,裁定驳回再审申请人F县人民政府的再审申请。

笔者认为,本案涉及的行政允诺行为,是近年来行政机关在行政管理过程中采用得越来越多的一种柔性的行为方式。2004年1月14日公布的《最高人民法院关于规范行政案件案由的通知》(现已失效)中列举了26种行政行为,其中就包括了行政允诺。由此,行政允诺正式成为行政诉讼的案由,纳入行政诉讼受案范围。行政允诺纠纷属于新类型行政案件,对此,《最高人民法院关于依法保护行政诉讼当事人诉权的意见》(法发〔2009〕54号)要求依法积极受理新类型行政案件。该意见指出,"随着形势的发展和法治的进步,行政行为的方式不断丰富,行政管理的领域不断拓展,人民群众的司法需求不断增长,行政争议的特点不断变化。各级人民法院要深入了解各阶层人民群众的生活现状和思想动向,了解人民群众对行政审判工作的期待,依法受理由此引发的各种新类型案件,积极回应人民群众的现实司法需求。要依法积极受理行政给付、行政监管、行政允诺、行政不作为等新类型案件"。行政允诺作为一种新类型的行政行为,是行政机关在现代社会治理过程中积淀下来的中国式"经验"之一。这些中国式"经验"的意义在于,它可以加厚、拓宽中国行政法学的理论框架,塑造中国行政法学理论的"主体性"骨骼。[①]

1. 行政允诺的性质

什么是行政允诺，尚有不同的看法。择其要者，如有人认为，行政允诺又可称为行政承诺，顾名思义是指行政机关对特定或不特定的行政相对人作出的具有法律约束力的将为一定行为或不为一定行为的承诺。[②]有人认为，行政允诺是行政主体为实现行政管理职能或社会公益目的，以规范性文件或通告的方式发出的许诺为一定行为或不为一定行为的意思表示。其对象不仅可能为特定的相对人，也可能更多地针对不特定的相对人。允诺仍为一种行政管理行为，不过方式更加温和，行政主体与相对人不再明显地表现出服从与被服从的关系，此过程中相对人较为轻松自由，而行政主体需受自己意思表示的约束。与上述观点不同且更准确的另一种观点，除了把作出行政允诺的主体"行政机关"变为"行政主体"之外，还增加了行政主体作出行政允诺的目的和方式。[③]德国行政法学者哈特穆特·毛雷尔认为，行政允诺"是指行政机关作出的采取或不采取特定措施的、具有法律约束力的承诺"。本案中，最高人民法院经审查认为，"行政允诺是指行政主体为实现特定的行政管理目的，向行政相对人公开作出的当行政相对人作出一定的行为即给予其利益回报的意思表示行为。行政允诺是行政主体在法律法规规定的基础上，在自身自由裁量权范围内作出的单方的授益性的行为"。同时，最高人民法院进一步指出，行政主体不仅要遵守法定义务，还应当遵守自己的承诺。当特定的行政相对人作出了符合行政允诺事项的行为时，行政主体与行政相对人之间即成立具体的行政允诺法律关系，行政主体就应按照其承诺的内容履行相应的给付义务。本案涉及的《招商引资通知》，系F县政府为充分调动社会各界的积极性开展招商引资活动，并承诺对符合一定招商引资条件的引资人给予奖励，因此符合行政允诺的构成要件。F县政府据此负有社会公众因对其承诺的信任而产生的责任，并对此承诺负有约定的履行义务。实际上，早在黄某友诉F省D市人民政府、D市B镇人民政府行

[①] 参见章剑生：《行政允诺的认定及其裁判方式》，载《交大法学》2016年第2期。
[②] 参见刘烁玲：《行政允诺规范化探析》，载《江西社会科学》2014年第5期。
[③] 参见戴俊英：《行政允诺的性质及其司法适用》，载《湖北社会科学》2010年第12期。

政允诺一案[①]中，法院就认为，D市人民政府制定的《D市关于鼓励外商投资的优惠办法》是为了充分调动和发挥社会各方面参与招商引资的积极性，以实现政府职能和公共利益为目的向不特定相对人发出承诺，在相对人实施某一特定行为后由自己或由自己所属的职能部门给予该相对人物质利益或其他利益的单方意思表示行为。因此，D市人民政府与B镇人民政府应根据该优惠办法的规定及黄某友、张某明在涉案招商引资项目落户D市B镇中所起的作用对其兑现奖励。

需要强调的是，最高人民法院把该案作为十大行政协议案件典型案例之一，是有着充分的考虑的。行政允诺与行政合同具有非常紧密的联系，甚至从某种角度而言，行政允诺是行政合同的重要内容。因为行政允诺的实现意味着完成行政主体所设定的特定行为的相对人有要求其签订并履行行政合同的权利。行政合同研究的集大成者余凌云教授认为，行政允诺并非独立，而是行政合同行为的一种。[②]此言不假。"行政允诺体现了行政主体缔约的愿望，具有要约性。一旦社会公众中的个体接受行政主体的允诺并实施允诺所指定的相应行为时，即表明该个体接受了允诺所确定的内容，行政允诺就转化为行政合同，而行政允诺的具体事项同时转化为行政合同的具体条款。"[③]德国学者平特纳教授亦指出，"允诺可以在公法合同范围内产生，它可单独作为合同的内容存在，也可作为行政主体单方意思表示从属于一公法上的债务关系，或为一行政行为进行准备。只要允诺中预示着一个行政行为，那么就与'预约合同'相同，应视为'预先行政行为'或'预约裁定'，其本身也是一个行政行为"[④]。当然，也应当承认，行政允诺法律关系与行政合同（协议）法律关系也并非完全一致。虽然行政允诺与行政合同都包含有行政主体的意思表示，但前者仅需行政主体的单方意思表示即可成立，相对人只需完成指定行为，行政主体就应该履行允诺义

---

① 最高人民法院行政审判庭编：《中国行政审判案例》（第1卷），中国法制出版社2010年版，第110~111页。

② 余凌云：《从行政契约视角对"杨叶模式"的个案研究——治安承诺责任协议》，载《中国人民公安大学学报》2000年第4期。

③ 高鸿：《行政承诺及其司法审查》，载《人民司法》2002年第4期。

④ ［德］平特纳：《德国普通行政法》，朱林译，中国政法大学出版社1999年版，第124页。

务；而后者以双方当事人的意思表示一致为成立要件，相对人完成指定行为后能否获得授益，还需考察影响合同成立的其他因素，如当事人或行政主体是否具有相应缔约能力等。①

2. 行政允诺的司法审查

行政允诺行为包括行政主体发布带有允诺内容的规范性文件或通告的行为和行政主体不履行或不适当履行允诺义务的行为。对于前者，通常不属于行政诉讼的受案范围，如本案F县政府发布的《招商引资通知》，崔某书即不能对其直接提起诉讼，②但法院对其合法性应进行判断。对于后者而言，则是法院的主要审查对象，因为后者在行政允诺纠纷案件中主要表现为行政主体的不履行或不适当履行允诺义务的行为。因此，一般情况下，法院对行政允诺案件的审查针对的是行政主体的"诺而不践"行为，因为只有"诺而不践"才会引起纠纷。其内容包括被告是否作出过允诺、该允诺行为是否合法、原告是否完成指定行为、被告是否履行允诺义务等。法院在审查时，可以根据具体情形，先审查相对人的行为是否符合允诺设定的条件，如果明显不符合，则可直接判决驳回诉讼请求。但如果符合，此时允诺行为本身的合法性问题则应予考虑并作为正确裁判的前提。③ 具体来说，法院在受理相对人的起诉后，通常应当按照行政允诺的整体运行过程依次对行政主体允诺意思表示的合法性（包括允诺目的、允诺权限的合法性以及允诺内容的可操作性和可实现性等）、行政相对人的行为是否符合设定条件、行政主体是否适当履诺等方面进行全面、合法的审查，只有这样，才能充分保护相对人的合法权益，提高相对人参与行政的积极性，监督

---

① 参见戴俊英：《行政允诺的性质及其司法适用》，载《湖北社会科学》2010年第12期。

② 《行政诉讼法》第53条规定："公民、法人或者其他组织认为行政行为所依据的国务院部门和地方人民政府及其部门制定的规范性文件不合法，在对行政行为提起诉讼时，可以一并请求对该规范性文件进行审查。前款规定的规范性文件不含规章。"据此，从理论上来说，崔某书可以一并对F县政府发布的《招商引资通知》提出附带审查的要求，但实际上，在包括本案在内的所有有关行政允诺的案件中，当事人不能对作为规范性文件的允诺行为提出一并审查的请求，因为这与其对涉案行政行为所提起的诉讼将会发生矛盾，即如果允诺行为不合法，那么当事人要求兑现的承诺显然不能获得支持。

③ 参见戴俊英：《行政允诺的性质及其司法适用》，载《湖北社会科学》2010年第12期。

行政机关依法行使行政职权。①

本案中,《招商引资通知》附件规定:"本县新增固定资产投入300万元人民币以上者,可参照此政策执行。"F县发改委作出的《招商引资条款解释》对上述条款解释为"是为了鼓励本县原有企业,增加固定资产投入,扩大产能,为我县税收作出新的贡献,可参照本优惠政策执行"。无论是根据《最高人民法院关于行政诉讼证据若干问题的规定》,还是参照《合同法》的规定,F县发改委对上述条款中的"新增固定资产投入"限缩解释为对原有企业资产的追加投入,均难以成立。因此,崔某书及其妻子李某侠介绍引进的F县康达公司,投资额已高于《招商引资通知》中关于新增固定资产投入300万元的数额,并建成运行,符合《招商引资通知》中获得招商引资奖励的条件,F县政府应当履行约定的义务,兑现其承诺。虽然在行政允诺的订立和履行过程中,行政主体基于维护国家利益和社会公共利益的需要,享有解除和变更其所作允诺的优益权,但行政主体不能违法行使优益权,不能滥用优益权。优益权的行使也不能违背诚信原则。本案中,F县政府作出行政允诺后,F县发改委对允诺的关键内容"新增固定资产投入"作出限缩性解释,没有事实根据和法律依据,人民法院不予支持。

(五)关于行政协议约定的仲裁条款的效力问题②

《最高人民法院关于审理行政协议案件若干问题的规定》第26条规定:"行政协议约定仲裁条款的,人民法院应当确认该条款无效,但法律、行政法规或者我国缔结、参加的国际条约另有规定的除外。"该条是关于行政协议约定的仲裁条款的效力规定。根据修正后的《行政诉讼法》第12条第1款第11项的规定,公民、法人或者其他组织认为行政机关不依法履行、未按照约定履行或者违法变更、解除政府特许经营协议、土地房屋征收补偿协议等协议提起诉讼的,属于人民法院受理行政诉讼案件的范围。可见,该规定明确把包括政府特许经

---

① 参见郑烁:《论行政允诺诉讼的审查规则——以行政允诺的性质为视角》,载《黑龙江省政法管理干部学院学报》2012年第3期。

② 参见谭红、王锦鹏:《论行政协议中仲裁条款的效力问题》,载《法律适用》2020年第14期。

营协议在内的一系列行政协议纠纷纳入了行政诉讼的受案范围。但由此面临的问题是，在政府特许经营协议等纠纷被纳入行政诉讼受案范围后，当事人是否可以继续根据合同原理在此类协议中约定仲裁条款或者签订单独的仲裁协议以解决将来可能发生的争议？对此，有两种不同的观点：一种观点认为，行政诉讼不应排斥仲裁。首先，协议本身具有意思自治的属性，当事人有权自主选择纠纷解决方式。其次，修正后的《行政诉讼法》将政府特许经营协议等纠纷纳入受案范围的本意应是扩大当事人的救济途径，而非施以限缩。再次，对于政府特许经营协议纠纷，当特许经营权人为外国企业时，排斥仲裁不符合国际商事仲裁的普遍做法。[①] 最后，一些PPP当事人、中介服务机构和项目管理机构的人员仍坚持政府特许经营协议民事属性和通过仲裁渠道解决此类争议，是因为我国1995年以来的政府特许经营大都作为民事案件对待，争议解决也多是选择了仲裁。政府特许经营争议解决在行政诉讼与仲裁上的分歧，不仅有历史延续涉及的利益调整问题，而且还涉及广泛和复杂的法律问题。法律问题包括：法律适用上在公法与私法之间的选择、政府特许行为脱离司法审查的监督、仲裁机构是否有受理涉政府因素争议案件的管辖权，以及如何根据我国民法确定合同的民事属性问题等。[②] 另一种观点则认为，行政诉讼完全排斥仲裁等途径，因为政府特许经营协议等协议作为行政合同的性质已经由《行政诉讼法》所确定，此类纠纷亦属于行政纠纷，应通过行政途径解决，以防公法遁入私法，其中涉及的民事问题，可由人民法院行政庭适用民事法律规范处理。[③]

　　就历史的发展情况而言，在解决PPP类争议方面，我国利用民事方式的经验多于行政方式，以仲裁方式特别是以国际经济贸易仲裁方式解决特许经营协议争议，在20世纪90年代引入外商投资特许权项目中就已经开始使用。1995年，由联合国工业发展组织有关专家为中国编写的外商投资特许权协议参考文本中，对争议解决的裁判方式就提出了仲裁方式。仲裁尤其是国际仲裁可以超

---

　　① 参见高俊杰：《政府特许经营项目运行中的行政纠纷及其解决机制——一种框架性分析》，载《当代法学》2016年第2期。
　　② 参见于安：《论政府特许经营协议》，载《行政法学研究》2017年第6期。
　　③ 参见高俊杰：《政府特许经营项目运行中的行政纠纷及其解决机制——一种框架性分析》，载《当代法学》2016年第2期。

越行政区划和行政当事人来选择仲裁人员,赋予了当事人更大的自主权。时至今日对实践影响最深的,仍然是2004年前后形成的市政基础设施特许经营管理政策和制度。2004年9月14日,原建设部印发了城市供水、管道燃气、城市生活垃圾处理特许经营协议三个示范文本。在争议解决方式部分,虽然文字表述各有不同,但是都规定了仲裁和诉讼。尤其是城市供水的文本对仲裁选择明确提及了中国国际经济贸易仲裁委员会。至于向人民法院的起诉,由于当时尚没有法律明确规定特许经营行政协议进入行政诉讼,所以特许经营协议争议解决可以推定是指向民事诉讼。① 既然是通过民事诉讼途径解决该类争议,那么仲裁方式就是解决该类争议的应有之义。

从域外国家和地区的经验来看,行政协议纠纷也并不绝对地排除仲裁方式。例如,《葡萄牙行政程序法》第188条规定:对于因行政合同而可能产生的争议,允许以仲裁方式将之交由仲裁员裁定解决。在法国,原则上禁止公法人进行仲裁,公共工程承包合同和供应合同例外,在得到有关机关批准之后,可以进行仲裁。因此,法国的行政合同纠纷常常通过非司法诉讼机制予以解决,主要是替代性纠纷解决机制,即调解争端的非诉讼机制,包括行政复议前置程序、和解协议程序、诉讼外调解程序与仲裁程序。② 在英国,其行政合同纠纷也经常由当事人与政府通过非正式谈判或仲裁解决。美国则在行政机关内部设立合同申诉委员会专门处理行政合同纠纷。在我国台湾地区,有学者认为,与民法不同者,于行政法领域中,虽然仅存在非常少数、个别的关于仲裁机构之规定,但这并不能导出行政法领域中原则上不允许仲裁之结论。若行政诉讼当事人关于行政法上之争议事项,亦得透过和解加以处理,甚至合意放弃法律救济手段,则似乎没有显而易见之理由要排除价值上相当之仲裁程序。因此,在行政法上,即使法律无特别规定,于当事人得进行和解之事项上,应亦得进行仲裁。③ 我国

---

① 参见于安:《我国实行PPP制度的基本法律问题》,载《国家检察官学院学报》2017年第2期。

② 参见徐琳:《法国公私合作(PPP模式)法律问题研究》,载《行政法学研究》2016年第3期。

③ 参见江嘉琪:《行政契约之争讼与诉讼类型》,载林明锵、蔡茂寅主编:《行政法实务与理论》(二),我国台湾地区元照出版公司2006年版,第91页。

台湾地区"仲裁法"规定，得受仲裁者除须为现在或将来之法律争议外，尚以"依法得和解"为要件。若依法不得和解之法律争议，即不得为仲裁标的，又如我国台湾地区"行政诉讼法"第219条第1项之规定，当事人就诉讼标的具有处分权并不违反公益者，行政法院不论诉讼程度如何，得随时试行和解。第8条第1项规定，行政契约既得成为行政诉讼之标的，而同法第219条又未排除行政契约之适用，因此行政契约之标的，当事人具有处分权，且和解不违反公益者，应可交付仲裁。

《最高人民法院关于审理行政协议案件若干问题的规定》第26条包含两层含义：一是在通常情况下，在行政协议中不得约定仲裁条款。如果约定了仲裁条款，人民法院应当确认该条款无效；二是如果行政协议约定了仲裁条款，特定情况下仍然有效，也就是法律、行政法规或者我国缔结、参加的国际条约另有规定时，该行政协议中约定的仲裁条款就有效。

关于第一层含义，本条作此规定是有其充分的法理依据和实践基础的。众所周知，仲裁是双方当事人在纠纷发生前或者发生后，通过签订书面的仲裁条款或者仲裁协议，自愿将双方发生或者可能发生的争议提交仲裁机构予以解决的制度。根据《仲裁法》第2条及第3条第2项的规定，平等主体的公民、法人和其他组织之间发生的合同纠纷和其他财产权益纠纷，可以仲裁。依法应当由行政机关处理的行政争议则不能仲裁。仲裁机构属于民间机构，仲裁规则是为了解决民事、商事合同纠纷而产生的，其范围适用于作为平等主体之间的自然人、法人或者其他组织之间发生的合同纠纷和其他财产权益纠纷。而行政协议是行政机关和行政相对人之间订立的，因此与行政机关行使公权力有关。行政契约与民事契约的区别意味着二者的纠纷解决途径亦不完全相同。而且，随着我国仲裁制度的改革，"出现了民间仲裁与行政仲裁的分野"[①]，原来设置在工商、科委等行政机关内的仲裁委员会纷纷被撤销，依据《仲裁法》重新组建的仲裁机构，性质转变为民间组织，而行政契约涉及的是行政法上的权利义务争

---

① 胡宝岭：《行政合同争议司法审查研究》，中国政法大学出版社2015年版，第90页。

执，这种权利义务的属性在一般情况下排斥了民间仲裁的可能。①

例如，在陈某竹、蒋某清诉浙江省青田县人民政府房屋征收工作办公室确认行政协议无效一案②中，二审法院认为，被诉房屋征收补偿协议系具有行政法上权利义务内容的协议，属于行政协议。虽然二审法院没有明确认定被诉房屋征收补偿协议中约定的仲裁条款无效，但实际上间接否定了仲裁条款的效力。二审法院指出，本案不属于《仲裁法》第2条规定的调整范围，陈某竹、蒋某清起诉依法不受协议约定仲裁条款的约束。该案的基本案情如下：2017年4月30日，浙江省青田县人民政府房屋征收工作办公室作为甲方（房屋征收部门）与作为乙方（被征收人）的蒋某清签订了项目名称为青田县城酒厂区块一期旧城改造项目的《青田县国有土地上房屋征收补偿协议书》（货币补偿协议）。该货币补偿协议第9条协议争议解决约定，本协议在履行过程中发生争议，由双方当事人协商解决；协商不成的，提交丽水仲裁委员会仲裁。原告陈某竹、蒋某清以请求确认原告、被告于2017年4月30日签订的《青田县国有土地上房屋征收补偿协议书》（货币补偿协议）无效为由，于2017年10月23日向法院提起行政诉讼。

一审法院认为，本案原告蒋某清与被告青田县政府房屋征收工作办公室签订的《青田县国有土地上房屋征收补偿协议书》（货币补偿协议），明确约定了对发生货币补偿协议争议的解决方式为提交丽水仲裁委员会仲裁。现原告陈某竹、蒋某清在向法院起诉时未声明有仲裁协议，法院受理后，被告青田县政府房屋征收工作办公室在首次开庭前对原告起诉提出异议。法院认为，根据《仲裁法》第26条"当事人达成仲裁协议，一方向人民法院起诉未声明有仲裁协议，人民法院受理后，另一方在首次开庭前提交仲裁协议的，人民法院应当驳回起诉，但仲裁协议无效的除外"之规定，原告陈某竹、蒋某清的起诉构成不符合其他法定起诉条件的情形。遂裁定驳回陈某竹、蒋某清的起诉。

陈某竹、蒋某清上诉称：（1）涉案纠纷属于行政协议纠纷，依法由人民法

---

① 参见张殊钢、赵玉梅编著：《中国行政合同的法律规制》，黑龙江人民出版社2011年版，第163~164页。
② 参见浙江省丽水市中级人民法院（2018）浙11行终11号行政裁定书。

院管辖，政府格式条款约定不能排除法定管辖权。《最高人民法院关于适用〈中华人民共和国行政诉讼法〉若干问题的解释》第11条规定，土地、房屋等征收征用补偿协议属于行政协议无疑。公民就该类行政协议提起行政诉讼的，人民法院应当依法受理。所以，行政协议的诉讼属于人民法院法定管辖。法定管辖权是国家基本诉讼制度确定的，不能由当事人自行约定排除。否则，直接导致政府部门为了排除人民法院行政诉讼司法审查，而通过格式条款约定其他管辖，违背国家基本诉讼制度。（2）涉案协议不属于《仲裁法》管辖范畴，仲裁约定无效。根据《仲裁法》第2条规定，仲裁的受案范围是平等主体的公民、法人和其他组织之间发生的合同纠纷和其他财产权益纠纷。如前所述，涉案协议是典型的行政协议，是行政机关为实现公共利益或者行政管理目标，在法定职责范围内，与公民、法人或者其他组织协商订立的具有行政法上权利义务内容的协议，属于行政行为的一种，不属于平等主体之间的民事纠纷，不在仲裁管辖范围。而《仲裁法》第3条第2项也明确规定，依法应由行政机关处理的行政争议不得仲裁。据此，此类行政协议书中约定仲裁条款，排除法院管辖，因违背国家诉讼基本制度和法律规定而无效。综上，一审裁定驳回上诉人起诉，适用法律错误，应当予以纠正，请求依法撤销一审裁定并裁令一审法院继续审理本案。

青田县政府房屋征收工作办公室答辩称：第一，一审法院的裁定事实清楚，证据充分，适用法律正确，答辩人请求二审法院依法裁定驳回上诉，维持原裁定。第二，上诉人的理由不能成立。（1）本案中，签订协议的主体是上诉人蒋某清与青田县政府房屋征收有限公司。双方为平等民事主体，依法应当适用《民事诉讼法》等相关法律。且双方在协议的第11条中明确约定了争议解决方式为提交丽水仲裁委员会仲裁。既然双方已经约定了仲裁条款，又没有任何证据证明该仲裁条款无效，那么，就应当适用仲裁条款。（2）从上诉人的一审起诉状可以看出，上诉人对协议的异议在于：陈某竹未同意补偿方案，蒋某清个人的签字属于无权处分，但上诉人自始至终都没有对答辩人的征迁程序提出异议。现在要判断这是否属于无权处分以及协议是否有效，属于民事法律调整的范围，故本案在性质上属于民事纠纷。即使协议被认定为行政协议，但引发纠纷的并非具体行政行为，而是民事行为，理应由民法和民事诉讼法调整。一审法院裁定驳回起诉,并无不当。综上所述,请求二审法院依法裁定驳回,维持原裁定。

二审法院认为,《仲裁法》第 2 条规定:"平等主体的公民、法人和其他组织之间发生的合同纠纷和其他财产权益纠纷,可以仲裁。"本案系国有土地上房屋征收与补偿引发的协议纠纷。青田县政府房屋征收有限公司与上诉人蒋某清签订被诉房屋征收补偿协议,是受被上诉人的委托,该协议产生的法律责任应由被上诉人承担。根据原《最高人民法院关于适用〈中华人民共和国行政诉讼法〉若干问题的解释》第 11 条规定,被诉房屋征收补偿协议系被上诉人为实现公共利益而与上诉人签订的具有行政法上权利义务内容的协议,属于行政协议。本案不属于《仲裁法》第 2 条规定的调整范围,上诉人起诉依法不受协议约定仲裁条款的约束。现被上诉人提出协议双方为平等民事主体的辩解理由,没有事实和法律依据,不予采信。原审裁定以上诉人起诉不符合其他法定起诉条件为由予以驳回,适用法律不当,依法应予纠正。上诉人的上诉理由成立,予以采纳。遂裁定撤销一审行政裁定,指令一审法院继续审理。

在安庆市迎春房地产开发有限公司与被告安庆市国土资源局土地行政管理行政合同一案[①]中,一、二审法院则明确认定土地行政管理行政合同中约定的仲裁条款为无效条款。该案的基本案情如下:安庆市迎春房地产开发有限公司诉称,2014 年 3 月,被告公开挂牌(拍卖)国有建设用地使用权,原告按出让公告缴纳了保证金 2379 万元后参与竞买,并于 4 月 28 日竞得该地块。同年 5 月 15 日,原告、被告签订了国有建设用地使用权出让合同。合同约定,出让宗地编号为庆国土出字(2014)×号;宗地用途为中低价位、中小套型普通商品住房用地;交地时间为 2014 年 5 月 9 日前,并达到"现状平整"及"五通"(通上水、通下水、通路、通电、通讯)的条件;土地出让价款为 16 177 万元,定金为 2379 万元,定金抵作土地出让价款,分两期支付;第一期 8089 万元,付款时间 2014 年 6 月 15 日前;第二期 8088 万元,付款时间 2015 年 2 月 15 日前。合同签订后,原告积极筹款,并向安庆市长江大桥综合经济开发区管委会索要拖欠原告的"还建房"工程款,但该管委会未能及时解决。2014 年 11

---

① 参见安徽省安庆市中级人民法院(2017)皖 08 行辖终 1 号行政裁定书。

月26日,被告突然以原告未按规定缴纳土地出让金超过60日为由,单方解除与原告签订的土地出让合同,并不予返还定金2379万元。对此,原告认为,该地块出让时的规划条件本身就存在问题,不是"净地"出让,被告至今也没有且不能交出符合合同约定的土地,属于违约在先,且原告没有按约定缴纳出让金的原因在政府方面,被告作出单方解除合同的行为违反了合同约定,也不符合法律规定,应属无效的法律行为。故请求:(1)确认2014年11月26日被告单方作出的《关于解除国有建设用地使用权出让合同的通知》无效;(2)判令被告继续履行国有建设用地使用权出让合同,原告已缴纳的2379万元抵作出让价款。

一审法院认为,《仲裁法》第2条规定:"平等主体的公民、法人和其他组织之间发生的合同纠纷和其他财产权益纠纷,可以仲裁。"本案国有土地使用权出让合同属行政协议,而不是平等主体之间订立的合同,双方不能协议仲裁。且行政诉讼的目的之一是监督行政机关依法行使职权,行政机关在订立行政协议时不能协议排除对行政机关依法行使职权的监督。故其在行政协议中约定的仲裁条款为无效条款。遂裁定驳回被告对本案管辖权提出的异议。

安庆市国土资源局不服,提起上诉称:第一,一审裁定对土地出让合同性质认定错误。土地出让合同为民事合同。(1)土地使用权出让是国家作为土地所有权人将土地使用权在一定年限内出让给受让人,从而创设土地使用权物权的一种民事行为。建设用地使用权作为土地所有权派生的一种用益物权体现在我国《物权法》中。土地行政管理部门在土地使用权出让合同法律关系中,只是代表国家对土地使用权进行处分,并不是以土地管理者的身份出现。国家在以土地所有权身份从事土地使用权出让行为时,其法律地位只是一个特殊的民事主体,与土地使用权受让人的法律地位完全平等,土地使用权出让合同的订立也完全遵循的是平等、自愿、有偿的原则,合同的内容也是当事人真实的内心意愿的表达。土地使用权受让人违约,土地使用权出让人要求土地使用权受让人承担违约金等违约责任时,土地使用权出让人不能采取强制措施,也不能申请法院强制执行,只能通过民事诉讼或者根据约定的仲裁条款申请仲裁进行救济。(2)土地使用权出让合同为民事合同为我国立法所确认,将土地使用权出让合同归属行政协议没有法律依据。一是《物权法》第138条对土地使用权出让合同的具体内容作出了规定，表明了土地使用权出让合同的性质应属于调整物权关系的民事合同范畴。二是《最高人民法院关于审理涉及国有土地使用权合同纠纷案件适用法律问题的解释》对国有土地使用权出让纠纷划为民事纠纷作出了明确规定。三是最高人民法院《民事案件案由规定》中将建设用地使用权出让合同纠纷规定为民事案由，进一步明确了土地出让合同为民事合同。四是从行政立法规定看，土地使用权出让合同不属于行政协议。《行政诉讼法》第12条第1款第11项、《最高人民法院关于适用〈中华人民共和国行政诉讼法〉若干问题的解释》第11条并没有将土地使用权出让合同列入行政协议范围。第二，一审裁定适用法律错误。我国《物权法》第138条第2款明确规定了土地使用权出让合同可以约定争议解决方式，当然应包括仲裁条款。即使土地使用权出让合同属于行政协议，根据该条规定也可以在合同中约定仲裁条款。虽然土地使用权出让合同在法律理论界长期有民事合同和行政协议之争，但司法审判及其改革在现行法律未修改的情况下不应仅仅以法学理论为依据，而应当以现行法律为依据。故请求二审法院依法撤销一审裁定，将案件移送至安庆仲裁委员会管辖。

安庆市迎春房地产开发有限公司答辩称：第一，国土资源局关于土地使用权出让合同属于民事合同的理由不能成立。（1）土地使用权出让合同与普通的民事合同有着本质的区别——受让人永远无法取得所有权。国土资源管理部门基于《土地管理法》而取得行使土地使用权出让的权利，是典型的行政法律赋予的权能，与民事合同平等交换的民事权益区别明显。而且土地出让金更是典型的行政性收费。（2）国土资源局在阐述国土部门在签订土地使用权出让合同的职责时，回避了当受让人在受让后2年内如果不进行开发其有权依法无偿收回土地使用权的职能。因此，土地使用权出让合同只是国家对土地管理的一个环节而已。（3）国土资源局之所以能成为本案合同的主体，依据的是安庆市政府关于由国土资源局统一行使土地出让权的行政决定。国土资源局以《物权法》规定了土地使用权出让合同的内容就认为国家法律对该合同性质作出了认定是故意曲解法律规定。国土资源局在本案中签订合同的行为完全符合《最高人民法院关于适用〈中华人民共和国行政诉讼法〉若干问题的解释》第11条"行政机关为实现公共利益或者行政管理目标，在法定职责范围内，与公民、法人或者其他组织协商订立的具有行政法上权利义务内容的协议"的规定。国土资源局引用的最高人民法院《民事案件案由规定》也被上述司法解释所替代。第二，望江县人民法院裁定正确。涉案《土地使用权出让合同》第41条规定"本合同项下出让方案经市人民政府批准"充分显示了合同贯彻的是市政府的行政意图，而非本案双方平等商议的主观愿望。一审法院驳回市国土局管辖异议的裁定符合法律的规定。请二审法院依法驳回上诉，维持原裁定。

二审法院认为，《最高人民法院关于适用〈中华人民共和国行政诉讼法〉若干问题的解释》第11条规定，行政机关为实现公共利益或者行政管理目标，在法定职责范围内，与公民、法人或者其他组织协商订立的具有行政法上权利义务内容的协议，属于行政协议。本案中，安庆市国土资源局与安庆市迎春房地产开发有限公司签订国有土地使用权出让合同，是依法行使国家土地行政管理职权的行为。一审法院认定该国有土地使用权出让合同系行政协议，双方在行政协议中约定的仲裁条款为无效条款正确。上诉人的上诉理由不能成立，不予支持。遂裁定驳回上诉，维持原裁定。

关于第二层含义，即法律、行政法规或者我国缔结、参加的国际条约另有规定时，行政协议中约定的仲裁条款有效，人民法院不宜确认该仲裁条款无效。这是因为，任何事物都不是绝对的。在法治国家，法律法规所形成之法律秩序是一种客观的法律秩序，故行政机关依法行政本身就是一种公共利益，透过行政契约将使依法行政的严格性予以缓和。换言之，行政契约目的不在回避依法行政原则，而是积极地以达成"依法行政"为目的的另一种手段。唯如果行政机关之公务员对法律法规的目的不甚娴熟，纪律不佳，则行政契约反而会形成"出卖公权力"即属"制度的动员偏差"。行政契约制度是否具有合理性，其可否通过仲裁方式解决双方发生的争议，就看此种动员偏差的结果，会不会破坏"依法行政"的本质。行政机关缔结行政契约与作出一般的行政行为，只是手段不同而已，其属职权行使之本质，并无二致。[①] 从行政契约的性质来看，契约自由是个前提，以行政行为为典型的权利保护程序并不适合行政契约。但是，行

---

① 参见李惠宗：《行政法要义》，我国台湾地区元照出版公司2008年版，第385页、第393页。

政契约是行政活动的一种形式,因此,行政契约的缔结和解除,包括通过仲裁方式解决相关争议,与其他的行为形式一样,都必须确保公正性和透明性。① 我国台湾地区"行政程序法"第 135 条规定:公法上法律关系得以契约设定、变更或消灭之。但依其性质或法规规定不得缔约者,不在此限。一般来说,在该条但书中:一是适法性方面,在法定职责不能放弃、不容商量等拘束性行政中,为防止权力寻租和选择执法而限制的领域,因安全、卫生等公共利益需迅速决断的法定应急职责等,行政合同、行政调解、仲裁等一般不予适用。② 二是适当性方面,正如陈春生教授所言:"从经验上对于'合作国家'予以功能上之评价时,必须同时考虑相关之实施成本,亦即需考虑事实上、时间上、空间上与社会的因素所带来之成本。"③

因此,行政协议纠纷的解决方式并不当然排斥仲裁,就像行政案件原则上不能适用调解一样,例外情况下是可以采用的。④ 有人认为,就行政协议纠纷而言,只是对于那些涉及政府行为的行政法律关系部分,才明确排斥仲裁。PPP 协议中涉及公法法律关系的主合同是不能由仲裁机构仲裁的,否则仲裁机构的行为违法。那么,是不是只要涉及主合同中的公法法律关系就一定要提起行政诉讼呢?也不尽然。仲裁分为民事仲裁与行政仲裁,如我国的劳动仲裁制度就是典型的行政仲裁。关于 PPP 协议的纠纷解决,建议政府可以探索先走内部行政仲裁的途径,或者按照《行政复议法》的规定对行政协议先行复议,不服的再提起行政诉讼。⑤

在意大利,PPP 合同被纳入行政合同的范围,如果出现了合同执行过程中

---

① [日]市桥克哉等:《日本现行行政法》,田林等译,法律出版社 2017 年版,第 170 页。

② 参见龙凤钏:《行政行为的合作化与诉讼类型的多元化重构——以"拆迁条例"的征收补偿协议为例》,载《行政法学研究》2015 年第 2 期。

③ 参见陈春生:《行政法之学理与体系》(二),我国台湾地区元照出版公司 2007 年版,第 73 页。

④ 《行政诉讼法》第 60 条规定:"人民法院审理行政案件,不适用调解。但是,行政赔偿、补偿以及行政机关行使法律、法规规定的自由裁量权的案件可以调解。调解应当遵循自愿、合法原则,不得损害国家利益、社会公共利益和他人合法权益。"

⑤ 参见郑雅方:《论我国 PPP 协议中公私法律关系的界分》,载《行政法学研究》2017 年第 6 期。

的主体权利方面的争议，可以采取行政诉讼之外的方式，主要包括民事法律中的和解和针对公共合同的特殊的仲裁。其中，民事和解规定在《意大利民法典》中，仅适用于除了诉讼之外没有其他替代救济方式的情况，争议双方都可以提出。如果合同的金额超过了10万欧元，或者是在公共工程的情况下超过了20万欧元，和解则要取得国家律师团的法律意见。和解必须采取书面形式，否则无效。合同执行过程中关于主体权利的争议同样可以适用仲裁。招标单位在招标公告中，或者没有招标公告的情况下在通知里，要写明合同中是否包含仲裁条款。如果合同中没有仲裁条款，则不能采用仲裁的方式。如果合同中仲裁条款事先在招标公告中没有授权，这样的仲裁条款无效。意大利将PPP合同和特许经营合同都纳入行政合同的范围内，所以行政诉讼是争议的主要解决方式。但是，在行政诉讼之外，也存在着其他的替代解决机制，也出现了民事和解和仲裁这些民事的纠纷解决机制，虽然只适用于主体权利问题。可见，对PPP合同的争议，是可以采取多种争议解决方式并行的。如果涉及程序上的问题，则主要适用行政诉讼，而实体权利上的问题则可以适用民事诉讼和仲裁。行政诉讼加民事争议解决方式，即可覆盖PPP协议全过程中可能发生的争议。所以，采用行政争议解决方式还是民事争议解决方式，可以不一概而论，由争议的内容来决定。当然，这种特定的仲裁与一般的民商事仲裁不同，要受到专门机构的监管，意大利国家反贪局（ANAC）有一个公共合同仲裁室，对仲裁的全过程进行监管。[1]

实务中需要注意以下几个问题：

第一，对2015年5月1日之前签订的拆迁补偿协议中约定的仲裁条款，应当认定有效，且排除法院的管辖权。

例如，在钱某初诉J省D市人民政府（以下简称D市人民政府）、J省D市人民政府征收办公室（以下简称D市征收办）房屋行政征收一案[2]中，最高人民法院认为，由于被诉房屋征收补偿协议系在2015年5月1日之前签订，而修正前的《行政诉讼法》尚未明确房屋征收补偿协议的性质，当事人双方约定就

---

[1] 参见罗冠男：《意大利PPP法律制度研究》，载《行政法学研究》2017年第6期。
[2] 参见（2017）最高法行申5849号行政裁定书。

该类争议进行仲裁，应当承认其法律效力。该案的基本案情如下：2016年3月9日，钱某初以D市人民政府、D市征收办为被告向法院起诉称，2012年12月28日，D市人民政府作出对D市人民电影院片区房屋征收的决定。决定作出后，由D市征收办负责实施。钱某初在征收范围内有私房一处，D市征收办通过反复做钱某初思想工作及威胁、恐吓手段，并承诺如钱某初找到房屋建成年代的相关证据后，会对钱某初房屋重新补偿安置，钱某初迫于无奈签订了《房屋征收补偿协议》。后钱某初找到房屋建成年代的相关证据，但D市征收办不履行承诺。钱某初申请仲裁，D市仲裁委员会2016年1月作出裁决书，被告知通过行政诉讼维权。故请求：宣告双方签订的《房屋征收补偿协议》中"1990年后未经登记建筑面积617.24平方米"条款内容违法，判决变更该条款为"其中241.92平方米系1984年前建筑，其余375.32平方米为1990年后的建筑"；判令D市人民政府、D市征收办对钱某初241.92平方米依法安置，即在××街与××路延伸交界处西北角××号商铺安置钱某初241.92平方米第三层商业用房（互换产权，互不找价），在诉讼期间D市人民政府、D市征收办置换房屋不得出售或安置他人。

一审法院认为，2013年10月，钱某初已与D市征收办签订了《房屋征收补偿协议》，后钱某初认为其签订协议时受到威胁、恐吓，违背其真实意思表示。根据双方约定的仲裁条款于2014年向D市仲裁委员会申请仲裁，故就该协议引发的纠纷不能再向人民法院提起诉讼。此外，《最高人民法院关于适用〈中华人民共和国行政诉讼法〉若干问题的解释》从2015年5月1日施行，根据该解释第26条的规定，钱某初也不能对2013年签订的拆迁协议提起行政诉讼。故钱某初提起的行政诉讼不符合行政案件受理条件，依法应当不予立案。综上，一审法院遂裁定不予立案。钱某初不服，提起上诉。

J省高级人民法院二审认为，《行政诉讼法》第49条第4项规定，提起诉讼应当属于人民法院受案范围和受诉人民法院管辖。本案中，钱某初已与D市征收办于2013年10月签订了《房屋征收补偿协议》。因该协议签订于2015年5月1日前，故其就该协议内容提起本案行政诉讼，不属于人民法院行政诉讼受案范围。一审法院裁定对钱某初的起诉不予立案并无不当，该裁定应予维持。遂裁定驳回上诉，维持原裁定。

钱某初不服一、二审裁定，向最高人民法院申请再审，请求撤销一、二审裁定。其主要理由是，根据最高人民法院出台的新的司法解释，征收房屋协议应当为行政协议。

最高人民法院认为，《行政诉讼法》第49条第4项规定，提起诉讼应当属于人民法院受案范围和受诉人民法院管辖。本案中，钱某初已与D市征收办于2013年10月签订了《房屋征收补偿协议》，双方也约定了仲裁条款。根据《仲裁法》的规定，对于平等主体的公民、法人和其他组织之间发生的合同纠纷和其他财产权益纠纷，可以仲裁。修正前的《行政诉讼法》尚未明确房屋征收补偿协议的性质，当事人双方约定就民事争议进行仲裁，应当承认其法律效力。修正后的《行政诉讼法》于2015年5月1日生效，其将土地房屋征收补偿协议列为行政诉讼受案范围。因涉案协议签订于2015年5月1日前，故其就该协议内容提起本案行政诉讼，不属于人民法院行政诉讼受案范围。原审裁定并无不当。综上，再审申请人钱某初的再审申请不符合《行政诉讼法》第91条规定的情形。依照《行政诉讼法司法解释》第116条第2款之规定，裁定驳回钱某初的再审申请。

在沙某诉B市人民政府、B市经二路片区交通综合整治领导小组办公室（以下简称综治办）不履行拆迁补偿协议一案[①]中，法院认为沙某与综治办双方所签《协议》中关于仲裁的约定属于有效约定，双方由此产生的争议不属于人民法院的主管范围。该案的基本案情如下：原告沙某与综治办于2011年5月18日签订了《协议》。那么，该协议的性质如何？其究竟是一份什么样的协议？对此，一审法院认为，本案的争议焦点是本案是否属于人民法院的主管范围。本案协议系民事主体与行政主体在友好协商、互惠互利的基础上平等、自愿签订，签订之时该协议在法律性质上属于民事协议。签订协议时双方共同约定争议解决方式提交仲裁委的条款亦未违反当时的法律或者行政法规的强制性规定，故该《协议》中关于争议解决方式提交B市仲裁委员会仲裁的约定属于有效约定。因本案所诉《协议》系根据当时的法律而签订，后《行政诉讼法》进行了修正，虽将此类协议纳入了行政诉讼范畴，但根据法不溯及既往原则，

---

① 参见陕西省高级人民法院（2017）陕行终176号行政裁定书。

应适用签订之时的法律来审查，由于双方对争议解决方式约定提交仲裁条款的存在，故沙某向人民法院提起诉讼，不属于人民法院的主管范围，不应予以受理。遂裁定驳回沙某的起诉。沙某不服，提起上诉。二审法院认为，根据2011年1月21日施行的《国有土地上房屋征收与补偿条例》第35条"本条例施行前已依法取得房屋拆迁许可证的项目，继续沿用原有的规定办理，但政府不得责成有关部门强制拆迁"的规定，上诉人沙某与被上诉人综治办签订的《协议》及《补充协议》，虽然是在《国有土地上房屋征收与补偿条例》施行之后，但上述协议所涉项目却是《国有土地上房屋征收与补偿条例》施行前已依法取得房屋拆迁许可证的项目。因此，该项目的实施仍需继续沿用原有的规定办理。经查，上诉人沙某与被上诉人综治办签订的《协议》载明的依据即原《城市房屋拆迁管理条例》等相关法律、法规的规定。根据原规定，拆迁人与被拆迁人签订的拆迁补偿安置协议应属民事协议，拆迁人与被拆迁人协议约定合同在履行过程中争议的处理方式，属协议双方的意思自治。本案中，上诉人沙某与被上诉人综治办签订的《协议》约定争议解决方式为提交仲裁委的条款不违反当时的法律或者行政法规的强制性规定，故该《协议》中关于争议解决方式提交B市仲裁委员会仲裁的约定属于有效约定。《仲裁法》第5条规定："当事人达成仲裁协议，一方向人民法院起诉的，人民法院不予受理，但仲裁协议无效的除外。"据此，上诉人沙某与被上诉人综治办因《协议》履行中发生的争议应依照约定的解决方式处理，上诉人沙某以行政案件起诉，缺乏法律依据。综上，上诉人沙某的上诉理由不能成立，依法不予支持。原审裁定认定事实清楚，适用法律正确，依法应予维持。遂裁定驳回上诉，维持原裁定。

第二，对PPP协议和政府特许经营协议中约定的仲裁条款的效力问题，要具体情况具体分析，不能一概否定其法律效力。

《基础设施和公用事业特许经营管理办法》第49条只规定就特许经营协议履行发生争议的，应当协商解决。若协商不一致，则没有明确规定法律救济途径，对这个争议问题作了模糊化处理，因为《行政诉讼法》把特许经营协议定性为行政协议，纳入了行政诉讼的受案范围。国家发展改革委等六部委于2015年4月25日印发的《基础设施和公用事业特许经营管理办法》在第六章专门规定了"争议解决"问题，包括协商、调解、行政复议和行政诉讼，但没有明确规定仲裁。① 基于PPP协议体系的复杂性、PPP法律关系的多重性、PPP协议引发争议性质的行民交叉性、PPP协议法律定性的不明确性，② 以及域外国家和地区对PPP协议争议允许通过仲裁途径解决的国际经验或者惯例，人民法院对PPP协议和政府特许经营协议中约定的仲裁条款的效力问题，应当审慎审查，不宜轻易否定其法律效力。③

深受福斯特霍夫学说之影响的汉斯·彼得·伊普森（Hans Peter Ipsen）提出了双阶理论。若遵循新行政法学分析框架，双阶理论较之于整体私法论和整体公法论，将更好地处理政府采购公权力特征与市场交易特征的关系问题，这不仅有助于提高政府采购的品质，也有助于增强对公民权益的保护。所以，双阶理论在我国政府采购中具有坚实的正当性基础。另外，能否尝试将双阶理论引入我国补贴和公用设施利用领域的法律实践中，也是可以探讨的新问题。④

对此，有学者认为，如果说在此前，仲裁或民事诉讼方式对政府与社会资本争议的可适用性问题仅在个案中有所体现，那么在《行政诉讼法》修正后，将政府与社会资本争议全部纳入行政诉讼的理论认识获得了更直接的立法支撑。基于这条规定，《行政诉讼法》已经明确把因特许经营协议而引发的争议认定为行政争议，而非民事争议，从而一律纳入了行政诉讼救济的渠道。⑤ 这种政府与社会资本合作争议应由法院专属管辖的理论主张，可能的影响是，在未有进一步的法律法规或最高人民法院的司法解释对这一问题作出澄清之前，选择仲

---

① 如《基础设施和公用事业特许经营管理办法》第50条规定："实施机构和特许经营者就特许经营协议中的专业技术问题发生争议的，可以共同聘请专家或第三方机构进行调解。调解达成一致的，应当签订补充协议并遵照执行。"

② 参见喻文光：《PPP规制中的立法问题研究——基于法政策学的视角》，载《当代法学》2016年第2期。

③ 对于仲裁方式的可适用性问题，国家发展改革委法规司曾于2017年3月举办特许经营协议争议解决国际研讨会，与会专家分析了特许经营协议或PPP协议在争议解决方式方面的国际经验，认为我国特许经营三十余年实践中，基本按照平等法律关系的角度处理特许经营协议双方争议问题，并认为绝大多数国家是适用仲裁方式的。参见焦洪宝：《政府与社会资本合作项目争议的解决方式》，载《政法论丛》2018年第4期。

④ 参见严益州：《德国行政法上的双阶理论》，载《环球法律评论》2015年第1期。

⑤ 参见李祥举：《PPP争议解决机制设计应注重制度兼容性》，载《中国政府采购》2016年第2期。

裁方式处理涉及政府特许经营的政府与社会资本合作项目争议,将使仲裁裁决面临巨大的撤裁风险。①显然,本条司法解释对上述问题作出了很好的回答。

(六)关于行政协议案件的诉讼收费问题

对于行政协议案件的诉讼收费问题,即按照民事案件标准交纳还是按照行政案件标准交纳,各地法院做法不一,实践中也出现了一些混乱。

就此问题,最高人民法院对辽宁省高级人民法院关于诸葛某同等人诉大连市保税区二十里堡街道办事处履行行政协议一案的请示进行了答复。②该答复明确:"公民、法人或者其他组织不服行政机关不依法履行、未按照约定履行行政协议行为提起诉讼的案件是行政案件,诉讼费用适用行政案件的交纳标准。"该请示案的基本案情如下:诸葛某同、晚某春、孙某雪诉大连市保税区二十里堡街道办事处履行行政协议一案,2019年4月5日,辽宁省瓦房店市人民法院判决大连市保税区二十里堡街道办事处于判决生效之日起30日内给付诸葛某同、晚某春、孙某雪违约金571 250.62元。案件受理费50元,由大连市保税区二十里堡街道办事处负担。诸葛某同提出上诉,2019年12月9日,大连市中级人民法院判决驳回上诉,维持原判。一审案件受理费人民币42 441元,由诸葛某同、晚某春、孙某雪负担32 929元,大连市保税区二十里堡街道办事处负担9512元。二审案件受理费人民币47 383元,由诸葛某同负担37 871元,大连市保税区二十里堡街道办事处负担9512元。2020年1月8日,诸葛某同向大连市中级人民法院提出诉讼费用异议复核申请,理由是,依据《诉讼费用交纳办法》第13条第1款第5项"行政案件按照下列标准交纳:1.商标、专利、海事行政案件每件交纳100元;2.其他行政案件每件交纳50元"之规定,该案诉讼费应按50元交纳,大连市中级人民法院按照民事诉讼的标准向其收取诉讼费用,违反了《诉讼费用交纳办法》第3条"在诉讼过程中不得违反本办法规定的范围和标准向当事人收取费用"的规定。

---

① 参见焦洪宝:《政府与社会资本合作项目争议的解决方式》,载《政法论丛》2018年第4期。

② 参见《最高人民法院关于行政机关不依法履行、未按照约定履行行政协议案件诉讼费用如何交纳问题的答复》。

对于 2018 年 2 月 8 日《行政诉讼法司法解释》施行至 2021 年 6 月 28 日《最高人民法院关于行政机关不依法履行、未按照约定履行行政协议案件诉讼费用如何交纳问题的答复》出台期间，人民法院审理不依法履行、未按照约定履行行政协议案件，应按件收取诉讼费还是按诉讼标的收取诉讼费的法律适用问题，司法实践中亦存在不同做法。对此，笔者认为，应由各法院结合个案具体情况，酌情确定适用行政案件的诉讼费用交纳标准。

第七章　关于确认行政行为无效的适用

一、《行政诉讼法司法解释》第 162 条的基本要义

《行政诉讼法司法解释》第 162 条对请求确认行政行为无效问题作了相应规定。该条规定："公民、法人或者其他组织对 2015 年 5 月 1 日之前作出的行政行为提起诉讼，请求确认行政行为无效的，人民法院不予立案。"该条的含义主要包括两方面：第一，相对人对 2015 年 5 月 1 日之前作出的行政行为不能请求确认无效；第二，相对人对 2015 年 5 月 1 日之后作出的行政行为可以请求确认无效。不过，由于 2000 年发布的、目前已废止的《最高人民法院关于执行〈中华人民共和国行政诉讼法〉若干问题的解释》第 57 条第 2 款规定："有下列情形之一的，人民法院应当作出确认被诉具体行政行为违法或者无效的判决：（一）被告不履行法定职责，但判决责令其履行法定职责已无实际意义的；（二）被诉具体行政行为违法，但不具有可撤销内容的；（三）被诉具体行政行为依法不成立或者无效的。"由是，对 2015 年 5 月 1 日之前作出的行政行为可否提起无效之诉的问题，变得复杂起来。事实上，无论理论界还是司法实务界，对《行政诉讼法司法解释》第 162 条内容的理解尚有不同的看法。

"法不溯及既往""实体从旧，程序从新"是法律的基本原则。前者意指法律的规定仅适用于法律生效以后的事件和行为，而对于法律生效以前的事件和行为，一般不予适用，除非符合"从旧兼从轻"的原则。后者意指实体法遵循的是"法不溯及既往"原则，而程序法遵循的是"溯及既往"原则。这是因为实体法创设新的权利和义务，而程序法不创设新的权利和义务，只是提供法律救济和实现权利的方法和途径。《行政诉讼法司法解释》第 162 条的法理依据即在此。因此，只有 2015 年 5 月 1 日之后作出的行政行为，才适用确认行政行

无效的规定。公民、法人或者其他组织针对 2015 年 5 月 1 日之前作出的行政行为提起确认无效诉讼的，人民法院一般不予立案。从区分实体法规则和程序法规则的角度来看，行政行为无效属于实体法规则。按照实体从旧原则，无效规定不具有溯及力，只有修正后的《行政诉讼法》施行后发生的行政行为，才适用无效的规定。确认无效判决属于程序法规则，尽管程序从新，2015 年 5 月 1 日前发生的行政行为从理论上讲可以提起确认无效判决，但由于缺乏实体规则，为节约司法资源和行政成本，一般不允许提起确认无效之诉。此条意以"法不溯及既往"原则对抗"行政行为无效自始无效"。以 2015 年 5 月 1 日为分割点，将无效行政行为"一刀切"为两个阶段，对 2015 年 5 月 1 日以前的无效行政行为不能提起确认无效诉讼，盖确认行政行为无效的判决方式是 2015 年 5 月 1 日起施行的《行政诉讼法》中作出的新规定。对于确认行政行为无效诉讼中的举证责任分配问题，"重大且明显违法"的举证责任由原告承担，被告仅承担"一般违法"情形下合法性的举证责任。

二、个案分析

司法实践中，有关情形比法律和司法解释规定复杂得多。通常，在 2018 年 2 月 8 日《行政诉讼法司法解释》生效前，很多法院默许了对 2015 年 5 月 1 日之前作出的行政行为提起确认无效之诉，实践中也受理并审理了大量类似的案件。

例如，孙某东等 136 人诉 N 自治区 A 旗人民政府（以下简称 A 旗政府）确认行政协议无效一案[①]即比较典型。该案的基本案情如下：A 旗人民政府作为征地方（甲方），与被征地方（乙方）N 自治区 A 旗 T 街道办事处 Q 社区居委会 Q 集体经济联合管理委员会（以下简称 Q 联合社）、第三方 N 自治区 A 旗 T 街道办事处（以下简称 T 街道办事处）于 2013 年 6 月 15 日签订《征收土地协议书》，对 Q 联合社所有的两块合计 105 亩水浇地以每亩人民币 7 万元整的征地费（包括人员安置费、土地补偿费及社保费）标准进行征收。被协议征

---

① 参见（2017）最高法行申 669 号行政裁定书。

收地块主要用于城区建设，支付的征收土地补偿费总额为665万元整（95亩×70 000.00元/亩），留给Q联合社10亩商业用地作为补充的征地补偿。协议签订后，补偿款665万元已划入Q联合社账户，Q联合社多数成员签字领取。2014年8月21日，N自治区人民政府下发《关于A旗人民政府实施城镇规划2014年第二批次建设用地的批复》，同意将Q联合社集体农用地5.5174公顷（耕地）征收为国有土地，并转为建设用地。孙某东等136名Q联合社村民提起诉讼，要求判令《征收土地协议书》无效，并返还其承包的耕地。

一审法院认为，本案有两个争议焦点：一为孙某东等136人是否具备起诉的主体资格；二为被诉协议是否具备法定无效情形。对孙某东等136人的原告资格问题，因《最高人民法院关于审理涉及农村集体土地行政案件若干问题的规定》第4条规定："土地使用权人或者实际使用人对行政机关作出涉及其使用或实际使用的集体土地的行政行为不服的，可以以自己的名义提起诉讼。"涉案土地为Q联合社集体所有，Q联合社村民虽未签订承包合同，但孙某东等136人与Q联合社均认可涉案土地在签订协议前由全体村民使用，故孙某东等136人以实际使用人的名义提起诉讼并无不当。对被诉协议的效力，《行政诉讼法》第75条规定了确认行政行为无效的条件是行政行为有实施主体不具有行政主体资格或者没有依据等重大且明显违法情形。同时，根据《最高人民法院关于适用〈中华人民共和国行政诉讼法〉若干问题的解释》第15条第2款规定："原告请求解除协议或者确认协议无效，理由成立的，判决解除协议或者确认协议无效，并根据合同法等相关法律规定作出处理。"而《合同法》第52条规定："有下列情形之一的，合同无效：（一）一方以欺诈、胁迫的手段订立合同，损害国家利益；（二）恶意串通，损害国家、集体或者第三人利益；（三）以合法形式掩盖非法目的；（四）损害社会公共利益；（五）违反法律、行政法规的强制性规定。"本案中，签订征收土地协议的征收人一方为具有行政主体资格的A旗政府，且不存在其他重大且明显违法情形，亦不存在合同无效的法定情形，故该行政行为不具备被确认无效的法定条件。孙某东等136人以Q联合社与A旗政府秘密签订协议为由提出确认被诉协议无效并要求判令退还土地，而孙某东等136人中的刘某霞系村民代表，2013年4月16日村民代表会议讨论征地补偿方案时其签字同意该方案，2013年5月15日村民代表会议讨论在征地批文下来之前是否打井种地一事时其签字同意不种地，2013年5月25日村民代表会议讨论征地协议书一事时其签字同意与政府签订协议书。由此可见，孙某东等136人提出的该理由不能成立。故孙某东等136人起诉确认《征收土地协议书》无效，并要求返还承包的耕地的请求无事实及法律依据，不予支持。遂判决驳回孙某东等136人的诉讼请求。

二审法院认为，孙某东等136名村民作为乙方部分村民，因对甲方与乙方、T街道办事处签订的《征收土地协议书》不服提起确认无效的行政诉讼，依据《最高人民法院关于审理涉及农村集体土地行政案件若干问题的规定》第3条第1款"村民委员会或者农村集体经济组织对涉及农村集体土地的行政行为不起诉的，过半数的村民可以以集体经济组织名义提起诉讼"及第2款"农村集体经济组织成员全部转为城镇居民后，对涉及农村集体土地的行政行为不服的，过半数的原集体经济组织成员可以提起诉讼"的规定，孙某东等136名村民不符合上述规定的起诉条件，对其起诉依法应当驳回。原审判决适用《最高人民法院关于审理涉及农村集体土地行政案件若干问题的规定》第4条规定，认定上诉人具有原告主体资格属适用法律错误，应当予以撤销。遂裁定撤销一审行政判决，驳回孙某东等136人的起诉。

本案是对2013年6月15日签订的《征收土地协议书》提起的确认无效之诉，一审法院进行了实体审理，并以孙某东等136人起诉确认《征收土地协议书》无效并要求返还承包的耕地的请求无事实及法律依据为由判决驳回了孙某东等136人的诉讼请求。二审法院裁定撤销了一审行政判决，以孙某东等136人不具有原告主体资格而不是以《行政诉讼法司法解释》第162条规定的对2015年5月1日之前作出的行政行为不能请求确认无效为由驳回了孙某东等136人的起诉。因此，本案需要讨论三个问题：一是本案原告可否对涉案《征收土地协议书》提起确认无效之诉。换言之，本案可否不予适用《行政诉讼法司法解释》第162条的规定。二是提起确认无效之诉是否受起诉期限的限制。三是本案被诉的《征收土地协议书》是否属于无效的情形。①

---

① 参见王艳彬：《对行政诉讼法新司法解释第162条的理解与适用》，载《法律适用》2018年第16期。

（一）原告可否对涉案《征收土地协议书》提起确认无效之诉

行政法与行政诉讼法学界通说认为，违法的行政行为可以分为两类：一是一般违法行为；二是重大且明显违法行为。前者为可撤销的行政行为，后者为无效的行政行为。无效行政行为是指那些严重的、超出一般理性考虑的行政行为，其从作出时就不具有任何法律效力，不必经过法院确认。公民可以根据自己的判断不服从，有权机关也可以随时宣告或者确认其无效。换言之，重大且明显违法是"刻在额头上的"，因此，此明显性既不取决于行政机关的认知，也不取决于法院的裁判。[1] 在无效行政行为方面，修正后的《行政诉讼法》的贡献，在于为未来无效行政行为理论的发展及其在司法实践中的适用奠定了基础。司法实务中，对无效行政行为制度的探索，是由司法审查引发，先从强制执行效力再到公定力和确定力，先否定行政行为的效力再对作为原因的重大明显瑕疵进行类型化，先使用"明显违法""严重违反"等术语，然后才形成了"重大且明显违法"的概念。[2]

实务中，由于原《最高人民法院关于执行〈中华人民共和国行政诉讼法〉若干问题的解释》第57条第2款规定了确认无效诉讼制度，各地法院据此开始了司法实践上的探索。当然，原《最高人民法院关于执行〈中华人民共和国行政诉讼法〉若干问题的解释》第57条第2款规定的内容较为原则，且确认无效判决涉及对行政行为效力的评价，因此在司法实践中的适用并不十分广泛。2014年修正的《行政诉讼法》第75条规定了"行政行为有实施主体不具有行政主体资格或者没有依据等重大且明显违法情形，原告申请确认行政行为无效的，人民法院判决确认无效"。此规定不仅赋予了原告提出确认无效请求的权利，把确认无效判决作为独立的判决形式，与其他判决形式并重，而且对无效行政行为的适用情形予以一定程度的明晰。

本案中，被诉《征收土地协议书》签订于2013年6月15日，原告孙某东

---

[1] 参见张祺炜、金保阳：《无效行政行为的司法审查标准与程序规则》，载《人民司法》2017年第7期。

[2] 参见叶必丰：《最高人民法院关于无效行政行为的探索》，载《法学研究》2013年第6期。

等 136 名乙方村民于 2015 年 5 月 11 日向法院提起确认无效之诉，系对 2015 年 5 月 1 日之前作出的行政行为提起诉讼，显然，如果简单地适用《行政诉讼法司法解释》第 162 条的规定，人民法院应不予立案。笔者认为，该种简单适用的做法是不正确的。本案原告在对涉案《征收土地协议书》提起确认无效之诉时，《行政诉讼法司法解释》尚未出台，且 2000 年发布的《最高人民法院关于执行〈中华人民共和国行政诉讼法〉若干问题的解释》第 57 条第 2 款对确认无效之诉已有规定，因此本案不能适用《行政诉讼法司法解释》第 162 条的规定，法院受理本案原告对 2015 年 5 月 1 日之前作出的行政行为提起确认无效之诉有理有据。正如有人所言，"提起确认无效之诉针对的行政行为以不限于 2015 年 5 月 1 日后为宜。首先，2000 年施行的《最高人民法院关于执行〈中华人民共和国行政诉讼法〉若干问题的解释》已确立确认无效判决类型，确认无效之诉在实践中亦得到广泛适用。其次，确认无效判决是对重大且明显违法的行政行为保留永续否定可能的救济方式，如认为确认无效之诉存在溯及力，意味着针对《行政诉讼法》修改之前的无效行政行为只能提起撤销之诉，从而使之变相受到起诉期限限制，不但与无效行政行为本质属性相悖，也不利于相对人权益的充分保障"[1]。当然，若原告在 2018 年 2 月 8 日《行政诉讼法司法解释》实施之后对此提起诉讼，人民法院应不予受理。

（二）提起确认无效之诉是否受起诉期限的限制

对于诉请确认行政行为无效受不受起诉期限的限制，尚有不同认识。笔者认为，本案原告提起确认无效之诉不应受起诉期限的限制。理由在于：确认无效诉讼乃公民、法人或者其他组织请求法院确认行政行为自始无效的诉讼。无效的行政行为，系具有行政行为的外形但因缺乏实质要件而不能发生法律效力的行政行为，包括没有事实支持的行政行为、法律依据模糊或者欠缺的行政行为、无运行程序的行政行为、相对人不知的行政行为、适用法律无推论过程的

---

[1] 张祺炜、金保阳：《无效行政行为的司法审查标准与程序规则》，载《人民司法》2017 年第 7 期。

行政行为等。① 无效行政行为虽然在法律上无效，但因其具有行政行为的外观，可能对相对人的合法权益造成侵害，因此允许相对人对此提起诉讼。无效的行政行为不同于违法的行政行为。无效行政行为的"无效"具有如下特征：一是自始无效。即行政行为从作出之时起就没有法律上的约束力。二是当然无效。即该无效不是由于法院的判决导致无效，而是其本身就无效，法院的确认只是对该事实予以宣告而已。三是绝对无效。即该行政行为所包含的意思表示完全不被法律承认，法院判决宣告无效，应视为该行政行为从未存在。正因为其具有这三个无效的特征，行政法理论赋予相对人及利害关系人对无效行政行为具有两项权利：其一，相对人可以与之对抗。无效行政行为具有重大且明显违法的特征，判断起来相对容易，相对人及利害关系人在任何阶段都可以拒绝执行无效行政行为，不因拒绝而被追究责任。其二，对无效行政行为提起诉讼不受起诉期限的限制。

《行政诉讼法司法解释》第162条及其他条款均未对提起确认无效请求的起诉期限作出具体规定，即原告单独申请确认行政行为无效，是否受起诉期限的限制以及如果受限制，那么如何进行限制。事实上，自从原《最高人民法院关于执行〈中华人民共和国行政诉讼法〉若干问题的解释》第57条初步构建确认无效诉讼制度以来，学界和实务界关于确认无效诉讼是否适用起诉期限的限制一直争论不休。实践中，各地法院在此问题上出现了不同的处理情形。有的法院回避对无效行政行为的审查，以超过起诉期限为由驳回当事人的申请，拒绝审查超过起诉期限提起的"确认无效诉讼"；有的法院以"对行政机关在2015年5月1日前所作无效行政行为不能适用确认无效判决"为由驳回确认无效诉讼；有的法院认为确认无效诉讼是形成之诉，因而不受起诉期限限制，等等。

例如，在张某荣诉J省F市人民政府确认行政协议无效及行政赔偿一案②中，J省F市中级人民法院一审认为，根据《最高人民法院关于适用〈中华人民共和国行政诉讼法〉若干问题的解释》第12条规定，"公民、法人或者其他

---

① 参见关保英：《无效行政行为的判定标准研究》，载《河南财经政法大学学报》2012年第4期。

② 参见（2016）最高法行申3184号行政裁定书。

组织对行政机关不依法履行、未按照约定履行协议提起诉讼的,参照民事法律规范关于诉讼时效的规定……"本案中,原告张某荣起诉要求确认协议无效,本应参照民事法律规范关于诉讼时效的规定,但合同当事人不享有确认合同无效的法定权利,只有仲裁机构和人民法院有权确认合同是否有效。合同无效系自始无效,单纯的时间经过不能改变无效合同的违法性。当事人请求确认合同无效,不应受诉讼时效期间的限制,而合同经确认无效后,当事人关于返还财产及赔偿损失的请求,应当适用关于诉讼时效的规定。故对被告J省F市人民政府辩称"原告、被告之间签订拆迁补偿安置协议的时间是2011年6月21日,现原告起诉早已超过了2年的诉讼时效期间"的意见亦不予采纳。

但在另一案件中,法院秉持了另一种观点。在肖某芳与S省X县人民政府其他行政行为一案①中,肖某芳于2015年10月21日向S省C市中级人民法院提起诉讼,请求确认S省X县某工业园区拆迁办公室与肖某芳签订的《拆迁安置协议》无效。S省C市中级人民法院一审作出行政裁定,以肖某芳的起诉超过法定起诉期限为由,驳回了肖某芳的起诉。肖某芳提起上诉,S省高级人民法院二审作出行政裁定,以同一理由维持了一审裁定。肖某芳不服,向最高人民法院申请再审,请求撤销一、二审裁定,依法再审本案。最高人民法院经审查认为,本案争议焦点在于肖某芳提起本案行政诉讼是否超出了法定的起诉期限,而判断肖某芳提起本案诉讼是否超过起诉期限,应当以当时的《行政诉讼法》及相应司法解释为依据。《最高人民法院关于执行〈中华人民共和国行政诉讼法〉若干问题的解释》第41条第1款规定,行政机关作出具体行政行为时,未告知公民、法人或者其他组织诉权或者起诉期限的,起诉期限从公民、法人或者其他组织知道或者应当知道诉权或者起诉期限之日起计算,但从知道或者应当知道具体行政行为内容之日起最长不得超过2年。本案中,肖某芳于2005年4月10日与S省X县某工业园区拆迁办公室签订《拆迁安置协议》,其当日即应知道行政行为存在及内容,如认为该行政行为侵犯其合法权益,其应当于2年内提起诉讼。但肖某芳直至2015年10月才向一审法院起诉,已经超过法定的起诉期限。故一、二审法院依照《最高人民法院关于适用〈中华人民共和

---

① 参见(2017)最高法行申7388号行政裁定书。

国行政诉讼法〉若干问题的解释》第3条第1款第2项的规定，裁定驳回肖某芳的起诉，并无不当。肖某芳的此项申请再审理由不能成立。

有人主张，针对2015年5月1日前的行政行为，提起行政行为确认无效之诉，应受起诉期限的限制；而针对2015年5月1日后的行政行为，提起行政行为确认无效之诉，不受起诉期限的限制。还有人认为，现行行政诉讼法及相关司法解释规定的起诉期限仍应适用于无效行政行为。对于超过法定起诉期限的，相关当事人仍可以提起确认无效之诉。也就是说，"如果相对人起诉时已超过诉讼期限，但行政行为确属重大明显违法的无效情形，法院可以也应当受理并作出确认无效的判决"[①]。但针对无效行政行为的司法审查，法定起诉期限内起诉和超过法定起诉期限起诉应适用不同的司法规则。即后者由原告对行政行为的无效承担证明责任。[②]比较而言，不受起诉期限限制的观点占据主导地位。"不受限制论"以无效行政行为的自始、当然无效性为依托，进而推断无效行政行为从作出时就不具有法律效力，作出无效行政行为的行政机关得随时宣告其无效，行政相对人也可以随时请求行政机关和法院确认其无效。

从一些国家和地区（如法国、德国、葡萄牙、我国澳门特别行政区）的有关规定来看，无效行政行为不受起诉期限限制。例如，《葡萄牙行政程序法》第134条规定，任何利害关系人可随时主张行政行为无效，任何行政机关或者法院也可随时宣告行政行为无效。在法国，行政行为无效，主要的后果是等同于行政行为不存在。对于不存在的行为，当事人可以不提起诉讼也无须遵守，也可以在任何时候向任何法院主张无效，不受起诉期限的限制。行政法院可以在任何时候宣告这类行为无效，也不受撤销诉讼起诉期限的限制。在《联邦德国行政法院法》中也未规定确认行政行为无效诉讼的起诉期限。《我国澳门特别行政区行政程序法》（1994）第115条第2款规定："任何利害关系人可随时主张行政行为无效；任何行政机关或法院亦可随时宣告行政行为无效。"在理论及实务方面，上述国家及地区均肯定确认无效之诉没有起诉期限的要求。

[①] 张旭勇：《权利保护的法治限度——无效行政行为理论与制度的反思》，载《法学》2010年第9期。

[②] 参见邓成江：《无效行政行为不受起诉期限限制之理性思考》，载《人民司法》2014年第21期。

笔者赞同上述占主导地位的观点，理由同上。目前亟待设立确认行政行为无效起诉期限的统一标准，确保裁判结果的一致性与法律的稳定性。

（三）被诉《征收土地协议书》是否属于无效的情形

根据《行政诉讼法》第75条的规定，行政行为有实施主体不具有行政主体资格或者没有依据等重大且明显违法情形，原告申请确认行政行为无效的，人民法院判决确认无效。本案中，甲方（征地方）与乙方（被征地方）及第三方T街道办事处于2013年6月15日签订《征收土地协议书》，对乙方所有的两块合计105亩水浇地以每亩人民币7万元整的征地费（包括人员安置费、土地补偿费及社保费）标准进行征收。协议签订后，补偿款665万元已划入乙方账户，乙方多数成员签字领取。2014年8月21日，N自治区人民政府下发《关于A旗人民政府实施城镇规划2014年第二批次建设用地的批复》，同意将乙方集体农用地5.5174公顷（耕地）征收为国有土地，并转为建设用地。虽然被诉《征收土地协议书》在实际实施过程中存在未批先征、少批多征及改变用途等问题，[①]但其并不存在《行政诉讼法》第75条规定的确认行政行为无效的条件，以及《行政诉讼法司法解释》第99条规定的"（一）行政行为实施主体不具有行政主体资格；（二）减损权利或者增加义务的行政行为没有法律规范依据；（三）行政行为的内容客观上不可能实施；（四）其他重大且明显违法的情形"；也不存在《合同法》第52条规定的合同无效的法定情形，即"（一）一方以欺诈、胁迫的手段订立合同，损害国家利益；（二）恶意串通，损害国家、集体或者第三人利益；（三）以合法形式掩盖非法目的；（四）损害社会公共利益；（五）违反法律、行政法规的强制性规定"。故被诉《征收土地协议书》不具备被确认无效的法定条件。当然，对于被多征收的土地，甲方应当依法对被征收人给予补偿。同时，应当指出，二审法院依据《最高人民法院关于审理涉及农村集体土地行政案件若干问题的规定》第3条第1款"村民委员会或者农村集体经济组织对涉及农村集体土地的行政行为不起诉的，过半数的村民可以以集

---

① 司法实务中，有法院认为，违反正当程序的行政处罚决定，属于重大且明显违法的，应适用确认无效判决。参见江苏省无锡市中级人民法院（2010）锡行终字第0043号行政判决书。

体经济组织名义提起诉讼"及第 2 款"农村集体经济组织成员全部转为城镇居民后,对涉及农村集体土地的行政行为不服的,过半数的原集体经济组织成员可以提起诉讼"的规定,认定孙某东等 136 人不具有本案原告主体资格错误,但该认定不影响案件的实体处理结果。故孙某东等 136 人的主张难以支持。